선과 색의 어울림 뱀

마니아를 위한 Pet Care 시리즈 NO10

선과 색의 어울림
뱀

이태원 지음

씨밀레북스

Prologue

뱀에 대한 관심과 애정을 더하는 데 작으나마 도움이 되기를

뱀이라는 동물과 처음 만난 지도 벌써 십 수 년이라는 시간이 흘렀습니다. 그동안 여러 마리의 뱀들을 길러왔고, 그 덕분에 현재까지 소중한 인연을 유지하고 있는 많은 좋은 사람들과의 만남이 있었고, 또 그러면서 제 삶에서 수없이 많은 의미 있는 시간들을 만들어왔습니다. 저 개인에게 있어서 뱀이란 동물은 참으로 고마운 존재입니다만, 아직 대부분의 사람들에게 뱀은 두려운 존재 혹은 혐오스러운 동물로 오해 아닌 오해를 받고 있는 동물인지라, 그동안 제가 뱀과 함께 하면서 느꼈던 이 놀라운 생명체의 신비로운 매력을 조금이라도 함께 나누고, 뱀이라는 동물의 참다운 실체를 좀 더 알아주셨으면 하는 마음으로 주저하며 펜을 들었습니다.

오래 전 제가 처음 뱀이라는 동물을 공부해보자고 마음먹었을 때는 참으로 막막했습니다. 당시만 하더라도 외국산 애완뱀은 구경조차 할 수 없었을 뿐만 아니라, 제대로 된 사육매뉴얼도 없었고, 한국어로 된 뱀 관련 서적도 손에 꼽을 정도에 불과했기 때문에 항상 관련 지식에 목말라했습니다. 그러한 환경에서 어렵사리 사육을 지속하다 보니 점점 실제 사육에 도움이 될 만한 전문사육서의 필요성을 절감하게 됐던 것 같습니다. 운 좋게도 좋은 출판사와 인연이 닿아 오래 전부터 이곳저곳에서 틈틈이 모아왔던 파충류에 대한 자료들과 그동안의 사육경험, 시행착오들을 되짚어보며 본서를 정리했습니다. 작업과정에서 어떤 내용들을 우선적으로 정리해야 할지, 어느 정도의 수준까지 정리해야 할지 등 고민과 걱정거리가 정말 많았습니다. 저에게 주어진 상황에서 최선을 다해 정리했습니다만, 보시는 분에 따라서는 부족한 점이 많으리라 생각합니다. 모쪼록 너그러운 마음으로 봐주시기를 바랍니다.

3년 전 처음 거북사육서를 쓰기 시작했을 때 '이왕 시작한 거 내 인생에서 딱 3년만, 제대로 된 파충류 사육서를 저술하는 데 써보자' 하고 마음먹고 한글로 된 파충류 전문 사육매뉴얼의 확립작업을 해왔는데, 2011년 〈낮은 시선 느린 발걸음 거북〉이라는 이름으로 거북사육서를 처음으로 출판했고, 도마뱀 편은 오래 전부터 같이 파충류를 공부하고 있는 지인이 저술한 관계로 이 뱀 편으로 애완파충류의 대략적인 사육매뉴얼 정리는 마무리될 것 같습니다. 지난 3년 동안 개인적으로 하고 싶었던 많은 것들을 유보하며 지난한 작업을 진행해왔는데, 부족한 내용이겠습니다만 모쪼록 본서가 뱀을 처음 접하시는 분들이나 조금이라도 뱀이라는 동물에 대해 관심을 가지고 계시는 분들이 뱀에 대한 관심과 애정을 더하시는 데 작으나마 도움이 됐으면 하는 바람입니다. 특히 뱀을 처음 접하는 분들이 최소한 제가 처음 뱀을 사육하면서 느꼈던 만큼의 난감함과 어려움은 느끼지 않게 된다면, 그동안의 시간들이 조금은 더 보람 있을 것 같습니다.

덧붙여서 파충류를 전문으로 연구하시는 분들에게도 조금이나마 도움이 되기를 기대합니다. 현재 많은 뱀들이 멸종돼가고 있는데, 이러한 멸종위기종의 복원은 해당 종 자체에 대한 심도 있는 연구와 더불어 사육기술과 사육장비에 대한 폭넓은 이해 그리고 사양 관리 및 번식기술에 대한 숙련된 지식과 경험이 갖춰질 때 성공적으로 이뤄질 수 있을 것이라고 생각합니다. 실제 연구사육에 있어서 여러 가지 문제점에 부딪히게 되는 경우에 본서가 조금이라도 문제를 해결하는 데 도움이 돼서, 사라져가는 많은 파충류의 개체수를 회복시키는 데 미력하나마 뒷받침이 된다면 정말 다행이겠습니다.

제가 현재 하는 일들이 한국애완파충류시장의 꽃을 피우는 일이라고는 생각하지 않습니다. 10년이 갓 넘은 한국애완파충류시장에서 이제 겨우 밭을 일구고 있는 정도일 테지요. 저보다 앞서 훌륭한 연구자들께서 일궈놓으신 땅을 제가 어설프게 갈아봤는데, 제가 갈아놓은 이 땅에서 앞으로 어떤 꽃들이 피어날지 저도 기쁜 마음으로 기대하고 있겠습니다. 감사합니다.

2013년 2월
이태원

Contents

Prologue 6

Chapter 1 뱀의 생물학적 특성
Section 1 뱀의 정의와 기원, 진화 12
도마뱀으로부터 진화 | 초기 뱀 화석 육지에서 발견

Section 2 뱀의 신체구조와 감각기관 18
머리 | 눈과 시각 | 코 | 입과 이빨 | 혀와 후각 | 피트(pit) | 귀와 청각, 진동 | 몸통 | 흔적다리(spur) | 총배설강(總排泄腔, cloaca) | 생식기 | 꼬리 | 내부장기 | 뱀의 골격 | 뱀의 비늘과 역할

Section 3 뱀의 생태 40
크기 | 형태 | 체색 | 서식지 및 환경과의 상호작용 | 성장 | 수명 | 행동 | 식성 및 먹이활동 | 호흡 | 번식

Chapter 2 뱀 사육의 역사
Section 1 인간과 뱀 50
신화와 설화 속의 뱀 | 뱀의 보호

Section 2 국내 뱀 사육의 역사와 현황 60
국내 도입 및 역사 | 현재의 사육현황 | 앞으로의 전망

Chapter 3 뱀 사육의 기초
Section 1 애완동물로서의 뱀 72
사육에 이상적인 조건을 갖춘 애완동물 | 언제든 야생의 본능을 드러낼 수 있는 동물

Section 2 뱀을 다루는 데 필요한 도구 78
스네이크 훅(snake hook) | 필드 훅(field hook) | 피닝 훅(pinning hook) | 스네어 폴(snare Poles) | 핀셋(tweezer) | 핑키 프레스(pinky press) | 프루브(probe) | 리스트레이닝 튜브(restraining tubes) | 개구기(speculums) | 가죽장갑(leather gloves) | 부츠(snakeproof boots)와 각반(snake proof chaps) | 자루(bag)

Section 3 사육 전 알아야 할 뱀의 행동 86
경고 반응(warning signals)

Section 4 뱀의 선별법 92
정식수입개체 여부 확인 | 인공번식개체, 야생채집개체 여부 확인 | 크기, 체형, 체색 확인 | 배 쪽의 감염 및 비늘상태 확인 | 외형 확인 | 반응상태 확인 | 질병 및 내·외부기생충 확인 | 사육개체 확정 및 입양

Section 5 올바른 핸들링과 이동방법 104
손 위에 올리는 법 | 팔에 올리는 법 | 제압하는 법 | 자루에 넣는 법 | 자루를 묶는 법 | 뱀에게 물렸을 때의 대처법 | 뱀이 사육장을 탈출했을 때 | 탈출빈도가 높아지는 시기

Section 6 뱀 사육에 대한 몇 가지 당부 118
뱀을 입양하기 전에 사육장과 사육설비를 먼저 준비하라 | 사육장에서 뱀이 탈출하는 일이 절대 없도록 하라 | 노출된 상태로 밖에 데리고 나가는 일이 없도록 하라 | 사육하고자 하는 종에 대해 철저히 공부하라 | 지나치게 많은 개체를 사육하지 말라 | 책임감과 애정을 갖도록 하라 | 오래 길러라

Chapter 4 뱀 사육장의 조성
Section 1 사육장 조성에 필요한 용품 124
사육장 | 바닥재 | 조명과 UVB등 | 열원 | 케이지 퍼니처(cage furniture) | 케이지 데코(cage deco)

Section 2 뱀 사육장의 조성 144
완전수생종 뱀 사육장의 조성 | 습계지상성 뱀 사육장의 조성 | 지상성 뱀 사육장의 조성 | 수상성 뱀 사육장의 조성 | 사육장 세팅의 변경

Chapter 5 뱀의 일반적인 관리
Section 1 기본사양 관리 156
사육장 주변 정리와 관리장비 준비 | 관찰 | 온도 및 습도, 수질 체크 | 사육장 내·외부 전기장치의 정상가동 여부 확인 | 오염물의 제거 | 케이지 세팅의 재정비 | 먹이와 물 급여 | 천적 및 기생충 관리

Section 2 사육장 및 사육환경 관리 166
온도 관리 | 습도 관리 | 급수 관리 | 빛 관리 | 환기 관리 | 질병을 예방할 수 있는 사양관리법

Section 3 먹이의 급여와 영양관리 182
뱀의 포식 특성의 장단점 | 뱀 먹이의 종류 | 뱀의 먹이 사냥법(독과 감아 조르기) | 뱀의 소화 메커니즘 | 뱀이 자신의 머리보다 큰 먹이를 먹을 수 있는 이유 | 비만의 예방 | 식욕부진 및 거식의 원인과 대처 | 빠른 성장을 위한 급여법(power feeding) | 보조급여법(assist feeding)과 강제급여법 (force feeding)

Chapter 6 뱀의 건강과 질병
Section 1 질병의 징후와 예방 208
질병의 원인과 예방 | 질병의 징후 | 질병 개체 발견 시 대처법

Section 2 뱀의 질병과 그 대책 218
피부 관련 질환 | 호흡기 관련 질환 | 눈 관련 질환 | 입 관련 질환 | 총배설강 관련 질환 | 기생충성 질환 | 기타 질환들

Section 3 탈피 관리 242
뱀의 피부 비늘 | 탈피의 정의 | 탈피의 횟수 | 탈피의 전조 | 원활한 탈피를 위한 준비 | 탈피 사이클(molt cycle) | 탈피 후 관리와 탈피부전(dysecdsis, 탈피이형성)의 처리

Chapter 7 뱀의 번식
Section 1 뱀의 성별구분법 256
육안 관찰(looking) | 팝핑(popping) | 총배설강 프루빙(cloacal proving) | 캔들링(candling)

Section 2 번식의 과정 268
뱀의 번식방법 | 동면을 위한 모체 관리 | 동면

(cooling) | 합사(pairing)와 교미(mating) | 산란 | 성공적인 부화를 위한 인큐베이팅 | 부화 | 부화 이후 유체의 관리 | 부화 이후 모체의 관리

Chapter 8 뱀의 주요 종
Section 1 뱀의 주요 종 298
뱀의 분류 | 뱀의 주요 종 소개

보아 Boa 302
레드 테일 보아 Boa 304
그린 아나콘다 Green Anaconda 308
옐로우 아나콘다 Yellow Anaconda 312
브라질리안 레인보우 보아 Brazilian Rainbow Boa 314
에메랄드 트리 보아 Emerald Tree Boa 316
아마존 트리 보아 Amazon Tree boa 320
듀메릴 보아 Dumeril's Boa 322
케냐 샌드 보아 Kenyan Sand Boa 324

파이톤 Python 326
볼 파이톤 Ball Python 328
버미즈 파이톤 Burmese Python 334
레티큘레이티드 파이톤 Reticulated Python 338
록 파이톤 African Rock Python 342
화이트립 파이톤 White-lipped Python 346
그린 트리 파이톤 Green Tree Python 348
아메시스틴 파이톤 Amethystine Python 354
카펫 파이톤 Carpet Pyton 356
블러드 파이톤 Blood Python 360
볼룬스 파이톤 Boelen's Python 364
워마 파이톤 Woma Python 368
블랙 헤디드 파이톤 Black-headed Python 372

킹스네이크 Kingsnake 374
캘리포니아 킹스네이크 California Kingsnake 380
멕시칸 블랙 킹스네이크 Black Mexican Kingsnake 381
그레이 밴디드 킹스네이크 Grey-banded Kingsnake 382
치와와마운틴 킹스네이크 Chihuahuan Mountain Kingsnake 383
플로리다 킹스네이크 Florida Kingsnake 384
스칼렛 킹스네이크 Scarlet Kingsnake 385
프레리 킹스네이크 Prairie Kingsnake 386
데저트 킹스네이크 Desert Kingsnake 387

밀크 스네이크 Milk Snake 388
푸에블란 밀크 스네이크 Pueblan Milk Snake 392
시날로안 밀크 스네이크 Sinaloan Milk Snake 393
온두라스 밀크 스네이크 Honduran Milk Snake 394
넬슨 밀크 스네이크 Nelson's milk snake 395

랫 스네이크 / 콘 스네이크
Rat Snake / Corn Snake 396
콘 스네이크 Corn Snake 398
루시스틱 텍사스 랫 스네이크 Leucistic Texas Rat Snake 402
만다린 랫 스네이크 Mandarin Rat Snake 404
옐로우 랫 스네이크 Yellow Rat Snake 408
뷰티 랫 스네이크 Beauty Rat Snake 410

파인 / 불 / 고퍼 스네이크
Pine Snake / Bull Snake / Gopher Snake 412
인디고 스네이크 Indigo Snake 418

기타의 뱀 422
웨스턴 호그노우즈 스네이크 Western Hog-nosed Snake 424
가터 스네이크 Common Garter Snake 428
그린 스네이크 Green Snake 432
리본 스네이크 Ribbon Snake 436
롱 노우즈 휩 스네이크 Long Nosed Whip Snake 440
파라다이스 스네이크 Paradise Tree Snake 444
엘리펀트 트렁크 스네이크 Elephant Trunk Snake 448
선빔 스네이크 Asian Sunbeam Snake 452

Chapter 01

뱀의 생물학적 특성

뱀의 진화적 기원과 역사에 대해 간략하게 살펴보고,
뱀의 신체구조 및 각각의 기능에 대해 알아본다.

Section 01

뱀의 정의와 기원, 진화

생물분류상 뱀이란 '동물계(動物界, Animalia) 척색동물문(脊索動物門, Chordata) 파충강(爬蟲岡, Reptilia) 유린목(有鱗目, Squamata) 뱀아목(—亞目, Serpentes)에 속하는, 사지(四肢)가 퇴화된 파충류'를 나타내는 말이다. 그러나 '뱀'이라는 말 속에는 이러한 분류학적인 의미만으로는 완전히 설명할 수 없는 복잡하고 다양한 이미지들이 내포돼 있다. 필자가 생각하기에 뱀이라는 동물은 아마도 지구상에 존재하는 모든 동물들 가운데 몇 마디 말로 설명하기가 가장 어려운 동물이 아닐까 싶다.

사육서인 본서에서 뱀이라는 동물에 대한 진화론적, 역사적, 문화사적인 내용까지 다루는 것은 언뜻 불필요해 보일 수도 있다. 그러나 우리가 관심 있어 하고 기르고 싶어 하는 동물이 언제 어디서 기원했고, 유사 이래로 인간과 어떤 관계를 맺어왔으며, 인간에게 어떠한 가치를 가지는지에 대해 알아보는 것도 사육종에 대한 애정과 관심을 더하는 데 도움이 될 것 같다는 생각에 가장 기본적인 의문인 '뱀이란 무엇인가'에 대해 먼저 알아보고, 사육에 대한 이야기를 풀어나가고자 한다.

뱀의 움직임은 자연계에서 가장 아름다운 곡선으로 평가된다.

도마뱀으로부터 진화

뱀이라는 동물에 대해 알기 위해서는 뱀이 언제, 어디서 진화돼 왔는지를 살펴보는 것이 가장 먼저일 것이다. 이처럼 진화를 통해 동물의 기원을 살펴보고자 할 경우에는 대개 화석을 연구하는 것이 보통이지만, 뱀에게 있어서는 이러한 방법을 통해 진화과정을 파악하는 것이 그다지 용이한 일이 아니다. 왜냐하면 뱀의 뼈는 다른 동물에 비해 상당히 연약한 편이라 화석화되기가 극히 어렵기 때문이다. 이러한 이유로 지금까지 발견된 많은 화석 가운데서도 뱀 화석의 수는 아주 적은 편이고, 더구나 어렵사리 화석으로 남았다고 하더라도 머리에서 꼬리까지 완벽한 상태로 출토되는 경우는 더욱 더 드문 것이 현실이다(현재 전 세계적으로 뱀의 기원을 유추해볼 수 있는 증거인 다리뼈 화석이 남아 있는 뱀 조상의 화석은 겨우 한 손에 꼽을 정도에 불과하다).

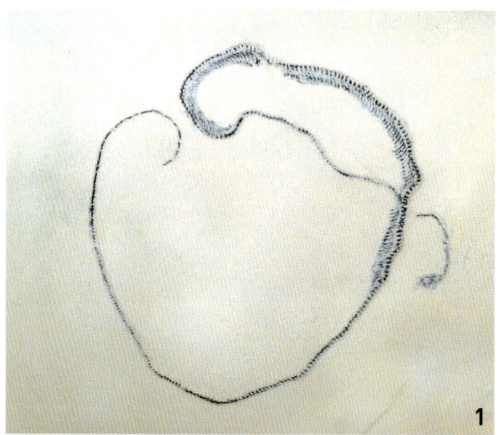

1. 뱀 화석 2. 뱀처럼 보이지만 무족도마뱀은 다리가 없는 도마뱀의 일종이다.

현재까지 발견된 가장 오래된 뱀의 화석으로 미뤄보아 뱀이 처음으로 지구상에 모습을 보인 시기는 지금으로부터 약 1억 2천만 년 전인 백악기 전기로 추정하고 있다. 일반적으로 중생대를 '공룡의 시대', 신생대를 '포유류와 조류의 시대'라고 칭하는데, 뱀의 출현은 파충류의 시대가 거의 끝나는 시점에 이뤄졌다고 할 수 있으므로 뱀은 거북이나 악어 등 다른 파충류에 비한다면 비교적 최근에 분화된 신생군(新生群)이라고 할 수 있다.

현재까지 발견된 화석들의 연구결과에 따르면 뱀의 선조는 왕도마뱀속(Varanus)의 도마뱀들과 매우 유사한 도마뱀이었을 것으로 보인다. 현재의 왕도마뱀(Moni-

블랙 헤디드 파이손은 상당히 원시적인 뱀 가운데 하나로 평가된다.

tor lizard)은 형태적으로 뱀과 많은 차이를 보이기는 하지만, 뱀처럼 먹이를 통째로 삼키고 소리를 내기보다는 거친 호흡음인 히싱(hissing, 쉿쉿 하는 소리)으로 경계를 하는 등 뱀과 유사한 행동을 보이고 있다. 비교적 원시적인 뱀으로 분류되는 보아(Boa)나 비단구렁이(Python)류는 총배설강 옆에 뒷다리의 퇴화 흔적인 발톱처럼 보이는 '흔적다리(spur)'를 가지고 있고, 몸 안쪽에 골반뼈의 흔적도 관찰된다.

초기의 뱀은 도마뱀처럼 4개의 다리를 가지고 있었으나, 특정한 이유로 땅속 생활을 하게 되면서 땅속에서는 별로 도움이 되지 않는 다리가 시간이 지남에 따라 점점 퇴화돼 점차 다리가 없고 기다란 몸을 가진 뱀의 체형이 완성됐고, 이후(약 5000만 년 전) 다시 육상으로 진출해 현재의 뱀이 됐다는 것이 현재로서는 뱀의 기원에 관한 정설로 받아들여지고 있다. 한편, 바다뱀은 육상의 뱀이 바다환경에 진출해 적응한 것으로 생각되고 있다.

초기 뱀 화석 육지에서 발견

앞서 언급한 바와 같이 뱀이 도마뱀 같은 존재로부터 진화한 것이라는 설은 고생물학계 전체가 동의하는 정설이지만, 이러한 뱀의 조상이 육지로부터 해양으로 진출한 생물의 후손인지, 아니면 다리를 가지고 지상을 활보하던 생물에서부터 진화된 것인지에 대한 논쟁은 100년 이상이나 계속돼 왔다. 이러한 논쟁은 현재까지도 지속되고 있는데, 육상 파충류 가운데 일부가 해양생태계에 적응하게 되면서 다리가 필요 없어져 퇴화된 뒤 육지로 재진출했다는 학설과, 일부 파충류에서 앞다리부터 시작해서 뒷다리가 퇴화되면서 오히려 지상환경에 빠르게 적응했다는 의견이 팽팽하게 대립하고 있다.

그러나 최근 학계에서 이뤄지고 있는 뱀의 눈에 대한 연구를 통해 볼 때 굴속 생활에 적응해 생활했던 도마뱀에서 유래됐다는 것이 가장 강력한 설로 받아들여지고 있다. 뱀의 대표적인 특징으로 알려져 있는 사지(四肢)와 눈꺼풀, 외이공(外耳孔)의 상실은 땅속에서 생활하는 도마뱀에서도 흔히 관찰할 수 있는 현상이기 때문이다. 또한, 지난 2000년에 브라질 상파울루대 연구팀이 남미 레바논 섬에서 골반뼈를 갖춘 초기 뱀 화석을 발견함으로써 이러한 주장은 더욱 힘을 얻게 됐다. 약 6000만 년 전에 살던 동물이라고 판명된 '에우포도피스 데스코우엔시(*Eupodophis descouensi*)' 라는 학명을 가진 이 고대 뱀은 몸길이 약 50cm로 골반 부위에 길이가 약 2cm 남짓한 작은 다리 두 개가 붙어 있는 채로 발견됐다.

발톱처럼 보이는 흔적다리(spur)는 뒷다리가 퇴화된 흔적이다.

이 화석은 고대 뱀이 초기 도마뱀으로부터 물려받은 다리를 완전히 잃기 전의 상태를 보여주고 있어 뱀의 진화를 이해하는 데 결정적인 단서가 될 수 있으리라 생각했으나, 다리 하나만 화석의 표면에 나와 있고 다른 한 쪽은 돌 속에 숨어 있었기 때문에 정확한 확인이 어려웠었다. 그러나 최근 내부 구조까지 3차원 입체로 살펴볼 수 있는 최첨단 3차원 싱크로트론 X-선으로 분석한 결과, 현존하는 뱀 조상 중

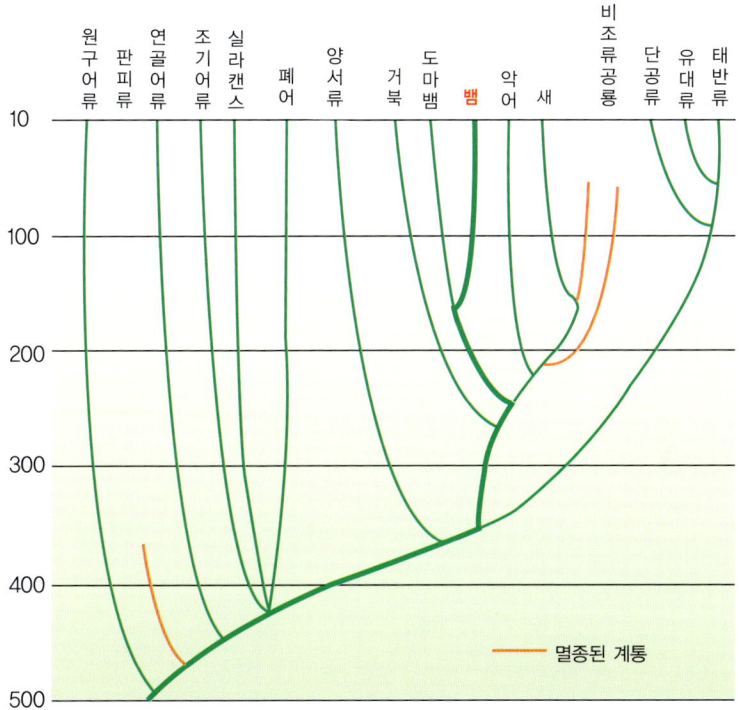

파충류의 진화계통도(출처, http://evolution.berteley.edu)

가장 원시적인 형태를 지니고 있는 것으로 판명되면서 뱀의 기원에 대한 의문이 점차 해결되고 있다. 3차원 비파괴투시분석기법을 이용해 육안으로 살펴볼 수 없었던 부분까지 심층적으로 분석해본 결과, 뱀의 조상이 해양생활을 통해 진화했다기보다는 육지를 기어 다니면서 다리가 퇴화됐을 가능성이 훨씬 큰 것으로 밝혀졌기 때문이다.

에우포도피스 화석의 내부를 투시해본 결과, 육안 분석에서는 나타나지 않았던 뒷다리뼈가 발견됐는데, 이 초기 뱀의 뒷다리뼈는 오늘날 육상도마뱀의 다리뼈와 유사한 것으로 분석됐다. 에우포도피스는 확실히 육지에 살았고, 해부학적 구조로 볼 때 굴속에서 살았을 것이며, 화석이 묻혀 있던 곳의 지리적 위치를 봐도 육지에서 살았음에 틀림없는 것으로 추정되고 있다. 이렇듯 알려진 것 중 가장 초기의 뱀이 육지에서 살았다면, 뱀은 육지에서 진화했다는 것을 의미한다고 할 수 있다.

Section 02

뱀의 신체구조와 감각기관

외관상 각 부분의 경계가 명확하게 보이지는 않지만 뱀의 신체는 머리, 목, 몸통 그리고 꼬리의 네 부분으로 이뤄져 있다. 머리와 몸통을 육안으로 구분하는 것은 쉽지 않지만, 몸통과 꼬리는 총배설강을 경계로 어렵지 않게 구분이 가능하다.

머리
머리와 몸통이 확연하게 구분되는 종부터 온몸이 같은 굵기로 가늘고 긴 원통 모양을 띔으로써 머리와 꼬리의 구분이 쉽지 않은 종까지, 뱀 머리의 형태나 크기는 종에 따라 각각 상당한 차이를 보인다. 독사류는 보통 눈 뒤쪽에 독샘을 가지고 있기 때문에 머리 모양이 삼각형을 띤다. 그러나 코브라(Cobra)나 바다뱀처럼 독사이기는 하지만 머리 모양이 두루뭉술한 종도 있고, 볼 파이손(Ball Python)이나 카펫 파이손(Carpet Python)처럼 독이 없는 뱀이지만 전체적으로 삼각형의 머리 모양을 지니고 있는 종도 있다. 따라서 일반적으로 알려져 있듯이 머리 모양의 차이로 독사와 비독사를 명확하게 구분하기는 어렵다.

그린 트리 파이손 어린 개체

사하라 혼 바이퍼(Saharan Horned Viper, *Cerastes cerastes*)의 눈 위 돌기

보통 뱀은 머리에 아무런 장식물이 없는 것이 일반적이지만 일부 종은 눈 위에 눈썹처럼 보이는 돌기가 튀어나와 있거나, 코나 눈 위쪽에 뿔과 같은 특수한 돌기가 발달돼 있는 종도 있다. 또 동남아시아에 서식하는 촉수뱀(Tentacled Snake, *Erpeton tentaculatum*)처럼 특이한 형태의 돌출물을 가지고 있는 경우도 있다. 비단구렁이나 보아 및 살무사류는 콧구멍 이외에 위아래 입술 부분에 적외선감지기관인, 피트(pit)라고 불리는 여러 개의 구멍을 가지고 있다. 머리 모양뿐만 아니라 머리 부분의 무늬도 종에 따라 각기 다르기 때문에 종을 동정하는 데 중요한 기준이 된다.

눈과 시각

보통 눈꺼풀이 없다는 것이 뱀과 다른 동물을 구분 짓는 가장 대표적인 특징이라고 여겨지고 있는데, 사실 수많은 생물 중에서 뱀만 눈꺼풀이 없는 것은 아니다. 같은 파충류 중에서도 다수의 도마뱀붙이류(Gecko)와 지렁이도마뱀류(Warm Lizard) 역시 눈꺼풀이 없다. 그러나 그럼에도 불구하고 깜빡거리지 않고 차가워 보이는 눈은 여전히 뱀을 대표하는 이미지 가운데 하나라고 볼 수 있다. 다른 동물과는 달리 뱀은 전 종 모두 눈꺼풀이 없어 평생 동안 눈을 감지 않고 눈물을 흘리지도 않는다. 이렇게 눈동자를 보호하는 눈꺼풀이 없는 대신에 뱀의 눈에는 '브릴(brille)'이라고 불리는, 마치 콘택트렌즈와 같은 투명한 비늘이 덮여 있어 눈동자를 보호한다.

뱀은 주된 활동시간대, 즉 야행성이냐 주행성이냐에 따라 눈동자의 형태가 다르다. 낮에 주로 활동하는 주행성 종의 눈동자는 원형의 둥근 형태이고, 밤에 활동하는 야행성 종은 고양이눈과 같이 세로로 가는 형태의 눈동자를 가지고 있으며, 두 종류 모두 빛의 밝기에 따라 동공의 크기가 조절된다. 대부분의 눈동자가 이 두 가지 형태를 띠지만, 나무 위에서 생활하는 종 가운데는 특이하게도 마치 염소처럼 가로로 가늘고 길며 납작한, 독특한 형태의 동공을 가진 종도 있다. 이러한 독특한 형태의 눈동자는 외관상 그리 효율적이게 보이지는 않지만 시야가 앞쪽에서 교차해 입체적 시각을 가지게 해준다.

아나콘다와 같은 몇몇 물뱀들의 눈은 머리 위쪽에 달려 있기도 하지만, 대부분의 뱀의 눈은 머리 옆부분에 붙어 있기 때문에 입체적인 시각을 가지지는 못하고 시력도 다른 동물에 비해 좋지는 않다. 눈의 감수성에 있어서는 종마다 상당한 차이가 있기는 하지만, 전반적으로 가까운 거리에서 움직이는 물체는 신속하게 포착할 수 있으며, 몇몇 종은 색을 구별하기도 한다고 알려져 있다. 지상에 서식하는 종과는 달리 땅속에 서식하는 소경뱀류의 눈은 거의 퇴화돼 눈을 덮는 비늘이 없고 불규칙한 크기의 비늘판에 덮여 있는 반면, 나무 위에서 주로 생활하는 뱀의 눈은 크고 돌출돼 있으며 시력이 잘 발달돼 있다.

1. 주행성 종의 둥근 눈동자 **2.** 야행성 종의 세로 눈동자
3. 나무위성 종의 가로 눈동자

코

뱀의 콧구멍은 뒤쪽으로 열려 있어 호흡을 하면 뒤쪽으로 숨이 배출된다. 이러한 이유로 뱀이 바로 눈앞에 있어도 사냥감은 뱀의 호흡을 느낄 수가 없다. 코로는 숨을 쉬는 것 외에도 호흡한 공기를 강하게 내뿜어 경고음(hissing)을 내기도 한다. 뱀의 코에도 보통의 후각구역이 있으나 그 발달수준은 상당히 미약하다.

입과 이빨

뱀의 턱은 먹잇감을 물어뜯을 만한 힘이 없다(나일악어의 악력이 1130Kgf인데 비해 아프리카비단구렁이의 악력은 15Kgf에 불과하다). 따라서 이빨이 음식물을 자르거나 잘게 부수기에 적합한 형태를 띠고 있지 않으며, 단순히 먹잇감을 붙잡기 위한 송곳 형태로 진화됐다. 뱀의 이빨은 턱뼈의 가장자리 악골(顎骨)뿐만 아니라 구개골(口蓋骨)과 익상골(翼狀骨)에도 입 안쪽을 향해 배열돼 있다. 보통 가늘고 긴 형태에 날카롭게 뒤쪽으로 구부러져 위턱에 4열과 아래턱에 2열로 배열돼 있는데, 이 역시 모든 뱀이 동일한 것은 아니다.

안쪽으로 휘어져 있는 뱀의 이빨

뱀은 보통 사람보다 훨씬 많은 이빨을 가지고 있으나 식성에 따라 이빨의 수가 적어진 종도 있으며, 알을 주식으로 하는 뱀이나 장님뱀류의 이빨은 거의 퇴화돼 있다. 달팽이를 먹는 종류처럼 오른돌이 달팽이를 사냥하기 용이하도록 오른쪽 이빨이 다른 쪽보다 더 많게 진화된 종도 있다. 새를 주식으로 하는 뱀의 이빨은 육상종보다 특별히 더 길게 발달돼 있어 이런 뱀에게 물리면 독사가 아니더라도 상당한 고통을 동반하기 때문에 다룰 때 특히 주의하도록 해야 한다. 애완으로 길러지는 종 가운데 무독성의 이빨이 긴 대표적인 종으로는 보아뱀이 있다. 이빨은 보통 그 크기에 있어서는 전체적으로 그다지 차이는 없지만, 독사의 경우에는 위턱에 다른 이빨과 크기 차이가 확연하게 나는, 독액을 주입하는 2~4개의 독니를 가지고 있다.

혀와 후각

익히 알고 있는 바와 같이 뱀의 혀는 두 갈래로 갈라져 있다. 일반적인 동물의 혀와는 확연한 차이를 보이는 이러한 형태의 혀 때문에 사람들이 뱀을 더욱더 혐오스럽게 느끼게 되는 경우도 많은 것이 사실이다. 하지만 뱀의 혀는 공기 중의 냄새미립자를 효율적으로 수집하기 위한 목적으로 변형된 진화의 결과물일 뿐, 일부 사람들이 생각하는 것처럼 독을 주입하거나 적을 찌르거나 하는 용도로 사용되지는 않는다.

뱀은 평소에는 혀를 입 안, 기도구멍 밑 혀주머니에 넣어두고 필요할 때만 꺼낸다. 민간에는 뱀이 두 개로 갈라진 혀로 두 가지 말을 하며 서로 이간질하고 속이는 본성을 가지고 있고, 사람이 남을 속이고 나쁜 짓을 하면 뱀으로 태어난다는 속설이 있다. 그러나 뱀의 혀는 다른 동물의 코처럼 냄새를 맡는 역할을 하는 후각기관일 뿐이다. 뱀의 입천장에는 야콥슨기관(Jacobson's organ, 또는 Vomeronasal organ)이라는 감각기관이 있는데, 혀로 수집한 공기 중의 냄새입자를 이 기관으로 운반해 분석함으로써 주위상황을 파악한다. 이 야콥슨기관이 한 쌍이기 때문에 이에 대응해 효과적으로 화학물질을 전달하기 위해서 뱀의 혀도 두 갈래로 갈라져 진화된 것이다. 이렇게 두 갈래로 갈라져 있는 혀로 먹이를 찾고 적의 존재를 알아차리며, 번식기에 교미상대를 찾는다. 뱀의 혀는 단순히 냄새입자를 수집하는 역할뿐만 아니라, 혀의 양 끝에 다른 농도로 포착되는 냄새입자를 통해 그 냄새가 나는 방향까지 감지할 수 있다. 또한, 공기의 진동이나 흐름, 온도 차이까지도 감지할 수 있는 극도로 민감하게 발달된 기관이다. 평소에는 입 안에 가만히 넣어두고 있지만, 새로운 환경으로 옮겨졌을 때나 주위환경에 변화가 있을 경우, 혹은 먹이에 접근할 경우 더 능동적으로 혀를 날름거린다. 이는 냄새입자를 분석해 주위상황을 보다 신속하게 파악하기 위함이다.

뱀은 혀를 날름거리기 위해 일부러 입을 벌리지는 않는다. 뱀의 구강구조상 위아래 턱이 닫혀도 가운데 부분은 서로 닿지 않기 때문에 그 사이로 혀가 나온다. 주위상황에 변화가 감지되면 혀를 내밀어 상하로 흔들어서 공기 중에 떠도는 냄새의 미립자를 수집해 야콥슨기관에 전달한다. 가만히 있을 때보다는 움직일 때, 익숙한 장소보다는 낯선 장소일 때 그리고 주위에서 자신 이외의 생명체를 감지했을 때 더 활발히 혀를 움직인다.

뱀이 가장 능동적으로 사용하기는 하지만 이 야콥슨기관은 뱀뿐만 아니라 다른 많은 동물에게서도 발견된다(성장하면서 퇴화되기는 하지만 당연히 사람에게도 있다. 사람의 경우는 콧구멍 안쪽 약 1.5cm 위에 위치한다). 그러나 일반적으로 다른 동물들은 보조적인 후각기관으로 이용하는데 비해 뱀은 상당히 많은 부분을 이 야콥슨기관에 의지한다. 실제로 몇몇 종류의 뱀은 먹이를 찾는 데 전적으로 야콥슨기관에만 의존하고 다른 감각기관은 전혀 사용하지 않는 경우도 있다. 보통 뱀이 부지런히 혀를 날름거리는 행동은 위협 혹은 위험신호라고 알려져 있다. 그러나 그것은 적을 위협하는 것이 아니라 자신을 보호하기 위해 주위상황을 효과적으로 파악하려는 행동일 뿐이다.

극히 일부 사람들은 뱀이 혀를 날름거려서 먹이가 되는 동물에게 최면을 건다거나 뱀의 혀에 찔리면 독이 퍼지는 것으로 알고 있기도 한데, 혀는 말 그대로 혀일 뿐 최면의 용도나 이빨로 사용되지는 않는다. 실제로 보이는 것처럼 뾰족하지도 않

뱀의 혀는 다른 동물의 코와 같은 역할을 하는 후각기관이다.

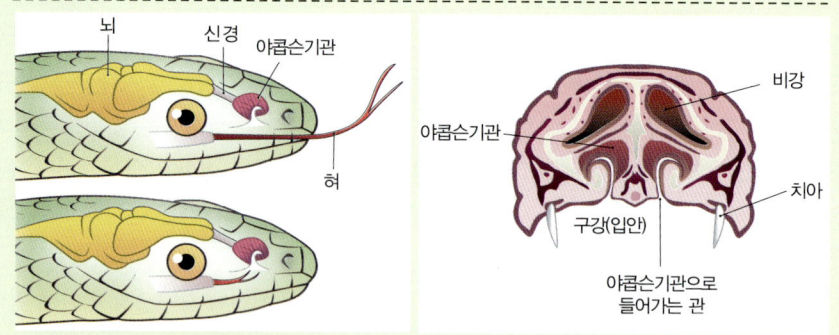

서골비기관(또는 보습코연골기관, Vomeronasal organ, VNO) 또는 야콥슨기관(Jacobson's organ)은 많은 동물들에게서 발견되는 보조적인 후각기관이다. 한국어로는 서비기관(鋤鼻器官)이라고 불리는 이 기관은 1813년 덴마크의 외과의사 루드비히 야콥슨(Ludwig Lewin Jacobson, 1793-1843)에 의해 최초로 발견된 페로몬 수용기관이다. 혀로 수집된 화학신호를 분석해 먹이를 추적하거나, 적이나 교미상대에 대한 정보를 제공하는 역할을 한다.

고, 만져보면 그냥 부드럽고 연약한 살덩이리다. 뱀은 여러 가지 감각기관 가운데 후각기관이 특별하게 발달해 있기 때문에 이를 잘 이용하면 식욕이 떨어진 뱀에게 냄새로써 먹이반응을 유도한다든지, 집 주위에 뱀의 접근을 방지하기 위해 뱀이 싫어할 만한 냄새가 나는 물질을 뿌려둔다든지 하는 방식으로 뱀을 효과적으로 다루는 데 상당한 도움이 된다. 일부 화산섬에 뱀이 없는 것도 화산폭발 시 생성된 황과 백반처럼 유독한 물질이 토양에 남아 있어 뱀이 이를 감지하기 때문인 것으로 추측되고 있다. 이처럼 뱀의 혀는 냄새를 맡는 후각기관이므로 뱀에게는 당연히 맛을 감별하는 미각기관이 없어 맛을 느끼지 못한다.

피트(pit)

야콥슨기관과 함께 뱀이 가지고 있는 매우 특징적인 감각기관 가운데 하나가 피트다. 피트는 항온동물의 체온에서 나오는 적외선을 감지하는 데 이용되는 극히 민감한 기관이다. 머리 앞부분에 위치한 1개 혹은 다수의 작은 구멍으로 살무사류는 눈과 코 사이에 있고, 보아류는 입술비늘 근처에 위치하고 있다. 동물의 몸에서 발산되는 체온은 주위의 기온보다 높거나 낮기 마련인데, 뱀은 피트를 이용해 먹잇감의 체온과 주변 온도의 차이를 정확하게 구분함으로써 먹이가 있는 장소와 대상을 알아낼 수 있다. 특히 살무사류의 피트는 구조적으로 상당히 우수해서 빛이 없는 어두운 밤에도 왼쪽과 오른쪽에 각각 위치한 1쌍의 피트로 먹이나 천적의 위치를 입체적으로 포착해 정확하게 독니를 찔러 넣을 수 있다. 뱀의 피트에는 온도를 감지하는 골레이 셀(Golay cell)이라는 특별한 세포가 있는데, 이 세포는 열에너지(적외선)를 흡수하면 내부공기가 팽창하게 되고 이 변화가 전기신호로 바뀌게 된다. 이 메커니즘은 극히 민감해서 방울뱀의 골레이 세포는 0.003℃의 온도 차이를 0.002~3초 사이에 감지한다고 알려져 있다.

피트는 먹잇감을 공격할 때뿐만 아니라 스스로를 방어하는 데도 상당한 도움이 된다. 뱀은 접근하는 동물이 발산하는 열 정보를 통해 먹잇감이 될 만한 작은 동물인지, 아니면 도망을 쳐야 하는 상대인지를 판단한다. 국내에서 독사의 애완사육은 허가되지 않으므로 국내 애완뱀에서 피트는 보아(Boa)와 파이손(Python)류에서 관찰할 수 있는데, 이러한 피트의 위치와 숫자도 종을 구분하는 중요한 포인트가 된다.

볼 파이손의 피트(pit)

귀와 청각, 진동

뱀은 진화하면서 귀가 퇴화돼 다른 동물에게서 볼 수 있는 귓바퀴나 귓구멍 그리고 고막도 없고, 하나뿐인 이골은 턱으로 이어져 있다. 보통 뱀은 소리를 들을 수 없다고 알려져 있으나, 몸 전체나 내이(內耳)의 일부를 이용해 공기전파를 감지하고 지면으로부터의 떨림도 감지할 수 있다. 큰 소리가 나면 반응을 하는데, 이는 소리보다는 공기 중의 떨림을 감지했기 때문이다. 뱀은 150Hz에서 450Hz 범위 내의 공기전파에 의한 소리에 비교적 강력하게 반응한다고 알려져 있다. 특히 낮은 주파수에 민감하고, 공기 중의 소리보다는 땅 위로 전달되는 진동에 더욱 민감하게 반응한다.

뱀을 사육하다 보면 머리 전체(턱)를 바닥에 대고 가만히 엎드려 있는 모습을 확인할 수 있는데, 이는 잠자고 있는 경우가 아니라면 적이나 먹잇감이 만드는 진동을 감지하기 위한 행동이다. 앞부분에서 갈라진 뱀의 아래턱뼈는 진동의 방향까지도 감지할 수 있다.

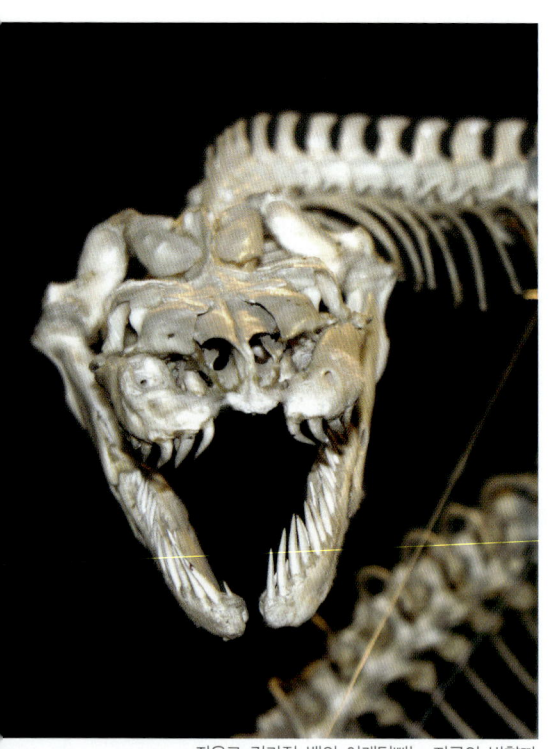

좌우로 갈라진 뱀의 아래턱뼈는 자극의 방향까지도 파악할 수 있도록 해준다.

인도에서 많이 보이는 '코브라춤'도 코브라가 연주자의 피리소리에 반응하는 것이 아니라 연주자의 움직임과 발을 구르는 진동에 반응하는 것이다. 이와 같은 사실로 미뤄볼 때 뱀의 청각기관은 귀로 한정되는 것이 아니기 때문에 '소리를 듣는다' 기보다는 '느낀다' 는 표현이 좀 더 어울릴 것 같다.

지구상의 모든 동물 중에서 지진발생을 가장 먼저 인지하는 동물은 뱀이라고 평가된다. '겨울 뱀은 위험하다' 는 일본속담이 있는데, 이는 동면하던 뱀이 지진이 진행되면서 발생하는 지각의 변동, 아황산가스의 분출, 전자파의 변화 등에 민감하게 반응해 땅 위로 대피하는 것을 두고 생긴 속담이다. 가장 가까운 사례로 지난해 중국에서 일어난 지진으로 수천 마리의 뱀떼가 도로를 뒤덮은 적이 있고, 이

나무 위에 서식하는 종 가운데는 극단적으로 몸이 가늘게 진화된 종도 있다.

외에도 세계 여러 나라에서 지진과 관련돼 뱀들이 이상출몰한 경우는 상당히 많이 보고되고 있다. 이러한 현상은 우리나라도 예외가 아니다. 민간에서 전해지는 이야기로 '설상사(雪上蛇)'라고 불리는, 한겨울 눈 위를 기어 다니는 뱀이 있는데, 이 뱀은 변온동물인 보통의 뱀과는 달리 몸에 열이 많아 불치의 병을 낫게 하는 영약이라는 속설이 있다. 그러나 이 역시도 인간이 느끼기 어려운 정도의 지진을 감지하고 겨울잠에서 깨어 땅 위로 나온 뱀을 보고 사람들이 만들어낸 말일 뿐이며, 이 뱀을 잡아먹는다고 해서 의학적으로 설명이 불가능한 효과가 나타나는 것은 절대 아니다.

몸통

전체적으로 뱀의 체형은 그다지 큰 차이가 없고, 거의 모든 종이 둥근 원통형의 통짜 몸매를 가지고 있다. 그러나 종마다 미묘하게 드러나는 차이가 있으며, 이는 주 활동공간 및 개체의 활동량과 밀접하게 관련돼 있다. 활발하게 활동하는 종일수록 몸이 가늘고 긴 경향을 보이는데, 특히 나무 위를 주 서식공간으로 삼는 수상성(樹上性) 뱀의 경우는 나무 사이를 이동하는 데 유리하도록 육상이나 물을 서식지로 하는 종보다 체형이 훨씬 가늘고 길게 진화돼 있다. 반면 먹이활동을 활발히 하기보다는 피트나 독을 가진 채 한자리에서 먹이를 기다리는 정주성생활(定住性生活)을 하는 종의 몸은 굵고 덩치가 큰 편이다. 그래서 독사는 소시지처럼 짧고 뚱뚱한 체형을 가진 경우가 많다. 나무 위에서 서식하는 독사가 없는 우리나라의 경우에는 이러한 체형의 차이를 파악해 독의 유무를 판별하기도 한다.

위협을 받았을 때 나타나는 과시행동

종에 따라 늑골을 능동적으로 움직일 수 있는 경우도 있다. 코브라는 목 부분의 늑골을 펴서 특징적인 후드(hood)를 만들며, 일반적인 뱀들도 위협을 받으면 몸을 바닥에 붙이고 늑골을 펴 스스로의 몸을 크게 보이게 하는 과시행동을 하는 경우가 많다. 특수한 경우로 동남아에 서식하는 날뱀인 파라다이스 스네이크(Paradise Snake)는 이 늑골을 펴서 나무에서 나무로 100m 이상 활강하기도 한다.

흔적다리(spur)

파이손(Python, 비단구렁이)이나 보아(Boa)류는 총배설강의 양쪽에 마치 발톱처럼 보이는 흔적다리를 가지고 있다. 이는 앞서 언급했다시피 뱀이 최초에는 도마뱀으로부터 진화한 것이라는 설을 증명하는 두드러진 증거로서 뒷다리가 퇴화된 흔적이라고 할 수 있다. 뱀의 다리가 퇴화된 이유는 그 대체 이동기관인 배비늘(腹板)이 발보다 훨씬 효율적인 이동수단이었기 때문으로 추측되고 있다. 이 조그만 흔적다리는 몸을 이동시키거나 지지하는 등의 일반적인 다리의 역할을 수행하지는 않는다.

평소 흔적다리는 거의 사용되지 않는데, 현재까지는 교미 시에 수컷이 암컷의 몸을 긁어 자극하는 용도로 사용된다는 사실 정도만 확인되고 있다. 흔적다리는 보통 수컷이 확연하게 크므로 암컷보다는 수컷에게서 더 확실하게 확인할 수 있으며, 그 크기의 차이가 암수구별의 기준이 되기도 한다. 다리가 없는 것 역시 대표적인 뱀의 이미지이지만 이것 역시 뱀만의 특징은 아니다. 무족도마뱀이나 굼벵이도마뱀 역시 다리가 퇴화돼 외형적으로는 마치 뱀처럼 보인다.

총배설강(總排泄腔, cloaca)

총배설강은 몸통이 끝나고 꼬리가 시작되는 지점에 위치하고 있으며, 도마뱀의 총배설강이 몸통에 대해 세로로 열려 있는데 비해 뱀의 총배설강은 몸통에 대해 가로로 열려 있다. 총배설강이란 소화관과 비뇨생식계가 따로 분리되지 않고 외부로 드러난 하나의 구멍으로 소화, 배설, 생식의 기능을 동시에 수행하는 기관을 말한다. 물론 총배설강 안에는 항문, 요도구, 생식기가 분리돼 있다. 포유류 가운데는 알을 낳는 단공류(單孔類)인 오리너구리나 바늘두더쥐가 총배설강을 가지고 있지만, 대체로 이러한 형태는 항문과 생식 기능이 분리돼 있는 포유류보다 진화가 덜 된 조류나 파충류에게서 주로 발견된다.

총배설강의 주된 기능은 소화, 배설, 생식이지만 소노란산호뱀(Sonoran Coral Snake)이나 서부돼지코뱀(Western Hog-nosed Snake)은 이 총배설강을 독특한 용도로 사용하기도 한다. 아메리카 원산의 이 종들은 적을 만나면 총배설강 안으로 공기를 빨아들인 후 힘을 모았다가 밖으로 밀어내면서 상당히 큰 방귀소리를 내어 적에게 경고를 보낸다.

생식기

다른 파충류와 마찬가지로 뱀의 생식기도 암수 모두 몸의 내부에 위치해 있다. 수컷은 음경의 끝이 쪼개진 반음경(hemipenis)을 가지고 있는데, 반음경 주위에 마치 도깨비방망이에서 볼 수 있는 침과 같은 형태의 각질로 된 돌기가 있다. 이 특수한 돌기는 교미 시에 수컷의 생식기가 쉽게 이탈되지 않도록 잡아주는 역할을 한다.

뱀은 체내수정을 하는 동물로 교미를 하는 동안 수컷은 암컷의 꼬리 아래로 자신의 꼬리를 말아 넣어 암컷의 총배설강 안에 생식기를 삽입한 후, 정자를 암컷의 체내로 흘려보낸다. 종에 따라서는 한 번의 교미로 받은 수컷의 정자를 수년간 몸속에 저장하는 능력이 있어 교미 없이도 유정란을 생산하기도 한다. 생식기에 관련된 내용은 번식 편에서 자세히 설명하도록 하겠다.

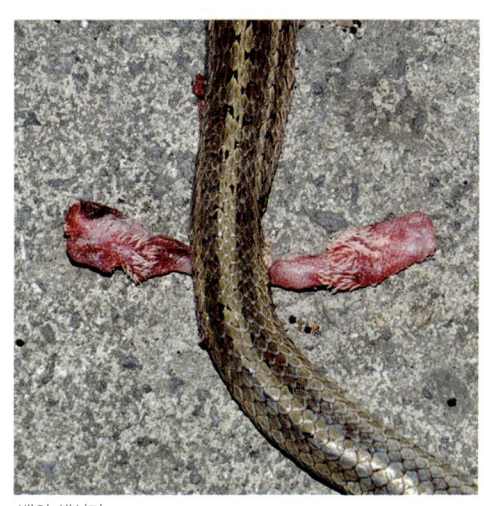

뱀의 생식기

꼬리

몸 전체가 마치 꼬리처럼 생긴 동물이지만 뱀도 꼬리를 가지고 있다. 몸통을 뒤집어 배 부분을 보면 아래쪽에 총배설강이 보이는데, 이 총배설강으로부터 시작해 몸의 끝까지가 뱀의 꼬리다. 다른 동물과 마찬가지로 뱀의 꼬리는 여러 가지 역할을 한다. 균형을 잡는 역할과 더불어 빠르게 떨거나 바닥을 내리쳐 적에게 경고를 보내는 것 등이 일반적으로 잘 알려져 있는 꼬리의 대표적인 역할이다.

이외에 색깔이 있는 꼬리를 움직여 먹잇감을 유인하기도 하는데, 그린 트리 파이손(Green Tree Pyton) 같은 종이 대표적이다. 링넥 스네이크(Ringneck Snake)는 꼬리를 말아 마치 머리처럼 보이게 해서 스스로를 보호하는 행동도 보이며, 바다뱀의 꼬리는 납작한 키와 같은 형태로 헤엄칠 때 추진력을 얻는 데도 사용된다. 몸통과 꼬리의 비율을 살펴 서식환경을 유추해볼 수도 있다. 나무 위를 주 서식지로 하는 종의 꼬리는 평균적으로 전체 몸길이의 약 1/3을 차지할 정도로 땅에 서식하는 종에 비해 월등하게 길게 진화됐다. 반면 땅속에서 사는 종은 꼬리가 전체 몸길이의 1/10 정도를 차지한다.

노처럼 변형된 바다뱀의 꼬리는 헤엄을 칠 때 추진력을 얻는 데 사용된다.

Tips 뱀의 신체측정법

사육 중인 뱀의 성장정도를 측정하거나, 연구를 위해 자연상태의 뱀을 채집한 경우 뱀의 길이와 몸무게를 측정할 필요가 있다. 이럴 때 사용하는 방법을 알아보자.

• **체장(體長)** : 사육 중인 뱀이 몸을 직선으로 펴는 경우는 상당히 드물기 때문에 체장을 측정하는 데는 특별한 방법이 필요하다. 도움이 되는 몇 가지 방법을 소개한다.
1. **벽 쪽을 기어가게 한다** : 지상성 뱀인 경우 몸을 벽에 붙여 이동할 때는 벽면을 따라 몸통을 곧게 펴서 움직이는 경우가 있다. 벽에 길이를 표시해두고 벽면을 따라 기어가게 해서 측정하거나, 몸을 폈을 때 재빨리 측정하도록 한다. 행동이 느린 비단구렁이류에게 사용하기 적합하지만 정확하게 측정하기는 좀 어려운 방법이다.
2. **실을 이용하는 방법** : 넉넉한 길이의 실을 뱀의 머리에서부터 꼬리까지 척추를 따라 올려 측정한다.
3. **대롱을 이용하는 방법** : 잠시 동안 투명한 긴 대롱에 넣은 후 측정한다.

본종의 무늬처럼 척추를 따라 실을 올려가며 길이를 잰다.

• **체중(體重)** : 볼 파이손처럼 겁이 많아 똬리를 틀고 가만히 있는 종은 그대로 저울 위에 올려 몸무게를 측정할 수 있지만, 대부분의 경우 자루나 상자에 넣은 뒤 통째로 저울에 올려 측정한다.

• **미장(尾長)** : 뱀의 꼬리는 총배설강에서부터 몸이 끝나는 부분까지다. 꼬리의 길이는 체장을 측정하는 방법과 동일하게 측정한다.

※ **뱀의 체형(體形)** : 뱀의 체형은 주 활동공간과 개체의 활동량에 따라 다음과 같이 나눠볼 수 있다.

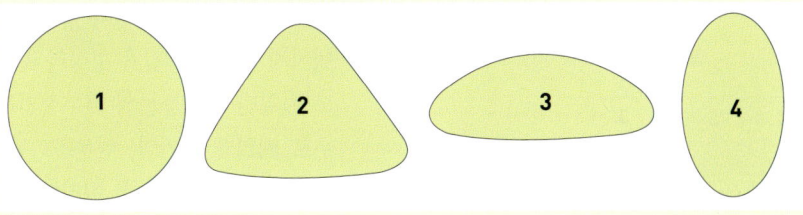

1. 지하에 서식하는 종   2. 일반적인 육상뱀   3. 대형 독사류   4. 나무 위에 서식하는 종이나 바다뱀류

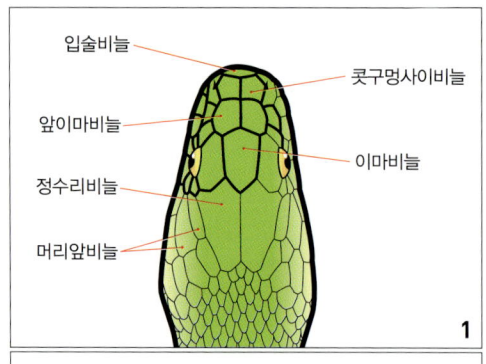

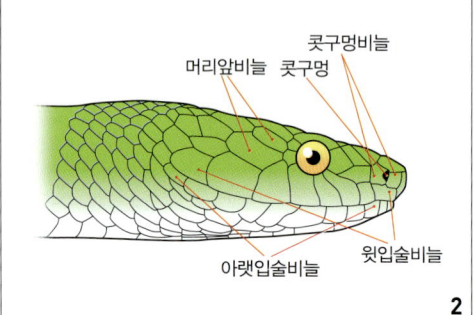

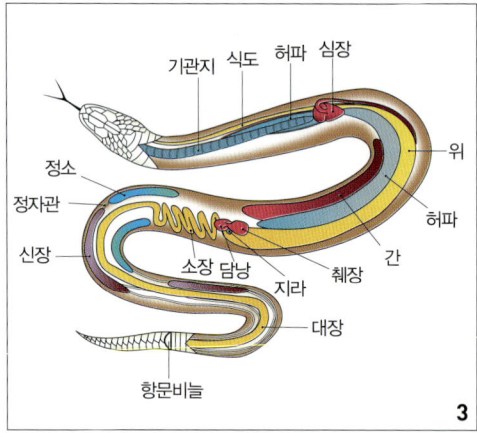

1, 2. 뱀 머리 부분의 명칭 **3.** 뱀의 내부장기

서식환경뿐만 아니라 꼬리의 길이로 뱀과 도마뱀의 구별도 가능한데, 일반적으로 몸통이 꼬리보다 길면 뱀이고, 뱀처럼 다리가 없지만 꼬리가 몸통보다 길면 도마뱀이다(그러나 나무 위에 서식하는 뱀 가운데 극히 일부 종은 꼬리가 몸통보다 더 길게 진화된 종도 있다). 뒤에 다시 언급하겠지만 꼬리의 길이, 시작 부분의 굵기나 형태를 살펴 암수를 구별하기도 한다. 뱀은 도마뱀에서 진화했지만 도마뱀처럼 꼬리가 저절로 잘리지는 않으며, 잘린 꼬리가 다시 재생되지도 않는다.

내부장기

뱀은 다른 동물들과 확연하게 구별되는 가늘고 긴 체형을 가지고 있다. 이러한 독특한 체형 때문에 쌍을 이루는 내부장기 역시 좁은 체강(體腔)에 적응해 겹겹이 꽉 들어차 있다. 또한, 크기가 작아졌거나 서로 떨어져 배열돼 있으며, 다른 동물들의 내부장기에 비해 만곡이 적고 횡경막은 존재하지 않기 때문에 내부가 흉강과 복강으로 나눠지지 않고 총체강을 형성하고 있다. 보통 일반적인 동물의 내부장기는 좌우로 배열돼 있지만, 뱀은 그 독특한 체형으로 인해 앞뒤로 배열돼 있는 것이 가장 큰 특징이라고 할 수 있다. 이러한 단순화의 결과 일부 소형종의 암컷은 좌우 어느 한쪽의 난관이 없는 경우도 있다.

뱀의 골격

사지가 없는 특이한 적응형태로 인해 뱀의 골격은 다른 척추동물과는 상당히 다르게 변형됐다. 두개골(頭蓋骨)은 유연하게 나뉘어졌고, 반대로 몸통은 척추골(脊椎骨) 및 늑골(肋骨)로 단순화됐다. 자신의 머리보다 큰 먹이를 먹기 위해 뱀의 머리뼈는 전악골(前顎骨), 상악골(上顎骨), 하악골(下顎骨), 비골(鼻骨), 구개골(口蓋骨)의 뼈들이 모두 가동적(可動的)으로 서로 나뉘어져 있다. 특히 턱뼈의 앞부분이 좌우로 갈라져 있어서 좌우 양쪽의 턱뼈를 교차로 움직일 수 있기 때문에 자기 몸의 직경보다 큰 먹이가 입에 들어가면 식도 쪽으로 밀려가게 된다. 또한, 하악과 두골 사이에는 큰 방골(方骨)이 있는데, 이 방골에 의해 하악이 두골에 매달려 있기 때문에 다른 동물들보다 훨씬 크게 입을 벌릴 수 있다. 그러나 소경뱀류는 상측두골이 없고 방골이 두개에 고착돼 있으며, 또 아래턱 앞의 끝이 소골을 매개로 고착돼 있기 때문에 입을 크게 벌릴 수가 없다.

몸통은 척추에 여분의 척추골이 추가되면서 길게 변형됐다. 척추골은 그 숫자가 많은 것이 특징으로 인간은 몸 전체가 총 206개의 뼈로 이뤄져 있는데 비해 뱀은 척추골의 숫자만 해도 일반적인 뱀이 200여 개, 많은 종은 400개까지 이른다. 이 각각의 척추골은 서로 10개 이상의 관절면에 의해 연결돼 강하면서도 유연한 움직임이 가능하다. 각각의 척추골은 좌우로 약 25°, 상하로 25~30° 정도까지 구부릴 수 있다. 이렇듯 각 척추골은 좌우로 유연하게 움직일 수 있게 연접돼 있어 몸통의 좌우 파상운동이 가능하다.

1~2개의 경추(頸椎)를 제외하고 모든 척추골에는 늑골이 1쌍씩 있고, 이 늑골은 아치형을 이루며 내부장기를 덮어 보호하고 있다. 뱀의 늑골 앞에는 흉골이 없기 때문에 좌우의 갈비뼈가 서로 떨어져 있지만, 인대와

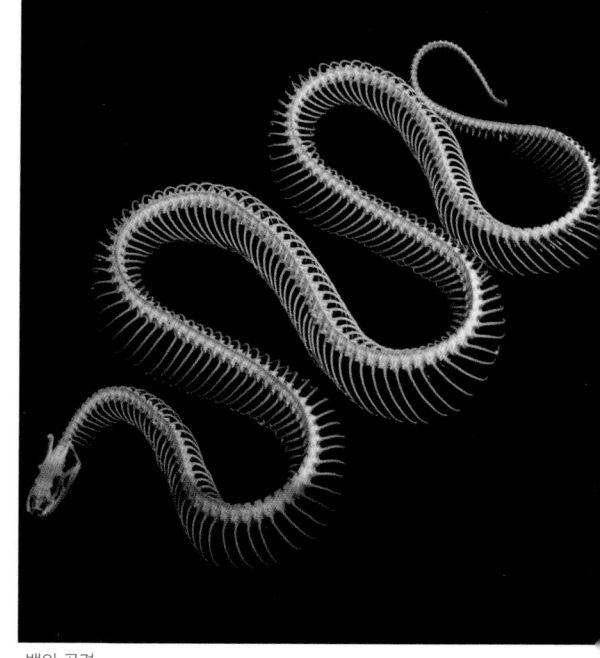

뱀의 골격

뱀의 척추골은 서로 10개 이상의 관절 면에 의해 연결돼 강하면서도 유연한 움직임이 가능하다.

근육에 의해 지탱돼 그 형태를 유지한다. 각 늑골은 뒤쪽 끝부분에서는 배판에, 가운데 부분에서는 배판에 접하는 몸비늘과 각각 근육으로 연결돼 보행의 원동력이 된다. 보아과와 소경뱀과 등 원시적인 무리에서는 발톱 모양을 한 뒷다리의 흔적이 항판의 양쪽에 있고, 체내에 퇴화된 골반구조(vestigial pelvis)의 흔적이 막대 모양 또는 Y자 모양의 소골(小骨)로 남아 있다.

뱀의 비늘과 역할

뱀의 몸은 표피가 각질화된 비늘로 뒤덮여 있다. 전신을 덮고 있는 이 비늘은 위장에 중요한 역할을 하고 외부적 자극으로부터 뱀의 몸을 보호해줄 뿐만 아니라, 몸에서 수분이 빠져나가는 것을 효과적으로 막아주는 보호막의 역할을 한다. 진화단계에서 양서류가 물에서 먼 곳까지 서식영역을 넓히지 못한 것에 비해 양서류로부터 진화한 파충류가 공간적 제약 없이 서식지역을 광활하게 개척할 수 있었던 데는 수분손실을 효과적으로 억제하는 이 비늘이라는 기관의 역할이 가장 컸다고 할 수 있다.

레드 테일 보아

■**비늘의 역할** : 수분손실을 방지하는 것 외에 비늘이 가진 또 하나의 중요한 역할은 이동이다. 다리가 없는 뱀은 다리를 대신해 배에 있는 넓은 배비늘(scute)을 이용해 몸을 움직인다. 이러한 중요한 역할 외에도 비늘은 비비거나 떨어 소리를 냄으로써 적에게 경고를 하는 등의 역할을 하기도 한다. 보통 비늘은 세로로 배열돼 있는데 그 숫자와 질감, 배열의 차이가 각각 상이하기 때문에 이 역시도 분류학상 종 동정의 중요한 기준이 된다. 대부분의 종은 머리 부분에서 대형의 비늘로 분화되지만, 반시뱀류와 보아류 등 일부는 머리 윗부분이 가는 비늘로 덮여 있다. 머리비늘은 좌우 대칭으로 배열돼 있으나 비늘의 크기나 형태는 각 종마다 차이가 있다. 등비늘과 측면비늘은 배비늘보다 두께가 얇다.

등비늘과 배비늘은 형태에 있어서 상당한 차이를 보인다. 등비늘이 마치 물고기의 비늘처럼 보이는데 비해 배비늘은 직사각형의 넓은 비늘이 일렬로 배열돼 있어 이동에 사용된다. 꼬리 부분의 비늘은 배비늘과는 달리 1~2열의 미하판으로 분화돼 둘 사이에는 1~2장의 항판이 있다. 땅속에 사는 종이나 물에 사는 종에서는 배판과 미하판 모두 퇴화되고 폭이 좁아 대부분 겨우 흔적만 남아 있다. 나무 위에서 생활하는 종의 비늘은 가운데 용골(龍骨, keel)이 발달한 것이 많고, 완전히 땅에서 생활하는 종과 땅속에서 생활하는 종의 비늘은 매끄러운 것이 많다. 드물게 비늘에 정단공기(apical pit)라는 독특한 감각기관을 보유하고 있는 종도 있다.

등비늘과 배비늘의 비교

비늘 가운데 솟은 용골의 발달 정도에 따라 비늘의 질감이 달라진다.

대부분의 종에서 배부분의 비늘은 총배설강을 기준으로 배비늘과 꼬리비늘로 나눠진다. 보통 등비늘과 배비늘은 크기나 형태에 있어서 확연하게 차이가 나지만, 땅속에 사는 원시적인 장님뱀류는 복판으로 운동을 하지 않으므로 서식환경의 영향으로 인해 큰 배비늘이 사라지고, 굴을 파거나 수영을 하는 데 적합한 구조로 변형된 종도 있다. 뱀의 매끄러운 비늘은 헤엄칠 때 물의 저항을 줄여주고, 작은 물방울 하나로도 체표의 먼지나 오염물을 쉽게 씻어낼 수 있게 해준다.

형태적으로 비슷해 보이는 물고기의 비늘과 뱀의 비늘은 사실 상당한 차이가 있다. 물고기의 비늘은 사람의 손톱과 같이 피부 중 진피부분이 변화된 것으로, 탈피를 하지 않기 때문에 성장하면서 마치 식물의 나이테와 같은 성장륜이 생긴다. 또한, 비늘 하나하나가 각각의 조직이므로 하나씩 떨어진다. 그러나 뱀을 포함한 파충류의 비늘은 표피가 각질화된 것이다. 물고기 비늘과의 가장 큰 차이는 뱀은 몸 전체가 한 장의 비늘로 덮여 있다는 것이며, 따라서 물고기 비늘처럼 하나하나씩 떨어지지 않고 주기적으로 전체적인 탈피가 이뤄진다는 점이다. 탈피는 매년 1회 이상 이뤄지는데, 만약 탈피를 하지 못하면 비늘이 각질화되고 심한 경우 폐사되기도 한다.

■ **뱀의 이동** : 뱀은 배비늘과 근육을 이용해 이동하는데, 이처럼 비늘을 이용한 이동법은 보기와는 달리 상당히 효율적이다. 뱀은 다리가 없는 약점을 보완하기 위해 다양한 이동방법을 개발했기 때문에 다리가 없지만 움직임에 크게 제약을 받지는 않는다.

뱀 가운데 가장 빠른 뱀은 아프리카의 블랙 맘바로 알려져 있는데, 최대 시속 20km로 추정되며 이는 보통 사람이 전력질주할 때의 평균시속에 해당한다. 그러나 이렇게 빨리 이동할 수 있는 뱀은 극히 드물며, 대부분의 뱀은 사람이 생각하는 것보다 상당히 느리다.

· **직진이동** – 피부를 지면의 한 점에 붙이고, 피부 안의 몸통을 밀어낸 후 뻗어 배비늘을 지면의 작은 돌기에 걸리게 한 다음, 피부 안의 몸통을 잡아당기고 몸통이 나아간 곳까지 피부를 끌어당긴다. 보통 몸통이 굵은 뱀들이 사용하는 방식으로 조용한 이동이 가능하다는 것이 가장 큰 장점이지만, 뱀의 이동방법 가운데 속도가 가장 느리다.

· **사행이동(측선 물결이동)** – 대부분의 뱀들은 이 방법으로 앞으로 나아간다. 보통 야외에서 도망가는 뱀을 봤을 때 확인할 수 있는 S자 형의 이동방법이며, 수면 위나 수중에서 헤엄칠 때도 동일한 방식을 사용한다. 이동방법 가운데 속도가 가장 빠르다.

· **아코디언식 이동** – 아코디언식 이동은 좁은 공간을 이동하거나 나무를 오를 때 사용하는 방법이다. 어느 정도 돌기가 있다면 뱀은 배비늘과 몸통의 근육을 이용해 벽이나 나무에도 수직으로 오를 수 있다. 몸통을 지그재그로 접고 몸통 앞부분을 밀어서 몸을 고정시킨 다음, 몸통 뒷부분을 잡아당겨 근육의 힘을 이용해 앞으로 나아간다. 이렇게 움직일 때는 근육으로 힘을 가할 면적이 넓을수록 이동에 유리하기 때문에 뱀은 둥근 기둥을 오를 수 있어도 사각형의 기둥은 오를 수 없다. 따라서 뱀이 많은 지역에서는 이러한 원리를 이용해 사각의 기둥 위에 집을 짓는 방식으로 뱀의 피해를 방지하기도 한다.

1. 직진이동 2. 아코디언식 이동

- 사이드 와인딩(sidewinding) - 주로 사막에 서식하는 종들이 사용하는 방식으로 마치 용수철이 굴러가는 듯이 보이는 이동 방법이다. 지면의 열기를 피하기 위해 몸의 최소면적만 땅에 닿도록 하는 방법이다.

- 도약(jump) - 다리가 없는 뱀이 몸을 완전히 공중에 띄우는 것이 가능할까? 일반적으로 불가능할 것이라고 생각하지만 점핑 바이퍼(Jumping Viper, *Bothrops nummifer*)와 같은 몇몇 종은 실제로 점프를 한다. 일부 움직임이 활발한 레이서류나 힘이 강한 독사류의 경우에는 자신의 몸길이 혹은 그 이상의 거리를 뛰어 상대를 공격할 수 있다고 알려져 있다. 대체로

사이드 와인딩의 흔적

몸집이 작은 종이 급박하게 위험에서 도망치려고 하거나 맹렬히 공격할 때, 똬리를 튼 상태에서 재빨리 몸을 쭉 펴면서 앞이나 옆으로 순간적으로 몸을 띄우는 것이 가능하다.

- 활강(gliding) - 동남아시아의 열대우림에 서식하는 파라다이스 스네이크는 먹이가 되는 날도마뱀을 추적하거나 적에게 쫓길 때, 높은 나무에서 뛰어내린 후 늑골을 펴서 나무와 나무 사이를 최대 100m까지 활강할 수 있다.

- 후진 - 일반적인 경우라면 뱀은 옆으로도 가지 못하고 후진도 할 수 없다. 막다른 길이라면 머리를 돌려 방향을 바꾼 뒤 다시 전진하는 방식으로 움직이는 것이 보통이다. 뱀은 앞으로 나가다가 장애물에 부딪치면 뒤로 가지 않고 옆으로 방향을 튼다. 산에서 뱀을 잡는 땅꾼들이 길게 그물을 쳐놓고 한쪽 옆에서 기다리고 있는 것 또한 후진을 하지 않는 뱀의 습성을 염두에 둔 것이다. 그러나 좁은 굴과 같이 몸을 밀착시킬 수 있는 환경에서라면 근육을 이용해 뒤로 다시 나오기도 한다.

Section 03

뱀의 생태

2900여 종에 이르는 다양한 뱀의 생태를 '뱀'이라는 단일 주제 아래 정리하기란 쉽지 않다. 형태적으로는 굉장히 단순해 보이지만, 뱀은 나름대로 각각의 서식환경에 기막히게 적응하며 생존해온 놀라운 생명체이기 때문이다.

크기

뱀은 가장 작은 종과 가장 큰 종의 크기 차이가 상당히 많이 나는 생명체다. 현재까지 알려진 것 가운데 가장 체구가 작은 뱀은 바베이도스 섬에서 발견된 '실장님뱀(Barbados Threadsnake, *Leptotyhlops carlae*)'으로 완전히 성장했을 때의 전체 길이가 불과 10cm 내외에 불과하며, 굵기도 볼펜심 정도 밖에 안 될 정도로 작은 소형종이다. 반대로 '세계 3대 대형뱀'에 속하는 미얀마비단구렁이, 그린 아나콘다, 그물무늬비단구렁이(Reticulated Python)와 같은 종은 현생종 가운데서 가장 큰 덩치를 자랑하며, 거의 10m에 육박하는 거대한 체구를 가지고 있다.

그린 트리 파이손

그물무늬비단구렁이는 뱀 가운데 길이가 가장 긴 종이다.

뱀 가운데 가장 큰 뱀이 무엇인가라는 질문을 간혹 받는데, 보통은 그린 아나콘다가 뱀 가운데 '덩치가 가장 큰(몸무게가 많이 나가는) 뱀' 이라면 '길이가 가장 긴 뱀' 은 그물무늬비단구렁이라고 대답한다. 사실 가장 큰 뱀에 대한 확실한 대답을 하기는 조금 곤란한 면이 없지 않다. 10m에 육박하는 뱀에 대한 기록이 거의 20세기 초에 얻어진 것들이기 때문이다. 대형종의 경우 가죽을 이용하기 위한 목적으로 많이 남획되는데, 예전과는 달리 총을 이용해 손쉽게 잡기 때문에 수명이 다할 때까지 완전히 자란 개체를 발견하기는 어렵다. 뱀은 수명이 다할 때까지 지속적으로 성장한다.

형태

평균적인 크기는 약 1~2m 내외이지만, 앞서 언급했다시피 뱀은 10m에 가까운 대형종부터 10cm에 불과한 초소형종까지 크기의 편차가 상당히 큰 동물이다. 그러나 이러한 크기의 차이에 비해 그 외형은 전 종이 매우 유사하며, 지구상에 존재하는 모든 동물들 가운데 가장 간결한 형태를 띠고 있는 척추동물이라고 단언할 수 있을 정도로 형태적으로 매우 단순한 동물이다. 전 종 모두 사지(四肢), 눈꺼풀, 외이(外耳)가 없고 몸은 머리, 목, 몸통, 꼬리로 나눠볼 수 있지만 외형적으로 보기에는 그 경계가 확실하지 않다. 다른 파충류와 마찬가지로 뱀의 상피에는 피모(彼毛)나 깃털, 땀샘이나 유선(乳腺) 등의 분비선이 존재하지 않으며, 몸 전체가 비늘로 덮여 있다. 뱀의 몸을 덮고 있는 이 비늘은 양서류의 신체를 덮고 있는 피부와는 달리 호흡기능이 없으며 투명하지도 않다.

체색

뱀의 체색은 전체적으로 단색부터 알록달록한 원색까지 종에 따라 상당히 다양하며, 무늬 역시 개체에 따라 상이하다. 또한, 다른 동물들처럼 알비노나 부분탈색개체와 같은 돌연변이도 존재한다. 이러한 체색과 무늬는 각각의 서식지에서 효과적인 보호색으로 작용한다. 극히 드문 몇몇 종을 제외하고 일반적으로 성장하면서 체색의 변화는 없으며, 성별에 따른 색채의 차이도 없다. 그러나 기본적으로 가지고 있는 체색 외에 햇빛을 받으면 무지개색의 광채가 더해지는 종도 있다. 특이하게 인랜드 타이판(Inland Taipan)처럼 계절에 따라 체온조절을 용이하게 하기 위해 여름에는 밝은 색, 겨울에는 어두운 색으로 체색이 변하는 종도 있고, 일광욕 시 우선적으로 머리 부분의 온도를 높임으로써 뇌와 감각기관을 활성화해 주위상황을 신속히 파악하고 대비할 수 있도록 하기 위해 일부 종은 머리 부분이 몸통에 비해 훨씬 짙은 색을 띠고 있기도 하다.

모든 뱀은 카멜레온처럼 짧은 시간 안에 체색을 바꾸지 못한다고 알려져 있었으나, 2005년 세계자연보호기금(World Wide Fund for Nature, WWF) 소속 과학자들에 의해 인도네시아 보르네오 섬 밀림지역에서 발견된 '카푸아스진흙뱀(Kapuas Mud Snake, *Enhydris gyii*)은 뱀 가운데 유일하게 주변 환경에 따라 체색을 바꾸는 현상이 관찰된 것으로 보고되기도 했다. 이처럼 특수한 몇몇 종의 체색변화를 제외한다면 대부분의 경우 파충류의 체색변화는 스트레스나 질병으로 인한 것일 때가 많지만, 뱀은 이렇게 몸 상태가 안 좋을 때도 눈에 띄게 체색이 변하는 경우가 드물다.

1. 머리만 검은 뱀 **2.** 부분탈색개체

행동

뱀은 기본적으로 단독생활을 하는 동물로서 동종 혹은 타종의 뱀과 사회적인 관계를 맺지는 않으며, 평생 혼자 생활한다. 동면할 때나 번식기 때 집단을 이루는 종이 있기도 하지만, 그것은 특정 시기에 국한된 사회행동일 뿐이며 그 자체로 사회적인 중요성을 나타내는 것은 아니다. 또한, 번식기 때 수컷끼리 싸우는 경우가 있기는 하지만, 그 역시도 동성 간에 우위를 정하는 단순한 행동일 뿐 특별한 사회적 의미는 없다. 먹이사냥에 있어서도 서로를 돕거나 협력하는 경우는 없으며, 서열이나 텃세도 없는 것으로 알려져 있다.

식성 및 먹이활동

뱀은 완전한 육식동물이다. 현재까지 일부라도 초식을 하는 종은 알려져 있지 않으며, 먹이는 곤충부터 무척추동물, 척추동물까지 매우 다양하다. 국내에서 가끔 백사가 발견되는데, 기사내용에 '산삼과 함께……' 혹은 '산삼을 먹다가 발견된……' 이라는 식의 내용이 들어 있으면 100% 거짓이라 생각해도 무방하다. 뱀의 식성은 체구가 커지고 성장하면서 변화되는 경우가 많지만, 전 생애에 걸쳐 절대 식물성 먹이를 먹지는 않는다.

소화기관은 다른 척추동물과 같지만 길이가 비교적 짧은 것이 특징이다. 대신 위액의 소화력이 강해서 먹이로 삼킨 척추동물의 단단한 부위인 뼈, 이빨, 발톱, 뿔까지 모두 녹인다. 털이나 깃털은 위산에 녹지 않으므로 그대로 배설된다.

호흡

다른 파충류처럼 뱀의 호흡은 근육의 수축과 이완작용으로 늑골이 확장되면서 체내의 용적을 변화시킴으로써 이뤄진다. 다른 내부장기는 여타의 동물들과 그 숫자와 역할

뱀의 기도

이 유사한데 비해 뱀의 폐는 좀 특이하다. 보아나 비단구렁이처럼 원시적인 뱀은 양쪽 폐가 모두 기능하지만, 대부분의 뱀에게 있어서 왼쪽 폐는 퇴화돼 거의 기능을 하지 않고 오른쪽 폐만 상당히 발달돼 있다는 점이 특징적이다. 폐는 극히 얇은 막으로 구성돼 있는데, 앞부분은 혈관이 많이 분포돼 있어 호흡을 하는 데 사용되고, 뒷부분은 조류의 기낭(氣囊)과 같이 공기를 저장할 수 있는 기능이 있다. 일반적인 뱀의 폐는 폐의 후실이 몸통의 중간까지 이르지만, 바다뱀 가운데는 몸통의 밑 부분까지 이르는 것이 있어 공기를 저장하고 장시간 잠수를 할 수 있다.

보통 뱀은 허파 하나로 1분에 5~10회 정도의 호흡을 하며 살아간다. 5~6m 되는 비단구렁이의 폐의 길이는 약 3.5m에 이르는데, 이렇게 거대한 폐로 40분~1시간까지도 호흡을 참을 수 있다. 뱀의 입 안쪽을 보면 혓바닥의 위치에 구멍이 나 있는 것을 확인할 수 있는데, 호흡에 따라 열렸다가 닫히기를 반복한다. 이는 기도(氣道)로서 평소에는 혓바닥 위치에 있지만, 삼키기 어려울 정도로 큰 먹이를 먹을 경우에는 이 후두(喉頭)를 옆으로 틀어 입 밖으로 빼서 질식하지 않고 먹이를 삼킬 수 있다. 폐는 호흡에 사용되는 것 외에도 유영할 때 부력을 증가시키거나, 몸통을 부풀게 해서 적을 위협하는 데도 유용하다. 또 강한 입김을 토해내 '쉬익~' 하는 위협적인 소리를 내는 데도 사용된다.

번식

겨울이 없는 열대의 뱀들은 우기의 온·습도 변화를 기준으로 번식을 한다. 온대지역에 서식하는 뱀은 동면에 들어가기 전 교미하고 겨울을 난 후 산란을 하는 종과, 동면에서 깨어난 직후 교미해 여름에 번식하는 종이 있다. 이처럼 서식지가 어디건 상관없이 온도가 변화되는 시기를 전후해 번식활동이 활발해지는 경향이 있기 때문에 사육 하에서도 번식을 위해서는 일정 기간의 인공적인 온도 변화기를 거치게 하는 것이 유리하다.

자연상태에서 뱀은 알이 스스로 부화하기에 적당한 장소를 찾아 산란한다.

자연상태에서는 동종끼리 모여 집단으로 교미를 하는 경우도 있고, 몇몇 개체만 따로 교미를 하기도 한다. 몇몇이 번식기에 집합하거나, 동면을 위해 한 공간에 모여드는 것 외에는 평상시에 무리를 이루는 일이 없다. 교미 시에는 수컷이 암컷의 몸 위에 올라가 자극하기도 하고, 보아나 비단구렁이처럼 총배설강 옆에 발톱이 있는 종들은 이 발톱으로 암컷의 몸을 긁어 자극하기도 한다. 드물게 수컷 몸의 여러 부분에 혼인혹(nuptial tubercle)을 가지는 종도 있다. 수컷에게는 주머니 모양을 띤 1쌍의 반음경(半陰莖, hemipenis)이 있어서 이것으로 교미를 하는데, 보통 때는 뒤집어서 몸속에 넣고 있다가 교미할 때 1개만 꺼내 사용한다.

수컷의 정자는 생식기 표면에 있는 홈을 통해 흘러나와 암컷의 몸속으로 들어간다. 대개 수정은 곧바로 일어나지만, 일부 종의 암컷은 수컷의 정자를 장기간 몸속에 보존할 수 있기 때문에 한 번의 교미로 몇 해 후에도 교미 없이 번식이 가능하다. 자연상태에서 임신한 암컷은 어느 정도 습도가 유지되는 썩은 통나무 속, 나무 밑동과 같은 곳에 알을 낳는다. 대부분 별도로 둥지를 만들지 않지만, 킹코브라는 뱀들 가운데 유일하게 둥지를 만들어 산란하는 습성이 있는 것으로 알려져 있고 수컷이 알을 돌본 사례도 보고돼 있다.

일반적인 뱀의 1회 산란 수는 평균 6~30개 정도이며, 가장 적은 것은 1개, 가장 많은 것은 비단뱀류로 100개 정도에 이른다. 보통 부화에는 30~40일이 소요되며, 부화기간이 가장 짧은 종은 애기반시뱀(Okinawan Pit Viper) 등이 1~2일로 난태생에 가깝고, 반대로 가장 긴 것은 푸른바다뱀(Black-banded Sea Krait)으로 약 5개월이 소요된다.

전체 뱀 가운데 0.2% 정도만 알을 품는다.

대부분의 뱀은 알을 낳고는 자리를 뜨지만, 몇 종은 알 위에 똬리를 틀고 부화될 때까지 알을 돌본다. 그러나 이처럼 알을 돌보는 종은 몇몇 있지만 새끼를 양육하는 뱀은 알려져 있지 않다. 고도가 높은 지역에 서식하는 뱀이나 물가에 서식하는 종은 난태생이 많은데, 이는 서식지역의 환경으로 인해 부화에 적당한 온도를 제공해주기 어려우므로 자신의 몸을 인큐베이터로 이용하기 때문인 것으로 생각된다.

Chapter 02

뱀 사육의 역사

인간과 뱀의 관계에 대해 역사적인 측면에서 간략하게 살펴보고, 뱀의 보호 현황 및 전망과 국내의 사육역사에 대해 알아본다.

Section 01

인간과 뱀

'뱀' 이라는 단어는 사람들로 하여금 다양한 이미지를 떠올리게 한다. 동물마다 각각 지니고 있는 특유의 이미지가 있지만, 뱀처럼 '선과 악' 이라는 극과 극의 이미지를 가지고 있는 동물은 아마도 없을 것이다. 이번 섹션에서는 세계 여러 나라에서 인식되고 있는 뱀의 이미지에 대해 알아보자.

신화와 설화 속의 뱀

우리나라, 동양에만 국한된 것이 아니라 멀리 지구 반대편 서양에 이르기까지 세계 각국의 신화와 설화에는 다양하게 이미지화된 뱀들이 등장한다. 세계의 신화와 설화 속에 나타나는 대표적인 뱀의 이미지는 다음과 같다.

■ **간교하고 사악한 존재, 악마의 이미지** : '사람들이 가장 좋아하는 뱀은 죽은 뱀이다', '뱀 공포증(恐怖症, ophidiophobia)'. 이 말은 뱀에 대한 원초적인 두려움과 혐오감을 가장 잘 드러낸 말이라고 할 수 있는데, '두려움' 과 '혐오감' 이야말로 일반 대중들이 뱀이

버미즈 파이손은 온순한 성격으로 핸들링이 용이하다.

이브를 유혹하는 사악한 뱀

라는 동물에 대해 가지고 있는 가장 대표적인 이미지라고 할 수 있다. 원시시대 때 파충류의 먹이가 됐던 원시 인류의 두려움의 경험이 현재까지 전해지기 때문이라고 주장하는 학자도 있는데, 이렇듯 뱀에 대한 두려움은 인간이라면 누구나 가지고 있는 '유전자에 각인된 두려움' 이라고까지 표현되기도 한다.

뱀을 이렇게 두렵고 혐오스럽게 생각하는 문화는 매우 다양하게 존재한다. 가장 대표적인 것은 이브를 유혹해 선악과를 따먹는 죄를 저지르게 함으로써 영생이 보장된 낙원에서 쫓겨나게 한 성경 속의 뱀일 것이다. 구약성서에는 "여호와 하나님이 지으신 들짐승 중에 뱀이 가장 간교하니라"라는 구절이 있으며, 예수가 탐욕스러운 이들에게 '뱀의 새끼' 혹은 '뱀의 자식' 이라고 부르는 내용이 나온다. 수메르 지역의 뱀도 유대의 신화 속 '뱀' 의 이미지와 크게 다를 바 없는 이미지를 가지고 있다. 수메르 〈길가메시 신화〉에서 뱀은 인간이 먹기로 한 불로초를 훔쳐 먹은 간교한 동물로 등장한다.

유대의 신화와 중동의 신화에서 뱀을 사악한 존재로 표현한 것은 그 지역의 유목생활과 관련이 있는 것으로 추측된다. 끊임없이 많은 거리를 이동해야 하는 유목민들의 특성상 풀을 찾아다니며 가축을 돌보면서 가장 위협적으로 여기는 대상이 바로 '뱀' 이기 때문이다. 근래에는 영화 〈해리포터〉에서 악역인 볼드모트가 뱀의 이미지를 가지고 있는 것을 볼 수 있다. 이처럼 세계 각국의 많은 창세신화에서 인류의 영생을 방해하는 악역을 뱀에게 맡긴 까닭은, 죽어야만 하는 인간적 한계와 영생을 한다고 믿은 뱀에 대한 그릇된 판단과 무관하지 않다.

■**창조주, 조상신의 이미지** : 앞서 언급한 부정적인 이미지와는 달리, 뱀을 자신들의 조상이라고 생각하며 믿음의 이미지를 가지고 있는 경우도 많다. 조상의 무덤가에 뱀이 나타나면 조상의 화신, 무덤의 수호신이자 환생을 돕는 존재라고 믿어 죽이지 않고 잘 대접하는 풍습이 세계 각국에서 다양하게 보인다. 우리나라는 물론이고 가깝게는 중국, 일본에서부터 그리스, 이집트, 로마, 러시아, 브라질, 인도네시아까지 뱀은 그들의 조상이자 부모이고, 부족의 시조 또는 수호신의 이미지를 가지고 있다.

중국에서 최초의 인간은 태호 복희씨와 여와씨라는 이름을 가진, 윗부분은 사람이고 아랫부분은 뱀의 형상을 한 인두용신(人頭龍身)이라고 믿어왔다. 멕시코의 마야문명과 아즈텍 문명의 신화에도 '깃털 달린 뱀'이 등장하는데, 케찰코아틀(Quetzalcoatl)이라고 불리는 이 신은 땅과 물의 신, 농작물의 신으로 추앙받고 있다. 일반적으로 농경사회에서는 유목사회와는 달리 뱀을 숭배하는 경향을 보이는데, 이는 뱀이 농작물을 갉아먹는 쥐를 잡아먹기 때문이다. 즉 유목생활에 있어서 위협적인 존재인 뱀이 정착생활을 하게 되면서 별다른 해를 입히지 않고, 오히려 쥐의 천적으로서의 역할을 함으로써 인간에게 도움을 주는 존재로 변모했기 때문이다.

멕시코 유적에서 보이는 케찰코아틀

태국 사원의 나가상

■**수호신, 성수(聖獸), 영물(靈物)의 이미지** : 세계 곳곳에서 신전의 수호신으로, 지킴이로 자리 잡고 있는 뱀의 형상을 볼 수 있다. 성소(聖所) 주위를 지키며 나쁜 기운이나 잡귀의 근접을 막는 듯한 이미지는 상당히 많은 곳에서 확인할 수 있다. 마야인들은 신전 입구의 난간에 뱀의 머리를 만들어두고 몸통으로 신전을 둘러쌌으며, 이집트 피라미드 내실에 존재하는 뱀 그리고 태국이나 캄보디아의 사원을 장식하는 '나가(Naga)'라는 이름의 뱀 형상을 띤 난간은 수호신으로서의 뱀의 대표적인 상징이라고 할 수 있다. 또한 동양에서 뱀은 12지 가운데 여섯 번째 동물로 신성시되고 있다.

■**재생과 불사의 화신** : 사람들은 뱀이 성장하면서 허물을 벗는 것을, 죽음으로부터 벗어나 다시 태어남으로써 영원한 생명을 누리는 것으로 인식했다. 이에 따라 뱀은 불사(不死)의 존재라는 인식을 가지고 있었다. 인도신화에 등장하는 대양의 뱀 '아난타(Ananta, 뱀신 나가왕 중 하나)'는 우주적 에너지를 상징하는데, 아난타라는 말 자체가 무한함, 영원성이라는 의미를 가지고 있다. 또한, 동양에서 여러 가지 상징에 뱀 문양을

새겨 넣은 것은 당시 사람들이 뱀이 초월성과 불멸의 힘을 지니고 있다고 믿었기 때문이다. 뱀의 이러한 재생과 불사의 이미지는 곧바로 치료의 상징으로 차용되기도 했다.

■**풍요와 다산의 상징** : 동양에는 뱀이 재물을 가져다주거나, 재물을 지켜주는 이로운 동물이라는 인식이 있다. 이렇듯 농경사회에서의 뱀 숭배를 가장 여실하게 보여주는 것이 바로 업신신앙이라고 할 수 있다. 업신신앙이란 집안에 재산을 지켜주는 '업신'이라는 신이 있다는 믿음인데, 사람들은 구렁이를 이 업신이라 여겨 이른바 '업구렁이'라 부르며 숭배했다. 즉 집안에 거대한 업구렁이가 살고 있어 재복을 불러 일으켜준다고 믿었던 것이다. 업신은 집안의 창고, 특히 쌀창고에 살고 있다고 전해지는데, 이 업신이 사라지면 가세가 기운다고 믿었다. 여기서도 업신, 즉 구렁이가 쌀창고에 살고 있다는 점에 주목해보면, 농경사회에서 뱀을 숭배하게 된 주요한 원인이 농작물을 해치는 쥐를 잡아먹어주기 때문이라는 점과 연관 지어 생각해볼 수 있다. 특히 제주에는 뱀을 '부군신령(府君神靈)'이라 해서 집안에 부귀를 가져다주는 하나의 상징적 존재로 귀히 여기는 풍속이 있다. 또한, 여러 개의 알과 새끼를 낳는 뱀의 특성은 곧 풍요와 다산의 상징으로 여겨져 여러 지역의 무속신화에 빈번하게 등장하고 있다.

■**치료의 상징, 지혜의 상징** : 앰뷸런스나 구급상자를 보면 한 마리의 뱀이 지팡이를 감고 있는 그림, 또는 지팡이를 두 마리의 뱀이 감싸고 있고 윗부분에는 독수리의 날개가 달려 있는 그림을 확인할 수 있다. 뱀이 한 마리일 경우에는 그리스로마 신화에 등장하는 의술의 신 '아이스쿨라피우스(Aesculapius)'의 지팡이를 상징하며, 두 마리의 뱀에 날개가 있으면 '카두케우스(Caduceus)' 혹은 '케리케이온(Kerykeion)'이라고 불리는 '헤르메스의 지팡이'를 상징한다. 그리스 신화를 보면, 아이스쿨라피우스가 제우스의 번개를 맞아 죽은 고린도(코린트)의 왕을 살리려고 치료하던 중 뱀 한 마리가 방 안으로 들어오자 깜짝 놀라서 자신의 지팡이를 휘둘러 그 뱀을 죽인다. 잠시 후 또 한 마리의 뱀이 약초를 물고 들어와 죽은 뱀의 입에 올리는데, 곧바로 죽었던 뱀이 다시 살아난다. 이것을 본 아이스쿨라피우

아이스쿨라피우스의 지팡이

스가 뱀이 했던 대로 그 약초를 고린도 왕의 입에 갖다 대어 그를 살려내는데, 이후 아이스쿨라피우스는 감사하는 의미에서 자신의 지팡이를 휘감은 한 마리의 뱀을 자신의 상징으로 삼았고, 이 상징은 곧 의학의 상징이 됐다. 아이스쿨라피우스의 지팡이는 현재 의학의 심벌이자 WHO(세계보건기구)의 마크로 사용되고 있다.

헤르메스는 제우스의 아들이자 올림포스 12신 중의 한 명이며 전령의 신, 도둑과 상인 및 여행자들의 신이다. 그는 항상 지팡이와 날개 달린 신발을 신고 있었다고 알려져 있는데, 헤르메스가 지니고 있는 이 지팡이가 바로 평화와 의술의 상징인 '카두케우스'다. 고대로부터 아이스쿨라피우스의 지팡이가 의학의 상징으로 널리 사용돼왔으나 중세에 들어서 로마 가톨릭교회에 의해 사용이 억압됐고, 언제부터인가 헤르메스의 지팡이가 의학 분야의 상징으로 사용되기 시작했다. 헤르메스의 지팡이 카두케우스는 이후 의술의 상징처럼 여겨져 지금도 앰뷸런스, 구급대원, 제약회사의 표식으로 그려져 있는 것

헤르메스의 지팡이
카두케우스

을 종종 볼 수 있다. 카두케우스는 현재 대한의사협회의 휘장에 새겨져 있다.

의학의 상징으로 아이스쿨라피우스의 지팡이를 사용하는 것이 맞는지, 카두케우스를 사용하는 것이 맞는지에 대해서는 논란의 여지가 남아 있다. 세계보건기구나 세계의사회 그리고 미국, 일본, 중국, 영국 등 주요 국가의 의사협회는 아이스쿨라피우스의 지팡이를 사용하는 반면에 한국, 일본, 중국의 의무부대와 국내 여러 보건 관련 단체에서는 헤르메스의 지팡이인 카두케우스를 사용하고 있다.

이와는 별개로 상업 관련 학교의 기장(記章)이나 교표 등에 날개와 뱀이 달린 지팡이가 그려져 있는 것은 상업신으로서의 헤르메스에서 연유한다. 이는 냉정하고 치밀한 계산과 판단력이 재물을 관리하는 상인들의 덕목이라는 의미를 가지고 있다. 이러한 이미지 때문인지는 모르겠지만 뱀띠 해에 태어나는 사람들은 정신활동을 많이 할 운명을 타고 난다고 한다. 예수, 괴테, 도스토예프스키, 사르트르, 보들레르, 피카소, 간디, 모택동, 케네디 대통령, 이순신 장군도 뱀의 해에 태어난 인물들이다.

뱀의 보호

뱀이 특유의 생김새나 은밀하고 갑작스러운 동작 때문에 사람들에게 혐오감을 주는 것은 사실이지만, 자기방어의 목적 외에 의도적으로 사람을 공격하는 경우는 거의 없다. 또 위험한 종은 독사에 국한되며, 큰 뱀도 사람을 습격하는 일은 아주 드물다. 이처럼 뱀이 의도적으로 사람을 공격하거나 해를 끼치려고 하지 않는데 비해, 사람은 뱀을 잡기 위해 수단과 방법을 가리지 않는다. 일부 나라에서는 식용으로, 다른 나라에서는 신발이나 가방을 만들 가죽을 얻기 위해, 애완용이나 전시용으로 사용하기 위해, 혹은 연구실험용으로 사용하기 위해 남획되기도 하고, 이유 없는 박해의 대상으로 억울한 죽임을 당하기도 한다. 현재도 상당히 많은 숫자의 뱀이 상업적으로 거래되고 있다.

전 세계적으로 환경오염이나 서식지파괴로 인해 뱀의 개체수가 점점 줄어드는 상황에 이러한 상업적 이용을 목적으로 한 남획까지 더해지면서 개체수의 감소현상은 점점 가속화돼가고 있어 보호가 시급한 실정이다. 우리나라에서도 대부분의 양서파충류들이 포획금지종으로 지정돼 보호받고 있으며, 외국의 경우에도 종 보호를 위한 다양한 복원 및 증식프로그램들이 실시되고 있다.

뱀가죽을 상업적으로 이용하기 위한 남획으로 자연상태의 개체가 현저하게 줄어들고 있다.

Tips 뱀 기네스 ①

• **가장 작은 뱀과 가장 큰 뱀** : 2008년 펜실베이니아대학의 진화생물학자 블레어 헤지(Blair Hedges)가 바베이도스의 섬에서 발견한 바베이도스실뱀(Barbados Threadsnake, *Leptotyphlops carlae*)이 가장 작은 뱀으로 알려져 있다. 평균 크기는 10cm에 불과하고, 알을 하나밖에 낳지 않는다.
가장 큰(무거운) 뱀은 남아메리카에 서식하는 그린 아나콘다(Green anaconda, *Eunectes murinus*)로 알려져 있다. 그린 아나콘다는 암컷이 수컷보다 훨씬 크게 성장한다. 성체 암컷의 일반적인 크기는 6m 내외인데 1960년 브라질에서 포획된 개체는 8.45m, 227kg, 몸통둘레 111cm로 기록돼 있다.

• **가장 긴 뱀** : 현생종으로는 동남아시아 일대에 서식하는 그물무늬비단구렁이(Reticulated Python, *Python Reticulatus*)가 뱀 중에서 가장 길이가 긴 종으로 알려져 있다. 현재까지 알려진 것으로는 1912년 인도네시아에서 포획된 9.75m, 149kg의 기록을 가지고 있는 개체가 가장 길다. 야생개체를 제외하고 사육개체 가운데 가장 긴 뱀은 미국 오하이오 주 콜럼버스 동물원에서 사육되던 7.3m 길이의 플러피(Fluffy)라는 이름의 비단구렁이다. 플러피는 2011년 기네스북에 등재됐으나 2010년 폐사됐기 때문에 현재는 미국 캔자스시티 지역 명소인 유령의 집 '지옥의 늪(Edge of hell haunted house)'에서 사육되고 있는 몸길이 7.6m, 체중 136kg의 '메두사(Medusa)'라는 이름의 그물무늬비단구렁이가 가장 큰 개체로 알려져 있다. 하지만 절멸된 고대종까지를 포함한다면 신생대 3기 팔레오세기(6000~5800만 년 전)에 남미지역에서 서식한 것으로 알려진 티타노보아(Titanoboa)가 가장 큰 종이라고 할 수 있다. 이 종은 2009년 콜롬비아 북동부에서 화석이 발견됐으며, 발견된 지역인 '세레존(Cerrejon)'의 이름을 따서 티타노보아 케레요넨시스(*Titanoboa Cerrejonensis*)로 명명됐다. 발견된 화석으로 추정해 보건데 티타노보아의 크기는 몸길이 12~15m에 몸무게 약 1.2t, 몸의 두꺼운 부분의 폭이 약 1m 정도로 추정되고 있다.

• **가장 독이 강한 육상뱀과 가장 독이 강한 바다뱀** : 육상종 가운데 독이 가장 강한 종은 호주 내륙의 건조지대를 주 서식지로 하는 인랜드 타이판(Inland Taipan, *Oxyuranus microlepidotus*)이다. 신경독 타이폭신(Taipoxin)과 단백질 분해효소로 구성된 맹독을 지니고 있다. 성체 크기 1.8m 정도의 이 종은 한번 물 때 평균 44mg의 독을 주입하는데, 이는 쥐 36,500마리를 죽일 수 있는 양으로서 일반적으로 잘 알려져 있는 독사들의 독과 비교하면 방울뱀 독의 200~400배, 코브라 독의 50배 정도의 세기다.
가장 독이 강한 바다뱀은 호주 북서부 티모르 해에 서식하는 옅은 줄무늬비단뱀(Belcher's Sea Snake, *Hydrophis belcheri*)으로 가장 독이 강한 육상종인 인랜드 타이판보다 2~3배가량 강한 독을 가지고 있다.

• **가장 위험한 뱀과 가장 사람을 많이 죽이는 뱀** : 크기, 속도, 공격성, 독의 양, 독의 강도, 인간과의 접촉빈도 등을 모두 고려했을 때 모든 뱀을 통틀어 블랙 맘바(Black Mamba, *Dendroaspis polylepis*)가 지구상에서 가장 위험한 독사라는 평가를 받고 있다. 블랙 맘바는 아프리카에서 가장 큰 뱀이면서 가장 강한 독을 가진, 아프리카를 대표하는 독사다. 평균길이 3.5m에 달하는 초대형 독사로 몸의 2/3를 공중에 띄울 수 있으며, 몸의 반을 공중에 띄운 채 전속력으로 이동할 수 있다. 또한, 공격가능거리가 2m 정도로 현존하는 뱀 가운데 가장 넓은 공격범위를 가진 종이기도 하다. 킹코브라에 비해 70배 이상 강력한 독을 갖고 있으며, 한번 물 때 주입되는 독으로 성인 10명을 죽일 수 있는데, 물린 즉시 해독제를 투여 받지 않는 이상 치사율이 거의 100%에 이른다. 게다가 성격까지 난폭해 한자리에서 13명을 물어 죽인 사례가 있다. 전 세계에서 매년 20만 명 이상이 뱀에게 물리고, 그 가운데 4~5만 명 정도가 사망하는데. 비교적 개발이 덜 되고 인구가 밀집한 지역에서 주로 피해가 많이 발생하는

Tip 뱀 기네스 ②

데, 그 대표적인 지역이 인도다. 인도에서는 매년 10,000~12,000 명 정도가 독사에게 물려 죽는다고 알려져 있다.

인도에서 사람에게 피해를 입히는 4종의 뱀을 'Big four'라고 부르는데, 인도 코브라(Spectacled Cobra, *Naja naja*), 우산뱀(Common Krait, *Bungarus caeruleus*), 러셀 살무사(Russell's Viper, *Daboia russelii*), 톱비늘살무사(Aw-scaled Viper, *Echis carinatus*)를 가리킨다. 이 4종의 뱀 가운데 가장 많은 사람을 죽이는 종은 코브라의 일종인 우산뱀으로 알려져 있다. 우산뱀은 야간에 주로 사냥을 하며, 독 또한 신경독인 까닭에 잠들듯이 죽기 때문에 몇 명이나 이 뱀으로 인해 죽음에 이르는지 정확한 통계는 나와 있지 않다. 다만 매년 2000명 정도가 피해를 입는다고 추정하고 있다. 1m 내외의 소형종으로서 검은색 또는 갈색의 체색 바탕에 흰색이나 겨자색의 줄무늬가 머리부터 꼬리까지 배열돼 있는데, 아서 코난 도일의 저서 '명탐정 셜록 홈즈' 시리즈 가운데 '얼룩끈의 비밀' 편에 이 우산뱀을 이용해 사람을 죽이는 내용이 수록돼 있을 정도로 치명적인 맹독을 가지고 있다.

통계가 나온 독사 가운데 사람에게 가장 많은 피해를 주는 종은 스리랑카, 인도, 남중국, 자바, 수마트라, 보르네오 등지에 서식하는 러셀 살무사(Russell's Viper, *Daboia russelii*)로 알려져 있다. 스리랑카와 미얀마에서 해마다 2000명 이상이 이 뱀에게 물리며, 그 가운데 절반에 가까운 900명이 사망한다고 알려져 있다. 한번 물리면 최대 112mg의 독이 주입되며, 심한 경우 10분 이내에 사망한다. 공격적이며 강한 혈액독을 가지고 있는데다, 무엇보다 인가 근처의 경작지부터 열대우림까지 광대한 지역에 널리 분포돼 있어 그 피해가 크다. 그러나 독특한 원형의 무늬 때문에 가죽을 이용하기 위해 남획돼 일부 지역에서는 멸종위기에 놓여 있는 종이기도 하다.

독니의 길이가 가장 긴 가분 바이퍼

• **가장 긴 독사와 가장 독니가 긴 독사** : 일반인들에게도 잘 알려져 있다시피 독을 가진 뱀 가운데 가장 길이가 긴 뱀은 킹코브라(King Cobra, *Ophiophagus hannah*)다. '킹'이라는 말은 다른 뱀을 주식으로 하는 식성과 다른 뱀들보다 더 강한 힘을 가진 능력 때문에 붙여졌다. '코브라(Cobra)'는 'cobra de capelo(또는 cobra di capello)'의 줄임말로 포르투갈어로 '후드를 쓴 뱀'이라는 의미이며, 학명의 오피오파구스(*Ophiophagus*)는 뱀을 먹는다는 뜻으로 ophis(뱀)와 phagein(먹는다)이 합쳐진 단어다. 킹코브라는 평균적으로 3~5m 정도 성장한다고 알려져 있는데, 1937년 발견된 개체는 포획됐을 때의 길이가 5.54m였으나 이후 사육되면서 1939년 5.71m, 9kg까지 성장했다는 기록이 있다.

아프리카 원산의 가분 바이퍼(Gaboon Viper, *Bitis gabonica*)가 완성체일 때 독니의 길이가 최대 5~6cm에 이르러 가장 독니가 긴 독사로 알려져 있다. 치명적인 독사임에도 불구하고 다른 뱀과는 확연하게 구별되는 기하학적인 독특한 무늬 때문에 외국에서는 애완으로도 많은 수가 길러지고 있다.

• **가장 빠른 뱀과 가장 오래 산 뱀** : 블랙 맘바(Black Mamba, *Dendroaspis polylepis*)의 평균시속은 8km 정도이지만, 단거리에서는 시속 20km에 달하는 속도를 낼 수 있는 빠른 뱀이다. 가장 오래 산 뱀은 필라델피아 동물원에서 사육되고 있는 볼 파이손(Ball Python, *Python regius*)으로 47년 동안 장수한 기록을 가지고 있다.

Section 02

국내 뱀 사육의 역사와 현황

올해(2013)는 12년 만에 다시 돌아온 '뱀의 해' 다. 파충류 동호인들에게는 여느 해보다 의미 있는 한 해가 될 것이라고 생각한다. 새해가 시작되면서 아무래도 관련 전시회도 늘어나고 뱀 관련 영상물도 많이 제작될 것이며, 이렇게 여기저기서 뱀이 많이 언급되다 보면 일반인들이 뱀이라는 동물에 대해 조금은 더 관심을 가지는 한 해가 될 것이기 때문이다.

국내 도입 및 역사

지금으로부터 11년 전, 그러니까 지난 2001년 뱀의 해는 한국 애완파충류계가 본격적으로 시작되는(특히나 뱀에 있어서) 의미 있는 해였다고 할 수 있다. 물론 2001년 이전에도 동물원에서는 적은 수이기는 하지만 외국의 뱀들을 전시하고 있었고, 1995년 이후로는 간헐적이나마 대도시를 중심으로 희귀동물전시회가 개최돼 일반인들이 여러 가지 신기한 외국산 파충류와 뱀들을 조금씩이나마 접할 수는 있었다. 그러나 당시의 이러한 외국산 파충류의 국내 도입은 순전히 전시회를 위한 것이었을 뿐 대중적인 사육을 목적으로

> ### Tip 우리말 '뱀'의 어원
>
> 뱀은 '배로 움직이는 동물'이라는 의미라고 한다. 배로 긴다는 의미로서 배(腹)와 움(動)의 합성어로 풀이된다. 한자로는 蛇(뱀 사, 동물로서의 뱀을 의미) 혹은 巳(뱀 사, 12지 중 여섯 번째인 뱀을 의미할 때만 사용)로 표현되는데, 이는 뱀[虫(훼)]이 집[宀(면)] 안에서 사람[匕(비)]과 함께 살고 있는 것을 의미하는 것으로 토담집에 구멍을 내고 지붕을 훼손하는 쥐를 막아주는 동물이니 터부시하는 동물이 아니라 고마운 동물이라고 여긴 듯하다.
>
> ※ 스네이크 아이즈(Snake eyes)
> 눈꺼풀 없이 깜빡이지 않는 뱀의 눈은 동서양을 막론하고 두렵고 불길한 이미지를 가지고 있는데, 이러한 이미지를 대표하는 용어가 '스네이크 아이즈'다. 스네이크 아이즈란 주사위게임에서 한 쌍의 주사위를 던졌을 때 각각 1이 나와 전체 2점이 던져진 것을 말하는데, 이는 '불운'을 의미한다. 볼링에서도 동일한 용어를 볼 수 있는데, 스페어 처리하기가 상당히 어려운 7번과 10번 핀이 남았을 때의 상황을 나타내며, 역시 재수가 없거나 곤란한 상황을 의미한다.

한 것은 아니었다. 애완파충류가 본격적으로 수입되기 전에는 파충류전시회가 종료되면 간혹 처리가 곤란한 일부 개체들을 파충류 사육에 관심 있는 일반인들에게 알음알음 분양하기도 했는데, 역시 흔히 있는 일이 아니었다. 2000년 이전에도 이구아나나 붉은귀거북 등 다른 애완파충류는 애완을 목적으로 한 수입이 이미 진행됐지만, 뱀에 있어서만큼은 다른 파충류보다 훨씬 늦게야 국내 도입이 이뤄진 것이 사실이다. 다른 동물보다 파충류, 특히 그 가운데서도 애완뱀의 국내 도입이 늦은 것은 아무래도 우리가 가지고 있는 뱀이라는 동물에 대한 편견과 무관하지 않았으리라 본다.

불과 몇 년 전까지만 해도 뱀은 어디까지나 야생동물이며, 구제해야 할 해로운 동물이고, 동물원 같은 곳에서나 구경할 수 있는 특수한 희귀동물이었다. 혹자에게는 남들의 시선을 의식하며 은밀하게 먹어야 하는 보양식에 불과한 동물이었을 뿐 뱀과 같은 파충류를 애완으로 집에서 기른다는 것은 극단적으로는 '사회공동체의 질서를 무너뜨리는 행동'이라고까지 이야기될 정도로 부정적인 인식이 일반적이었기 때문이다. 외국에서 뱀을 애완동물로 사육한다고 알고는 있었지만 우리와는 상관없는 먼 나라 사람들의 유별난 취미활동이라는 인식이 대부분이었다. 간혹 드물게 국내에서도 애완뱀을 기르는 사람들이 없지는 않았으나, 당시는 애완용 뱀을 본격적으로 수입하기 전이라 외국에서 살던 교포들이나 유학생들이 현지에서 사육하다가 몰래 국내로 반입해 기르던 개체들이 고작이었고, 그 숫자도 손에 꼽을 정도에 불과했다. 그나마도 뱀을 기른다는 사실이 주위에 알려지면 '이상한 사람' 혹은 '특이한 사람' 정도로 취급받는 것이 보통이었다.

그러던 것이 점차 애완용 파충류에 대한 관심이 높아지면서 전시용 동물들을 수입하던 몇몇 업체에서 애완을 목적으로 한 파충류를 조금씩 수입해 분양하기 시작했고, 2001년을 기점으로 점차 그 시장을 본격적으로 넓혀갔다. 마침 2001년은 '뱀의 해'로 방송매체에서 뱀과 기타 파충류의 노출빈도가 높아졌고, 당시 데뷔한 '파충류 소녀 디에나'가 예쁜 얼굴로 아무렇지도 않게 파충류를 능숙하게 다루는 모습에 일반인들은 신기해하면서 조금씩 호기심을 가지게 됐다. 이러한 상황을 기반으로 점차 시간이 지남에 따라 조금씩 외국산 파충류를 수입하는 업체들이 더 늘어났고, 또 그런 수입업체들로부터 생물을 받아 판매하는 소매점들도 조금씩 늘어나게 됐다.

초창기의 파충류 판매점들은 거의 서울과 그 인근지역에 집중돼 있었는데, 지금처럼 파충류를 메인으로 취급하는 것이 아니라 열대어 또는 애완조나 애완견을 주로 분양하면서 부가적으로 파충류를 조금씩 분양하는 경우가 대부분이었다. 그런 만큼 숍 운영자가 상업적 관점에서 상품으로서의 파충류에 관심이 있을 뿐, 소비자들에게 사육과 관련된 정보를 제대로 전달할 수 없는 경우가 많았던 것이 사실이다. 그러다가 점차 시간이 지나고 초창기의 파충류 마니아층이 성장하면서 자신이 관심 있는 분야의 파충류를 직접 수입하고 분양하는 파충류 전문숍을 운영하게 됨에 따라 이제는 새로운 종을 적극적으

일본의 렙타일 쇼 현장

로 국내에 도입하고, 또 자신이 판매하는 종에 대한 어느 정도의 정보와 사육방법까지 제공해줄 수 있는 수준에 이르게 됐다. 뱀을 사육하기 위해서는 사육장과 먹이가 필수적인데, 파충류 도입 초기에는 생물은 수입했지만 사육에 필수적인 사육장이나 사육설비 등은 제외됐고, 좀 더 시간이 지나고 나서야 수입이 진행됐다. 따라서 사육장은 물고기용 수조를 이용하거나, 간혹 자작해서 사용하는 경우도 있었다. 또한, 지금처럼 먹이생물을 전문적으로 번식하는 농장도 없었기 때문에, 뱀은 먹이를 자주 먹지 않는다는 사실에 깊이 감사하면서 햄스터나 판다 마우스와 같은 애완용 쥐를 고가에 어렵게 구해 먹였다.

이구아나와 붉은귀거북을 제외하면 당시는 국내에서 길러지고 있는 애완파충류의 종이나 숫자도 손에 꼽을 정도였으며, 지금처럼 인터넷 커뮤니티도 활성화되기 전이었기 때문에 파충류를 애완동물로 기르는 사람들 사이의 오프라인 왕래가 잦았던 시기였기도 하다. 좀 과장하면 누가 어떤 동물을 몇 마리 기르고 있다는 것도 서로 알 정도로 극소수 마니아들이 즐기는 특수한 취미활동이던 시기였다.

몇 년 전까지만 해도 뱀을 애완으로 기르는 것에 대해서는 부정적인 인식이 일반적이었다.

뱀과 같은 특수한 동물을 안정적으로 사육하기 위해서는 참고가 될 만한 사육정보가 필수적인데, 당시 파충류 사육에서 우리보다 앞서 있던 유럽이나 미국, 일본은 인터넷 인프라가 열악했기 때문에 관련 정보를 얻기도 어려운 시기였으므로 몇 안 되는 국내 동호인들끼리 자주 만나 서로서로 사육정보를 주고받으며 친분이 쌓여갈 수밖에 없었다. 필자 역시도 현재까지 친분을 유지하며 가깝게 지내는 동료들은 거의 모두가 그 시절에 인연을 맺은 사람들이다.

현재의 사육현황

몇 년 전, 문득 국내에 본격적인 애완파충류시장이 열린 지 얼추 10년 정도가 됐는데 과연 얼마나 다양한 종의 파충류가 들어와 있을지 궁금해져서, 짬을 내어 국내에 단 한 번이라도 그 존재가 언급된 적이 있는 파충류 종의 목록을 정리해본 적이 있다. 그 결과 뱀은 거의 80여 종에 이르는 다양한 종들이 국내에 도입됐다는 사실을 알게 됐다. 그게 벌써 몇 해 전이니 그 사이 새로 도입된 종을 합치면 현재 국내 도입종은 거의 100여 종을 상회할 것으로 보인다.

이는 국내에 애완이 허가되지 않은 독사와 극히 희소한 몇몇 종을 제외하면 애완으로서의 가치를 가지는 거의 모든 종이 국내에 도입됐다고 봐도 무방할 정도의 수준이다. 게다가 보아나 볼 파이손과 같은 몇몇 종은 고가의 다양한 모프까지 도입돼 있으니, 이제 우리나라도 단순히 도입 종수로만 따진다면 애완파충류시장이 어느 정도 자리를 잡았다고 평가해도 무방할 것으로 생각된다(독사류는 전시용으로 수입된 개체들이 있다). 그러나 조금 냉정하게 이야기하자면, 국내에 도입되는 애완파충류의 숫자와 파충류를 취급하는 전문판매점의 숫자만 증가했을 뿐, 아직 질적인 측면에서는 양적인 증가수준을 따르지 못하는 것이 현실이다.

일반인이 국내에서 파충류를 만날 수 있는 경로는 크게 개인적인 사육, 동물원이나 파충류전시관 그리고 각종 언론매체들로 나눠볼 수 있다. 그러면 이 세 가지 부분으로 나눠 현재 국내 파충류문화의 현황을 살펴보도록 하자. 우선은 아직도 국내에서 애완파충류를 기르는 것은 대중적인 취미활동이 아니라는 것을 염두에 둬야 한다. 이전보다 애완파충류를 비교적 쉽게 입수할 수 있고, 예전에 비하면 전반적으로 애완파충류에 대한 인식이 상당히 완화됐다고는 하지만 아직도 일반인들에게 애완파충류를 기르는 사람들은 '특이한 사람' 정도의 평가에 머무르고 있는 것이 현실이다.

사실 파충류 자체가 아직은 특이한 애완동물이다 보니 호기심 어린 시선으로 보는 것이야 이상할 것은 없지만, 아직도 일부 사람들은 '절대! 이해할 수 없는 행동'으로 생각하고 있을 것이라는 것도 부정하기는 어렵다. 사람들 사이의 뱀에 대한 이러한 부정적인 이미지는 앞으로 애완파충류문화의 성숙과 함께 차츰 완화시켜 나가야 할 부분이라고 생각한다. 단순히 호기심을 가지고 있는 일반인을 제외하고 파충류를 실제로 사육하고 있는 마니아층에 한정해 생각해 본다면, 필자가 생각하는 현재까지의 국내 애완뱀문화의 큰 문제 가운데 하나는 다양성의 부족이다. 앞서 언급했다시피 100여 종에 이르는 다양한 종이 국내에 도입돼 있으나 사육하는 종은 보아나 볼 파이손과 같은 특정 종에 지나치게 편중된 경향이 있으며, 그 외의 종에 대한 관심도는 상당히 떨어지는 것이 사실이다.

이러한 현상은 짧은 국내 애완파충류 역사와도 어느 정도는 관계가 있겠지만, 파충류시장 규모가 아직은 작은 국내에서는 이런 특정 종에 대한 편중현상이 더 쉽게 발생할 수 있다. 사람들에게 인기 있는 종은 쉽게 분양되기 때문에 수입업체에서 많이 수입하게 돼 많이 팔리고, 그러다 보면 많이 번식되고, 이렇게 과다하게 번식된 개체들을 결국 분양하게 된다. 해당 종을 번식해서 분양하는 사람들이 많으니 분양가는 점점 더 떨어지게 되고, 그렇게 되면 결과적으로 사육입문자들이 구하기 더 쉬운 종이 되므로 그 종을 기르는 사람이 더욱더 늘어나는 순환이 일어나게 된다. 그러다 보면 다른 종에 관심이 있는 사람도 실제 자신이 기르고 싶은 종보다는 가격이 저렴하고 많이 길러서 인터넷에 관련 자료도 많은 종을 선택하게 되는 경우가 생기게 된다.

필자는 뱀 가운데서도 랫 스네이크류를 가장 좋아하는데, 애완뱀을 기르는 사람들 사이에서도 특이하다고 이야기될 정도로 국내에서 랫 스네이크에 관심을 가지고 기르는 사람은 아주 드물다. 사정이 이렇다 보니 파충류 관련 커뮤니티에도 특정 인기종에 대한 질문과 정보만 올라오는 경우가 많고, 그 외의 종에 대해서는 사육 관련 글이 업데이트되거나 별도의 동호회가 만들어지는 경우가 드물다. 자연스럽게 사육자들 간에 정보교환이 되고 있지도 않다. 이러한 현상은 점점 새로운 종에 도전하기 어려운 환경을 만들어내고, 결국에는 해당 종에 대한 관심을 가지기를 꺼려하는 상황까지 이르게 될 우려가 있다. 국내 애완파충류시장이 더 오래 지속되고 풍요로워지기 위해서는 유행에 따라 사육대상 종을 선택하는 것이 아니라, 대중적이지 않더라도 자신이 정말 좋아하는 종에 대해서도 관심을 기울이는 자세가 필요하다. 또한, 희소한 종을 기르는 사람들이 좀 더 자신이 기르는 종의 매력과 장점들을 알리는 활동을 할 필요가 있다고 본다.

개인적으로 사육을 하지 않더라도 조금만 발품을 팔면 이제는 파충류를 관찰하는 것이 그리 어려운 일은 아니다. 일회성의 단기순회전시도 드물었던 이전에 비해 지금은 다양한 장소에서 파충류를 접할 수 있기 때문이다. 기존에도 파충류를 보유했던 동물원들은 차츰 그 전시 비중을 늘려가고 있는 추세이며, 파충류를 메인으로 상설전시하고 있는 전시장도 생기고 있고, 이전에는 파충류를 다루지 않았던 전국 각지의 식물원, 생태원에서도 파충류를 전시하는 경우가 늘고 있다. 또 새롭게 만들어질 과학관 및 생태원 등도 전시생물로 파충류를 도입할 예정에 있는 곳이 많다. 서울뿐만 아니라 이제는 지방에서도 백화점이나 놀이공원 등에서 이뤄지는 소규모 특별전시가 빈번하게 개최되고 있는 실정이다.

이전에 비해 일반인들이 파충류를 접할 수 있는 기회가 상당히 늘어난 것은 사실이지만, 이러한 사실이 무조건 긍정적인 현상이라고만 할 수는 없다. 파충류를 전시하는 전시장이 대부분 단순한 '생명체 전시'와 '체험'에 집중하고 있고, 실제로 애완파충류의 매력을 알리고 파충류의 생태와 환경에 대한 교육적인 활동에 관심을 기울이는 곳은 드물기

온순한 성격으로 인해 체험용으로 많이 이용되는 버미즈 파이손

때문이다. 장기적으로 본다면 이렇게 일반인들에게 파충류를 지속적으로 노출시키는 것도 어쩌면 사람들이 애완파충류에 관심을 가지게 하는 하나의 방법이 될 수 있겠지만, 이러한 흥미 위주의 단순전시는 관람객들로 하여금 생명의 고귀함이나 애완동물로서의 뱀의 매력을 느끼게 하기보다는 생명체를 하나의 구경거리 혹은 장난감으로 여기도록 만들 위험성도 크다. 특히 가치관이 정립되지 않은 어린 학생들을 대상으로 한 전시가 많은데, 이런 점은 진지하게 고민해볼 문제라고 생각한다. 필자 역시 과학교육기관에서 근무하고 있기 때문에 생태교육이나 애완파충류의 대중화를 위한 전시의 중요성을 간과하는 것은 아니지만, 전시를 하더라도 좁고 열악한 사육환경에 가둬두고 학생들로 하여금 만지게 하는 식의 단순한 흥미 위주로 뱀을 접하게 하기보다는 좀 더 생태적, 교육적인 측면에서 전시프로그램을 구성하는 것이 더 좋지 않을까 생각한다.

2001년 이래로 다양한 언론매체에서 애완파충류를 다뤘으나 기사의 내용을 잘 살펴보면, 파충류를 사육하는 사람의 관점에서 볼 때 무조건 긍정적인 내용만 있는 것은 아니었다. 애완파충류 사육인구가 증가하고 있다는 사실을 보도하면서도 "멸종돼가는 야생

적절한 관리법만 숙지하면 뱀도 매우 훌륭한 애완동물이 될 수 있다.

파충류의 수입이 늘고 있다(국내에 도입되는 종들은 대부분 합법적으로 인공번식된 개체들임에도 불구하고)"거나 "이상한 동물을 기르는 사람들이 늘어나고 있다"는 식의 보도가 많았기 때문이다. 특히 TV 예능프로그램은 '별난 구경거리', '일반인들이 잘 기르지 않는 동물을 기르는 특이한 사람들' 이나 '징그러운 동물을 가지고 별난 행동을 하는 이상한 사람들' 에 초점이 맞춰져 있어 프로그램을 통해 시청자들에게 '파충류 사육의 묘미' 나 '애완동물로서의 뱀의 장점', '신비하고 다양한 뱀의 생태' 등에 대해 알려주기보다는 '자극적인 영상', '별난 구경거리' 를 보여주는 데 치중하는 경우가 많았다.

2000년대 초만 해도 파충류를 기르는 사람이 드물었기 때문에 필자에게도 몇 번 요청이 와서 사양하다 마지못해 출연하면, 대부분 그런 콘셉트로 짜인 대본대로 촬영을 진행했기 때문에 몇 번 출연하고는 일절 방송에는 관심을 가지지 않게 됐다(현재는 다큐멘터리나 과학프로그램 등에 한해 의뢰가 오면 도움을 주고 있다). 방송을 기획하는 작가나 PD, 기자들이 파충류를 어떻게 이미지화할 것인가에 대한 충분한 지식이 없는 상태에서 시청률을 담보할 수 있는 자극적인 영상을 중시했고, 출연하는 사육자들 역시 본인이 준비한 내용으로 방송에 출연했을 때 일반인들이 파충류에 대해 어떤 이미지를 가지게 될 것인가에 대한 진지한 고민을 하기보다는 단순히 자신이 기르는 동물을 보여주고 자랑하는 데 더 관심을 뒀기 때문일 것이라고 생각한다.

하지만 이제는 단순히 파충류를 하나의 눈요기 거리로 삼는 데 초점을 맞출 것이 아니라 교육적인 면, 공익적인 면에 좀 더 가치를 두고 선보이는 것이 일반인들로 하여금 파충류에 대해 긍정적인 관심을 가질 수 있도록 유도하고, 나아가 애완파충류에 대한 부정적인 인식의 개선과 대중화를 위해 더 유익하지 않을까 생각한다. 이제는 올바른 애완파충류문화의 정립에 대해 관심을 기울일 때다.

앞으로의 전망

각박한 현대사회에서 애완동물이라는 존재의 필요성은 점점 증대되고 있는 실정이고, 뱀을 포함해 파충류가 가지고 있는 애완동물로서의 다양한 장점들을 고려하면 국내 애완뱀시장은 자연스럽게 확대될 것으로 생각된다. 그러나 애완동물로서의 여러 가지 다양한 장점에도 불구하고 실제로 뱀을 사육하기 위해서는 사육자 스스로가 뱀이라는 존재 자체에 대한 원초적인 두려움을 극복해야 하는 일차적인 문제가 있고, 또 현재 국내에는 실제 사육 시에 참고가 될 만한 마땅한 사육매뉴얼조차도 확립돼 있지 않다.

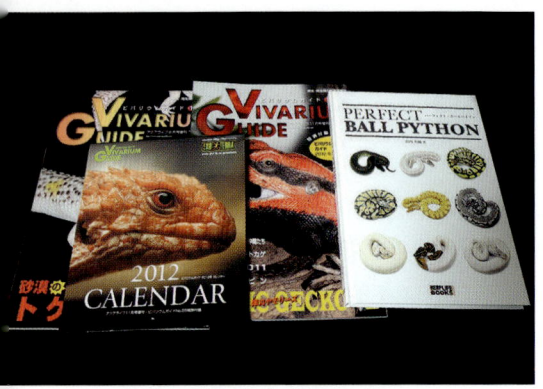
외국에서 발행된 다양한 파충류 잡지들

무엇보다 먹이로 쥐를 구입해 보관하고 급여해야 하는 등 실제로 뱀 사육을 위해 극복해야 할 여러 가지 문제들이 있기 때문에 앞으로도 애완뱀의 사육인구가 급격하게 증가하지는 않을 것이라고 생각된다. 이러한 현실을 고려할 때 애완뱀의 대중화를 위해서는 다방면에서 뱀이라는 존재의 부정적인 이미지를 개선시킬 필요가 있고, 뱀을 기르고 싶은 사람이라면 누구나 쉽게 도움을 받을 수 있도록 종에 대한 기본사육매뉴얼을 정립시켜야 하며, 뱀 사육에 필요한 여러 가지 장비와 먹이 등의 효율적인 수급이 가능한 시스템을 확립시키는 등의 노력이 필요하다.

이러한 현 상황에서 긍정적인 사실은, 애완파충류시장의 태동기부터 파충류에 대해 관심을 가지고 있던 마니아들이 이제는 대학교에서 애완파충류에 대한 강의를 하며 후배들에게 파충류에 대한 지식을 전달하고 있고, 혹자는 대학에서 파충류를 전공하면서 이전과는 달리 보다 전문적으로 공부를 하고 있으며, 인터넷에 올라오는 파충류에 대한 여러 가지 질문들에 대해 보다 정확하고 상세한 답변을 올리려고 노력하는 파충류 마니아도 있다는 점이다. 또 혹자는 파충류 전문숍이나 파충류 먹이농장을 설립해 새로운 애완파충류 종이나 새로운 먹이동물을 국내에 소개하는 등 여러 방면에서 애완동물로서의 파충류의 가치와 매력을 알리고 파충류 사육을 뒷받침할 수 있는 시스템을 확립하는 일들을 하기 시작했다. 그와 더불어 현재 뱀을 기르고 있는 사육자들도 이제는 점차 단순한 흥미 차원의 사육을 넘어 자체적인 증식과 품종개량 그리고 수출에 이르기까지 좀 더 전문적인 분야로 관심을 넓히고 있다는 것 역시 국내 애완파충류문화의 올바른 정착과 파충류시장의 확대를 위해 긍정적인 일이라고 생각한다.

이와 같은 여러 가지 동력들에 힘입어 앞으로 국내 애완파충류시장은 점진적이나마 지속적으로 확대될 것으로 생각되며, 본서를 포함해 필자가 현재 진행하고 있는 '한글로 된 애완파충류의 기본적인 사육매뉴얼의 확립작업' 역시도 국내 애완파충류의 대중화를 위한 자그마한 밑거름이 될 수 있기를 기대한다. 미국이나 일본에서처럼 매년 렙타일 쇼가 개최되고, 파충류전문잡지도 출간되는 그날을 기대해 본다.

Chapter 03

뱀 사육의 기초

뱀을 다루는 데 필요한 장비, 좋은 뱀을 고르는 법 등에 대해 살펴보고, 분양받기 전 준비해야 할 사항들에 대해 자세히 알아본다.

Section 01

애완동물로서의 뱀

뱀을 애완동물로 기른다는 것이 보통사람들에게는 상당히 유별난 행동으로 느껴질 수도 있겠지만, 복잡하고 다양화돼가는 현대사회에서 생각하기에 따라 뱀은 무척 매력적인 애완동물이 될 수 있다.

사육에 이상적인 조건을 갖춘 애완동물

뱀은 시끄럽지 않고 산책을 시킬 필요가 없어 이웃과의 마찰이 생기는 일도 없으며, 털이 없기 때문에 사육자에게 알레르기를 일으키지도 않는다. 먹이를 자주 줄 필요도 없고 사육장을 어지럽히지도 않으며, 배설량이 많지 않아 사육장 청소도 번거롭지 않다. 개나 고양이와는 달리 예방접종이나 불임수술을 위한 비용이 소요되지도 않고, 열대어처럼 사육장 관리에 손이 많이 가는 것도 아니다. 그렇다고 특수한 사육장비가 필요하지도 않고, 관리만 잘 해준다면 질병에 노출되는 경우도 드물다. 또한, 개성을 중요시하는 현대사회에서 사육자를 돋보이게 하는 매력까지 갖추고 있으니, 이 정도 조건이면 매우 이상적인 애완동물이라고 할 수 있겠다.

안전을 위해서는 적절한 핸들링 방법의 숙지가 필요하다.

뱀은 사육조건이 까다롭지 않고 특수한 장비도 필요하지 않아 훌륭한 애완파충류라고 할 수 있다.

아직까지는 우리나라에서 뱀을 애완동물로 기른다고 하면 "상당히 유별난 취미생활을 가지고 있다" 정도로 치부되고 있는 것이 사실이다. 일반인들 사이에 뱀에 대한 원초적인 두려움이나 거부감이 내재돼 있다는 것이 가장 큰 이유겠지만, 앞서 언급한 여러 가지 장점에도 불구하고 애완뱀의 대중화를 막는 여러 가지 요인들이 존재하고 있기 때문이다. 우선 먹이로 쥐를 급여해야 한다는 사실이 그렇고, 그나마 그런 먹이의 공급이 원활하지 않다는 것도 문제다. 또한, 이전보다 훨씬 수월해지기는 했지만 아직까지도 기르고 싶은 종의 애완뱀을 국내에서 구하는 것이 쉬운 일은 아니며, 기본적인 사육매뉴얼조차 제대로 확립돼 있지 않다는 것 역시 애완뱀의 대중화를 더디게 하는 주요 요인이라 하겠다. 그러나 이러한 불리한 환경 속에서도 많은 사람들이 애완동물로서의 뱀의 매력을 서서히 느껴가고 있는 중이며, 더디기는 하지만 조금씩 거부감을 호기심으로 극복하고 용기 있게 사육에 도전하는 사람들의 숫자가 늘어나고 있는 추세인 것도 사실이다. 뱀을 기른다는 것은 다른 동물을 기르는 것과 상당히 다른 독특한 매력이 있다. 이 책이 여러분이 애완동물로서의 뱀에 대해 관심과 애정을 가지게 되는 계기가 됐으면 한다.

언제든 야생의 본능을 드러낼 수 있는 동물

뱀을 기를 때는 무엇보다도, 비록 현재는 좁은 사육장에 갇혀 본능을 억압당하고 주인이 주는 먹이를 기다리며 살고 있지만, 기회만 주어진다면 언제 어디서나 숨겨진 야생의 본능을 순식간에 드러내 보일 수 있는 '야생동물'이라는 사실을 주지해야 한다. 사실 현재 애완으로 길러지고 있는 많은 종들이 누대에 걸쳐 인공번식돼온 것이기 때문에 태어나면서부터 한 번도 자연을 접하지 못한 경우가 대부분이지만, 그럼에도 불구하고 뱀이 근본적으로 야생동물이라는 사실에 대해 이견을 가진 사람은 그다지 많지 않을 것이다. 또한, 뱀은 지구상의 모든 생명체들 가운데 인간이 가장 두려워하고 혐오스러워하는 동물이며, 그만큼 쉽사리 다가가기 어려운 존재다. 일반인들은 두말할 것도 없거니와 십 수 년 동안 뱀을 다뤄온 필자에게도 여전히 뱀은 두려운 동물이고, 앞으로도 영원히 경외로운 존재로 남을 것이다.

필자는 현재 일반인들이 가지고 있는 파충류에 대한 선입견을 완화시키고, 애완동물로서의 파충류의 매력을 알리는 일을 하고 있는데, 일반인들에게 뱀을 처음 접하게 할 때는 보통 '뱀은 기본적으로 공격적이지 않은 동물입니다'라는 말로 이야기를 시작하곤 한다. 그러나 뱀을 사육하는 사람들이나 직업적으로 뱀을 다뤄야 할 필요가 있는 사람들에게 핸들링을 가르칠 때 처음 하는 말은 이와는 다르다. 첫 수업의 시작은 항상 "여러분들이 현재 가지고 있는 뱀에 대한 두려움을 확실하게 기억하고 앞으로도 절대 잊지 마십시오"라는 말을 강조한다.

이는 뱀이 공격적인 동물이라서가 아니라, 앞서 말했듯이 언제 어디서 야생의 본능을 나타낼지 알 수 없기 때문이다. 자주 접하면 익숙해지고, 익숙해지면 일상이 되고, 일상이 돼버리면 실수를 하게 마련이다. 외국의 사례에서 보듯 수년을 애지중지 기르던 뱀에게 목숨을 잃는 이유는 사육자가 뱀을 더 이상 두려워하지 않게 됐기 때문이다. 실제로 뱀을 사육하는 사람이나 직업적으로 뱀을 다루는 사람에게 그런 실수는 용납되지 않기 때문에 뱀은 야생동물이라는 사실을 가장 먼저 주지시키곤 한다.

개구리를 사냥 중인 야생의 가터 스네이크

사실 독사나 대형뱀을 다루지 않는 이상 뱀에게 물리는 것은 그다지 걱정할 일은 아니다. 일단 물리면 상처가 나고 아프기는 하겠지만, 생명을 위협할 정도로 심각한 문제가 생길 일은 없기 때문이다. 필자가 언급한 "뱀에 대한 두려움을 잊지 마라"는 말의 의미는 단순히 뱀에게 물리지 않도록 조심하라는 것이 아니라, 뱀이라는 동물에 대해 처음 가지고 있던 경외감을 유지하면서 이 놀라운 동물을 이해하기 위해 더욱 노력하라는 것이다.

인간은 이성으로 본능을 억제할 수 있는 유일한 동물이고, 두려움이라는 본능은 그 두려움을 주는 존재에 대해 알게 되면 될수록 점차 사라지기 마련이다. 뱀이 공격성을 보일 정도라는 것은 사육자가 뱀을 적절하게 다루는 방법을 숙지하지 못했거나, 올바른 사양관리법에 대해 잘 알지 못한 데서 기인했을 가능성이 높다(먹이급여가 충분하지 못했다

> **Tip** 탈출방지를 위한 사육 전 준비사항
>
> 1. 사육장을 설치하는 공간은 가급적 외부와 격리된 곳이 좋다.
> 2. 혹시 뱀이 탈출했을 때 숨어들 만한 틈이 있으면 최대한 확실하게 막고 사육을 시작한다.
> 3. 잠금장치를 수시로 습관적으로 확인한다.
> 4. 사육공간은 생활공간과 분리해 관리할 수 있다면 좋겠지만, 그렇지 못한 경우라면 실내를 최대한 청결하게 관리해 탈출하더라도 숨을 만한 공간을 만들지 않는다.
> 5. 탈출했더라도 밖으로 나가지 못하도록 외출 시에는 반드시 외부로 통하는 창문과 문을 확실하게 닫고 다니도록 한다.
> 6. 가능하다면 사육장 안에 또 사육장이 있는 이중사육장을 이용하는 것을 추천한다. 이중사육장은 주문 제작을 해야 하고 관리도 좀 힘들기 때문에 일반적인 사육에 있어서는 많이 사용되지는 않지만, 특히 전시목적으로 뱀을 사육하고 있거나 연구를 위해 독 있는 뱀을 기르고 있는 경우라면 관람객이나 연구자의 안전을 위해 도입을 고려해볼 만하다.
> 7. 전면 슬라이드식의 사육장은 반드시 추가적인 잠금장치를 해야 한다. 뱀이 전면 유리문 틀을 타고 이동하는 도중에 사육장의 유리문이 열리는 경우가 종종 있다.
> 8. 리본 스네이크나 가터 스네이크처럼 움직임이 빠른 뱀, 체형이 가늘고 긴 뱀은 뚱뚱한 체형의 뱀보다 탈출을 잘 하고, 탈출해도 이동을 많이 하기 때문에 찾기 힘들므로 이런 종을 기르고 있다면 사육장을 여닫을 때 한 번 더 확인한다.
> 9. 사육장 내의 서식환경에 문제가 있을 때 뱀은 보다 안정적인 환경으로 이동하기 위해 지속적으로 사육장을 이탈하려는 행동을 보인다. 따라서 사육장을 사육하고자 하는 종의 이상적인 서식조건으로 조성해 주도록 노력해야 한다.

뱀을 사육하다 보면 이러한 세심한 노력에도 불구하고 뱀이 사육장을 이탈하는 경우가 심심찮게 생기게 된다. 사육기간이 늘게 되면서 주의력이 떨어져 잠금장치 확인을 확실히 하지 않는 경우도 생길 수 있고, 사육자가 간과한 사육장의 작은 틈을 비집고 탈출해 버리기도 한다. 그러나 불가피하게 이러한 상황이 생기더라도 일단 침착하게 대처하도록 하자.

핸들링 시에는 뱀을 압박하지 않도록 주의한다.

거나 질병이나 스트레스 요인이 있거나 하는 등). 사육자가 뱀이라는 존재에 대해 더 많이 알게 되면 두려움은 점차 사라지고, 차츰 관심과 애정이 생기면서 이제까지 알지 못했던 뱀이라는 동물의 놀라운 매력에 눈을 뜨게 될 것이다.

자신이 기르는 동물에 대한 '완전한 신뢰감'이 동물을 사육하면서 얻을 수 있는 가장 큰 기쁨이라고 믿고, 그 기쁨을 경험하기 위해 동물을 기르고 싶어 하는 사람이라면 애완동물로 뱀을 선택하는 것은 잘못된 일이다. 뱀은 기본적으로 교감이 되지 않는 동물이고, 주인이 뱀에게 신뢰감을 줄 만한 행동을 지속적으로 하더라도 그 기대를 저버리는 행동을 할 때가 많다. 하지만 필자는 이런 길들여지지 않는 성격이 뱀 사육의 또 다른 매력이라고 생각하고 있다. 항상 그리고 날마다 새롭기 때문이다. 뱀이라는 동물을 완벽하게 파악하기 어렵기 때문에 매일매일 뱀에 대해 조금씩 알아가는 과정에서 느끼는 즐거움이 다른 동물보다 더 큰 것 같다.

필자는 뱀을 '두렵고도 경이로운 동물'이라고 즐겨 표현한다. '두려움'과 '경이', 이 두 글자는 유사 이래로 뱀을 표현하는 대표적인 단어라고 할 수 있다. 그러나 앞서 언급했듯이 인간은 이성적 동물이고, 아무리 두려운 존재라고 해도 그에 대한 지식을 쌓고 자주 접하다 보면 어느새 두려움은 줄어들고 조금씩 그 존재에 대해 이해하게 된다. 따라서 뱀과 어느 정도의 거리감만 유지할 수 있으면 일반적인 애완동물에게서는 절대 느낄 수 없는 경이로움과 독특한 나름의 매력을 사육하면서 지속적으로 경험할 수 있다. 그러니 이유 없는 선입견은 잠시 내려놓고, 새로운 것에 도전한다는 마음으로 사육을 시작하도록 하자. 이제껏 알지 못했던 새로운 세상을 만날 수 있을 것이다.

Section 02

뱀을 다루는 데 필요한 도구

우선 뱀을 다루고 관리하는 데 필요한 도구들에 대해 알아보도록 하자. 독이 없는 온순한 종이라면 그리고 사육자가 뱀의 행동을 읽을 수 있고 핸들링에 능숙하기만 하다면 사실 별다른 도구 없이 잘 다룰 수도 있지만, 이러한 조건 중 하나라도 벗어나는 경우라면 적절한 도구를 이용해 다루는 것이 안전하다. 또한, 처음 뱀을 접할 때 가지고 있던 거부감과 두려움을 완화시키는 데 이런 도구들이 조금은 도움이 되기도 한다. 모든 장비들이 반드시 다 필요한 것은 아니지만 뱀을 다룰 때는 다음과 같은 도구들이 사용된다.

스네이크 훅(snake hook)
사진에서 보는 바와 같이 끝부분이 휜 막대기로서 뱀을 이동시키거나 제압하는 데 사용된다. 핀셋과 함께 실내에서도 자주 사용되는 도구 가운데 하나다. 형태와 재질에 별다른 제약은 없으나 가볍고 튼튼한 재질로 된 것이 다루기에 용이하다. 길이가 다른 것으로 2~3개 정도 준비해두면 꽤 유용하게 사용할 수 있다.

아마존 트리 보아

대부분의 파충류용 도구와 마찬가지로 국내에는 생산하는 곳이 없기 때문에 파충류 마니아들은 많은 돈을 들여 외국에서 기성품을 수입해 사용하고 있다. 그러나 어렵지 않게 자작이 가능하므로 나만의 후크 디자인을 구상해 직접 제작해보는 것도 좋겠다. 보통 자루 부분은 골프채의 헤드 부분을 잘라내고 끝에 고리를 달아 개조하는 경우가 많다. 제작이 그리 어렵지는 않으며, 고리 부분의 형태나 크기는 사용하고자 하는 대상의 크기와 습성을 고려해 만들면 된다.

필드 훅(field hook)

스네이크 훅과 재질과 형태가 비슷하지만 끝부분의 형태가 조금 다르다. 필드 훅은 사육하에서 뱀을 다루는 데 사용되기도 하지만, 뱀을 찾기 위해 탐사를 나갈 때 주로 사용되는 도구다. 모양이 ㄱ자 형태로 상당히 단순하기 때문에 자작을 할 때도 스네이크 훅보다는 훨씬 쉽게 만들 수 있다. 필자는 시간이 날 때마다 자주 야외로 탐사를 나가는 편인데, 실제로 야외에서는 스네이크 훅보다는 필드 훅이 사용하기에 더 용이하며 유용하다고 생각된다. 뱀이 숨어 있을 만한 곳을 뒤지거나 장애물을 치우는 용도로 사용되고, 경사지를 오를 때는 등산용 스틱의 용도로도 사용이 가능하다. 조금만 숙달되면 필드 훅만으로도 충분히 뱀을 잘 다룰 수 있다.

피닝 훅(pinning hook)

막대기 끝에 Y자의 구조물을 만들고, 그 위에 고무를 씌워둔 형태로 제작된 사육도구다. 고무가 씌워진 Y자 부분으로 뱀의 몸이나 목 부분을 눌러 제압하는 데 주로 사용된다. 고정된 훅으로 눌렀을 때에 비해 고무의 탄력 때문에 뱀에게 가해지는 충격이 적다는 장점이 있으나, 크고 힘센 종의 경우에는 확실한 보정이 어렵다는 단점이 있다. 1.5m 내외의 일반적인 크기의 뱀을 다룰 때는 꽤 유용한 도구라고 할 수 있다. 손쉽게 제작이 가능하므로 자작에 도전해보면 흥미로운 경험이 될 것이다.

스네이크 통(snake tong)

스네이크 통은 뱀을 움켜잡을 수 있는 구조로 된 도구다. 손잡이 끝에 클러치가 있으며, 이 클러치를 당기면 스프링 장치로 끝에 있는 집게가 작동하게 된다. 가벼운 소재로 된 것은 야외탐사에 사용되기도 한다. 훅보다는 자루의 굵기가 굵어 무거운 뱀도 다룰 수 있기 때문에 대형뱀을 다룰 경우나, 위험한 종류의 뱀을 확실하게 제압할 필요가 있을 때 주로 사용된다. 그러나 뱀은 몸이 조여지는 것을 좋아하지 않기 때문에 정확한 사용법에 숙달되지 않으면 뱀을 화나게 해서 사육자가 공격을 받는 경우도 있다. 꼭 필요한 경우가 아니라면 힘을 주어 꽉 집는 것은 좋지 않다.

스네어 폴(snare poles)

속이 빈 막대기 끝에 고리가 달려 있는 동물 포획용 막대다. 막대 속을 통과한 줄을 다른 쪽에서 당기면 갈고리가 조여들도록 디자인돼 있다. 포획대상 동물과 막대기만큼의 거리가 생기므로 동물의 반격으로부터 안전을 확보할 수 있다. 직접 제압하기 전 대형뱀의 입을 봉쇄할 때 사용되기도 하지만 뱀에 사용하는 경우는 드물며, 주로 개나 고양이 등을 포획할 때 사용된다. 파충류 가운데는 악어나 대형도마뱀류를 포획할 때 사용되기도 한다. 로프와 주위에서 구할 수 있는 속이 빈 막대기로 손쉽게 제작이 가능하다.

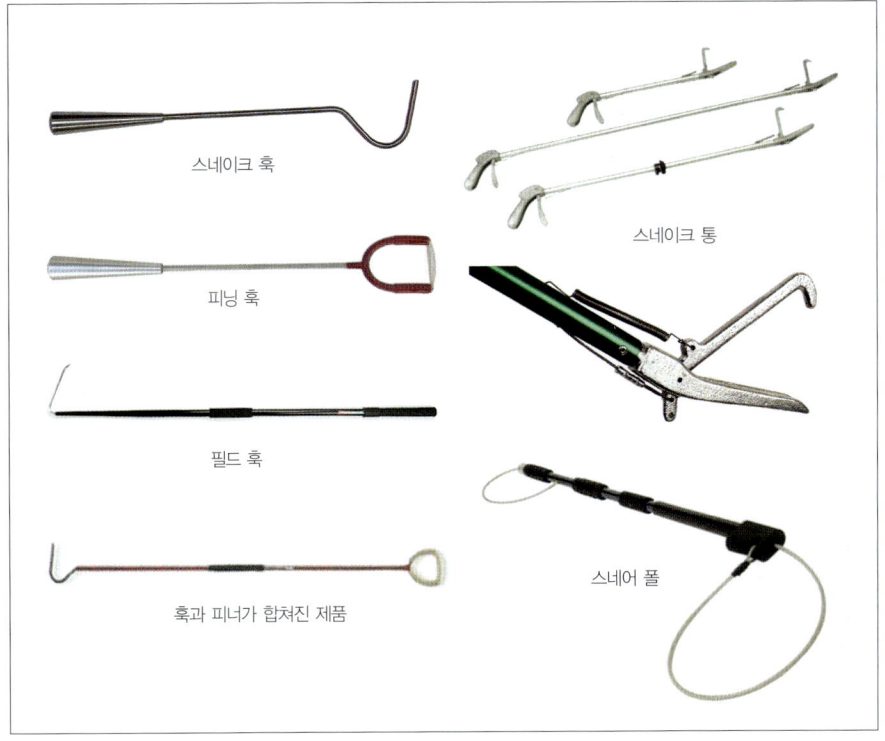

핀셋(tweezer)

작은 뱀을 다룰 때나 먹이를 급여할 때, 사육장 내의 배설물이나 오염물질을 제거할 때, 틱과 같은 외부기생충을 구제할 때 주로 사용된다. 길이가 긴 것이 사용빈도는 높으나, 각각의 길이별로 구비해두면 여러모로 쓸모가 많은 사육도구다. 대형뱀을 기르는 경우가 아니라면 30cm 정도의 핀셋으로 웬만한 사양 관리는 별다른 문제없이 할 수 있다. 핀셋의 끝부분을 고무덮개로 씌워두면 사용하기에 더 편리하다. 시중에서 판매되는 30cm 길이의 핀셋은 대부분 수족관 내의 수초관리용인 경우가 많은데, 이 수초관리용 핀셋은 가늘고 약하기 때문에 안정적으로 사용하기가 힘들다. 외국에서는 충분한 굵기의 대형 핀셋을 판매하고 있으나, 국내에서는 구하기 힘들어 주로 의료용품 판매점에서 구입해 사용한다. 포셉(forceps, 겸자)을 사용하기도 한다.

사나운 뱀을 관리할 때는 적절한 도구를 사용하는 것이 안전하다.

핑키 프레스(pinky press)

사육도구라기보다는 치료용구인데, 일반인들에게는 '뱀을 기르기 위해서는 이런 것까지 있어야 하나' 싶은 생각이 들게 만드는 도구라고 할 수 있다. 사용방법 또한 웬만한 강심장이 아니라면 선뜻 시도하기 어려울 수도 있다. 형태는 주사기처럼 생겼는데 손잡이를 누르면 내부의 기둥이 회전하면서 내용물을 분쇄하도록 설계돼 있다. 이름처럼 핑키(털이 안 난 새끼쥐)를 갈아서 병약한 뱀에게 급여하기 위한 도구다. 사용빈도가 높지는 않으며, 국내에서는 아직 실물을 보기가 쉽지 않은 도구이기도 하다.

프로브(probe)

성별 구분을 위해 개발된 도구다. 가는 스테인리스 기둥 끝에 둥근 쇠뭉치가 달린 형태가 일반적이지만, 가장 가는 굵기는 끝부분의 모서리만 부드럽게 처리돼 있기도 하다. 보통 여러 종류의 굵기가 한 세트로 구성돼 판매되고 있다. 윤활제를 발라 생식기 구멍에 넣어 그 깊이로 뱀의 암수를 구별하는 데 사용된다. 프로브를 이용해 실시하는 프로빙은 여러 가지 성별구분방법 가운데 가장 정확한 방법이라고 평가되고 있으므로 번식을 생각하고 있는 사람이라면 프로브를 구비해두고 사용법을 익혀두는 것이 좋다.

리스트레이닝 튜브(restraining tubes)

뱀의 상태를 확인하기 위해 보정하거나 길이를 잴 때, 독이 있는 개체를 안전하게 관찰하기 위해 사용한다. 크기가 다른 투명한 플라스틱 관으로 길이는 보통 1m 정도 된다. 사용빈도는 높지 않으나 꽤 도움이 되는 도구다. 그러나 필드에 가지고 다니기에는 부피가 큰 편이라 필요한 때에 소지하고 있는 경우가 드물어 사용하지 못하는 경우가 많다. 좀 애매한 도구라 사용하는 사람도 드물다. 그러나 이런 도구가 있다는 것 정도만 알아도 필요시에 다른 소재로 대체해 사용하면 도움이 될 수 있다.

개구기(speculums)

뱀의 입을 고정시키기 위해 고안된 마름모 형태의 도구다. 입 안의 질병을 치료하거나, 먹이나 약을 투여할 때 입이 다물어지지 않도록 고정하기 위해 사용한다. 평소에는 거의 사용되지 않지만 질병이 생기면 그 효율성에 감탄하게 되는 도구다.

가죽장갑(leather gloves)

뱀 사육 시 사용되는 가죽장갑은 일반적인 방한용이 아니라 용접용 장갑 정도의 아주 두꺼운 장갑을 말한다. 개인적으로는 세밀한 움직임이 용이하지 않아 잘 사용하지는 않지만, 대형 아나콘다처럼 미끄럽고 크며 사나운 종을 다룰 때 사용하면 꽤 도움이 된다고 생각한다. 사용빈도는 그다지 높지 않다.

부츠(snakeproof boots)와 각반(snakeproof chaps)

뱀에게 물리는 것을 방지하기 위해 착용하는 긴 부츠와 각반이다. 역시 일반적인 가정에서 애완용 뱀을 기를 때는 전혀 사용되지 않지만, 동물원이나 전시장에서 사나운 대형뱀이나 독이 있는 뱀을 다룰 때, 산 속으로 생태탐사를 나갈 때 독사에게 물리는 것을 방지하기 위해 사용하기도 한다. 직업상 대형독사를 다룰 필요가 있을 때는 구비해두는 것이 좋다.

자연상태의 뱀을 보러 가기 위해서는 항상 안전장비를 잘 갖춰야 한다.

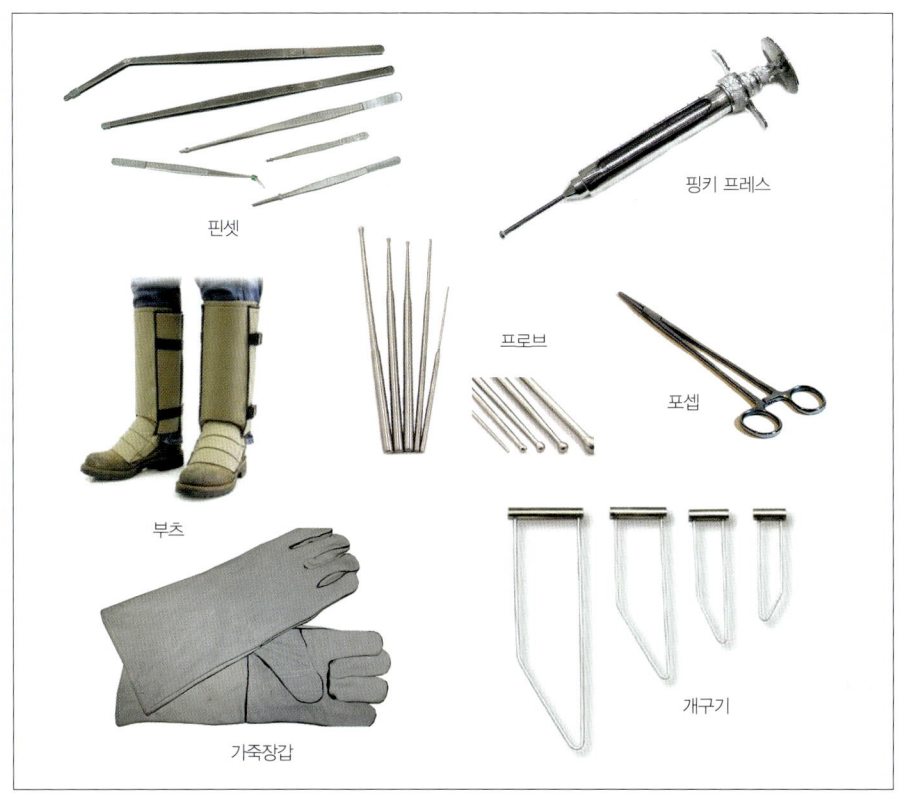

핀셋 / 핑키 프레스 / 프로브 / 포셉 / 부츠 / 개구기 / 가죽장갑

자루(bag)

뱀을 이동시킬 때 사용되는 천으로 된 자루다. 뱀을 이동시킬 때는 상자를 이용하기도 하지만, 상자는 아무래도 부피가 크기 때문에 자루를 이용하는 것이 편리할 때가 많다. 간단한 구조라 쉽게 만들 수 있기 때문에 자작해서 사용하거나, 비슷한 형태의 자루를 구입해서 사용한다. 작은 뱀은 약간 두꺼운 스타킹이나 양말을 사용해도 무방하다. 이동 시에는 입구를 묶어야 하기 때문에 가급적이면 최대한 긴 것으로 준비하는 것이 좋다. 아니면 별도의 줄이나 테이프를 이용해 묶어야 한다. 요즘은 목 부분에 끈이 붙어 있는 것도 시판되고 있다. 조그마한 구멍만 있어도 뱀은 충분히 힘으로 넓히고 탈출할 수 있기 때문에 사용 전에 해지거나 구멍이 나 있는 부분이 없는지 반드시 꼼꼼하게 확인한 뒤에 사용해야 한다.

Section 03

사육 전 알아야 할 뱀의 행동

생명체는 먹을 것을 찾고 신체상태를 정상적으로 유지하려고 하거나, 생존을 위협하는 위험요소를 피하는 행동 등을 수행함으로써 스스로의 삶을 이어간다. 개나 고양이와 같은 반려동물은 소리나 행동으로 자신의 욕구를 비교적 확실하게 사육자에게 표시한다. 사람의 언어와 개, 고양이의 언어가 완전히 다르기는 하지만 사람이 애완견, 애완고양이가 원하는 바를 알아차리는 것은 그리 어렵지 않다. 많은 사육자들이 반려동물의 몸짓언어를 이해하기 위해 노력하는 것은 상호간에 보다 깊은 교감을 얻기 위해서라고 할 수 있다.

뱀의 경우는 좀 다르다. 물론 뱀도 그러한 의사표시를 지속적으로 한다. 그러나 이러한 의사표시는 보통사람들이 알아차리기가 아주 힘들 정도로 독특한 방식을 띠며, 극히 미묘하다는 데 문제가 있다. 또한, 이러한 뱀의 몸짓언어의 의미를 이해하고 문제를 해결해준다고 해도 뱀과 주인 서로에게 교감이 생기거나 하지는 않는다. 그럼에도 불구하고 사육자가 뱀의 몸짓언어를 이해하기 위해서 지속적으로 노력해야 하는 이유는, 뱀의 언어를 이해함으로써 사육자의 안전을 보장할 수 있고, 사육 중인 뱀에게 보다 이상적이고 안정적인 사육환경을 제공해줄 수 있기 때문이다.

콘 스네이크

성대가 없어 말을 할 수 없지만 뱀은 몸으로 우리에게 여러 가지 이야기를 한다. 지금부터 뱀이 자신들의 신체로 표현하는 여러 가지 이야기들을 들어보도록 하자.

경고 반응(warning signals)

몸으로 이야기하는 뱀의 여러 가지 행동 중 사람들이 가장 쉽게 이해할 수 있는 것이 '경고'의 의미를 나타내는 행동이다. 그러나 많은 사람들이 그 행동의 의미를 제대로 파악하지 못하거나 무시함으로써 결국 뱀으로부터 피해를 입는 일이 생기곤 한다. 먼저 뱀의 경계행동에 대해 알아보자.

■**1차적 반응(직접적인 자극이 없을 때)** : 뱀은 사람들이 생각하는 것처럼 공격적인 동물이 아니다. 인기척이 느껴지거나 주위에서 진동 또는 낯선 움직임이 감지되면 일단 도망가거나 숨는 것을 택하고, 그럴 만한 시간적 여유가 없을 경우에는 똬리를 틀고 움직임을 멈춘 채 주위상황을 파악하면서 도망칠 기회를 노린다.

· 똬리 - 평상시 소화를 시키거나 휴식할 때 주로 취하는 자세이며, 위험을 감지했을 때 가장 먼저 취하는 행동이기도 하다. 진동이나 자극을 느끼면 뱀은 펴고 있던 몸을 재빨리 말아 똬리를 튼다. 이렇게 똬리를 트는 것은 몸의 표면적을 줄여 위험에 대비함과 동시에 사방 어느 곳으로든 도망을 갈 수 있고, 방어와 공격을 하는 데 있어서도 가장 효율적인 준비자세이기 때문이다.

1. 똬리를 틀고 있는 모습 2. 혀를 내밀고 있는 모습

· 정지 - 몸을 피하거나 똬리를 틀 충분한 시간이 없을 경우 위험을 감지한 즉시

동작을 멈춘다. 뱀은 기본적으로 서식하고 있는 환경과 유사한 보호색을 띠고 있으므로 가까이 있어도 모르고 지나가는 경우가 많다. 이렇게 동작을 정지함과 동시에 혀와 피트를 이용해 진동이나 움직임을 신속하게 파악하려고 한다.

· **도망** – 보통 뱀은 진동이 전달돼오면 적이 자신에게 가까이 오기 전에 굴이나 나무 위, 연못같이 적이 쫓아오지 못할 만한 곳으로 재빨리 몸을 피한다.

· **빠른 혀 놀림** – 경계행동의 가장 기본으로 주위의 상황을 신속하게 파악하려고 하는 것이다. 개의 꼬리를 살펴 개의 심리상태를 파악하는 것처럼, 혀의 움직임을 잘 관찰하면 뱀의 심리상태를 파악할 수 있다. 내미는 혀의 길이나 혀를 내미는 속도를 관찰하면 되는데, 평소에는 보통 속도로 혀를 내밀지만 새로운 장소로 옮겨졌거나 낯선 물건을 탐색하고자 할 때는 길고 느린 속도로 혀를 내밀고, 주변에 위험요소가 있다고 판단될 때는 빠른 속도로 혀를 날름거린다.

■ **2차적 반응(직접적인 자극이 있을 때)** : 운 나쁘게도 사람이나 천적동물이 자신의 존재를 알아차리게 되면 뱀은 좀 더 능동적인 방어행동을 취한다. 그러나 이때 보이는 행동들 역시 거듭된 경고의 의미이므로 더 이상 자극하지 않고 피한다면 별다른 문제가 생기지는 않는다.

· **몸을 세우고 입을 벌린다** – 뱀은 먹이를 먹거나, 큰 먹이를 잡을 때 빠진 턱 관절을 맞추거나(하품을 하는 것처럼 보인다), 호흡기질환에 걸렸을 경우 그리고 이렇게 적을 위협할 경우 등 극히 몇 가지 경우를 제외하고는 거의 입을 벌리지 않는다.

1. 입을 벌리고 있는 모습   2. 과시행동을 하는 모습

· **과시행동을 한다** – 몸을 세우거나, 바닥에 몸을 바짝 붙이고 늑골을 펴거나, 목 부분을 넓힌다. 또는 숨을 들이쉬어 몸을 부풀린다. 이는 자신의 몸을 실제보다 크게 보이도록 과시하는 행동이다. 우리나라 뱀 가운데 유혈목이는 코브라처럼 목 부분만을 넓힐 수 있다.

· **꼬리로 바닥을 빠르게 내리친다** – 방울뱀의 경우에는 실제로 각질의 꼬리로 경고음을 내지만, 그 외의 뱀들은 꼬리로 바닥을 빠르게 내리쳐서 자신이 '여기에 있다'는 것을 상대에게 알리고 경고를 보낸다.

· **비늘을 비벼 소리를 낸다** – 성대가 없는 뱀은 다른 동물들처럼 목소리로 경고를 보낼 수 없다. 뱀이 낼 수 있는 소리는 히싱(hissing)이나 바닥을 꼬리로 내리치는 것 정도가 고작인데, 특이하게도 거친 비늘을 가진 일부 뱀 가운데는 몸을 S자로 빠르게 비벼대면서 비늘을 서로 마찰시켜 독특한 경고음을 내는 종도 있다.

· **의태(擬態)** – 독이 없는 뱀일 경우 머리를 바짝 당겨 머리 모양을 세모꼴로 만든다. 이러한 행동은 특히 물뱀에게서 많이 볼 수 있다.

죽은 척하고 있는 유혈목이

몇 가지 행동으로 알아보는 뱀의 심리

행동	심리
혀를 날름거리는 것	뭔가 흥미를 끌 만한 것이 주위에 있어.
나무 위에 서식하는 뱀이 땅바닥을 내려다보고 있는 것	배가 고픈데 뭐 먹을 거 안 지나가나?
닫힌 입으로 공격하는 것	귀찮아, 저리 가.
연속적으로 가하는 먹이에 대한 공격	먹고 싶지 않아, 귀찮게 하지 마, 짜증나!
입을 열고 호흡함	감기에 걸렸어, 병원에 좀 데려가.
히싱(hissing)	너 때문에 짜증이 나 있어, 가까이 오면 물어버릴 거야.
똬리를 틀고 머리를 몸 안쪽으로 집어넣음	무서워, 날 가만히 놔둬.
바닥에 턱을 대고 있는 자세	무슨 소리가 들리는데…….
거식, 움직임 감소	질병 증상, 스트레스
사육장 벽면에 몸을 비비는 행동	가려워, 몸에 진드기가 있어.
사육장 벽면에 코를 문지르거나 미는 행동	지금 스트레스 제대로야! 여기를 나가고 싶어! 여긴 내가 있을 곳이 못돼, 혹은 여기서 알 낳기 싫어!

· **의사(擬死)** – 뱀은 폐사하면 상당히 빠르게 부패되는 편이라 배고픈 동물이라도 죽은 뱀은 거들떠보지도 않는다. 그래서 일부 종은 위협을 느끼면 입을 벌리고 몸을 뒤집으며, 배설물을 분비하거나 역한 냄새가 나는 분비물을 흘려 죽은 척하는 행동을 보인다.

· **경고음(hissing) + 목을 수축, 확장시킨다/입을 벌리고 목을 S자로 구부린다** – '쉿' 혹은 '셋~' 하는 소리로 위협한다. 뱀은 성대가 없어 소리를 낼 수는 없으나 폐로부터 코로 급격하게 공기를 내뿜어 위협적인 소리를 낼 수 있다. 이를 히싱(hissing)이라고 하는데, 고양이의 '하악~' 소리나 사자나 호랑이가 내는 저음의 '으르렁' 거림과 같은 경고음이다. 이 경고음과 더불어 몸을 부풀리고 공격 전 준비행동을 한다.

· **적을 향해 머리를 들고 목을 S자로 구부려 뒤로 뺀다** – 이 자세는 어느 때라도 공격할 수 있도록 취하는 스트라이크(strike) 준비자세로 경고의 최종형이다. 여기서 더 자극이 가해질 경우에는 직접적인 공격으로 이어질 수 있다.

■**최종반응(직접적 공격)** : S자로 구부린 목을 펴면서 머리를 적이 있는 방향으로 던져 적을 문다. 스피팅 코브라(Spitting Cobra)의 경우 원거리에 있는 적의 눈을 향해 독을 뿌린다.

Section 04

뱀의 선별법

뱀을 다루기 위한 도구와 뱀의 행동에 대해서도 알아봤으니 이제 본격적으로 뱀을 입양하러 가보자. 물건이 아니라 살아 있는 생명체이니만큼 뱀을 한 마리 입양할 때도 확인하고 살펴봐야 할 것들이 상당히 많다. 귀찮다 생각하지 말고 최대한 꼼꼼하게 상태를 살펴 입양하도록 하자.

정식수입개체 여부 확인

요즘은 야외에 나가봐도 잘 볼 수 없기는 하지만 우리나라에도 꽤 다양한 종류의 뱀이 서식하고 있다. 우리나라에 서식하고 있는 뱀 가운데서도 구렁이나 누룩뱀, 실뱀, 대륙유혈목이와 같은 좋은 애완으로 길러도 좋을 만큼 온순한 성격과 매력적인 무늬를 가진 뱀이다. 그러나 자연상태에서의 뱀의 개체수가 급감하고 있는 추세에 따라 법률로써 이를 보호하고 있기 때문에 현행법상 국내산 종의 뱀을 잡아 애완으로 기르는 것은 명백한 불법이다.

블랙 랫 스네이크

구렁이는 보호동물로 지정해 보호하고 있기 때문에 개인적인 사육이 금지돼 있다.

한국뱀 가운데 국가로부터 양식허가를 받아 합법적으로 기를 수 있는 종이 있기는 하지만, 허가를 받는 과정이나 허가를 위해 갖춰야 할 설비가 만만치 않기 때문에 그런 수고를 감수하면서까지 한국뱀을 애완으로 기르고자 하는 사육자는 없을 거라고 생각된다. 더구나 그런 복잡한 절차를 거치더라도 기를 수 있는 종은 독이 있는 까치살무사, 쇠살무사, 살무사 등 3종과 사납고 냄새가 심한 능구렁이, 이렇게 4종에 불과하다. 이러한 이유 때문에 현재 국내에서 애완으로 길러지고 있는 뱀은 대부분 외국종이다.

2001년 뱀의 해부터 본격적으로 조금씩 국내에 소개되기 시작한 외국산 애완뱀은 10여 년이 지난 현재까지도 아직 대중적인 애완동물의 범주에 속하지는 못했지만, 그럼에도 불구하고 매년 다양한 종들이 지속적으로 국내에 소개되고 있다. 애완동물 가운데서도 애완파충류는 워낙 마니아적인 분야이고, 애완파충류 중에서도 특히 뱀은 더욱더 마니아적인 분야라고 할 수 있기 때문에 애완뱀 사육인구가 증가하는 속도는 다른 애완동물에 비해 상당히 더딘 것이 사실이다. 그러나 이처럼 국내의 뱀 사육인구가 극소수임에도 불구하고 채 10년이 안 된 시간에 이렇게 다양한 종류의 뱀이 소개된 것은 마니아층의 관심과 애정이 그만큼 높다는 의미라고도 볼 수 있다.

국내에 산재해 있는 파충류 숍의 홈페이지를 통하면 지방에서도 어렵지 않게 애완뱀을 분양받는 것이 가능하다. 모두 적법한 절차를 거쳐 통관된 개체들만 국내에 도입되기 때문에 파충류 숍을 통해 입양해 기른다고 해서 법적으로 문제가 되는 경우는 없다. 보호종이 아닌 경우에는 일반적인 상품처럼 그냥 구입하면 되고, 보호종을 분양받을 경우에는 여러 가지 서류들을 작성해서 환경부에 신고하는 것이 원칙이다. 그러나 일반적으로 그렇게까지 하는 경우는 드물다.

인터넷을 통한 개인분양 시 야생에서 채집된 보호종이나 개인이 외국에 나갔다가 몰래 가져온 동물들을 판매하는 경우가 있는데, 이렇게 불법적인 개체를 입양해 사육하는 경우에는 나중에라도 여러 가지 문제가 생길 가능성이 있다. 구입자가 보호종인지 밀수된 동물인지를 몰랐다고 하더라도 차후 개인사육이 불가능한 개체로 판명될 경우에는 오랫동안 정을 주고 기른 뱀이 압수돼 보호종 관리가 가능한 동물원에 맡겨지거나, 최악의 경우 밀수품으로 소각 처리되고 막대한 벌금을 지불하게 될 수도 있다. 이런 일이 생기지 않도록 하기 위해서는 분양자로부터 합법적으로 수입된 개체임을 확인받고, 인적사항과 영수증을 보관해두는 것이 좋다.

인공번식개체, 야생채집개체 여부 확인

수입되는 뱀은 입수경로에 따라 야생상태에 있던 개체를 채집해 수출하는(WC, wild caught) 개체와 인공번식된 (CB, captive born) 개체로 크게 나뉜다. 전 세계적으로 애완으로 많이 길러지고 있는 종은 거의 인공번식된 개체이기 때문에 오히려 야생채집개체를 구하기가 더 어려우나, 번식이 어려운 종이나 희소한 개체가 소량으로 들어오는 경우에는 현지에서 채집된 개체가 수입되기도 한다.

> **Tips CB나 WC 이외의 용어들**
>
> - **CBB(captive born bred)**: 암수 모두 CB개체인 부모에게서 태어난 2차 인공번식개체. CB보다 사육환경에 대한 적응력이 더 뛰어나다고 평가된다.
> - **CR or CF(captive raised 또는 captive farmed)**: 야생채집개체를 일정기간 농장이나 사육장에서 관리하며 성장시킨 개체. LTM(long term captive)이라고 표현하기도 한다.
> - **FH or CH(farm hatched 또는 captive hatched)**: 자연에서 산란한 알 혹은 임신한 암컷 개체를 채집해 번식장 내에서 그 암컷이 산란한 알을 부화시킨 개체
> - **FB(farm breed)**: 완전한 자연상태나 실내가 아니라 농장 내의 자연상태와 유사한 넓은 야외공간에서 스스로 번식된 개체. 양식종

야생채집개체의 경우 아무래도 인공번식개체보다 성격이 좀 더 사납고, 외상이나 부절로 인해 애완으로서의 가치가 적은 개체도 있다. 무엇보다 기생충이나 질병의 감염 가능성이 크기 때문에 가급적이면 입양하지 않는 것이 좋다. 인공번식개체라고 해서 기생충이 100% 없는 것은 아니지만, 감염 가능성이 상대적으로 야생채집개체보다 낮다. 또한, 야생채집개체 가운데는 인공적인 환경에서는 철저하게 거식하다가 결국 굶어 죽는 사례도 흔하다. 따라서 간절히 원하는 경우가 아니라면 가급적 인공번식된 개체를 선택하도록 하자. 하지만 인공번식개체에게 이러한 장점이 있다고 모두 야생채집개체보다 분양가가 비싼 것은 아니다. 돌연변이종이거나 희소가치가 있는 종인 경우에는 야생채집개체 역시 상당히 높은 가격대를 형성하고 있다.

크기, 체형, 체색 확인

각 종의 스탠더드에 부합하는 정상적인 체형인지 먼저 확인한다. 체형은 영양상태가 양호한지를 비롯해 내부장기에 이상이 없는지 여부를 판단할 수 있는 중요한 기준이 된다. 배란기나 알을 가지고 있을 때, 혹은 배설 직전이나 먹이를 먹은 지 얼마 되지 않은 때가

나무 위에 서식하는 종의 체형은 육상종에 비해 상대적으로 가늘다.

아닌 이상, 몸의 특정부분이 눈에 띌 정도로 과도하게 부어 있는 경우 내부장기에 이상이 있다는 신호일 가능성이 크다. 영양결핍이 진행되면 뱀의 체형은 척추가 도드라지면서 점점 삼각형으로 변한다. 영양결핍이라도 가벼운 정도이고 뱀이 식욕이 있는 상태라면 체형을 회복시키기는 어렵지 않으나, 그 원인이 지속적인 거식이나 기생충감염으로 인한 것이라면 회복이 어렵다. 또한, 눈으로 보기에도 확연하게 피부가 접힐 정도이거나, 두개골의 형태가 드러나 보일 정도가 되면 심각한 영양결핍이라고 할 수 있으므로 선택하지 않는 것이 좋다. 머리 부분의 살까지 빠질 정도가 되면 정말 보기 힘들 정도로 마른 상태이며 생존을 보장하기 힘들다.

체형, 영양상태와 더불어 골격도 잘 살펴봐야 할 부분 가운데 하나다. 다행스럽게도 다리가 없는 뱀의 경우에는 척추뼈나 꼬리뼈의 기형 이외에는 별다른 골격이상이 관찰되지 않는다. 꼬리뼈의 기형보다는 척추뼈의 기형이 더 위험하므로 움직임을 살펴 전체적으로 부드러운 곡선을 가지고 있는지, 특별히 휜 곳은 없는지 잘 확인해야 한다. 그리고 수입되는 뱀들은 해당 연도에 부화된 개체들이 많지만, 동일한 종이 여러 마리가 있다면 가급적 큰 개체를 선택하는 것이 안전하다.

건강한 뱀은 매끄러운 곡선을 이룬다

배 쪽의 감염 및 비늘상태 확인

분양되고 있는 뱀 가운데 등 쪽에서 이상이 발견되는 경우는 상당히 드물다. 사육자가 발견하기 쉬워 치료가 용이하다는 점도 있지만, 무엇보다 그런 이상개체들은 애완으로서의 가치를 상실하므로 일찌감치 분양목록에서 제외시키기 때문이다. 그러나 배 쪽에 이상을 보이는 경우는 드물지 않게 관찰된다. 뱀은 항상 배를 바닥에 대고 있으므로 직접 들어서 뒤집어 확인하지 않는 이상 문제가 있더라도 모르고 지나치기 쉽기 때문이다. 습한 환경에서 오랜 기간 방치돼 감염이 발생하는 경우도 있고, 하부열원으로 인한 저온화상이 생긴 경우도 있을 수 있다. 따라서 뱀을 분양받을 때는 반드시 들어 올려 아래쪽 배 부분을 확실하게 확인해야 하며, 사육 중에도 가급적이면 자주 확인하는 것이 좋다.

외형 확인

외형적으로 나타나는 이상증상이 없는지를 먼저 육안으로 확인하면서 본격적인 선별을 시작한다. 신체의 각 부분을 살펴 사육과정에서 문제가 될 만한 심각한 외상이나 질병의 증상이 발견되지 않는지 꼼꼼히 확인하도록 하자.

■눈 : 뱀의 눈은 콘택트렌즈와 같은 투명한 비늘로 덮여 있으며, 그 안쪽은 누관에서 만들어진 액으로 차 있다. 간혹 눈 부위의 비늘이 약간 찌그러져 있는 개체나 백내장처럼 한쪽 눈이 하얀 개체가 보이는데, 다음 탈피 때 정상적으로 회복되는 경우가 많으므로 크게 걱정할 것은 아니다. 무엇보다 눈 부위 비늘의 탈피가 제대로 되지 않았을 경우 뱀에게 상당한 스트레스 요인이 되기 때문에 탈피가 안 된 비늘이 남아 있지 않은가를 확실하게 확인해야 한다. 물에 불려 제거될 정도면 별다른 문제가 없으나 완전히 고착돼 있다면 심각한 문제가 될 수도 있다. 정말 꼼꼼하게 개체를 선별하는 사람은 플래시로 동공반사가 정상적인지 여부를 확인하는 경우도 있는데, 보통은 이렇게까지 해서 선별하는 경우는 드물다.

■입 : 개체선별 시 입 부분에서 유심히 볼 것은 두 가지인데, 하나는 구내염이고 다른 하나는 호흡기질환의 증상이다. 구내염은 어떠한 이유로 구강 내부가 감염된 것이며, 호흡기질환은 입을 지속적으로 벌리고 호흡하거나 점액질의 분비물이 나오는 증상으로 확인할 수 있다. 둘 다 증상이 어느 정도 진행됐다면 상당히 치료하기가 곤란하기 때문에 다

Tips 똬리

뱀은 보통 이동할 때를 제외하고는 똬리를 틀고 있는 경우가 대부분인데, 이는 다음과 같은 여러 가지 이유가 있다.
첫째, 몸의 표면적을 줄이기 위해서다. 몸을 길게 늘어뜨린 자세로 휴식을 취하면 적으로부터 공격을 당했을 때 반응하기까지의 시간이 길어지게 된다. 표면적을 줄여 적으로부터 공격받는 면적을 최소화하고, 좁은 공간에 숨을 수 있도록 하기 위해 똬리를 트는 것이다. 둘째, 열손실을 막기 위해서다. 이 역시 몸의 표면적을 줄임으로써 가능해진다. 그러나 체온조절을

위해 몸을 식힐 필요가 있을 때는 똬리를 푼다. 안전이 확보된 장소에서 일부 뱀은 일광욕을 할 때 이와는 반대로 최대한 햇살을 많이 받을 수 있도록 몸을 길게 늘어뜨리고, 몸의 긴 쪽을 태양을 향해 직각으로 두기도 한다. 셋째, 외부적 자극을 감지하고 대응하기 쉽도록 하기 위해서다. 똬리를 틀고 머리를 몸 가운데 높이 두고 있으면 360°로 사방을 감시하는 데 유리하기 때문에 스스로를 보호하기 쉬워지고, 공격을 당했을 때도 신속하게 반격할 수 있게 된다.

뱀마다 똬리를 트는 방향은 다르다. 사람의 경우 오른손잡이와 왼손잡이가 있는 것처럼 뱀 역시 스스로 편한 자세를 취하기 때문이다. 또한, 아주 복잡하게 얽혀 있는 것처럼 보이기도 하지만, 이동할 때는 스스로 알아서 풀리는 구조로 돼 있기 때문에 길게 늘어져 있을 때와 비교하더라도 이동시간에는 별다른 차이가 없다.

른 신체부위보다 특히 세심하게 관찰해야 하는 부분이라고 할 수 있다. 잠시 하품을 하거나 경계를 하기 위해 의도적으로 입을 벌리는 경우가 아닌 이상, 뱀이 입을 벌리고 있다는 것은 무언가 건강상의 이상이 있다는 의미라고 이해해도 무방하다.

또 간혹 주둥이 부분이 까진 개체가 보이는데, 이런 개체는 가급적 입양을 피하는 것이 좋다. 이러한 증상은 사육장에서 탈출하기 위한 시도의 결과로 볼 수 있는데, 외형적으로도 보기 싫을 뿐만 아니라 약해진 피부가 감염돼 다른 이상증상이 쉽게 나타날 수 있다. 더구나 이런 뱀은 준비해둔 사육장으로 옮겨도 동일한 행동을 하는 경우가 대부분이다. 이는 스트레스를 많이 받고 있다는 의미이며, 돌연사나 호르몬계 이상증상을 보일 수도 있다. 보통 자연상태의 뱀이나 안정된 환경에서 사육되고 있는 뱀에게서는 주둥이 부분이 까진 개체를 잘 볼 수 없다.

입을 벌릴 수 있다면 입 안의 상태도 확인하도록 한다. 뱀의 구강점막은 옅은 분홍색을 띠고 있는 것이 보통이므로 점막이 과도하게 붉은색이나 칙칙한 색이라면 상태를 좀 더 자세하게 살펴볼 필요가 있다. 그러나 멜라닌 침착으로 인해 원래부터 다른 색을 띠고 있는 종도 있으므로 선별하고자 하는 종에 대한 기본적인 정보를 숙지하고 있는 것이 좋다. 그밖에 잇몸이 부어 있거나 고름이 차 있지 않은지, 출혈은 없는지 등과 이빨은 정상적으로 다 나 있는지 등을 살펴야 한다. 뱀이 입을 벌렸을 때 구강 아래쪽에 확인할 수 있는 것이 기도인데, 그 부분도 가능하면 잘 살펴봐야 한다. 건강한 뱀은 아무런 분비물이 없으나 간혹 고름이나 분비물 등이 보이는 개체가 있는데, 이는 감염의 증상이므로 선택하지 않도록 한다.

■피부 : 건강한 뱀의 피부는 탄력과 윤기가 있고 종 고유의 체색을 유지하고 있으며, 탈색이나 외상 및 탈피부전이 없다. 탈피부전은 탈피기간의 습도부족이 원인인 경우가 대부분인데, 너무 오랜 시간이 지나지 않았다면 입양 후 온욕을 시키고, 탈피를 마칠 수 있도록 사육주가 도와주면 별다른 문제가 생기지 않는다. 그러나 탈피부전을 보인 후 지나치게 오랜 시간 방치됐다면 잠깐의 온욕만으로는 원상태로 되돌리기가 쉽지 않다. 낡은 허물이 새로운 피부에 고착됐을 경우 이를 강제로 떼어내려고 하면 마치 딱지가 떨어지듯이 피부가 함께 벗겨져버리기 때문이다. 탈피하지 못한 범위가 아주 좁은 경우 빨리 성장시켜 다음 탈피 때 함께 떨어져나가게 할 수도 있지만, 만약 범위가 넓으면 최악의 경우 사망에 이를 수도 있다.

탈피부전이 정말로 위험할 때는 그 원인이 탈수나 사육장 내의 부족한 습도로 인한 것이 아니라, 호르몬 이상이나 다른 질병 때문에 발생한 경우다. 필자가 기르던 뱀 중에 평소에는 먹이반응도 좋고 아주 건강했지만, 탈피 시 충분한 습도를 제공하고 수시로 온욕까지 시켰음에도 불구하고 매번 탈피부전이 일어나는 개체가 있었다. 이 개체는 매번 상태를 살펴 직접 허물을 벗겨줬음에도 불구하고 어느 순간 돌연사해 버렸다. 그러나 사실 뱀을 입양할 당시에 탈피부전상태만 보고 그 원인을 파악하기란 불가능하므로 일단 마음에 들면 입양하도록 한다. 필자의 사례처럼 습도유지에 관심을 기울였음에도 불구하고 매번 탈피부전이 일어날 경우는 무언가 건강상의 문제가 있는 것이므로 동물병원을 방문해서 정확한 상태를 알아보는 것이 좋다. 그러나 다행스럽게도 습도 이외의 다른 이유로 탈피부전이 일어나는 경우는 상당히 드문 것 또한 사실이다.

■**꼬리** : 어린 개체에게서 간혹 보이는 꼬리 부분의 휜 증상은 인큐베이팅 시 온도를 지나치게 높게 설정했을 경우 발생빈도가 높다는 보고가 있다. 대부분의 경우 꼬리의 기형은 외형상으로만 보기 좋지 않을 뿐, 그로 인해 직접적으로 움직임에 장애가 생긴다거나 폐사에 이르는 경우는 드물다. 하지만 애완으로서는 상당한 결격사유가 되므로 뱀을 입양할 때는 어느 한 곳이라도 뼈가 휜 곳이 없이 부드러운 곡선을 이루는 매끈한 체형의 개체를 고르는 것이 좋다. 뱀은 대부분 똬리를 틀고 있기 때문에 눈으로만 대충 봐서는 상태를 제대로 파악하지 못하는 경우가 많다. 따라서 사육장 안에 들어 있는 상태로 그냥 개체를 선별해서는 안 되며, 반드시 움직이게 하거나 들어 올려 상태를 꼼꼼히 살펴야 한다.

뱀의 체형은 부드러운 곡선을 이뤄야 한다.

■**총배설강** : 앞서 언급했듯이 뱀은 소화, 배설과 생식까지 모두 총배설강이라고 불리는 하나의 구멍에서 해결한다. 총배설강을 관찰함으로써 소화와 배설 관련 질병의 증상을 파악할 수 있기 때문에 이 부분 역시 관심 있게 살펴야 한다. 총배설강은 상태가 깨끗하고 잘 닫혀 있어야 하며, 설사나 분비물이 묻어 있지 않아야 한다. 변은 보통은 건조한 덩어리 상태이므로 상태와 냄새가 정상적인지 확인하는 것이 좋다. 소화계통의 질병이 있을 경우 변이 묽거나 냄새가 심하게 나고, 간혹 변 안에서 기생충이 발견되기도 한다. 마지막으로 배설강의 안쪽이 총배설강으로부터 튀어나왔거나 몸 밖으로 돌출된 탈장(脫腸) 혹은 탈항(脫肛) 증상이 있는지도 확인하도록 한다.

반응상태 확인

움직임, 냄새, 소리, 진동, 접촉 등의 자극요인에 정상적으로 반응하고, 그 속도가 빠를수록 건강한 개체다. 먹잇감 등의 긍정적인 자극에는 호기심을 보이고, 위협이나 자극 등의 부정적인 자극에는 방어행동이나 공격행동을 보이는 것이 정상적인 반응이다. 여러 가지 가벼운 자극을 줌으로써 뱀의 반응상태를 확인할 수 있다.

질병 및 내·외부기생충 확인

마지막으로 육안으로 식별 가능한 내·외부기생충이 없는가를 확인해야 한다. 비늘이 겹쳐 있어 기생충이 숨을 곳이 많은 뱀에게 외부기생충 구제는 정말 힘들고도 귀찮은 일이기 때문에 기생충감염 증상이 아예 나타나지 않는 개체를 고르는 것이 현명하다. 보통 애완파충류를 괴롭히는 외부기생충은 틱(tick)과 마이트(mite) 두 종류가 대표적이다. 이러한 외부기생충은 뱀의 피를 빨아먹어 1차적인 피해를 주게 되는데, 청결하지 못한 사육환경에서는 피를 빨린 뱀의 상처 부위에 2차 감염이 발생하는 경우도 있다. 특히 입양하고자 하는 개체가 야생채집개체나 습한 육지환경에서 서식하는 종이라면 더 세심하게 관찰해야 하고, 입양 후에도 구충을 실시한 뒤 일정 기간 별도의 공간에서 관찰한 후에 본격적으로 사육을 시작하는 것이 좋다.

외부기생충과는 달리 내부기생충은 증상을 육안으로 파악하기가 상당히 힘들다. 종양 등 피부가 돌출된 경우처럼 육안으로 파악이 가능하다면 이미 증상이 심각하게 진행된 것이므로 입양하지 않는 것이 좋다. 간혹 배설물에서 미세하게 움직이는 내부기생충을 관찰할 수도 있는데, 이런 경우 입양하고자 하는 뱀의 상태가 양호하다면 구충해서 사육

> **Tip** 뱀 선별 시 확인해야 할 반응
> - 나무위성 종일 경우 핸들링했을 때 강하게 손을 감는가.
> - 움직이거나 헤엄치는 자세, 나무에 매달려 있는 자세가 바른가.
> - 머리나 몸을 건드리는 자극에 대한 반응속도는 신속한가.
> - 자극을 가했을 때 혀를 부지런히 날름거리며, 능동적으로 주위상황을 파악하려고 하는가.
> - 핸들링했을 때 능동적으로 손에서 벗어나려고 하는가.
> - 목 부분을 잡았을 때 강한 거부반응을 보이는가.
> - 뒤집어뒀을 때 능동적으로 자세를 바로잡으려고 하는가.
> - 몸을 일직선으로 쭉 폈을 때 신속하게 도망가려고 하거나 똬리를 트는가.
> - 먹이반응이 좋은가.

눈동자 주위에 외부기생충이 없는지 꼼꼼하게 확인하도록 한다.

할 수도 있지만, 뱀의 상태가 육안으로 보기에도 좋지 않으면 피하도록 한다. 한 마리에게서만 증상이 나타나더라도 동일한 사육장에 있는 모든 개체가 감염됐을 가능성이 있으므로 입양 후 구충을 실시할 것을 권한다.

사육개체 확정 및 입양

이상과 같은 선별법에 따라 꼼꼼하게 확인을 한다면 폐사 가능성이 낮은 건강한 뱀을 입양할 수 있다. 또한, 앞서 언급한 뱀의 선별법은 각각의 종의 '스탠더드'에 가장 근접한 종을 선별함과 동시에 건강상태 역시 최상인 개체를 선별하기 위한 방법이다. 아울러 사육 중인 뱀의 건강상태를 확인하는 기준이기도 하므로 사육 중에도 수시로 위의 기준에 맞춰 건강상태를 확인하도록 하자. 마지막으로 '정성과 관심으로 이 정도는 낫게 할 수 있어' 혹은 '그동안의 사육경험이 있는데 이 정도는……'라는 생각으로 아픈 동물을 분양받지는 말라고 조언하고 싶다. 건강상의 문제가 있는 뱀은 저렴한 가격으로 분양하기도 하는데, 싼 분양가에 유혹됐다가 나중에 몇 배나 더 큰 경제적, 정신적 곤란을 겪을 수도 있다. 다른 무엇보다도 '건강한 동물로 시작하는 것'이 성공적인 사육의 첫걸음이라는 사실을 명심하도록 하자.

Section 05

올바른 핸들링과 이동방법

동물을 사육하다 보면 해당 동물을 들어 올려야 하는 경우가 필연적으로 생기게 된다. 분양받을 때 건강상태를 살펴보기 위해, 사육 중에는 사육장 청소나 온욕 및 질병치료를 위해, 사육장에서 뱀을 들어 올려 이동시켜야 하는 경우가 꽤 자주 발생한다. 이때 반드시 알아둬야 하는 것이 적절한 핸들링 방법이다.

모든 동물에게는 각 종에 맞는 최적의 핸들링 방법이 있다. 적절치 못한 핸들링은 해당 동물에게 상당한 스트레스를 유발하며, 공격성을 증가시킴으로써 사육자를 위험에 빠뜨리게 하기도 한다. 따라서 종과 크기, 체형, 성격, 독성의 유무와 같은 개체 고유의 특성을 고려한 적절한 핸들링법을 익혀두는 것은 동물 사육에 있어 반드시 필요한 일이다. 동물의 핸들링에 있어 가장 기본은 '어떤 경우에도 동물의 몸을 조이지 않는 것' 이라고 할 수 있다. 여기에 덧붙여 '절대 떨어뜨리지 않는 것' 도 중요하다. 모든 동물은 몸이 조여지는 것을 극도로 싫어하며, 특히 목이나 복부는 절대로 조여서는 안 되는 부분이다. 공격을 당하면 생명을 잃을 수도 있는 치명적인 부위이기 때문에 아무리 순한 동물이라 해도 낯선 사람에 의해 이 부분이 조여질 때는 순식간에 공격성을 보이는 경우가 많다.

사육자의 안전을 위해서는 필수적으로 적절한 핸들링 방법에 대해 숙지해야 한다.

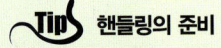
핸들링의 준비

다시 한 번 말하지만 특히 위험한 종의 경우에는 반드시 사육자의 움직임에 방해가 되지 않을 정도의 충분한 공간을 확보해두고 적절한 도구를 이용해 이동시켜야 한다.

1. 훅이나 가죽장갑, 이동용 상자나 자루, 휴지, 물수건 등 핸들링을 위한 적절한 도구와 장비를 준비한다.
2. 손을 세척한다. 뱀에게 옮길 수 있는 질병을 사전에 차단하기 위함이 첫 번째 이유이고, 혹 뱀을 만지기 전에 쥐나 새, 토끼 등 뱀의 먹잇감이 될 만한 동물을 만지고 난 다음에 바로 뱀을 만지면 먹이로 오인해 물 수 있기 때문에 손에 남은 냄새를 지우기 위함이 두 번째 이유다.
3. 핸들링을 위해 사육장에서 뱀을 꺼내기 전 방해가 되는 구조물들을 미리 뱀에게서 멀리 치운다. 사육장에서 꺼낼 때는 아무래도 반항을 하게 되는데 꼬리나 몸통으로 구조물을 휘감아 버리면 뱀의 행동을 통제하기가 상당히 어려우며, 억지로 꺼내려고 잡아당기면 스트레스를 받은 뱀에게 물릴 수도 있다. 먼저 핸들링에 방해가 되는 장애물들을 치우고 공간을 확보하도록 하자.
4. 본격적인 핸들링 전에 먼저 가볍게 자극을 준다. 혹시 잠들어 있을지도 모를 뱀을 깨우기 위해서이며, 앞으로 있을 더 큰 자극에 대해 준비를 하도록 하기 위함이다. 보통 이렇게 가볍게 자극했을 때 보이는 뱀의 행동을 보고 핸들링의 가부, 어느 정도의 강도와 방법으로 뱀을 제압할 것인가를 결정하게 된다. 순식간에 자극이 있는 방향으로 방향을 틀어 격한 반응을 보이면 굶주려 있거나 스트레스를 받고 있다는 의미이므로 핸들링에 좀 더 주의가 필요하다. 평소에 쉽게 다루던 온순한 뱀이었더라도 이 과정에서 급격한 이상행동을 보이면 도구를 이용해 안전하게 다루는 것이 좋다. 다른 동물과 마찬가지로 뱀의 꼬리 역시 상당히 예민한 부위이므로 사전 자극을 줄 때 꼬리는 건드리지 않는 것이 좋다.
5. 몸통의 중간 부분 정도를 잡고 사육장에서 들어낸다. 후크를 이용해도 무방하다. 이때 뱀의 머리 정면으로 손을 대면 공격성을 증가시킬 수 있으므로 조심하도록 하자.
6. 뱀이 사육장 밖으로 나오면 종의 습성과 크기를 고려한 적절한 방법으로 핸들링한다.

뱀의 경우도 역시 마찬가지다. 독사나 사나운 대형뱀처럼 확실하게 제압해야 하는 경우가 아니라면 가급적 뱀의 몸을 조이지 말고 핸들링하는 것이 기본이다. 보통 이러한 사실을 알고 있어도 갑자기 심하게 움직이면 떨어뜨리지 않기 위해 무의식중에 힘을 줘 움켜잡는 경우가 생긴다. 이럴 경우에도 당황하지 말고 빨리 자세를 낮춰 뱀을 바닥에 내려놓되 절대 움켜잡지 않도록 주의한다. 행동을 통제당하거나 특히 복부 부분을 강하게 제압당하면 심하게 반항을 하고, 심한 경우 배설을 하거나 고약한 냄새가 나는 분비물을 분출하기도 하므로 핸들링을 하기 전에는 그에 대한 대비도 해야 한다.

또한, 어떤 경우라도 뱀을 바닥에 떨어뜨려서는 안 된다. 모든 동물이 마찬가지지만 특히 뱀은 다리가 없어 충격을 전혀 흡수할 수 없기 때문에 떨어뜨렸을 경우 다른 동물들보다 심각한 장기손상을 입게 된다. 보통 육안으로 외상을 전혀 확인할 수 없는 경우가 대부분이지만, 뼈와 내부장기는 상당히 심한 충격을 받은 상태일 수도 있다. 만약 그런 상태라면 거식을 하거나 돌연사하게 된다. 마지막으로 하나 덧붙이자면, 성격이 사나운 뱀을 순치시키기 위해 의도적으로 테임(tame, 핸들링을 해줌으로써 순하게 길들이는 것)을 하는 경우가 없지는 않지만, 일반적으로 뱀은 사람의 손에 들려지는 것을 그리 즐기는 동물이 아니다. 따라서 반드시 필요한 경우가 아니라면 가급적 핸들링을 자제하는 것이 좋다.

손 위에 올리는 법

뱀 핸들링의 기본은 '뱀의 표면적을 줄여주는 것'이라고 할 수 있다. 앞서도 언급했다시피 뱀이 가장 안정적으로 여기는 자세가 똬리를 틀고 있는 것이므로 핸들링할 때도 역시 뱀이 몸을 말 수 있는 환경을 제공해주는 것이 좋다. 손 안에 들어오는 정도 크기의 뱀이라면 손가락 사이에 감아 얹어두는 것이 가장 좋다.

팔에 올리는 법

한 손으로 뱀의 머리 아랫부분을 받치고, 몸에 붙인 팔 위에 뱀의 몸통을 얹는다. 뱀을 들고 있을 때나 이동시킬 때는 반드시 다른 손으로 몸체를 받쳐줘야 한다. 일반인의 경우 두려움과 거부감 때문에 목 부분만 제압하고 그냥 들어서 옮기는 경우가 있는데, 뱀의 척추와 내부장기에 상당한 부담을 주기 때문에 절대로 그런 상태로 이동시켜서는 안 된다. 뱀은 복강과 흉강을 분리해주는 횡경막이 없고, 장기가 고정돼 있지 않아 수직으로 들어 올리면 내부장기에 상당히 무리가 간다. 또한, 체중이 무거운 뱀은 척추에 무리가 가기도 하는데, 그 많은 척추뼈 중 하나만 손상돼도 다시는 정상적인 행동을 할 수 없다.

1. 한 손에 올리는 법 **2.** 팔에 올리는 법

제압하는 법

필자가 사육자들에게 양서파충류 사양관리법을 가르칠 때 가장 먼저 주지시키는 것이 있다. '설사 스스로 부화시켜 오랜 기간 기른 뱀이라 하더라도 항상 처음 대하는 동물인 것처럼 다루라'는 것이다. 이는 자신이 기르는 동물에게 애정을 가지지 말라는 뜻이 아니라, 뱀을 다룰 때는 최소한의 안전장치는 스스로 마련해놓으라는 의미다. 뱀은 인간과 교감을 나누는 반려동물이 아니기 때문에 순치됐다 하더라도 완벽하게 길들여지지는 않으며, 인간이 뱀의 심리상태를 완벽하게 파악하는 것 또한 불가능하기 때문에 어찌 보면 사육 중에는 언제나 사고의 위험이 잠재돼 있다고 볼 수 있다.

설사 독이 없는 뱀이라 하더라도 뱀에게 물리는 것은 그리 유쾌한 경험은 아니다. 어느 정도 사육경험이 있다고 하더라도 부득이한 경우가 아니라면 독이 있는 뱀이나, 사육자의 키보다 큰 뱀(특히 보아나 파이손류와 같은 대형종)은 가급적 혼자 다루지 않는 것이 안전하다. 만일 사태가 발생하고 도와줄 사람마저 없다면 큰 사고로 이어질 수 있기 때문이다. 일반적으로 생각하는 것보다 뱀이 조이는 힘은 상당히 세다. 다행스럽게도 필자가 아는 한 국내에서의 사고 사례는 없지만, 미국에서는 1980년 이래 적어도 12명이 집에서 기르는 뱀으로 인해 목숨을 잃었다는 통계가 있다. 뱀은 2.5m만 되면 성인을 충분히 감아죽일 수 있으며, 아령 하나 무게인 6kg 정도의 뱀에게 목숨을 잃은 사례도 있다.

그러나 국내에서는 개인적으로 독사를 사육하는 것이 금지돼 있고, 보통 애완으로 많이 길러지는 콜러브리드류는 혼자서도 충분히 제압이 가능한 크기이므로 대형종 보아나 비단구렁이류를 기를 경우에만 주의를 기울이면 된다.

독사를 잡을 때는 엄지와 중지로 목의 좌우를 제압하며, 검지를 구부려 뱀의 머리 윗부분을 누른다.

다른 동물들과 마찬가지로 목을 잡는 것은 뱀에게도 상당한 스트레스를 주는 행동이므로 가급적이면 목 부분은 제압하지 않는 것이 좋다. 그러나 공격적이거나 독이 있는 뱀을 다루는 특수한 경우에는 머리 바로 뒷부분을 확실하게 제압해야 할 필요가 있다. 엄지와 중지로 목의 좌우를 제압하며, 검지를 구부려 뱀의 머리 윗부분을 누른다.

더 확실하게 잡아야 할 때는 엄지와 검지로 목의 양 옆을 제압하기도 하고, 아주 큰 대형 개체인 경우에는 목 주위를 아예 손으로 움켜잡기도 한다. 이때 이빨이 긴 뱀의 경우에는 간혹 독니가 아래턱을 뚫고 나와 잡고 있는 사육자의 손을 찌르기도 하므로 그럴 가능성도 염두에 두고 손의 위치를 잡도록 하자. 대부분의 뱀은 이와 같은 방법으로 제압하면 별 문제가 없지만 유혈목이 종류는 종 고유의 특성상 좀 더 신경 써서 핸들링할 필요가 있다. 목 부분에 독샘이 있어 강하게 잡을 경우 피부가 터지면서 독이 배어나올 수 있기 때문이다. 따라서 확실하게 제압은 하되 피부가 손상되지 않도록 쥐는 힘을 적절하게 조절할 필요가 있다.

자루에 넣는 법

볼 파이손처럼 체형이 짧고 소심하며, 움직임이 적은 뱀의 경우에는 자루의 입구를 크게 벌려 간단하게 담을 수 있다. 그러나 몸길이가 길거나, 움직임이 활발하거나, 독이 있는 뱀의 경우에는 자루에 담기가 쉽지 않다. 이런 종의 경우 자루에 담는 방법을 다음 페이지 표에 소개한다. 두 가지 중에서 자신에게 적합한 방법을 사용하면 되는데, 두 번째 방법은 잘 익혀두면 사나운 뱀이나 독이 있는 뱀을 다룰 필요가 있을 때 꽤 유용하다.

자루를 묶는 법

일반적인 방법으로 느슨하게 자루를 묶으면 벌어진 사이를 비집고 뱀이 탈출하는 경우가 생긴다. 따라서 반드시 자루의 입구를 한 번 접어서 묶거나, 테이프나 줄을 이용해 확실하게 묶어 탈출을 방지해야 한다. 사람은 좁은 공간에서 폐소공포증을 느끼는 경우가 있지만, 일반적으로 뱀은 이와는 반대로 좁은 틈에 몸이 꽉 낄 때 오히려 심리적인 안정을 얻는다. 따라서 공간이 지나치게 넓으면 오히려 스트레스를 받을 수도 있으므로 가급적이면 자루의 부피를 줄여 묶는 것이 좋다. 이렇게 묶는 것은 사람의 입장에서도 좋은데, 독사를 옮길 경우 좁은 자루 안에서 공격할 수 있는 자세를 취하기 어렵기 때문에 사육자의 안전이 좀 더 보장되며, 묶은 부분에서부터 자루 입구까지 길이가 충분히 남게 되

Tip 뱀을 자루에 넣는 방법

• 방법 1
1. 뱀의 목 부분을 완전히 제압한 다음, 한 손으로 잡고 다른 손으로 자루의 입구를 벌린다. 손으로 잡고 있을 때 뱀이 꼬리를 사육자의 손목에 감는 경우가 있는데, 이럴 때는 자루에 넣기 힘들기 때문에 잘 사려서 잡아야 한다.
2. 뱀의 꼬리부터 자루에 넣는다. 살짝 놓으면 바로 입구 쪽으로 기어 올라오기 때문에 바닥 쪽으로 살짝 머리를 던져 넣는다는 느낌으로 넣는 것이 좋다.
3. 자루에 넣는 작업을 혼자서 수행하는데 뱀이 팔을 꼭 휘감고 있다면, 자루의 바깥에서 다른 손으로 뱀의 머리를 제압하고(다른 손으로 바꾸어 잡고) 꼬인 몸통을 풀면서 손을 꺼낸다.
4. 재빨리 자루 입구를 여미고 묶는다.

• 방법 2
1. 자루를 뒤집어 한쪽 손을 넣는다. 가급적이면 바닥에 가까운 쪽에 손을 위치시킨다.
2. 자루를 한 손에 장갑처럼 끼고 바로 뱀의 목 부분을 잡거나, 다른 손으로 후크를 사용해 뱀의 머리를 제압한 뒤 뱀의 목 부분을 확실히 제압한다.
3. 자루를 다시 원래대로 뒤집으면서 뱀을 자루 안으로 넣는다.
4. 자루의 입구를 말아서 봉하거나, 자루를 바닥에 놓고 후크나 막대로 자루의 목 부분을 누른다.
5. 입구가 봉해지면 뱀을 잡았던 손을 놓는다.
6. 자루의 입구를 확실하게 묶는다.

2번의 방법은 순간적으로나마 뱀이 시야에서 사라지는 시간이 있기 때문에 확실하게 뱀을 제압해야 할 필요가 있다.

뱀을 이동시키기 위해 자루에 넣을 때는 목 부분을 올바른 자세로 제압해야 한다.

므로 손으로 잡고 이동시키기도 더 안전하다. 한 가지 덧붙이자면, 뱀을 자루에 담았다고 해서 긴장을 풀고 주의를 게을리 해서는 안 된다는 것이다. 뱀의 피트는 자루 안에서도 충분히 사람을 감지할 수 있고, 뱀의 이빨은 이동용 자루 정도는 쉽게 뚫을 정도로 충분히 길기 때문이다. 흥분상태에 놓인 뱀은 자루 안에서도 밖에 있는 사람을 물 수 있다. 따라서 묶은 부분을 최대한 길게 하고, 몸에서 최대한 멀리 떨어뜨려 이동하도록 해야 한다. 특히 독이 있는 뱀을 자루만 이용해 이동시킬 때는 더욱 주의를 기울여야 한다. 가장 좋은 방법은 뱀을 넣은 자루를 단단한 소재의 통에 한번 더 담아 외부와 완전히 격리하는 것이다.

뱀을 상자에 넣어 이동시킬 경우 상자를 완전히 밀폐하면 호흡하는 데 방해가 되므로 주의해야 한다. 또한, 날씨가 추울 경우 바닥이나 벽면에 보온팩을 설치해 체온을 유지해주면서 이동하는 것이 좋다. 보온팩은 주로 간편한 제품을 많이 사용하는데, 시중에 판매되는 제품은 생각보다 온도가 많이 올라가므로 이동상자 안에 설치할 경우에는 그 위에 수건 등을 깔아서 뱀을 넣은 자루와 보온팩이 직접적으로 닿지 않도록 해줘야 한다. 이동상자가 너무 작을 경우 보온팩을 설치하면 상자 내의 온도가 순식간에 올라가게 되므로 적당히 큰 크기의 상자를 이용하는 것이 좋다.

이동 후에는 뱀을 상자에서 최대한 빨리 꺼내 안정된 환경으로 옮겨줘야 하며, 포획된 상태로 지나친 고온이나 저온의 공간에 오랫동안 방치하는 일이 없도록 주의해야 한다. 특히 높은 온도로 인한 돌연사는 순식간에 일어나기 때문에 무더운 여름철에 이동상자를 차 안에 방치하는 등의 일이 있어서는 안 된다. 또 스트레스와 추락의 위험을 줄이기 위해 손으로 들고 이동하는 거리는 최소한으로 줄이는 것이 좋다. 마지막으로 핸들링 후에는 혹시라도 발생할지 모를 살모넬라 감염을 예방하기 위해 반드시 손을 깨끗하게 씻도록 하자.

평소 핸들링을 할 때는 뱀의 행동을 강제로 통제하지 않는 것이 좋다.

제3장 뱀 사육의 기초

뱀에게 물렸을 때의 대처법

뱀은 보통 상대를 물고 나면 바로 이빨을 뺀다. 혹시 물린 부위를 놓지 않고 있을 때는 강제로 뱀의 입을 벌리려고 하지 말고, 카드나 명함을 이용해 뱀이 스스로 입을 벌릴 수 있게 만든 후 물린 부위를 빼내도록 한다. 또한, 뱀을 억지로 당기면 물린 부위가 더 크게 찢어지거나, 이빨이 부러져 살에 박힐 수 있으므로 절대 잡아당기면 안 된다. 작은 뱀의 경우에는 뱀의 머리 쪽으로 뜨거운 바람을 불거나 미지근한 물을 부어주면 입을 벌리는 경우도 있다. 뱀을 떼어냈다고 하더라도 물린 부위에 이빨이 박혀 있을 수 있으므로 반드시 확인해 제거해야 한다. 박힌 이빨을 그대로 방치하면 상처 부위가 감염될 수 있으므로 확실히 제거하고, 물린 상처는 소독하고 항생제를 처방받도록 한다.

직업상 독사를 다루다 물렸을 경우에는 최대한 빨리 병원으로 이동해 전문적인 처치를 받는 것이 최선이다. 이때 흥분하면 혈액순환이 빨라져 더 위험하게 되므로 침착하게 행

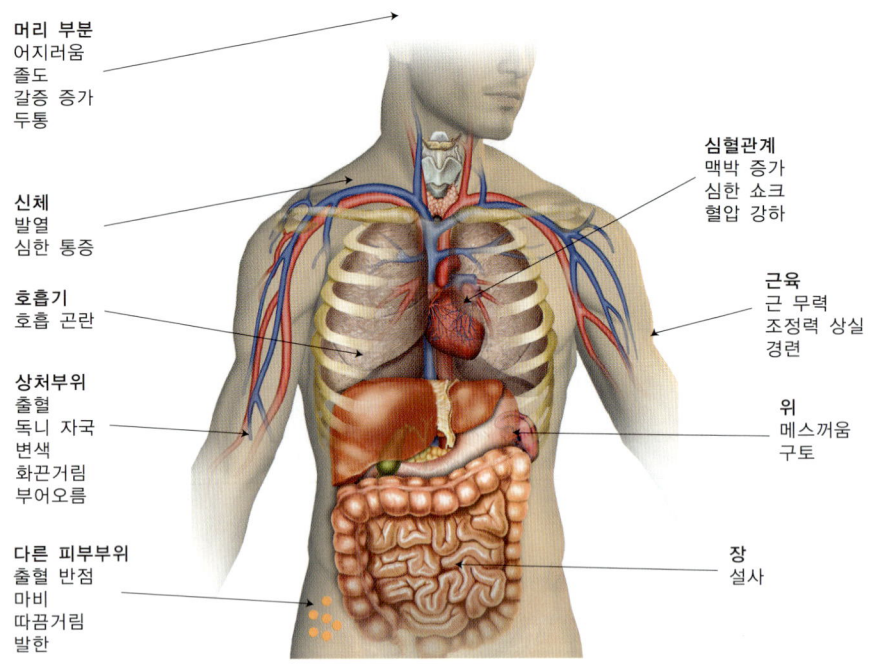

독사에게 물렸을 때 신체 각 부위에 나타나는 일반적인 증상

Tips 핸들링 시 주의할 점

염두에 둬야 할 점
1. 어린 개체는 성체보다 대체로 공격성이 강하다.
2. 야생채집개체는 인공번식개체보다 대체로 공격성이 강하다.
3. 질병이나 스트레스가 있는 개체는 정상개체보다 공격성이 강하다.
4. 탈피 중인 개체는 정상개체보다 공격성이 강하다.
5. 굶주린 개체는 정상개체보다 공격성이 강하다.
6. 낯선 환경으로 옮겨진 개체는 평소보다 공격성이 증가한다.
7. 평소에는 온순한 개체라도 번식기 때는 공격성이 증가할 수 있다(특히 수컷의 경우).

기본 숙지사항
1. 핸들링 전과 후에 반드시 손을 깨끗이 씻는다.
2. '선자극 후터치'
3. 몸을 조이지 않는다. 모든 동물은 자신의 몸이 조여질 때 심각한 위협을 느끼게 되며, 이는 곧 방어를 위한 공격으로 이어질 소지가 있다.
4. 안정을 위해 몸의 표면적을 줄여준다.
5. 종에 따라 사전경고 없이 무는 경우도 있으므로 갑작스런 행동에 주의한다.
6. 몸통을 항상 받쳐주고, 목 부분만 잡고 들어 올리는 일이 없도록 한다.
7. 사육장 내의 장애물을 먼저 정리하고, 사육장 밖에도 근처에 몸을 옮길 만한 구조물이 없는 곳에서 핸들링을 시도한다.
8. 독이 있는 뱀일 경우 충분히 두꺼운 장갑을 사용하거나, 맨손일 경우 두개골 바로 아래를 확실하게 잡아 제압한다.
9. 훅을 이용할 경우 훅으로 몸의 앞부분을 잡고 다른 손으로 꼬리 부분을 잡는다.
10. 스네이크 통을 이용할 경우 가볍게 잡아 거는 정도로 강도를 조절한다. 처음부터 심하게 제압당하면 흥분해 더욱 제압하기 힘들어진다.
11. 몸통을 받쳐주고 절대로 떨어뜨리지 않는다.
12. 뱀이 사육자의 손이나 몸을 감았을 때는 꼬리 부분부터 풀어낸다. 머리 부분부터 풀려고 제압하면 더 강하게 조이는 경향이 있다.
13. 사육장이나 채집망으로 옮기고 난 다음에는 반드시 손을 소독한다.
14. 핸들링 시 공격성을 줄이기 위해 평소 사육자의 냄새가 밴 옷을 사육장에 넣어 뱀이 사육자의 냄새에 익숙해지도록 하는 방법도 어느 정도는 효과가 있다.

동하도록 한다. 상처부위를 칼로 절개해 입으로 빨아내거나, 술이나 된장을 바르는 등의 민간요법은 2차 감염의 위험이 있으므로 시행하지 않도록 한다. 독소가 정맥을 따라 퍼지는 것을 막기 위해 상처로부터 2cm 위쪽 부위를 압박하고, 치료 전까지 어떠한 것도 먹지 않는 것이 좋은데, 특히 술은 혈액순환을 촉진하므로 절대 마셔서는 안 된다.

뱀이 사육장을 탈출했을 때

앞으로 독자 여러분들이 읽게 될 어떤 종류의 사육서라도 여기서 언급하는 것과 동일한 내용이 기술된 책은 없을 것이다. 왜냐하면 필요하지 않기 때문이다. '도망간 애완동물을 찾는 법이라니, 사육서에 이런 내용까지 들어 있나' 하고 생각하는 독자들도 있겠지만, 뱀이라는 동물의 특성과 일반인들이 느끼는 뱀에 대한 부정적 이미지를 고려할 때 반드시 언급하고 넘어가야 하는 부분이라 생각해 여기에 기술한다.

이 책을 읽는 독자 가운데 현재 뱀을 기르고 있는 분들은 이미 한두 번씩 뱀이 탈출하는 경우를 경험한 적이 있을 것이고, 앞으로 뱀을 기르고자 하는 분들은 언젠가는 반드시 기르던 뱀이 사라진 텅 빈 사육장을 목격하는 일을 경험하게 될 것이다. '나는 매사에 꼼꼼한 성격이라 절대 그럴 일은 없을 거야'라고 생각하겠지만 그리고 실제로 그런 일이 정말로 단 한 번도 없으면 좋겠지만, 사람은 누구에게나 실수라는 것이 있는 법이고 뱀의 탈출능력과 은신능력은 정말 경이로울 정도로 탁월하기 때문에 사육 중에 뱀이 탈출하는 일은 의외로 상당히 빈번하게 발생한다.

뱀은 한번 탈출하면 찾기가 쉽지 않으므로 탈출하지 못하도록 확실하게 단속해야 한다.

필자는 몇몇 야생동물보호센터와도 약간의 교류가 있는데, 뱀으로 인해 긴급하게 출동하는 경우도 드물지 않다고 들었고, 현재 그렇게 야외에서 구조된 보아뱀을 한 마리 입양해 기르고 있기도 하다. 국내에 보아뱀이 서식할 리는 없으니, 누군가 기르다가 탈출시킨 뱀일 것이다. 집에 돌아와 기르던 뱀이 탈출해버린 텅 빈 사육장을 확인했을 때의 그 당혹스러움이란, 경험하지 못한 사람은 절대 느낄 수 없다. 사육 초기에는 탈출한 뱀이 내 방 안 어딘가에 있다는 사실만으로도 상당히 두렵고 불안함을 느낀다. 그러나 좀 더 사육경험이 쌓이면 내 방 어딘가에 숨어 있을 것이란 불안감보다 다른 집 안방이나 거실에서 발견되면 어쩌나 하는 걱정이 앞서게 된다. 만에 하나 그런 일이 생긴다면 아마 본인이 상상할 수 있는 최악의 시나리오보다 훨씬 더 심각한 일이 생길 수도 있기 때문이다.

Tips 뱀이 탈출했을 경우의 대처

1. 1차적으로 외부로 통하는 모든 통로를 차단한다.
2. 사육장을 다시 한 번 철저히 점검해 확실하게 사육장에서 탈출했는지 여부를 확인한다.
3. 좁고 어둡고 따뜻한 곳을 중심으로 수색한다.
4. 뱀의 서식형태를 고려해 수색한다. 나무 위에서 서식하는 뱀의 경우 가구의 아래쪽보다는 장롱 위 쪽처럼 높은 곳을 먼저 살펴본다. 습도가 높은 지역에 서식하는 뱀의 경우는 탈출한 구역 안에서 가장 습도가 높은 곳을 먼저 찾는다.
5. 뱀의 현재 상태를 고려한다. 굶주려 있는 상태인지, 한동안 물을 못 먹은 상태인지, 탈피를 하기 전 인지 등을 고려하면 숨어 있을 만한 장소의 범위를 좁힐 수 있다.
6. 뱀은 공간을 가로지르는 것보다는 벽 쪽에 붙어 움직이는 것을 선호하므로 사육장 뒷면이나 구석 벽면 쪽을 먼저 살펴본다.
7. 설마 이런 곳에 숨었을까 싶은 곳까지 꼼꼼하게 찾는다.
8. 이동시 발생하는 소리나 흔적을 확인하기 위해 방 가장자리를 중심으로 비닐봉지를 구겨서 깔아두 거나 밀가루를 뿌려둔다.
9. 보통 진동이나 자극이 많은 낮에는 숨어 있다가 조용한 밤에 움직이는 것을 선호하므로 낮보다는 밤에 손전등을 켜고 찾는 것이 더 효과적일 때가 있다.
10. 보일러를 틀어 탈출한 공간의 온도를 높인다. 이동성이 높아져 찾을 확률이 높아진다.
11. 좁은 틈에서 뱀이 자리를 잡고 나오지 않을 경우에는 헤어드라이기를 이용해 바람을 불어넣으면 나오게 된다. 이때 너무 뜨거운 바람을 지속적으로 불어넣는 것은 좋지 않다.
12. 소리나 흔적조차 없을 경우에는 덫을 설치한다. 선호하는 먹잇감을 이용하거나, 예상 이동경로에 통발이나 은신처를 설치한다.
13. 수색을 했음에도 불구하고 못 찾았을 경우라도 '이제는 정말로 수색을 포기해야겠다'고 생각될 때까지는 문과 창문을 반드시 확실하게 닫고 다니도록 한다.
14. 사육장을 탈출한 뱀의 경우에는 온순한 뱀이었다 하더라도 야생성이 일시적으로 증가하는 경우가 많으므로 취급에 좀 더 주의를 기울이는 것이 안전하다.
15. 탈출했던 뱀을 같은 사육장에 다시 넣는다면 동일한 방법으로 또다시 탈출하게 되므로 탈출경로를 파악한 후 후속조치를 철저히 한다. 새로운 사육장으로 옮기더라도 앞서 언급했다시피 새로운 환경 에 적응하기 위해 활동량이 증가하므로 탈출의 경로가 없는지 확실하게 확인하고 옮기도록 하자.
16. 사육장의 전체적인 상태를 주기적으로 확인하도록 한다. 기성품인 경우는 드물지만, 탈출방지용 철망이나 망을 사육자가 직접 설치했다면 시간이 지남에 따라 처음 설치했을 때와 다르게 상태가 변화될 수 있으므로 가끔 확인하도록 하자.

오른쪽 사진은 필자가 사용하는 개인적인 사육공간에서 발견된 뱀의 허물이다. 가로 2.5m, 세로 2.5m의 좁은 공간에 있는 것이라고는 다리 네 개짜리 책상과 컴퓨터, 에어컨, 플라스틱 3단 수납장, 뱀 사육장만 하나 있던 공간이었는데 탈출한 뱀을 찾을 수가 없었다. 2주 뒤 방을 유유히 돌아다니던 뱀을 발견했고, 뒤이어 사진에서 보이는 것을 발견했다. 도저히 들어갈 수 있을 것 같지 않은 틈을 비집고 2주간이나 숨어 있었던 것이다. 뱀은 간혹 상상할 수도 없는 곳에 숨는다. 믿기 어렵겠지만 필자 주위에는 사육장을 탈출한 뱀을 그로부터 10개월 뒤에 이사 간 새 집에서 발견한 사육자도 있다.

에어컨 구멍에서 발견된 뱀 허물

뱀은 좁은 공간에서도 머리만 통과하면 몸 전체가 빠져나갈 수 있다.

뱀을 기르고자 결심한 사람에게 필자가 하는 첫 번째 충고가 '절대! 결코! 무슨 일이 있어도! 탈출하는 상황이 발생하게 해서는 안 된다'는 것이다. 뱀이 탈출하는 상황은 작게는 아끼는 애완동물을 잃게 되는 것이고, 크게 보면 파충류 사육에 대한 부정적인 인식을 확산시키는 것이 되므로 절대 탈출하지 못하도록 해야 한다. 이러한 불상사를 미연에 방지하기 위해 사육을 시작하기 전부터 뱀의 탈출을 방지하기 위한 대비법에 대해 알아두고, 탈출한 뱀을 찾는 방법을 익혀두는 것이 필요하다.

탈출빈도가 높아지는 시기

사육장 내의 뱀이 탈출하는 특정한 시기가 있는데, 탈출은 대부분 뱀의 활동량의 추이와 밀접한 관계가 있다. 사육장의 온도가 낮게 유지되는 시기나, 먹이를 먹고 소화시킬 때, 탈피기간 혹은 질병이 있을 경우에는 움직임이 급격히 줄어들기 때문에 당연히 탈출의 빈도 역시 낮아진다. 반대로 뱀을 사육장에 넣은 직후나 사육장 청소를 해서 세팅이 변경된 후에는 변화된 환경을 파악하기 위해 활동량이 증가하기 때문에 잠금장치가 확실하지 않을 경우 탈출하는 경우가 많다. 주로 뱀을 입양하고 처음으로 사육장에 넣었을 때, 청소나 격리 등을 위해 점검되지 않은 임시사육장으로 옮겼을 경우, 성장 때문에 새로운 사육장으로 뱀을 옮긴 3일 내에 탈출사고가 가장 많이 일어난다. 따라서 새로운 사육장으로 뱀을 옮길 필요가 있을 때는 반드시 사육장의 상태를 철저하게 확인하고, 탈출가능성을 차단한 후 이동시킬 필요가 있다.

그밖에 배설 직후부터 다음 먹이를 급여받기 전까지의 시간도 먹이를 찾아 활동량이 늘어나기 때문에 탈출의 가능성이 높아지는 시기라고 할 수 있다. 금식을 시키고자 한다면 잠금장치를 다시 확인하고, 그게 아니라면 먹이를 급여해 활동량을 줄여주는 방법으로 탈출가능성을 줄일 수 있다.

뱀은 똬리를 틀어 좁은 공간에도 숨을 수 있다.

Section 06

뱀 사육에 대한 몇 가지 당부

애완동물을 사육하기 위해 가져야 할 기본적인 마음가짐 몇 가지와 더불어 뱀이라는, 조금은 특수한 성격의 애완동물을 사육하기 위해 사육자로서 특별히 숙지해야 할 몇 가지 내용들을 정리해 본다.

뱀을 입양하기 전에 사육장과 사육설비를 먼저 준비하라

일반적으로 가장 잘 알고 있는 기본정보이지만 가장 지키기 어려운 내용이기도 하다. 뱀처럼 환경의 영향을 많이 받는 동물은 먼저 사육장부터 완비해두고 개체를 입양하는 것이 폐사를 줄일 수 있는 가장 좋은 방법이다. 필자가 뱀 사육을 시작하는 사람들에게 늘 해주는 말이 있다. "사육이라는 정말 좋은 취미활동의 즐거움을 스스로 한계 짓지 말라"는 것이다. 많은 사람들이 충동적으로 뱀 사육을 시작했다가 한순간에 사육을 완전히 포기하곤 하는데, 필자는 그 이유가 '사육=동물을 기르는 일'이라고 여기기 때문이라고 생각한다.

아마존 트리 보아

사육은 단순히 동물을 소유하고, 먹이를 주고, 관찰하고, 만지는 것만이 전부는 아니다. 사실 이러한 활동들을 통해 즐거움을 얻게 되는 시간은 굉장히 짧고, 사육에 대해 금세 싫증이 나기 마련이다. 특히 뱀은 내가 보여주는 애정과 관심에 아무런 반응을 해주지 않기 때문에 뱀이라는 동물 자체를 정말로 좋아하지 않는 이상 더욱 쉽게 싫증을 내게 된다. 애완동물의 사육은 잡아먹기 위해 닭이나 돼지 등의 가축을 기르는 것과는 다르기 때문에 필자는 동물을 사육하는 과정 그 자체를 즐거움으로 느끼는 사람이 진정으로 동물을 잘 기르는 것이라고 생각한다.

처음에 '뱀을 한번 길러 볼까' 하는 마음으로 시작해서 어떤 뱀을 기를지 알아보는 과정, 이곳저곳으로 분양받을 뱀을 구하러 다니는 과정, 사육장을 꾸미면서 부딪치게 되는 여러 가지 시행착오들, 이런저런 사육방법을 공부하기 위해 외국 사이트를 뒤지고, 동호회에 가입해서 같은 취미를 가진 새로운 사람들을 만나 도움을 주고받는 시간들, 더 나아가 내가 기르는 동물이 사는 원서식지에 가보고 싶어 하고 그곳에 대해서 알아보는 일 등이 모두 사육의 일부분이고, 그 각각의 단계에서 느낄 수 있는 즐거움도 상당히 크다.

대형종 사육에는 충분히 넓은 사육공간이 필수적이다.

필자는 동물 관련 직업을 가지고 있기 때문에 현재는 기르고 싶은 동물이 있으면 전화 한통으로 앉은 자리에서 원하는 동물을 받아볼 수도 있다. 그러나 십 수 년 전 처음 뱀을 접했을 때, 자그마한 개체 한 마리를 분양받기 위해 몇 시간 동안이나 혼자 기차를 타고 가는 순간에 느꼈던 그 설렘을 아직도 잊지 못한다. 뱀을 사육하는 과정 자체를 즐길 수 있다면 훨씬 더 오래 기를 수 있을 것이고, 더 많은 즐거움을 경험하게 될 것이다.

사육장에서 뱀이 탈출하는 일이 절대 없도록 하라

다른 동물과는 달리 뱀 사육에는 상당한 책임감이 뒤따른다. 뱀의 탈출은 사육자나 발견자에게 어떤 형태로든 피해를 입히게 되기 때문에 뱀을 사육하는 중에 절대 탈출하는 상황이 발생해서는 안 된다. 사육장을 탈출해 방 안에서 발견되는 경우라면 크게 문제될 것은 없지만, 개인공간을 벗어나 공공장소에서 발견된다면 사회적으로 상당한 문제가 될 여지가 있다. 내가 좋아서 뱀을 기르는 것이지만, 그것으로 인해 다른 사람이 조금이라도 불편을 느낀다면 문제가 된다. 자유에는 그만한 책임이 뒤따른다는 사실을 명심하도록 하자.

노출된 상태로 밖에 데리고 나가는 일이 없도록 하라

나에게는 더없이 사랑스럽고 온순한 친구이지만, 대부분의 일반인들에게 뱀은 단순한 혐오동물일 뿐이다. 일반인들에게 뱀이라는 동물을 접할 기회를 제공함으로써 파충류에 대한 거부감을 줄이고 호기심을 유발하도록 하려고 노력하는 것은 좋지만, 그 방법적인 면에서는 가급적 덜 충격적인 방법을 선택하길 바란다.

사육하고자 하는 종에 대해 철저히 공부하라

동물에 대해 많이 알수록 그 동물을 잘 기를 수 있다. 특히 뱀과 같이 사육정보가 빈약한 특수동물은 더욱 그렇다. 뱀 가운데서도 사육난이도가 특별하게 높은 종이나 개체수가 줄어들고 있는 희귀종을 사육하고 있는 사육자라면, 더욱 더 사육종에 대한 관심과 애정을 가지고 생태 및 사육 관련 정보를 철저하게 숙지할 필요가 있다.

지나치게 많은 개체를 사육하지 말라

사육하기 편한 파충류 가운데서도 뱀은 가장 기르기가 용이한 동물이다. 넓은 사육공간이나 잦은 먹이급여가 필요하지도 않고, 사양 관리의 어려움도 그리 많지 않다. 그래서

사육하기 전에 몇 가지 주의사항만 충분히 숙지한다면 뱀은 매우 매력적인 애완동물이 될 것이다.

인지 상당히 많은 수의 뱀을 사육하는 사람들이 많다. 그러나 대부분의 경우 사육하는 동물의 숫자와 그들이 받는 관심은 반비례하기 마련이다. 애완동물이란 꼭 보유하고 있는 숫자가 많다고 사육자에게 더 많은 즐거움을 주는 것은 아니다. 동물은 컬렉션의 대상이 아니다. 자신이 관리 가능한 정도의 수만큼 선택해서 사육하도록 하자.

책임감과 애정을 가지도록 하라

다른 동물보다 열악한 사육환경에 잘 견딘다고 해서 관심과 애정을 덜 쏟아도 괜찮다는 의미는 아니다. 동물사육은 하나의 생명을 책임지는 것이다. 특히 뱀처럼 직접적인 교감을 기대할 수 없는 동물을 사육할 때는 주인의 애정과 관심도가 곧 사육을 지속할지 포기할지 여부에 직접적인 영향을 미치는 경우가 많다.

오래 길러라

"난 이것도, 이것도, 이것도 다 길러봤다"고 자랑하는 사육자가 가끔 있다. 그러나 대부분 이 말은 동물을 '구입해서 소유해봤다'는 의미일 경우가 많다. 예전에 누군가 필자에게 "어린 개체를 길러서 번식시켜 그 2세가 다시 처음 분양받았던 크기의 개체가 됐을 때까지의 한 사이클을 경험해본 뒤라야 그 동물을 길러봤다고 말할 수 있다"고 한 기억이 난다. 생물은 살아 있는 것이고, 살아 있는 것은 매일 매일이 새롭다. 짧은 시간 소유해본 것만으로는 그 종의 참다운 매력을 알기 어렵다.

Chapter 04

뱀 사육장의 조성

뱀을 기르는 데 꼭 필요한 용품 및 장비에 대해 자세히 살펴보고,
서식환경별 사육장을 조성하는 방법에 대해 알아본다.

사육장 조성에 필요한 용품

애완동물 사육에 특정한 의미를 부여하고자 한다면 '동물을 사육하는 것은 궁극적으로 자연을 이해하는 행위'라고 할 수 있겠다. 더구나 사육하고자 하는 대상이 뱀과 같은 야생동물일 경우에는 더욱 더 그렇다. 또한, 제대로 잘 기르기만 한다면 실제로 그 존재 자체만으로도 자연을 이해하는 데 필요한 많은 지식과 정보를 전달해준다.

본서는 애완뱀을 기르는 사육자를 위해 쓰인 것이지만 뱀은 기본적으로 야생동물이다. 모든 야생동물은 자연상태에서 먹이나 은신처, 천적 등 서식을 제한하는 요인들이 없는 최적의 조건에서 생존할 수 있다. 그러나 여기에 '애완'이라는 조건이 붙을 경우 필연적으로 그 최적의 조건에서 멀어지게 될 수밖에 없다. 사육자가 아무리 최적의 조건을 제공해준다고 하더라도 그 종이 서식하던 원서식지만큼 좋을 수는 없기 때문이다. 따라서 애완동물을 사육하는 사람은 사육하고자 하는 종의 습성, 생태, 생리 등을 깊이 있게 탐구해 사육대상 종이 살아가는 데 필요한 최적의 환경을 제공하기 위해 노력해야 한다. 그런 과정을 거치면서 뱀과 인간이 살아가는 자연에 대해 조금씩 관심을 가지게 된다.

레드 테일 보아

뱀을 기르는 데 필요한 기본 도구

	수생성(水生性) 뱀	지상성(地上性) 뱀	수상성(樹上性) 뱀
사육장의 형태	가로로 긴 형태 누수의 우려가 없는 수조 형태도 많이 사용된다.	가로로 길고 약간 높은 파충류 전용 사육장	전면 개폐식의 세로로 긴 형태
	각 사육장은 사육자의 여건에 따라 호환이 가능하다.		
바닥재	모래, 자갈. 사육자에 따라 사용하지 않기도 한다.	서식환경이나 적정 습도유지를 고려한 바크나 칩, 모래 등 여러 가지 소재의 바닥재	
조명	조명등, UVB등	조명등, UVB등	조명등, UVB등
	UVB등은 사육자의 주관에 따라 생략하기도 하며 일광욕으로 대체할 수 있다.		
주 열원	수중히터	하부열원 (열판, 필름 히터, 락 히터)	상부열원 (주간등, 야간등, 세라믹등)
보조열원	상부열원 (주간등, 야간등, 세라믹등)	상부열원 (주간등, 야간등, 세라믹등)	하부열원 (열판, 필름 히터, 락 히터)
케이지 퍼니처/ 케이지 데코	온도계, 습도계, 여과기	물그릇, 은신처, 온도계, 습도계	
	백스크린, 유목, 돌, 장식용 조화(선택사항)		
관리용품	스네이크 훅, 스네이크 통, 가습기, 저울, 자동온도조절기, 핀셋, 분무기, 환풍기		
먹이/약품	먹이, 구충제, 진드기제거제, 케이지소독제 외 구급약품 등		

사육장을 조성할 때는 사육하고자 하는 종이 어떤 장소를 주된 서식공간으로 하는지(지면에서 수평운동을 주로 하는지, 사육장 내 구조물을 오르내리며 수직운동을 주로 하는지)를 파악하고, 주된 서식환경이 물인지 땅인지 아니면 나무 위인지를 파악해 그 정보를 바탕으로 최적의 사육환경을 만들어주면 된다. 예를 들면 보아뱀처럼 나무 위에 서식하는 종의 경우 낮고 바닥이 넓은 사육장보다는 가로목이 설치된 세로로 길고 높은 사육장을 제공해준다든지, 샌드 보아처럼 모래를 파고드는 습성이 있는 뱀의 경우 바닥재로 패드나 신문지보다는 모래를 사용한다든지 하는 것이다.

사실 파충류 사육장을 조성하는 데 드는 비용은 저렴한 편은 아니다. 종에 따라 다르겠지만 대부분 사육설비를 제대로 갖추기 위해서는 기르고자 하는 뱀의 가격보다 더 비싼 비용이 소요될 수도 있다. 그러나 처음에 설비를 잘 갖춰두면 이후의 유지비는 그리 많이 들지 않는다. 자연상태의 뱀이 그렇듯이 사육 하의 뱀도 열악한 환경에서도 잘 사는 것처럼 보일 수 있지만, 제 수명대로 건강하게 잘 기르기 위해서는 사육환경을 세심하게 갖춰주는 것이 무엇보다도 중요하다.

사육장

뱀 사육장은 주 서식공간에 따라 땅속에서 주로 서식하는 지하성(地下性), 물에서 주로 생활하는 수생성(水生性), 육상에서 주로 생활하는 지상성(地上性), 나무 위를 주 서식공간으로 하는 수상성(樹上性)의 네 종류로 크게 나눠볼 수 있다. 이중 지하성 파충류의 경우 서식형태상 애완으로서의 가치가 적어 국내외적으로도 거의 사육되지 않고 있으므로 본서에서는 수생성, 지상성, 수상성의 세 가지 경우로 나눠 사육장 조성방법을 살펴보고자 한다. 참고로 지하성 뱀의 경우 지상성 뱀의 사육장에다 바닥재만 충분한 깊이로 더 깔아주면 별다른 문제없이 사육할 수 있다.

파충류용 사육장은 다양한 재질과 형태로 제작돼 사용되고 있다. 파충류 사육용품 전문회사에서 생산되는 기성품도 다양한 종류가 수입되고 있고 사육자가 희망하는 대로 국내에서 주문 제작되기도 하는데, 사육장은 어떠한 소재와 형태, 구조로 제작돼도 괜찮지만 다음 페이지 표의 조건을 많이 충족시키면 시킬수록 좋은 사육장이라고 할 수 있다.

■**사육장의 위치** : 방사사육이 불가능한 애완뱀을 기르기 위해서는 사육장이 반드시 필요하다. 사육매뉴얼에는 "뱀은 개체 길이의 1/3 정도의 공간만 돼도 기를 수 있다"거나 "케이지의 대각선 길이가 대략 뱀의 몸길이 정도면 된다"고 소개돼 있는데, 뱀 사육에 있어서는 사육하고자 하는 종의 특성을 고려해 적절한 크기와 형태의 사육장을 구입하는 것만큼이나 구입한 사육장을 어디에 위치시킬 것인가 하는 것도 아주 중요하다. 사육장을 최적의 위치에 설치하는 것만으로도 사양 관리의 용이함을 기대할 수 있는 것은 물론이거니와 사육 중에 생길 수 있는 여러 가지 문제를 예방할 수 있고, 스트레스로 인한 여러 가지 질병의 발생을 차단할 수 있는 만큼 사육장 위치 선정은 절대 가볍게 생각할 일이 아니다.

뱀 사육장의 위치 선정에 있어 가장 유의해야 할 것은 두말할 것도 없이 '진동'이다. 뱀은 진동에 극도로 민감한 동물이므로 TV, 오디오, 스피커 등 진동이 많이

사육장 세팅 시에는 해당 종의 고유한 행동양식을 고려해야 한다.

> **Tips 이상적인 사육장의 조건**
> - 사육하는 동물의 성장크기에 맞는 적절한 공간을 제공해줄 수 있어야 한다.
> - 서식환경과 유사하게 세팅 가능한 구조여야 한다.
> - 온도차 형성이 가능한 넓이와 구조를 갖춰야 한다.
> - 온도, 습도, 조명의 조절이 반드시 가능해야 한다.
> - 사육장 내부에서건 외부에서건 열원의 설치가 가능해야 한다.
> - 환기가 적절하게 이뤄질 수 있어야 한다.
> - 물을 채워도 누수의 염려가 없어야 한다.
> - 사육장 안쪽에 배선이 돼 있을 경우 전선은 잘 감춰져 있어야 하며, 감전의 위험이 없어야 한다.
> - 화재의 위험이 없는 절연체일수록 좋다.
> - 부식되지 않는 재질이어야 한다.
> - 쉽게 내부를 청소할 수 있는 구조여야 한다.
> - 쉽게 파손되지 않아야 한다.
> - 삼면이 막혀 있는 것이 좋다.
> - 가급적이면 전면 오픈형이 좋다. 사육장 상부에 덮개가 설치돼 있는 것은 잠금장치가 없으면 힘 센 뱀의 경우 밀고 나올 수 있다.

발생하는 곳 옆에 사육장을 위치시키는 것은 반드시 피해야 한다. 진동이 지속적으로 발생하는 곳에서는 거식이나 식욕부진 등의 이상증상을 보이는 경우가 많으며, 심한 경우 돌연사하기도 한다.

이에 못지않게 신경 써야 할 것은 온도와 관련된 조건들이다. 온도에 민감한 변온동물이라는 특성상 직사광선이 바로 내리쬐는 창가 쪽은 피하는 것이 좋고, 겨울철 차가운 바람이 바로 새어 들어오는 곳 역시 피하는 것이 좋다. 또한, 히터나 에어컨 등의 온도조절장치와 가까운 거리에 사육장을 설치하는 것은 좋지 않다. 보일러가 가동되는 방바닥에 바로 사육장을 설치하는 것 또한 사육장 내의 온도조절이 어렵기 때문에 좋지 않다. 통풍과 환기가 원활한 곳이면 이상적이다. 온도조절의 어려움 때문에 밀폐된 사육장을 사용하는 사육자가 많지만, 외부온도가 보장되는 여름철만이라도 환기가 용이하도록 망으로 처리된 사육장을 사용하는 것이 좋다.

사육장은 필수적으로 여러 가지 전기장치들을 사용하게 되므로 전원에 가까운 장소가 적절하다. 또한, 사양 관리를 고려한다면 수도설비와 가까운 거리에 위치시키는 것이 좋다. 마지막으로 사육자의 키를 고려해 적당한 높이에 설치해야 한다. 받침대가 없이 바닥에 그냥 사육장을 두거나 너무 높은 곳에 사육장을 위치시키면, 자연스레 손길이 적게 가고 위생관리가 부실해지며, 뱀도 그로 인한 영향을 받게 된다.

■**사육장의 형태** : 뱀 사육장의 형태는 사육자가 사육과정에서 어떤 부분을 더 중요시하느냐에 따라 효율적인 사양 관리에 관심을 기울이는 '랙 시스템', 관상을 중시하고 종 자체의 특성을 고려해 원서식지의 서식환경을 재현하는 데 관심을 두는 '비바리움 타입'으로 크게 나눠볼 수 있다.

· **랙 시스템(rack system)** - 랙 시스템은 앞서 표에서 언급한 조건을 전부 충족시키는 이상적인 사육장과는 거리가 먼 형태다. '이상적인 사육장의 조건' 표의 여러 조건 가운데 뱀이 살아가기 위해 필요한 최소한의 조건만 충족시켜 극단적으로 간소화한 형태라고 볼 수 있기 때문이다. 랙 시스템은 관상보다는 효율적인 관리를 주된 목적으로 하는 스타일로, 개인적인 관상용보다는 보통 번식이나 판매를 목적으로 뱀들의 개체수를 유지할 필요가 있을 때 많이 사용되는 사육장 형태다.

시스템을 처음 본 사람이라면 '정말 이런 상태로 뱀을 기를 수 있을까?' 혹은 '적응력이 강한 동물이라고 뱀을 너무 막 기르는 거 아닌가?' 하는 의구심이 들 정도이지만, 한정된 공간에 다수의 개체를 효율적으로 관리하는 데 최적화된 방법이기 때문에 필자를 포함해 다수의 뱀을 기르는 사육자들 사이에서 의외로 많이 사용되고 있는 방법이기도 하다. 쉽게 설명하자면 서랍처럼 생긴 사육장에 뱀을 분리 사육하는 것으로 보통 열원만 (뱀의 경우 대부분 하부열원만) 제공하며, 사육장 내부에도 바닥재와 은신처 및 물그릇 정도만 설치하는 등 최소한의 사육설비만 제공해 사육한다. 생존에 필요한 최소한의 설비만 제공하는 것이지만, 어설프게 잘못 조성된 서식환경일 때보다는 오히려 안전한 사육형태라고 할 수도 있다.

최소한의 조건만 충족시켜 극단적으로 간소화한 형태의 랙 사육장

외국에서는 전용시스템이 생산되고 있지만 국내에서는 판매되지 않기 때문에 대부분 사육자가 자작해 사용한다. 손쉽게 구할 수 있는 적당한 크기의 플라스틱 상자와 그 상자가 들어갈 정도의 틀만 제작하고 열원만 설치하면 어렵지 않게 자작이 가능하다. 외국에서 판매되는 기성품의 경우 시스템의 가격대는 그리 높지 않으나 부피로 인해 운송료가 많이 소요된다. 따라서 국내에 도입된다 하더라도 상당한 가격대가 책정될 것으로 예상되기 때문에 국내 판매는 어려울 것으로 생각된다.

· 비바리움 타입(vivarium type) - '비바리움'이란 '자연적인 생태계를 모방한 동식물의 사육공간'이라는 뜻으로 바닥재와 나무, 돌, 식물 등을 이용해 최대한 자연스럽게 꾸며진 사육장 세팅 형태를 의미한다. 각 종의 서식환경에 최대한 근접하도록 재현한 비바리움은 사육하는 뱀에게 최적의 생활공간을 제공할 뿐만 아니라 미적으로도 상당히 아름답다. 정성스럽게 세팅된 비바리움은 사육장 내에서 길러지는 동물의 동적인 아름다움과 더불어 조화롭게 잘 꾸며진 테라리움의 정적인 아름다움 두 가지를 모두 즐길 수 있다. 또한, 동물을 사육하기 위한 단순한 사육장에서 벗어나 그 자체만으로도 멋진 실내장식이 될 수 있다는 장점도 있다.

사육대상 동물의 동적인 아름다움과 테라리움의 정적인 아름다움 두 가지를 모두 즐길 수 있는 비바리움 사육장

랙 타입보다는 사양 관리에 손이 더 많이 가기는 하지만, 사육의 즐거움이라는 측면에서 본다면 삭막한 랙 사육장보다는 여러 가지 면에서 더 큰 만족을 준다고 할 수 있다. 다음에 설명하는 여러 가지 세팅자재들을 이용해 비바리움 타입의 사육장을 조성할 수 있다.

바닥재

많은 고민을 거쳐 사육하고자 하는 뱀의 사육에 적당한 멋진 사육장을 구입한 후에는 또 하나의 고민거리가 생기게 된다. 바로 '구입한 사육장 바닥에 과연 무엇을 깔아야 하는가'에 관한 것이다. 개나 고양이처럼 방안에 풀어놓고 기를 수 있는 동물이 아닌 이상 사육장에는 어떤 소재이건 간에 바닥재가 필요하게 된다. 드물게 완전수생종 뱀의 경우에는 수조 바닥에 모래나 자갈 등을 전혀 깔지 않고 여과기와 히터 정도만 설치한 배어탱크(bare tank) 타입으로 사육하기도 하지만, 대부분의 경우에는 청소의 용이함이나 다른 여러 가지 긍정적인 효과를 기대하면서 적절한 바닥재를 깔아주는 것이 일반적이다. 바닥재를 단순히 사육장 바닥을 덮어 가리는 역할을 하는 데 그친다고 생각하는 경우가 많은데, 사실 바닥재의 역할은 그리 단순하지 않다. 1차적으로는 소재에 따라 사육장을 미관상 좀 더 자연스럽게 보이도록 하는 효과가 있으며, 배설물 자체 또는 배설물

> **Tip 바닥재 선택 시 유의해야 할 사항**
>
> - 원서식지의 서식환경과 비슷한 환경을 조성해줄 수 있는가.
> - 미관상 자연스러운가.
> - 뱀에게 심리적 안정을 줄 수 있으며, 사육 하의 스트레스를 줄이는 데 도움이 되는가.
> - 흡수성이 좋은가(배설물이나 냄새를 일정 수준 흡수할 수 있는가).
> - 입자가 날카롭거나 거칠지 않은가(뱀에게 상처를 입히거나 섭취했을 때 체내 상해의 원인이 되지 않는가).
> - 지나친 분진을 발생시키지는 않는가(호흡기 및 안과질환 우려).
> - 사육장의 온도유지와 열전도에 도움이 되는가.
> - 뱀에게 필요로 하는 습도를 유지시킬 수 있는가.
> - 혹 부식되는 소재라 뱀에게 해롭지는 않은가.
> - 섭취했을 경우 해롭지 않은가(장에 축적되거나 유해한 화학적 성분이 함유돼 있지 않은가).
> - 청소나 교환, 소독이 용이한가(2차 감염 방지).
> - 수조 내의 적절한 pH를 유지시키는 데 도움이 되는가.
> - 가격이 저렴하고 공급이 안정적인가.

시판되고 있는 여러 가지 파충류용 바닥재들

의 냄새를 흡수해 사육장 내의 오염을 감소시키고, 사육대상 종의 움직임에 완충작용을 한다. 부가적으로 동물에 따라서는 바닥재를 파고들거나 파헤치는 등의 행동을 통해 인공사육 하에서 발생할 수 있는 여러 가지 스트레스를 스스로 감소시키는 작용도 기대할 수 있고, 소재에 따라서는 사육장 내의 온·습도를 조절하는 역할을 하기도 한다. 또한 사육자의 입장에서는 사육장 청소를 용이하게 하는 등 사육하면서 생기게 되는 여러 가지 문제점들을 예방하고 해결해 성공적인 사육이 되도록 하는 데 엄청나게 중요한 역할을 하는 필수불가결한 사육자재다.

무엇보다 어떠한 바닥재를 사용하는가에 따라 사육과정에서 발생할 수 있는 여러 가지 질병들(예를 들면 바닥재의 분진으로 인한 호흡기질환이나 바닥재를 삼킴으로써 발생하는 장폐색과 같은)을 예방할 수 있는 역할까지 기대할 수 있기 때문에 바닥재를 선택하는 것은 그리 가볍게 생각할 문제가 아니다. 특히 뱀은 평생 동안 바닥에 몸을 붙이고 살아가는 동물이기 때문에 적절한 바닥재의 선택은 다른 동물의 경우보다 훨씬 더 중요한 문제라고 할 수 있다. 시중에 판매되고 있는 파충류용 바닥재 가운데서 뱀에게 사용 가능한 것은 크게 모래 소재와 바크, 칩, 펄프 등의 나무 소재로 나눠볼 수 있다.

바닥재의 선택에 있어서는 먼저 자신이 사육하는 뱀이 건조한 지역에 서식하는 종인지 습한 지역에 서식하는 종인지를 파악해 그에 따라 사육장 내의 습도를 유지시켜줄 수 있는 소재를 선택하는 것이 좋다. 습도의 조절은 가습기를 사용하거나 환기 또는 분무 등의 다른 방법으로도 조절할 수는 있으나, 적절한 바닥재가 사용되지 않을 경우에는 적절한 바닥재가 사용됐을 때보다 훨씬 빈번하게 습도를 관리해야 할 필요가 있고, 그럼에도 불구하고 습도로 인한 문제가 생길 확률도 더 높아지게 된다.

사육과정에서 일어날 수 있는 모든 문제점을 해결해줄 수 있는 완벽한 바닥재라는 것은 존재하지 않는다. 따라서 현재로서는 시판되고 있는 각각의 소재들이 가지고 있는 여러 가지 장단점들을 신중하게 파악해 본인에게 가장 적합하다고 판단되는 소재를 선택하는 것이 최선이다. 덧붙이자면, 굳이 하나의 소재를 고집하기보다는 두 가지 이상의 소재를 섞어 사용해 보거나, 파충류용 바닥재가 아니더라도 사육하고 있는 뱀에게 사용 가능하다 싶은 소재라면 여러 가지로 응용해보는 것도 뱀 사육에 있어서 느낄 수 있는 즐거움의 하나라고 생각한다.

조명과 UVB등

사육장 내에는 빛이 필요하다. 1차적으로는 사육자가 사육장 내의 뱀을 효과적으로 관상하기 위해 필요하지만, 사육장 내에 제공되는 빛은 이외에도 여러 가지 역할을 한다. 사육장에는 단 하나의 조명등만 설치되는 것이 아니라 제법 많은 수의 소켓이 설치되고, 각기 다른 역할을 하는 여러 가지 등들이 사용된다. 대부분의 뱀들이 능숙한 등반가이기 때문에 등이 설치되는 위치 역시도 일반적인 사육장과는 차이를 보이는데, 여느 동물 사육장처럼 사육장 안에 직접적으로 소켓을 설치하는 것이 아니라 사육장 외부에서 내부를 비추는 형태로 설치하는 경우가 일반적이다.

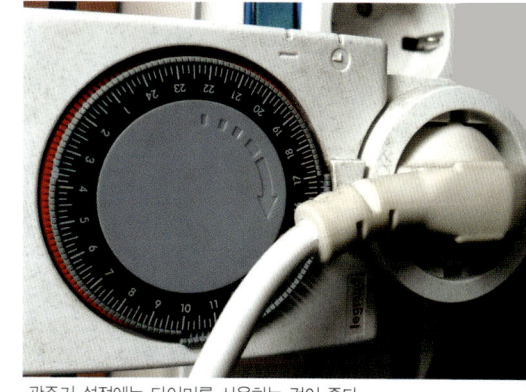

광주기 설정에는 타이머를 사용하는 것이 좋다.

■ **조명**: 사육장에는 기본적으로 사육장 내의 뱀을 관상하기 위한 조명등이 설치된다. 그러나 이때 설치되는 조명은 애완동물의 관상이라는 1차적인 역할 외에도 사육장 내

어린 개체일수록 광주기를 신경 써서 맞춰주는 것이 좋다.

의 뱀에게 광주기를 제공해주는 역할을 하게 된다. 생물에게 있어서 광주기는 대사에 필요한 생체사이클을 안정시키기 위해 필수적인 것이므로 사실 사육 하에서 조명 설치의 실질적인 목적은 후자라고 할 수 있다. 이러한 역할은 뱀에게 열을 제공하는 열등이나 UVB등도 수행할 수 있기 때문에 사육자에 따라서는 주간등과 야간등 혹은 UVB등을 설치하고, 사육장에 별도의 조명을 설치하지 않는 경우도 많다.

사육장 조명에는 백열등이나 형광등을 일반적으로 많이 이용하는데, 이러한 등은 사육장을 밝히는 것 외에도 사육장 내에 미약하게나마 UVA와 열을 제공해주는 역할도 한다. 이렇게 광주기를 제공할 때는 사육자가 직접 스위치를 조절하는 것보다는 타이머를 설치해 설정된 시간에 등이 켜지고 꺼지도록 조절해주는 것이 좋다. 계절에 따른 일조시간을 고려해 타이머 설정 시간을 조금씩 조절해주는 것도 추천할 만하다. 사육 개체에게 질병이 있거나 번식을 고려하고 있다면 일반적인 설정과는 다르게 광주기를 조절해줄 필요가 있다.

■UVB : '뱀에게 UVB등이 필요한가' 하는 문제는 파충류 마니아들 사이에서 꽤 오랫동안 논란이 된 사항 가운데 하나다. 필자의 생각은 '필수적이지는 않지만 있어도 그다지 나쁠 것은 없는 것' 이라는 정도다. 육식을 하는 뱀에게 있어서 비타민의 합성은 필요치 않기 때문에 효율적이지 않다고 생각하는 사람도 있지만, UVB등의 효과가 단순히 비타민 합성에만 그치는 것은 아니기 때문이다. 사실 생명체에게 있어 가장 최적의 UVB원은 두말할 것도 없이 태양이다. 자연상태에서처럼 직접적인 일광욕이 뱀에게 가장 적합하다는 사실은 재론의 여지가 없지만, 인공사육 하에서는 사육장 밖에 안정적으로 뱀을 꺼내두기가 어렵기 때문에 직접적인 일광욕은 쉽지 않다. 이러한 문제들로 인해 실내 사육환경에서 사육장 내의 동물에게 UVB를 조사하기 위한 목적으로 다양한 UVB램프가 제작돼 사용되고 있다.

그러나 현실적으로는 사육장에 UVB등까지 설치해서 뱀을 사육하는 경우는 거의 없다고 해도 무방할 정도로 드문 일이다. 뱀은 초식파충류처럼 대사에 필요한 비타민 D_3를 광합성으로 합성하는 것이 아니라 포식한 먹이동물로부터 직접적으로 얻을 수 있다는 것이 첫 번째 이유다. 다른 이유는 적절하지 못한 파장영역대의 자외선에 지속적으로 노출되면 실명을 하는 경우도 있는데, 뱀은 결정적으로 눈꺼풀이 없어 은신처가 없는 이상 능동적으로 조사를 피할 방법이 없기 때문에 위험성이 더 높다는 것을 들 수 있다. 절실하게 필요하지 않은 것을 위험부담을 감수하면서까지 사용할 필요는 없기 때문에 뱀 사육에 UVB등은 거의 사용되지 않는다.

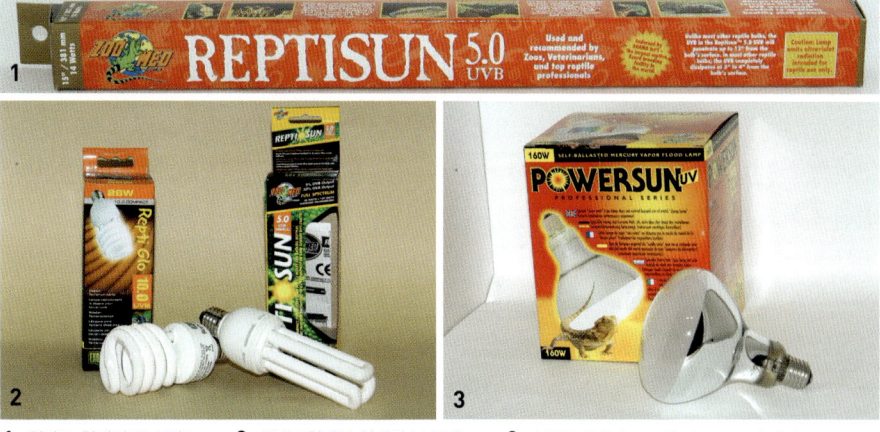

1. 형광등 형태의 UVB램프   2. 콤팩트형광등 형태의 UVB램프   3. 수은등 형태의 UVB램프(UVB+스팟 램프)

열원

뱀을 포함한 파충류는 대표적인 외온성동물(변온동물)이다. 이전에는 '냉혈동물'로 불렸지만, 최근에는 대사에 필요한 열을 외부에 의존한다는 의미로 '외온성동물'이라는 명칭으로 바뀌어 불리고 있다. 이는 곧 파충류가 포유류나 조류처럼 물질대사에 의해 만들어지는 열로 자신의 체온을 높일 수 없고, 대사에 필요한 열을 전적으로 외부에 의존하는 생명체라는 것을 의미한다. 생명체의 생존에 필요한 여러 가지 요건 가운데서도 특히 '온도'는 개체의 생존, 성장, 활동, 분포에서부터 번식의 각종 조건(성비, 부화기간, 돌연변이 등)에 이르기까지 삶의 모든 부분과 직접적으로 관련되는 필수적인 요소다.

자연상태에서의 뱀은 태양이나 달궈진 지면의 2차 전도열 및 지열 등으로부터 필요한 열을 얻어 생활하지만, 인공사육 하에서는 자연상태의 이러한 태양의 역할을 대신할 별도의 열원을 필수적으로 설치해줘야 한다. 열원 없이 각각의 종이 필요로 하는 최적온도 이하에서 장기간 사육하게 되면 식욕부진, 소화불량, 탈피불량 등의 여러 가지 대사장애들이 발생하게 되고, 면역력이 떨어져 질병에 쉽게 노출되는 등의 여러 가지 악영향이 있으므로 사육 하에서 적정한 열원을 제공하는 것은 그 무엇보다 중요하다.

■**열원 설치 시 주의점** : 열원은 설치위치에 따라 크게 상부열원과 하부열원으로 나눠볼 수 있다. 열원을 선택하는 데 가장 중요한 기준이 되는 것은 '사육대상 종의 주 서식공간'인데 보아뱀처럼 나무 위에서 주로 활동하는 뱀은 상부열원을 주 열원으로, 지상에서 주로 활동하는 뱀들은 하부열원을 주 열원으로 사용한다. 드물게 사육종이 물뱀인 경우에는 수중히터를 주 열원으로 사용하는 것이 일반적이다. 주 열원만으로는 안정적인 열의 공급이 부족하다고 판단될 경우에는 보조열원을 추가로 설치하기도 한다.

열원을 설치할 때는 몇 가지 주의할 것이 있다. 우선 가장 중요한 것은 사육장의 크기를 고려해 적절한 수준의 열을 공급해줄 수 있는 강도의 열원을 설치해야 한다는 것이다. 열원 설치의 주목적이 대사활동에 도움이 될 정도의 적절한 열을 공급하는 데 있으므로 너무 낮은 와트 수의 열원을 설치해 열원의 설치목적 자체를 유명무실하게 해서는 안 된다. 반대로 파충류는 저온보다는 오히려 고온에 더 취약하기 때문에 협소한 사육장에 지나치게 강한 열원을 설치하는 것 역시 지양해야 한다. 열원 설치에 있어 두 번째로 중요한 것은, 사육장 내에 온도가 높은 핫 스팟(hot spot) 지역과 온도가 낮은 은신처 지역을 동시에 제공해줄 수 있도록 반드시 열원을 사육장 한쪽으로 치우치게 설치해야 한다는

변온동물인 뱀은 자연에서 저녁에 체온을 높이기 위해 아스팔트로 올라왔다가 로드킬을 당하기도 한다.

것이다. 사육장 중앙에 열원을 설치하는 것은 사육장 내의 온도를 통일시켜 버리므로 적절한 방법이 아니다. 보조열원을 추가로 사용할 경우에도 마찬가지로 각각 서로 다른 곳에 설치하는 것이 아니라 한쪽으로 몰아서 설치해야 한다. 그래야만 뱀이 스스로 필요한 온도대의 공간을 찾아 이동할 수 있다. 사육장 내에 이러한 온도편차를 제공하기 위해서는 사육장의 크기가 너무 작으면 안 되는데, 최소한 가로가 60cm 이상은 돼야 어느 정도 온도편차를 제공해줄 수 있다.

마지막으로 열원이 직접적으로 뱀과 닿지 않도록 해야 한다. 뱀은 좁은 틈을 비집고 들어가거나, 바닥재를 파고들어가 숨는 것을 좋아하기 때문에 쉽게 화상을 입을 수 있으므로 열원은 반드시 사육장 외부에 설치해야 한다. 부득이하게 내부에 설치할 경우에는 뱀의 접촉을 철저하게 막을 수 있도록 대책을 강구해야 한다.

■**상부열원** : 상부열원의 설치에는 소켓이 필요한데, 이때 사용되는 소켓은 열을 집중시키기 위한 확산갓이 달려 있는 것이 좋다. 또한 소켓 자체도 플라스틱보다는 가급적 세라믹 소재로 된 제품을 사용하는 것이 좀 더 안전하고, 필히 사용 전에 허용 와트 수를 확인해야 한다. 열등을 구입할 때는 필라멘트가 끊어져 있지 않은지 잘 확인해야 하고,

 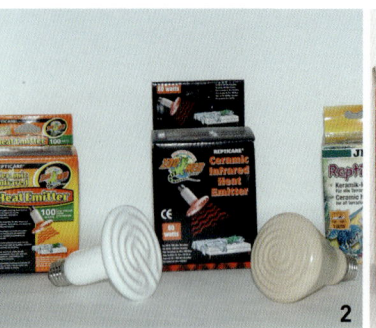 

1. 주간등(스팟 램프) – 수상성 뱀은 나무 위에서 일광욕을 즐기기 때문에 상부열원이 주 열원으로 사용된다. 열등은 뱀의 대사작용에 필요한 열을 공급하고, 번식과 소화 및 건강유지에 필수적인 UVA를 방출한다. 열등 가운데 가장 종류가 다양하다.
2. 야간등 – 주행성 뱀은 눈꺼풀이 없기 때문에 휴식을 취해야 하는 야간에 강한 빛이 있으면 상당한 스트레스를 받는다. 야행성 종 역시 주 활동시간대에 강한 빛은 필요치 않다. 그러나 열원은 필요하기 때문에 야간에 수면이나 활동에 방해가 되는 밝은 빛을 방출하지 않도록 붉은색이나 푸른색 등의 색깔 있는 유리로 제작된 야간등을 설치해줄 필요가 있다. **3. 세라믹등** – 도기 소재로 된 열 발산기로 열효율이 우수하면서도 수명이 길고, 아무 빛도 발산하지 않기 때문에 야간에 사용하더라도 뱀에게 스트레스를 주는 일이 없다는 장점이 있다. 세라믹등은 동물의 근육까지 침투하는 강력한 적외선을 방출한다.

이동 시에도 주의를 기울여야 한다. 무엇보다 열원이 가동 중일 때는 화상에 주의하고, 사육장관리 중에 특히 분무기의 물이 달궈진 열원에 직접적으로 닿지 않도록 주의해야 한다. 뜨겁게 달궈진 열원에 물이 닿으면 급격한 온도차로 파열돼 위험할 수 있다.

■**하부열원** : 하부열원은 지상성 뱀의 주 열원으로 사용되는데, 파충류 전용 히팅 패드나 히팅 락이 시판되고 있다. 파충류용으로 제작된 것은 아니지만 보온용의 필름 히터, 전기방석, 혹은 동파방지 열선과 같은 것도 하부열원으로 응용되고 있다. 사육장과 사육동물의 크기를 충분히 고려해 적당한 제품을 선택하면 된다. 하부열원을 설치할 때 가장 주안점을 둘 것은 '하부열원을 사육장 내부에 설치하거나 사육장 바닥 전체 면에 설치하면 안 된다'는 것이다. 사육장 내부에 설치할 경우 은신처를 찾는 과정에서 뱀이 파고 들어가기 때문에 화상을 입거나 탈수가 생기고, 사육장 바닥 전면에 설치하면 사육장 내의 온도편차 조성이 어렵기 때문에 바람직하지 않다.

케이지 퍼니처(cage furniture)

케이지 퍼니처는 사육장, 바닥재, 열원을 제외한 나머지 사육과정에서 필요로 하는 각종 사육기자재들을 의미한다. 애완뱀의 사육에는 은신처, 물그릇, 온·습도계 정도를 사용하는 것이 일반적이다. 사육자에 따라 이러한 사육비품들을 사육장 내에 상시적으로 비

  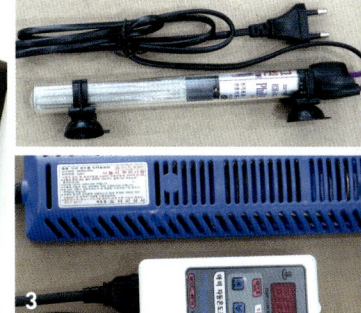

1,2. 히팅 필름, 열판 – 자연상태의 뱀은 일광욕을 통해 직접적으로 열을 얻기도 하지만, 태양에 의해 달궈진 흙이나 바닥의 2차 전도열을 이용하기도 한다. 특히 지상성 뱀의 경우에는 상부열원보다는 히팅 패드나 히팅 필름을 설치해주는 것이 효율적이다. 히터를 제외한 대부분의 저면열원은 별도의 온도조절장치가 부착돼 있지 않기 때문에 자동온도조절기를 부착해 사용하는 것이 좋다. **3. 수중히터** – 히터는 수생성 종의 사육환경 조성에 있어 주 열원으로 사용된다. 수온이 많이 올라가는 여름철에는 별로 쓰이지 않지만, 동면을 시키지 않는 한 적어도 늦가을에서 초봄까지는 필수적으로 사용되는 사육장비라고 할 수 있다. 따라서 수생성 뱀 사육자는 반드시 구입해야 하고, 차후 파손을 감안해 여유분을 보유하고 있는 것이 좋다. 온도는 뱀의 생명을 좌우하는 가장 중요한 요소이므로 경제적 사정이 허락하는 한 가장 품질이 좋은 제품을 이용할 것을 권한다.

치하는 경우도 있고, 간결한 사육형태를 선호해 필요할 때만 일시적으로 설치했다가 바로 제거하는 경우도 있다. 국내에도 다양한 종류의 제품들이 시판되고 있지만, 사육장 내의 뱀에게 해롭지만 않으면 소재나 형태에 특별히 제한이 있는 것은 아니므로 굳이 기성품으로 판매되는 것을 구입해 사용할 필요는 없다. 관심만 있다면 발품을 좀 팔아 자신만의 케이지 퍼니처를 구상하고 제작에 도전해보는 것도 사육과정에 있어서 아주 즐거운 경험이 될 것이라고 생각한다. 사육에 있어서 파충류 전용 사육장이나 파충류 전용 사육용품만을 사용해야 할 것이라고 단정할 필요는 없다. 물론 다른 동물용보다는 적합하겠지만, 자신의 창의력을 보태 더 효율적으로 개선하고 새로운 용품들을 구상해보는 것도 즐겁고 의미 있는 일이다.

■**은신처** : 사육 중인 뱀이 사육장의 추운 구석에 숨어 대부분의 시간을 보낸다면 이것은 일광욕보다는 방어나 보호가 더 필요한 상태라는 의미다. 자연상태에서 은신처는 야간의 열손실을 막아주고, 험한 자연환경 또는 포식자와 같은 여러 가지 위험요소로부터 뱀을 지켜주는 중요한 역할을 한다. 비록 인공사육 하에서는 자연상태에서 겪을 수 있는 이러한 위험으로부터 자유롭다고 할지라도 휴식이나 심리적인 안정을 위해 필수적으로 은신처를 설치해주는 것이 좋다. 뱀은 좁은 틈에 밀착된 상태에서 안정을 느끼기 때문에 은신처의 크기는 뱀이 몸을 다 숨긴 상태에서 꽉 낄 정도가 적당하다.

> **Tip 은신처의 조건**
>
> 1. 세척과 소독을 위해 쉽게 이동시킬 수 있는 무게여야 한다.
> 2. 그러나 외부의 가벼운 자극 정도로도 움직일 만큼 가벼워서는 안 된다.
> 3. 쉽게 세척이 가능한 구조여야 한다.
> 4. 재질이나 성분이 뱀에게 무해해야 한다.
> 5. 외부의 빛을 차단할 수 있는 불투명한 소재여야 한다.
> 6. 뱀이 비칠 만큼 반짝거리는 재질이어서는 안 된다.
> 7. 뱀에 비해 크기가 너무 커서는 안 된다.

뱀 사육에서 은신처는 필수적이다.

■**온·습도계** : 사육장 내부의 온·습도를 수시로 확인하기 위해 사용한다. 최근에는 휴대와 보관이 용이한 적외선 온도계도 시판되고 있지만, 상대적으로 가격대가 높은 편이라 일반적으로는 수은온도계나 디지털온도계를 많이 이용한다. 최고온도와 최저온도의 측정이 가능한 것이 좋으며, 눈에 가장 잘 띄는 장소에 부착해두고 수시로 확인하도록 한다.

케이지 데코(cage deco)

사육장을 아름답고 실용적으로 꾸미기 위한 백스크린, 살아 있는 식물과 각종 조화들, 유목과 바위, 코르크판 및 기타 장식품들이 포함된다. 사육장을 꾸미는 데는 가급적이면 자연물을 이용하는 것이 좋은데, 오염이 심한 것이나 단면이 너무 날카로운 것은 피하는 것이 좋다. 사육자에 따라서는 사육장을 전혀 꾸미지 않고 최소한의 사육용품만 이용해 단순하게 세팅하는 경우도 많으므로 케이지 데코는 뱀을 사육하는 데 있어 필수용품은 아니다. 랙 시스템을 이용하는 사육자의 경우 역시 데코는 그다지 필요치 않다.

사육장 조성 시 염두에 둬야 할 종의 특성이나 사육장 세팅용품을 선택할 때 반드시 고려해야 할 뱀의 행동패턴, 먹이의 종류, 온·습도의 제공방법 등에 대한 진지한 고민 없이 단순히 사육장을 '아름답게' 꾸미기만 하는 것은 올바른 사육자의 자세라고 할 수 없지만, 뱀 사육에 최적인 효과를 낼 수 있도록 세팅된 사육장이 미관상 아름답기까지 하다면 가장 이상적인 세팅이라고 할 수 있을 것이다. 더불어 보기에 아름다운 사육장은 사육의 즐거움까지 배가시키는 효과가 있다.

■**백스크린** : 사육장의 뒷면 혹은 옆면을 자연스럽게 꾸며주기 위해 사용한다. 수족관에 사용하는 것과 같이 사육장 뒷면에 부착하는 필름형태가 가장 일반적이나, 사육장 내부

에 설치하는 입체적인 구조물을 이용하는 경우도 있다. 사육자에 따라서는 우레탄폼과 실리콘, 상토, 유목 등을 이용해 직접 제작하는 경우도 있다. 이런 입체적인 사육장은 관리 면에서는 좀 번거롭지만, 사육장을 좀 더 자연스럽게 만들어주고 개체의 운동성을 높여줄 수 있다는 장점이 있다.

■유목(driftwood) : 유목은 사육장 내부를 장식하고 운동성을 높이기 위해 설치하는 나무를 말한다. 가장 좋은 것은 부식의 위험이 없고 안전한 기성품을 이용하는 것인데, 시판되는 제품들은 땅속에 묻혀 오랜 시간 광물질을 흡수한 나무로서 나무의 형태는 유지하고 있지만 썩지 않고 타지도 않는다. 열대어 수족관용으로 수입되지만 뱀에게도 사용할 수 있다. 최근에는 여러 가지 형태와 크기의 파충류용 유목들이 수입되고 있는데, 습기만 멀리한다면 사육장 조경에 꽤 쓸 만한 것들이 많다. 굳이 구입하지 않더라도 야외에서 어렵지 않게 구할 수 있는 고사목을 채취해서 사용할 수도 있다. 너무 부식됐거나 나쁜 진액이 나오는 것, 해로운 벌레들이 서식하고 있는 것만 아니라면 소금물에 삶고 건조하는 등의 간단한 처치 후에 사용이 가능하다.

나무 위에서 서식하는 종에게는 필수적으로 몸을 올려놓을 구조물이 필요하다.

■**조화(artificial flower)** : 생화 혹은 풀과 유사하게 제작된 플라스틱 소재의 인조식물로 사육장을 장식하는 데 사용된다. 적절히 배치하면 사육장의 분위기를 자연스럽게 만들어주고 뱀의 활동성을 높여주며, 심리적인 안정까지 기대할 수 있다. 거북이나 도마뱀은 가끔 조화를 뜯어먹는 경우가 생기기도 하지만, 육식성인 뱀은 그럴 위험이 없어 사용에 별다른 제약은 없다. 다만 너무 지나치게 장식하면 청소가 힘들고, 관상도 어렵게 되므로 어디까지나 적당하게 사용하는 것이 좋다. 또한, 사육장 내에 설치할 때는 뱀이 이동하면서 흐트러지지 않도록 확실하게 고정하는 것이 무엇보다도 중요하다.

관리용품

뱀의 사양 관리에 필요한 여러 가지 기구들과 사육환경 유지에 필요한 먹이용 냉동고, 여분의 치료용 수조, 가습기, 환풍기, 자동온도조절기, 저울, 분무기, 환경정비제 등의 각종 기구와 비품들을 말한다. 이 중에는 계절별로 혹은 간헐적으로 사용되는 것들도 있으므로 분실하지 않도록 별도의 공간에 잘 보관해두고 사용하도록 하자. 이런 관리용품들은 사육하는 개체수가 많아질수록 사용빈도가 높아지게 된다.

■**가습기** : 전문적인 사육자들 사이에서는 의외로 중요성이 높게 평가되고 있는 관리용품이다. 특히 다습한 환경에 서식하는 종을 사육하는 경우나, 겨울철 건조한 시기의 호흡기질환을 예방하기 위한 경우 사용빈도가 높아진다. 호흡기질환 예방을 위해 사용할 때는 물에 유칼립투스나 사이프러스 오일을 섞어 이용하기도 한다.

■**분무기** : 사육장의 습도를 조절하거나 청소할 때 유용하므로 구비해 두도록 한다. 청소 시 약재를 사용할 경우에는 반드시 습도조절용과 청소용 두 개를 분리해서 이용해야 한다. 손잡이를 당길 때마다 분무되는 형태와 상단의 압축펌프를 눌러 사용하는 형태 등 두 가지가 있는데, 사육자가 사용하기에 편리한 것을 선택하면 된다. 다수의 개체를 사육하고 있다면 대용량의 공기압축식 분무기를 구비해두는 것도 고려할 만하다.

■**저울** : 일반적인 경우라면 그다지 사용할 일이 없지만, 번식을 고려하고 있다면 구비해 두는 것을 추천한다. 특히 교미 후 임신여부나 동면 시의 이상유무를 판단하기 위해 사용이 빈번해진다.

버미즈 파이손

■**자동온도조절기** : 사육장이나 인큐베이터 안의 온도를 설정값대로 유지하기 위해 열원과 연결해서 사용한다. 눈으로 온도를 확인하고 열원을 직접 손으로 켰다 끄는 아날로그적인 방법으로 관리하면 사육장의 온도편차가 심해지는 경우가 생기므로 사용여하에 따라 안정적인 사육에 상당히 도움이 될 수도 있는 장비다. 특히 성공적인 인공부화를 위해서는 필수적으로 준비해야 하는 장비라고 할 수 있다.

■**환경정비제** : 사육장 내에 발생하는 유해곤충을 구제하기 위한 살충제, 사육장의 소독과 청결유지를 위한 각종 약품들, 탈취제와 같이 뱀의 건강을 유지하고 사육장의 오염을 제거하기 위해 사용되는 여러 가지 약품들을 말한다. 환경정비제를 사용할 때는 정확한 용량을 지키는 것이 무엇보다도 중요하다. 이러한 화학약품의 과다한 사용으로 인한 문제는 즉각적이고 치명적인 경우가 많으므로 항상 주의를 기울이도록 하자.

뱀 사육장의 조성

앞서 최상의 사육환경이란 원서식처와 가장 유사한 환경을 조성해주는 것이라고 말했지만, 사육장 조성의 핵심은 사육장을 아름답게 꾸미는 데 있는 것이 아니라 뱀이 건강하게 살 수 있는 환경을 제공해주는 데 있다. 따라서 실제로 사육 하에서는 각각의 원서식처와 같이 사육장을 최대한 자연스럽게 세팅하는 것이 무조건 최선이라고 단정할 수는 없다. 사육장 내에서는 자연상태에서처럼 오염물질이 분해되거나, 온·습도가 저절로 조절되지는 않기 때문에 필수적으로 사육자의 손길이 가야 한다. 사육장 내부가 너무 복잡해 이러한 사양 관리에 많은 수고가 필요하게 되면 보통은 게을러지게 되고, 이는 곧 사육 중인 뱀의 건강에도 부정적인 결과를 초래하기 때문에 종의 습성을 최대한 고려하면서도 사양 관리까지 용이하도록 사육장을 조성하는 것이 이상적이다.

천적유입의 방지, 외부자극의 차단 등 사육장 설치의 여러 가지 외부조건을 제외하고 단순하게 사육장 내부만으로 '뱀 사육장 조성'에 대해 가장 간단하게 표현하면, '사육공간 내에 있어서 물과 육지의 비율을 조절하는 것' 과 '육상과 수상생활의 비중을 고려하는 것' 두 가지라고 할 수 있다. 사육장 내에서 뱀의 주 활동공간이 어디인지를 파악해 주된

플로리다 킹스네이크

서식활동영역이 수중이냐, 육상이냐, 나무 위냐를 기준으로 세팅을 하게 된다. 이러한 기준을 바탕으로 완전수생종의 경우는 100% 수중환경을, 수상성이나 지상성 종의 경우는 거의 100%의 육지환경을 조성한다.

완전수생종 뱀 사육장의 조성

사실 애완뱀으로 기를 만한 완전수생종은 별로 많지 않으며, 애완으로서의 인기 역시 그다지 높은 편이라고는 볼 수 없다. 대표적인 수생뱀인 바다뱀류는 강한 독 때문에 애완으로 길러지고 있지 않으며, 다른 나라에서 볼 수 있는 수염뱀(Tentacled Snake, *Erpeton tentaculatum*)과 같은 종도 국내에서는 볼 수 없다. 현재까지 국내에 도입된 완전수생종 뱀이라고 하면 '엘리펀트 트렁크 스네이크(Elephant Trunk Snake)' 정도가 고작이다. 아나콘다도 물뱀이기는 하지만 완전히 물속에서만 사는 것은 아니므로 습계 뱀 파트에서 다루기로 하겠다.

완전수생종 뱀 사육장의 예

완전수생종인 엘리펀트 트렁크 스네이크

완전수생종의 경우 뱀 사육장을 세팅한다는 느낌보다는 열대어 수조를 세팅한다고 생각하고 사육장환경을 조성하는 것이 이해가 쉬울 것이다. 물론 어류와 파충류는 완전히 다른 생명체이기는 하지만 서식공간이 동일하고, 수생동물 사육에 있어 가장 중요한 수질관리 부분이 거의 대동소이하기 때문이다. 따라서 열대어 사육에 경험이 있는 사람이라면 완전수생 뱀 사육장의 조성과 관리는 상당히 용이할 것이라고 생각한다.

완전수생종 사육장의 조성에 있어서는 사육장 내의 환경을 서식환경과 유사하게 꾸며주는 것도 중요하지만, 종이 서식하는 수질과 유속 및 pH를 고려해 수질환경을 조정해주는 것 역시 아주 중요하다. 무엇보다 대부분 수생뱀은 강한 수류를 좋아하지 않으므로 측면여과기를 설치한다면 물살을 부드럽게 조정해주는 것이 좋다. 또한, 청결한 수질을 유지하는 것 못지않게 종이 선호하는 pH를 제공해주는 것 역시 질병 예방을 위해 매우 중요하다. 열대어처럼 직접적으로 영향을 받지는 않지만, 장기적으로 사육한다고 할 때 그 영향을 무시할 수는 없기 때문이다.

습계지상성 뱀 사육장의 조성

아나콘다처럼 습계지상성인 뱀의 사육장은 가로로 긴 형태가 적합하다. 소형종 뱀은 반수생환경을 조성해줘도 무리가 없지만, 대형종의 경우에는 웬만큼 큰 사육장이라도 배설을 하게 되면 청결한 수질을 유지하기가 어렵기 때문에 육상환경으로 꾸며 큰 물그릇을 넣어주는 방식을 많이 사용한다. 파충류 전시장의 대형사육장에는 바닥에 배수관이 있는 대형 물그릇을 설치하는 방식으로 사육하는 경우가 많은데, 사육장 내 급수와 배수가 원활하다면 가장 이상적인 사육환경이라고 할 수 있지만, 개인이 보유하고 있는 사육장에는 자체적인 입수·배수시스템이 구비돼 있지 않은 경우가 대부분이기 때문에 수질을 관리하기가 좀 번거로운 단점이 있다. 특히 이런 반수생종의 경우 성격이 사나운 종이 많아 사육장 관리가 더욱 힘든 편이다.

사육장의 습도를 유지할 필요가 있으므로 수분을 머금을 수 있도록 나무껍질로 만든 바크 소재의 바닥재를 사용한다. 물그릇이 설치돼 있다 해도 습기를 빨아들이는 칩이나 펄프, 건초타입의 바닥재를 사용하면 사육장 습도 관리에 어려움을 겪는 경우가 많다. 바

습계지상성인 아나콘다

습계지상성 뱀 사육장의 예

크 소재는 습도유지가 용이하고, 나무 소재라 자연스러운 분위기를 연출할 수 있다는 장점이 있다. 파충류용으로 살균 소독돼 시판되는 제품이 있지만, 가격이 싼 편은 아니며 공급량도 많지는 않다. 어느 정도 자란 크기의 뱀인 경우에는 화훼용 바크를 사용하기도 한다. 화훼용 바크는 가격이 저렴하고 양이 많다는 장점이 있다. 그러나 소독되지 않은 제품이라 간혹 벌레가 생기거나, 돌 또는 이물질이 섞여 있는 등 품질의 편차가 크고 냄새가 심한 경우도 있으며, 시기에 따라 수급에 어려움을 겪는 경우도 있다. 또한, 향기가 자극적이거나 송진 등 뱀에게 해로운 물질이 나오는 경우도 있기 때문에 사용할 때마다 매번 상태를 주의 깊게 확인해야 한다. 가급적이면 사육난이도가 높은 종에게는 사용을 지양하는 것이 바람직하다.

습계 뱀이라 하더라도 사육장의 스팟 지역은 건조한 상태를 유지해 몸을 말릴 수 있도록 해줘야 한다. 한 가지 주의할 점은 사육장 전체의 습도를 높일 경우 곰팡이나 진드기, 응애 등의 외부기생충 번식이 용이한 고온다습한 환경이 되므로 사육장의 청결유지에 더욱 신경을 써야 한다. 번거롭더라도 꼭 주기적으로 관리해 주도록 하자.

지상성 뱀 사육장의 조성

지상성 뱀의 경우 가로로 넓은 타입의 사육장을 사용해 충분한 활동공간을 제공해주는 것이 좋다. 또한, 평소에는 사육장을 건조하게 유지하되, 탈피를 하는 기간에는 일시적으로 습도를 높여주도록 한다. 일반적으로 사육장의 세팅은 바닥재 선택으로부터 시작되는데, 사육장 바닥에 깔리는 바닥재는 사육하고자 하는 종과 사육 개체의 크기를 고려해 최적의 사육습도가 유지될 수 있는 소재로 선택해야 한다.

지상성 뱀 사육장에 사용할 수 있는 바닥재의 소재는 매우 다양하다. 간단하게는 신문지나 키친타월 또는 매트를 사용하기도 하며, 모래 지역에 서식하는 종의 서식환경을 고려해 파충류용 모래를 깔아주기도 한다. 습도유지를 요하는 종은 바크를 주로 사용한다. 그러나 에코어스나 상토 등은 입자가 너무 곱고, 습한 바닥재가 배비늘 사이에 끼어 감염의 우려가 있으므로 선호하지는 않는다. 입자가 있는 바닥재를 선택할 때는 너무 가늘거나 굵은 것, 너무 날카롭거나 쉽게 오염되는 소재는 피하는 것이 좋다. 또한, 모래나 자갈을 바닥재로 사용할 경우 반드시 은신처를 설치해줘야 하며, 지나치게 밝은 색상은

지상성 뱀 사육장의 예

피하도록 한다. 사육장에 조명이 설치돼 있을 경우 바닥재에서 빛이 반사돼 뱀의 눈을 피로하게 하고, 그로 인해 스트레스를 유발할 수 있기 때문이다. 입자가 너무 작으면 냉동먹이를 해동해 먹일 경우 먹잇감으로부터 물이 배어들기 때문에 바닥재를 함께 먹어 문제가 생기는 경우가 있다.

수상성 뱀 사육장의 조성
보아류, 트리 보아, 그린 트리 파이손 등 나무 위를 주된 서식공간으로 삼는 종의 사육에 있어서는 가로로 긴 형태의 육상성 뱀 사육장보다는 세로로 긴 형태의 사육장이 적합하다. 수상성 뱀이나 도마뱀의 사육장은 가로나 세로보다는 높이가 더 중요하다. 개체의 크기를 고려해 충분히 높은 형태의 사육장을 선택하고, 사육장의 설치위치 역시 눈높이보다 조금 높은 곳이 좋다. 수상성 뱀들은 저면열원보다는 상부열원을 사용하는 것이 효과적이기 때문에 위쪽은 철망으로 처리돼 열원의 안정적인 설치가 가능해야 하며, 효율적인 관리를 위해서는 전면개폐식의 사육장을 사용하도록 한다.

수상성 뱀 사육장의 예

실제 식물을 이용해 사육환경을 조성한 수상성 뱀 사육장

어느 정도 길이가 있는 가지나 유목으로 활동공간을 제공해 주도록 한다. 에메랄드 트리 보아나 GTP처럼 나무 위에 안정적으로 고유의 형태를 잡는 종인 경우 사육 중인 개체의 굵기를 감안해 적당한 굵기의 가로목을 설치해줘야 한다. 보아류처럼 나무 위에 몸을 얹고 있는 종은 적당한 공간만 제공해줄 수 있으면 된다. 사육장 내에 설치하는 가로목의 각도는 너무 기울어지지 않게, 가급적이면 수평으로 배치해준다.

이렇게 사육장 내에 가로목을 설치해줄 경우에는 서로 다른 높이로 최소 2개 이상 마련하는 것이 정석이다. 가로목을 하나만 설치할 경우에는 일광욕 후 체온이 올라갔을 때 몸을 피할 곳이 없어 사육장 바닥으로 내려가 불편하게 자리를 잡게 된다. 따라서 높이

편차를 줄 수 있게끔 스팟 지역으로부터의 거리를 다르게 해서 두 개 이상의 가로목을 설치해 주도록 한다. 이때 가로목과 가로목 사이의 거리가 너무 가까워 온도차이가 나지 않으면 복수로 설치하는 의미가 없으므로 어느 정도 거리를 두고 설치해야 한다. 이렇게 하기 위해서는 사육장의 세로길이가 충분히 길어야 할 필요가 있으므로 처음 사육장을 구입할 때부터 신경 써서 선택하도록 하자. 수상성 뱀의 경우 보통 사육장에 어느 정도 습도를 유지해줘야 할 필요가 있는 종이 많으므로 구조물은 분무나 급수로 자주 물을 접하게 되더라도 부식되거나 벌레가 생기지 않는 안정적인 소재가 좋다.

이처럼 수상성 뱀의 사육장을 조성함에 있어서는 사육장 내 중간구조물의 중요성이 높은데 비해 바닥재의 중요성은 그다지 높지 않다. 청소가 용이하도록 간단하게 신문지나 매트를 사용하는 경우가 많고, 바크나 피트모스처럼 습도유지가 가능하면서 오염된 부분만 제거할 수 있는 소재를 사용하는 사육자도 많다. 그러나 습도유지가 어려운 모래나 펄프, 칩 계열의 소재는 사육장 내를 급격하게 건조하게 만들며 습도유지를 위해 잦은 분무를 필요로 하기 때문에 사양 관리상의 번거로움 때문에 많이 이용되지는 않는다.

개인적인 사정으로 약간 부적합한 소재의 바닥재를 선택했을 경우에는 사양 관리에 좀 더 신경 쓸 필요가 있다. 특히 건조한 겨울철에는 호흡기질환의 위험성이 높아지므로 더욱 그렇다. 리본 스네이크, 가터 스네이크처럼 습계수상성 뱀의 사육장은 세로로 긴 형태가 좋다. 습도유지에 유리한 바크 계열의 바닥재를 깔고 큰 물그릇을 설치해 습도를 조절하며, 그 위로 잔가지를 얽어 활동공간을 제공해주는 사육자도 있다. 또한, 일반적인 열대어 수조의 세팅을 기본으로 수위를 어느 정도 낮추고, 낮아진 수면 위로 나뭇가지를 얽어 활동공간을 제공해주는 방식으로 사육하는 사람도 있다. 다만 수위를 낮출 경우에는 수질의 변동 폭이 크므로 수질을 청결하게 유지할 수 있는 대책을 세우는 것이 좋다.

열대어 수조 타입의 경우 물고기를 기를 때처럼 모래나 다른 바닥재를 깔지 않고 그냥 배어 탱크(bare tank)로 사육장을 세팅하기도 한다. 외관상으로는 좀 삭막해 보일지는 모르지만, 수질 관리가 용이하므로 보기보다 꽤 효율적인 방법이라고 할 수 있다. 열대어 수조 형태로 세팅할 경우에는 사육장 위를 환기가 가능한 망으로 처리할 필요가 있다. 밀폐된 상태에서 수위를 낮추고 히터를 가동할 경우 사육장 전체의 습도가 상승하며, 무엇보다 수조 전면에 물방울이 맺혀 사육장 내부 관상이 불가능해지는 경우가 생기기도 한다. 습계의 뱀이라고 해도 사육장 안을 전체적으로 항상 습하게 하면 질병 발생률이 증가하게 된다.

사육장 세팅의 변경

랙을 이용하는 사람은 어쩔 수 없지만, 비바리움 스타일로 뱀을 사육하는 사육자들도 한 번 세팅한 사육장을 변화 없이 그대로 유지하려는 경향이 강한데, 사육장 세팅은 가끔씩 완전히 새로운 스타일로 바꿔주는 것이 좋다. 세팅의 변경은 기존의 사육장을 사용해 오면서 느낀 불편한 점이나 잘못된 세팅을 좀 더 보완한다는 측면이 강하기는 하지만, 대대적인 전면 교체가 아니더라도 현재 세팅돼 있는 열원이나 은신처의 위치를 살짝 바꾼다거나 하는 간단한 변경은 가끔씩 시도하는 것이 좋다. 사육장 세팅을 변경하면 사육 중인 뱀도 새로운 자극을 받게 되는데, 이렇게 뱀이 새로운 환경에 적응해야 하는 약간의 긍정적 스트레스를 주는 것도 생물을 사육함에 있어서 나쁜 일만은 아니기 때문이다. 이를 사육자의 입장에서 생각해 본다면 스스로 생각하는 가장 이상적인 세팅환경을 조금씩 구체화할 수 있고, 그 과정에서 자연스럽게 이전까지 알아차리지 못했던 뱀의 습성이나 새로운 관리용품에 대한 지식을 새로이 습득하게 된다는 장점이 있다. 더불어 잘 꾸며진 파충류 사육장은 인테리어의 역할도 하므로 새롭게 꾸며진 사육장으로 인해 집 안분위기가 달라지면서 새로운 기분을 느낄 수 있다는 것도 장점이라고 할 수 있다.

필자는 새로운 세팅을 구상하고, 거기에 필요한 자재들을 직접 제작하거나 여기저기로 발품 팔며 구하러 돌아다니는 과정이 무엇보다도 즐겁다. 머리 속으로만 구상한 세팅을 구체화시키는 데 필요한 최적의 소재를 찾아냈을 때의 즐거움도 상당히 크기 때문이다. 가보지 못한 새로운 애완동물 숍도 방문하고, 그 과정에서 새로운 사람도 만나고, 서로서로 도움을 주고받는 이러한 과정도 파충류 사육에서 가질 수 있는 놓칠 수 없는 즐거움 가운데 하나가 아닐까 생각한다. 뱀처럼 사육관리에 대한 정보가 부족한 동물을 기를 경우에는 동일한 취미를 가진 타인과의 교감과 교류가 있을 때 훨씬 성공적인 사육이 가능하다.

사육 중인 뱀에게 약간의 긍정적인 스트레스를 주는 차원에서 가끔씩 세팅을 간단하게 변경해보는 것이 좋다.

Chapter 05

Snake
뱀의 일반적인 관리

뱀을 기르는 데 있어서 기본적으로 관리해야 할 사항에 대해 살펴보고,
먹이의 종류와 급여방법 등에 대해 알아본다.

기본사양 관리

사육하고자 하는 종의 특성을 고려해 사육장을 적절하게 세팅하는 것도 중요하지만, 세팅한 사육장을 항상 최상의 상태로 유지 관리하는 것이 사육과정에 있어서는 더 중요한 일이다. 따라서 일단 어떤 동물이건 간에 일단 사육을 시작했다면 매일매일 빼먹지 말고 사육장을 관리할 필요가 있다. 지속적으로 관리하려다 보면 상당히 귀찮고 번거로운 일이지만, 그럼에도 불구하고 부지런히 사육환경을 정비해야 하는 이유는 단순히 사육자의 입장에서 뱀을 관찰하기 쉽도록 청결한 사육장을 유지하기 위해서이기도 하지만, 혹시 발생할지도 모를 질병을 미리 예방하기 위한 목적이 더 크다.

사육 중인 뱀에게서 발생되는 질병의 대부분이 부적절한 사육환경에서 기인한 것이기 때문에 사육자가 부지런히 사육환경을 개선하고 청결하게 유지하는 것만으로도 이러한 질병을 상당부분 예방할 수 있으며, 그로 인한 불필요한 시간적·금전적 손실을 감소시킬 수 있다. 사육자는 수의사가 아니다. 그리고 설사 수의사라고 해도 파충류의 모든 질병을 성공적으로 치료하기란 쉬운 일이 아니다. 사람들에게 아직은 낯선 애완동물인 뱀이라는 동물을 사육하는 데 있어서는 특히 질병의 치료보다는 예방이 훨씬 더 중요하다.

브라질리안 레인보우 보아

오랜 세월을 거쳐 애완화된 개나 고양이, 소 같은 동물들에 비해 종 자체에 대한 연구도 덜 돼 있고, 임상데이터 역시 충분치 않기 때문이다. 질병에 걸린 동물을 치료하는 것은 수년간의 전문적인 교육과 충분한 임상경험을 쌓은 이후라야 가능하지만, 질병을 예방하는 것은 매일매일 들이는 약간의 수고로움만으로도 상당 부분 가능하다. 그러므로 손이 그리 많이 가지 않는 동물이라는 생각에 사육장 관리를 소홀히 하는 일이 없도록 하자.

이제 사육환경을 관리함에 있어서 기본적으로 해야 하는 일들을 알아보자. 다음에 기술한 내용은 필자가 오랜 기간 파충류를 사육해 오면서 나름대로 정한 사양 관리의 순서일 뿐, 꼭 이대로 따라야 효율적으로 관리되는 것은 아니다. 뱀을 사육하는 환경은 다양한 만큼 스스로의 상황에 적합한 사양 관리 시나리오를 짜서 관리하면 된다.

사육장 주변 정리와 관리장비 준비

본격적인 사육장 청소에 앞서 사육장 주변부터 정리해서 움직임이 용이하도록 공간을 만들고, 관리에 필요한 용품들을 사육장 가까운 곳에 준비해둬야 한다. 대강 준비해서 바로 관리를 시작하는 경우가 많은데, 그러다 보면 수시로 용품을 가지러 가기 위해 자리를 비워야 하고, 이렇게 사육자가 부주의한 틈을 타 뱀이 탈출하는 등의 여러 가지 문제가 생기게 된다. 이럴 경우 주위가 어지럽다면 관리하는 것보다 탈출한 뱀을 찾는 데 시간이 더 많이 걸리기도 한다. 사양 관리를 용이하게 할 수 있는 준비를 먼저 하고, 본격적인 일을 시작하도록 하자. 특히 사납거나 위험한 종의 사양 관리를 해야 할 경우에는 사육자의 안전을 위해서라도 이 과정이 반드시 필요하다.

관찰

필자도 현재 다수의 뱀을 기르고 있기 때문에 늘 직접 사육장을 관리하고 있다. 필자는 일상적인 사양 관리를 시작하기 전에 약 2~3분 정도 사육장 앞에 서서 사육장과 사육장 내에 있는 뱀을 관찰하는 시간을 갖는다. 본격적인 사양 관리를 시작하기에 앞서 이렇게 잠시 동안 관찰시간을 가지는 것은 지금 이 책을 읽는 사육자 여러분들에게도 적극 권장하고 싶은 부분이다. 일하기에도 바쁜 시간에 필자가 이렇게 여유를 부리는 이유는 단순히 뱀을 감상하기 위해서가 아니라, 짧은 시간이나마 사육장 내 뱀의 위치와 행동, 반응 등을 유의해 살펴봄으로써 사육 중인 뱀의 현재 건강상태를 추정해볼 수 있기 때문이다.

물그릇에 들어가 휴식을 취하고 있는 호그노우즈 스네이크

또한, 그와 더불어 앞으로 진행해야 할 사양 관리의 항목과 진행순서 등을 미리 머릿속으로 정리해보는 시간도 가질 수 있다. 불과 수 분 정도의 짧은 시간이지만, 이렇게 잠시 여유를 두는 것이 의외로 사양 관리에 있어 상당히 도움이 됐던 것을 누차 느꼈기 때문에 독자 여러분들에게도 적극 추천한다.

온도 및 습도, 수질 체크

관찰 결과 뱀에게 이상증상이 발견됐다면 그에 따른 처치를 먼저 하고, 평소와 별다른 차이가 없다면 사양 관리를 시작한다. 일상적인 사양 관리의 항목 가운데 가장 먼저 해야 할 일은 사육장 내의 온도 및 습도 그리고 수생 뱀일 경우 수온과 수질을 체크하는 것이다. 사육장 내의 온도가 사육하고 있는 종이 선호하는 적정온도대로 유지되고 있는지를 확인하는 것은 사육에 있어 그 어떤 일보다도 중요하다.

■**온도 및 습도** : 본서의 전반을 통해 온도에 대한 언급을 계속하게 되는데, 그만큼 변온동물에게 있어서 온도는 절대적인 생존요인이기 때문이다. 뱀은 극한 환경에서도 살아남을 수 있도록 진화된 동물이지만, 온도에 급격한 변화가 생기면 평소 최상의 컨디션이었을지라도 순식간에 폐사에 이르게 되는 만큼 뱀 사육에 있어 온도 관리의 중요성은 아무리 강조해도 지나치지 않다. 특히 적정온도대보다 낮은 온도는 그나마 잘 버티지만, 고온에는 상당히 취약한 것이 뱀이므로 사육장의 온도가 허용온도범위보다 너무 높지는 않은지 확인하는 것은 아주 중요하다.

각각의 뱀은 서로 상이한 서식환경에서 서식하고 있고, 제각기 선호하는 적정온도 영역대를 가지고 있기 때문에 지구상의 모든 뱀에게 일괄적으로 적용할 수 있는 공통된 온도를 특정하기는 어렵다. 일반적으로 온대지역에 서식하는 뱀은 22~26℃ 사이, 열대지역에 서식하는 뱀들은 이보다 조금 높은 25~30℃ 정도의 온도를 제공해주면 사육 중에 온도로 인한 문제가 발생하는 경우는 그다지 많지 않다(밤에는 낮 시간보다 약 2~5℃ 정도 낮은 온도를 제공해준다). 물론 자신이 사육하고 있는 종에 있어서 좀 더 정확한 POTZ(perferred optimum temperature zone, 최적온도대)값을 알기 위해서는 해당 종에 대한 좀 더 세밀한 공부가 필요하다.

온도와는 달리 습도는 감각으로 파악하기가 특히 어려우므로 사육장 내에 습도계를 비치해두고 체크하도록 한다. 온·습도를 함께 표시하는 제품으로 설치해두면 불필요한 공간의 낭비도 줄일 수 있을 것이다. 관리 시에는 바닥재가 머금은 습도가 적정한지 확인하고, 환기를 하거나 분무를 해서 사육장 내부의 적정습도를 유지해 주도록 한다. 특히 건조한 겨울철에 발생하는 호흡기질환은 사육장 내의 낮은 습도와 밀접한 관계가 있으므로 다른 계절보다 좀 더 신경 써서 관리해줄 필요가 있다. 사육장 내에는 반드시 정확하게 측정되는 온·습도계가 설치돼 있어야 함은 물론이고, 분무기도 가까운 곳에 구비해두는 것이 좋다.

■**수질 체크** : 수생성 뱀 사육장인 경우는 수조 내의 수질이 안정돼 있는지를 살펴보고, 육상환경에 물그릇을 사용할 경우에는 물그릇 내의 수질이 깨끗한지 살펴본다. 수조의 수질관리를 위해서는 우선적으로 사육수조 내 물의 탁도부터 살펴본다. 뱀은 별다른 분비선이 없기 때문에 평소에 수질이 나빠지는 경우는 드물지만, 배설을 한 직후에는 급격하게 물의 탁도가 높아지는 경우가 있다. 이럴 경우 여과기가 정상적으로 작동하고 있더

물그릇은 더러워지기 쉬우므로 매일 소독하고 깨끗한 물로 갈아주는 것이 좋다.

라도 반드시 배설물 덩어리를 뜰채로 직접 제거해주고, 환수를 해주는 것이 좋다. 배설물의 작은 부스러기는 여과기에 빨려 들어가지만, 물이 맑게 보인다 해도 배설물의 성분이 물 속에 녹아들어 있는 상태이므로 환수는 해주는 것이 바람직하다. 뱀은 배설을 간헐적으로 하기 때문에 여과기가 정상 작동하고 있다면 이 정도의 관리만으로도 수질에 큰 문제가 생기는 경우는 드물다. 그러나 장기적으로 물의 탁도가 개선되지 않을 경우에는 여과기를 청소하거나, 전체 환수를 하는 등의 조치를 취해줄 필요가 있다. 뱀이 마실 물그릇의 수질을 관리하는 방법으로는 그릇을 매일 소독하고 깨끗한 물로 갈아주는 것이 가장 좋다.

사육장 내·외부 전기장치의 정상가동 여부 확인

사육장에 설치된 조명장치가 정상적으로 작동하고 있는지, 열원은 교체할 필요가 없는지, 가습기는 이상 없이 작동하는지 등을 확인한다. 사육장 내·외부에 설치되는 전기장치들은 광주기 제공과 대사에 필요한 온·습도 조절에 필수적인 장치들이고, 혹시라도 정상적으로 작동하지 않을 경우 어떤 식으로든 뱀에게 문제가 생기게 되므로 수시로 정상가동 여부를 확인해야 한다. 전기장치의 가동 여부를 확인하는 일에는 타이머를 걸어 뒀을 경우 시간을 설정해 계절에 따른 광주기를 조절하는 것까지 포함된다. 특히 저면열원이나 히터의 경우는 고장이 있어도 외형적으로 크게 표시가 나지 않는 경우가 많기 때문에 잘 확인해야 한다. 또한, 수명이 다해 교체가 필요할 경우를 대비해 히터나 열등 같은 소모품은 여분을 준비해두는 것이 좋다.

오염물의 제거

뱀도 살아 있는 생물이므로 당연히 사육장 내에 여러 가지 오염물들이 발생하게 된다. 뱀은 먹이를 통째로 삼키기 때문에 다른 동물의 경우처럼 먹이찌꺼기가 남지는 않지만, 탈피껍질이나 배설물과 같은 오염원들은 발생하게 마련이므로 사육장 가까운 곳에 핀셋과 쓰레기통을 준비해두고 눈에 띄는 대로 치워주도록 하자. 탈피허물이야 좀 오래 방치하더라도 크게 문제가 되는 일은 드물지만, 배설물은 그대로 방치하면 뱀이 몸으로 오염물을 비비고 다니면서 여러 가지 문제가 발생하게 된다. 청소할 거리도 많아지고, 무엇보다 배비늘 사이에 오염물이 부착돼 감염이 될 수 있다.

먹이를 통째로 삼키는 뱀은 먹이찌꺼기를 남기지 않는다.

오염물의 제거는 시간을 끌면 끌수록 할 일이 더 많아진다. 처음에는 핀셋으로 가볍게 집어내면 될 정도이지만, 장시간 방치하면 바닥재 전체를 교체하고 내부세팅을 전부 소독해야 하는 지경에까지 이르기도 한다. 그밖에도 배설물 같은 유기물은 부패되면서 사육장 내의 공기를 오염시키고, 파리나 벌레들을 꼬이게 하는 등 사육환경에 문제를 초래하기 때문에 오염물의 처리는 빠르면 빠를수록 좋다.

사실 보통 입양하게 되는 해츨링 크기의 뱀은 배설을 하더라도 거의 냄새를 느낄 수가 없다. 그러나 성장함에 따라 점차 배설물의 양도 많아지고 냄새도 심해진다. 육식을 하는 뱀의 배설물 냄새는 상당히 심한데, 뱀이 배설을 한 날은 외출했다 들어오면서 방문만 열어도 바로 감지할 수 있을 정도다. 냄새를 맡는 순간 습관적으로 핀셋을 집어 드는 습관을 들이도록 하자. 수생뱀 사육장의 경우는 수조의 벽면이나 내부세팅자재에 발생한 물이끼를 닦거나 정기적으로 환수를 해주고, 수조 내 물의 증발량이 많으면 부족해진 물을 보충해주는 일도 필요하다.

사이펀이나 호스, 케이지소독제, 핀셋, 소형 비닐봉지 등 관리에 필요한 도구들을 사육장 가까이 두고 청결에 힘쓴다면 불결한 사육장으로 인해 발생하게 되는 여러 가지 질병을 예방할 수 있고, 사육자 역시 쾌적한 환경에서 즐겁게 뱀을 기를 수 있을 것이다. 또한 뱀 사육장 청소를 위해서는 필수적으로 뱀을 다른 곳으로 옮겨둘 필요가 있기 때문에 뱀을 잠시 담아둘 만한 통이나 자루, 뱀을 다루기 위한 후크 등을 사육장 가까운 곳에 비치해두고 사용하면 편리하다.

케이지 세팅의 재정비

사육하는 뱀의 덩치가 클 경우 사육장 내에서 움직이면서 세팅해둔 사육장 내부를 어지럽히는 일이 생길 수 있다. 내부세팅이 흐트러지면 보기에도 안 좋을 뿐더러, 뱀에게 탈출의 빌미를 제공하거나 화재의 원인이 되는 등 여러 가지 문제도 함께 발생하게 된다. 따라서 사육장 관리 시에는 이렇게 어지럽혀진 사육장 세팅을 원상 복귀시키는 일 역시 필요하다. 동일한 사육장 내에서 뱀은 같은 행동을 반복하므로 흐트러진 세팅을 단순히 원위치로 돌리기만 하면 되는 것이 아니라, 다시 그런 일이 발생되지 않도록 후속조치를 확실하게 취하는 일 또한 필요하다. 귀찮다고 대책을 미루다 보면 결국 더 큰 문제가 생기게 된다.

블루 페이즈 베어드 랫 스네이크

먹이와 물 급여

먹이는 필요한 개체에 한해 급여하는데, 각 개체에게 일률적으로 같은 양의 먹이를 공급하는 것은 바람직하지 않다. 수시로 뱀을 들어 올려 무게를 측정해 보거나, 외형적으로 나타나는 비만 정도를 확인하면서 공급량을 조절하도록 한다. 사육 하에서는 자연상태일 때보다 운동량이 적기 때문에 영양과잉이 되기 쉽다. 다른 동물에게 있어서와 마찬가지로 뱀에게도 비만은 건강에 좋지 않으므로 지나치게 비육하는 것은 피하도록 해야 한다. 먹을 물은 가급적 매일 갈아주는 것이 좋다.

천적 및 기생충 관리

뱀은 다른 동물과 유대를 형성하는 등의 사회적 행동을 하지 않기 때문에 다른 동물과의 접촉은 가급적 피하도록 한다. 요즘에는 페럿이나 너구리, 고슴도치 등의 희귀애완동물들도 많이 기르고 있는 추세인데, 특히 이런 육식성 동물들은 가급적 뱀과 함께 기르지 않는 것이 좋다. 부득이하게 같이 기를 경우에는 확실히 격리시키는 것이 불의의 사태를 미리 예방할 수 있는 방법이 될 것이다. 앞서 언급한 세 종류의 동물은 자연상태에서 뱀을 먹이로 삼는 포식자들이다. 이 동물들에게 뱀은 잡기 쉽고, 영양가 많은 먹이에 불과하기 때문에 직접적으로 서로 접하게 되면 문제가 생길 소지가 크다. 특히 다른 동물보다 너구리류는 발을 아주 잘 쓰고, 호기심과 식탐이 많기 때문에 더욱 세심한 주의가 필요하다.

덩치가 큰 천적동물뿐만 아니라 눈에 보이지 않는 크기의 외부기생충도 상당히 성가신 존재다. 뱀에게 구충을 실시했다 하더라도 사육 중에 외부로부터 진드기가 유입되거나, 개미나 바퀴벌레들이 사육장에 꼬이기도 하므로 가끔 뱀의 몸 구석구석을 신경 써서 살펴보고 즉시 구제해줘야 한다. 이러한 해충의 침입을 막기 위해서는 사육장 내 환기를 잘 시키고, 발생되는 오염물들을 즉각 제거해줘야 한다. 이렇게 매일 해야 하는 관리 이외에도 주기적으로 바닥재를 교체하고, 케이지 내의 구조물과 사육장 전체를 세척하거나 소독하는 일 등이 필요하다.

탈피의 징후를 보이고 있는 리본 스네이크

Section 02

사육장 및 사육환경 관리

이번 섹션에서는 뱀을 사육하는 과정에서 수시로 확인해야 할 필요가 있는 사육환경조건들에 대해 살펴보고, 그것들을 정상적으로 유지 관리하기 위해 숙지해야 할 기초사양 관리방법에 대해 알아보도록 한다.

온도 관리

뱀은 포유류와는 달리 내부의 대사과정에서 스스로 열을 만들어내지 못하고 대사에 필요한 열을 외부에 의존하는 외온성 동물이다. 따라서 추우면 따스한 일광욕 지역으로 움직이고, 더우면 서늘한 은신처로 이동하면서 항상 자신의 체온을 활동하기에 최적인 범위로 유지하려는 습성이 있다. 이와 같은 뱀의 행동 메커니즘을 '서머레귤레이션(Thermoregulation, 체온조절)' 이라 하는데, 이러한 행동은 상당히 번거로워 보이지만 변온동물인 뱀의 건강유지에 있어서는 필수적이다. 뱀은 평균적으로 28℃에서 35℃까지의 범위에서 100%의 활동성을 보이며, 20℃에서는 60% 정도로 활동성이 줄어든다.

로지 보아

같은 파충류인 도마뱀은 체온이 내려가면 피부에 있는 색소세포를 확산시켜 복사열을 흡수함으로써 체온을 높인다. 반대로 체온이 너무 올라가면 호흡수를 늘려 입으로 열을 발산시키거나, 색소세포를 응집시켜 열의 흡수를 방지하는 방식을 통해 보다 능동적으로 체온을 조절한다. 그러나 아직까지 뱀에게서 이러한 현상이 나타난다고는 알려져 있지 않다(드물게 몇몇 종에서 관찰되기는 한다).

적절한 온도의 유지는 식욕과 운동량의 증가에 결정적인 영향을 미친다. 자연상태에서 뱀은 대사에 필요한 열을 태양을 통해 직접적으로 얻거나 태양광으로 인한 2차 전도열, 지열, 수온 등에서 얻지만 사육 하에서는 전적으로 사육자가 설치해준 열원으로부터 활동에 필요한 온도를 제공받는다. 이것이 사육장 내에 어떤 형태이건 간에 열원이 반드시 설치돼야 하는 가장 중요한 이유다. 열원은 사육종의 주 서식공간이 어디냐에 따라 사육장의 저면에 설치하기도 하고, 상부에 열등을 설치하기도 하며, 수중에 히터를 설치해 열을 공급하기도 한다. 종에 따라 4~10℃ 정도의 차이는 있을 수 있으나 일반적으로 뱀의 경우에는 20~38℃ 사이로 온도를 설정해준다. 서식하는 지역의 위도나 고도, 주 서식지가 어디냐에 따라 기본적으로 최소한 유지해줘야 할 온도의 영역대가 있으므로 사육대상 종의 서식지와 기본생태를 파악해 적절하게 설정해 주도록 하자.

뱀은 열원으로 데워진 바닥재의 2차 전도열을 이용해 체온을 높인다.

사육 하에서는 보통 낮에는 몇 도, 밤에는 몇 도라는 매뉴얼 상의 수치로 사육장의 온도를 고정시키는 경우가 많은데, 뱀이 필요로 하는 온도가 365일 일정한 것은 아니다. 뱀은 대사활동의 상태에 따라 선호하는 온도대가 조금씩 차이가 나는데, 이것은 서식지역의 계절, 뱀의 나이, 크기, 신체상태(생육, 소화, 질병, 번식, 동면) 등에 따라서도 조금씩 달라진다. 따라서 사육자는 사육장 내의 온도를 고정시켜두고 방치할 것이 아니라, 사육하는 뱀의 현재 상태를 면밀하게 파악해 능동적으로 사육온도를 조절해줄 필요가 있다.

또한, 좀 더 신경을 쓴다면 이렇게 뱀의 대사상태에 따른 온도차를 제공해주는 것 외에도 사육장 내의 공간에 따른 온도차, 낮과 밤에 따른 온도차와 같은 다양한 온도차를 제공해주는 것이 필요하다. 좀 번거롭기는 하지만 뱀을 사육할 때 이렇게 사육장 내에 온도의 편차를 두는 것은 질병이나 스트레스에 대한 저항력을 키우고 체질을 강화하는 데 많은 도움이 된다고 알려져 있기 때문이다. 이렇듯 체계적인 온도 관리를 위해서는 사육장 내에 반드시 언제나 확인이 가능한, 정확한 온도계를 설치해야 한다.

뱀의 경우에는 사육 중의 일광욕이 필수적인 사항은 아니지만, 사육자의 판단에 따라 일광욕을 시키고자 할 때는 외부기온이 25℃ 이상이고 바람이 없는 화창한 날씨를 택하도록 한다. 이때 탈수를 막기 위해 반드시 부분적으로 그늘을 만들어줘야 하며, 몸을 담글 만한 온욕통을 준비하는 것도 잊지 말도록 하자. 무엇보다도 자연광에서 일광욕을 시킬 때는 온도 문제에 더욱 신경을 쓸 필요가 있다. 은신처나 물그릇 같은, 체온을 내려야 할 때 이용할 만한 것을 제공하지 않은 상태에서 일광욕을 시키다가 뱀이 열사병으로 폐사되는 사례가 종종 있기 때문이다. 뱀의 체온이 일정 수준 이상으로 올라가면 뇌와 내부장기에 심각한 손상을 입을 수 있는데, 급격하게 허약해지고 방향감각이 상실되며 움직임이 정상적이지 못하게 된다. 과체온으로 인한 이러한 증상은 탈수증상과 유사하므로 증상 초기에 충분히 물을 먹이고 안정시키면 상태가 호전되기도 한다. 그러나 조금이라도 시간이 지체되면 손을 쓸 사이도 없이 돌연사하게 되므로 일광욕 시에는 뱀의 상태를 항상 주시할 필요가 있다.

습도 관리

필자는 가끔 동남아시아지역의 파충류 번식장을 방문하는데, 그때마다 부럽게 생각했던 것이 있다. 국내에서 볼 수 없는 다양한 종류의 파충류를 볼 수 있다는 것도 그렇지만, 필자를 더욱 부럽게 했던 것은 무엇보다도 그 지역의 온도와 습도조건이었다.

파충류 사육을 업으로 삼고 있는 필자로서는, 파충류를 사육하는 데 있어서 천혜의 조건인 아열대의 온·습도가 그 어떤 것보다도 부러울 수밖에 없었다. 만약 우리나라가 아열대기후였다면 필자는 지금처럼 파충류를 실내의 좁은 사육장에서 기르지 않았을 것이다. 또 만일 우리나라의 기후가 아열대였다면 파충류 사육은 현재보다는 훨씬 더 대중적인 취미활동이 될 수도 있었을 것이다. 파충류 사육에 있어서는 사육 중 온·습도 관리에 필요한 갖가지 기자재들을 구입하는 데 소요되는 비용도 상당하며, 관리하기도 매우 번거롭고 신경 쓰이는 일이기 때문이다.

실제로 부적절한 습도로 인해 기르던 동물을 폐사시키는 경우도 상당히 많다. 다행스럽게도 뱀의 비늘은 체내의 수분손실을 효과적으로 억제해주기 때문에 건조에 상당히 강하다. 그러나 사육장 내의 습도는 뱀의 탈피와 탈수, 호흡기질환 등과 밀접한 관계가 있고, 이러한 요인들은 생존과도 직접적으로 연관되기 때문에 사육장 내의 습도를 적절하게 유지해주는 것은 적정온도를 제공해주는 것만큼이나 중요한 일이다. 사육 하에서의 습도 관리는 작게는 사육장 내의 적정습도를 유지 관리하는 것에서부터 크게는 뱀의 탈수를 방지하고 체내의 수분과 전해질량 균형을 유지하는 것 두 가지를 모두 포함한다.

야생상태에서 뱀은 습도가 다양한 공간을 이동하면서 생활한다. 하지만 사육 하에서 자연상태와 같은 다양한 습도차를 제공해주기는 사실상 불가능에 가깝다. 완전수생성 뱀이 아닌 이상 일반적인 뱀의 사육습도는 30~60% 선이라고 알려져 있으나, 이마저도 사육 중인 뱀의 종, 크기, 현재 상태 등의 조건에 따라 상당한 편차가 있다. 보통 사육장의 습도는 서식지 내에서 뱀이 자거나 휴식을 취하며 대부분의 시간을 보내는 공간(미소서식환경, microhabitat)의 습도를 기준으로 유지해주는 것이 일반적이다.

어찌 보면 뱀 사육에 있어서의 습도조절은 상당히 어려운 것으로 생각되지만, 생물이란 적응력이 있으므로 약간의 습도편차로 인해 순식간에 치명적인 결과가 나타나지는 않는다. 그러나 당장 치명적인 결과가 나타나지는 않더라도 이는 서식장 내에서 '생활하는' 것이 아니라 '견디고' 있는 상황이므로 가급적이면 최적의 습도를 유지해 주도록 노력해야 한다. 과습한 사육환경에서도 감염증의 증가나 수포증 등의 문제가 발생하지만, 사실 습도로 인한 문제는 과습할 때보다 건조할 경우에 훨씬 더 치명적인 결과를 초래한다. 더구나 건조한 사육장에 물그릇마저 설치돼 있지 않다면 더 큰 문제가 된다. 일반적인 뱀들에게 저온저습은 가장 치명적인 환경이다. 장기간 건조한 환경에서 사육하면 신장결석 등의 질환이 나타난다는 연구결과도 있다.

은신처에서 휴식을 취하고 있는 캘리포니아 킹스네이크

사육 중 습도 관리를 위해서는 기본적으로 바닥재를 신중하게 선택해야 한다. 사육장 습도에 가장 큰 영향을 미치는 것이 바닥재이므로 사육종에게 필요한 습도를 제공하는 데 도움이 되는 최적의 바닥재를 선택하는 것은 무엇보다 중요하다. 사막형 뱀 사육장의 바닥재로는 모래를 많이 사용하는데, 너무 고운 입자의 모래는 분진이 많이 발생하므로 적절한 크기의 입자로 된 것을 선택해야 한다. 또한, 습도유지가 용이한 소재의 바닥재는 청결유지가 어려운 경우가 많다. 습도가 높아지면 세균이나 해충의 번식이 활발해지므로 바닥재를 기반으로 습도를 조절할 때는 교체주기에도 신경을 써야 한다. 식물이나 숯 등 자연소재를 이용해 사육장 내의 습도를 조절하는 방법도 고려할 만하다.

사육장 내에 영역별로 온도편차를 두는 것과 마찬가지로 습도의 편차도 제공해주는 것이 좋다. 사육장 내의 은신처 근처는 상대적으로 저온다습하게 하고, 열원이 설치된 일광욕 장소는 고온건조한 환경을 조성해주는 것이 일반적이다. 은신처 부근은 사육하는 종이 가장 선호하는 최적습도대를 유지해주는 것이 좋다. 사육장 내의 습도조절 시에 바닥재가 축축한 상태가 며칠 동안이나 지속될 정도로 바닥에 물이 고여 있게 해서는 안 된다. 부득이하게 이런 상태로 놔두는 경우에는 바닥에서 벗어나 올라가 있을 구조물을 제공해줘야 한다. 습한 바닥재에 오래 있으면 호흡기질환이나 감염의 위험이 증가한다. 주기적인 분무로 사육장 내의 습도를 조절할 때도 바닥이 축축할 정도로 물을 많이 뿌려서는 안 되며, 몇 시간 내에 마를 수 있도록 양을 조절해야 한다. 또한, 분무 후에는 사육장의 온도를 높여 습도가 올라가도록 한다. 습도는 감으로 파악하기가 어렵기 때문에 사육장 내에 반드시 습도계를 설치해 관리해야 한다.

급수 관리

사육장 내에는 뱀이 원할 때 언제나 물을 마실 수 있도록 깨끗한 물이 제공돼야 한다. 또한 완전수생종 뱀의 경우에는 몸을 담그고 있는 사육장 내의 수질이 언제나 청결하게 유지돼야 한다. 사육장 내에 설치된 물그릇은 뱀이 마실 물과 온욕을 할 수 있는 공간을 제공하며, 사육장 내의 습도를 조절하는 역할을 동시에 할 수 있으므로 필수적인 사육비품이라고 할 수 있다. 뱀은 대체로 건조에 강한 생명체이지만 그래도 장기간 집을 비우게 되거나 자연광에 일광욕을 시킬 때, 어린 개체 또는 새로 분양받은 개체라 새로운 환경에 적응해야 할 경우 반드시 물그릇을 제공해야 한다. 그러나 물그릇은 관리가 잘 되지 않으면 사육장 내에서 가장 쉽게 더러워질 수 있는 심각한 오염원이 되기도 하므로 최대한 오염이 덜 되는 곳에 위치시키고, 항상 청결하게 관리해줄 필요가 있다.

대형뱀의 경우 이동과정에서 물그릇을 뒤집는 경우가 많으므로 사육 중인 뱀의 크기를 고려해 엎어지지 않을 정도로 무거운 것을 설치해줘야 한다. 나무 위에 서식하는 뱀은 물그릇에 담긴 물을 섭취하기보다는 젖은 나뭇잎을 핥거나, 잎에서 떨어지는 물방울을 받아 마시는 것을 더 즐기는 종도 있으므로 분무를 통해 급수를 하는 것도 가능하다. 특히 겨울철이나 사육장의 습도가 낮을 때는 수분을 충분히 공급함으로써 전해질균형을 유지해주는 것이 중요하다.

탈피할 때나 사육장 내의 온도가 높을 때 뱀은 물그릇에 들어가 있기를 좋아하고, 배설을 하고자 할 때도 물그릇에 들어가는 개체가 많은 만큼 사육장 내의 물그릇은 항상 청결하게 관리해야 한다. 최근에는 위쪽은 물그릇이고 아래쪽은 은신처인 형태의 제품이 시판되기도 하는데, 이 제품도 꽤 유용하다. 그러나 국내에는 거의 시판되지 않아 구하기는 어렵다. 친하게 지내는 마니아 중에 취미로 도예를 하는 분께서 이러한 형태로 직접 만들어 사용하는 것을 봤는데, 구하기 쉬운 소재로 직접 제작해보는 것도 사육에 있어 의미 있는 일이 될 것이다.

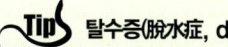 **탈수증(脫水症, dehydration)**

탈수의 의미
사육 중인 뱀의 피부가 건조해지면서 탄력이 없어지고, 평소와는 다르게 눈이 움푹 들어가는 것이 관찰되면 탈수를 의심해볼 수 있다. 이러한 증상과 더불어 피부를 가볍게 꼬집었을 때 즉시 정상상태로 돌아가지 않고 시간이 걸리면 탈수일 가능성이 높다. 탈수는 사육장의 온도가 너무 높아 뱀의 체온이 높은 상태가 장시간 지속될 때, 사육장의 습도가 낮을 때, 물그릇이 설치돼 있으나 남아 있는 물이 신선하지 않아 수분섭취가 어려울 때, 내부장기에 질환이 있을 때 주로 발생한다. 습계 뱀이나 체구가 작은 뱀의 경우에는 발현빈도가 좀 더 높다. 사육환경이 급변하지만 않으면 1주일에 한 번씩만 충분히 물을 마시게 해도 탈수로 뱀을 폐사시키는 경우는 드물다. 탈수로 뱀을 폐사시키는 것은 '물 없이도 잘 사는데 뭘, 귀찮은데 물이야 내일 줘도 되겠지' 하고 생각하는 사육자의 게으름이 원인인 경우가 대부분이다.

탈수의 예방
탈수를 예방하기 위해서는 늘 사육장의 온도와 습도를 주시하고 적절하게 조절해주며, 사육장 내에 항상 신선한 물을 비치하는 것이 최선의 방법이다. 사육장의 습도가 낮더라도 직접적으로 수분을 섭취하는 것으로 탈수는 충분히 예방할 수 있기 때문이다. 또한, 뱀의 수분손실은 주로 호흡을 통해 일어나기 때문에 사육장의 습도를 높여주면 수분손실을 최소화해 탈수를 예방할 수 있다. 당연히 습도가 낮아지는 겨울철에 탈수가 일어나는 빈도가 높기 때문에 겨울철에는 가습기를 가동해주는 것이 예방에 상당한 도움이 된다. 한겨울이라도 가습기를 사용해 습도가 적어도 60%는 유지되도록 해주는 것이 좋다.

탈수의 치료
탈수의 치료는 체내에서 빠져나간 수분을 공급하고, 체액 안의 전해질농도와 분포를 정상상태로 되돌려놓는 것을 의미한다. 따라서 탈수가 의심되면 일단 물을 공급해주는 것이 최우선이다. 그와 동시에 미지근한 물을 분무해주거나, 가습기를 작동해 사육장의 습도를 높여준다. 증상이 가벼울 경우에는 이렇게 해주는 것만으로도 상당한 호전을 보이지만, 심한 경우라면 단순히 물만 공급해주면 전해질 불균형으로 더 위험해질 수 있기 때문에 숙련된 수의사의 치료를 받도록 한다.

사막지역의 뱀도 안개나 이슬을 통해 대사에 필요한 수분을 충분히 공급받는다.

빛 관리

생명체에게 있어 빛은 움직임, 먹이활동, 소화와 같은 일상활동에서부터 번식을 위한 정자와 난자의 형성, 생식선의 발육, 성장 및 면역반응 등에 이르기까지 다방면에 걸쳐 절대적인 영향을 미치는 중요한 생존요인이다. 인공사육 하에서는 사육종에게 적합한 밝기(광도)와 색상(광질)의 빛을 적당한 시간(광주기) 동안 제공해줘야 한다.

■ 광도(光度, light intensity, 명암감각의 강도) : 광도의 관리란 각 생물에게 적합한 밝기의 조명을 설치해주는 것을 의미한다. 사육장의 조명은 사육자의 관상을 목적으로만 설치되는 것이 아니다. 사육하는 종이 주행성인지 야행성인지를 먼저 확인하고, 주행성이라고 해도 일조량이 어느 정도 되는 지역에 서식하는지, 어떠한 생활형태를 보이는지를 고려해 사육장 내 조명의 밝기를 결정한다. 사육하는 종이 선호하는 밝기의 조명을 제공해주지 못하면 활동사이클이 어긋나며 스트레스의 요인이 되는데, 심한 경우 은신처에서 나오기를 싫어하거나 사육장을 이탈하려는 행동을 보인다. 경우에 따라 식욕부진 등의 증상이 나타날 수도 있다.

자연광에서 무지갯빛의 광채가 아름다운 레인보우 보아

■ **광질(光質, light quality, 빛의 파장과 색상)** : 사육장에 조사되는 빛은 광주기에 따라 다른 밝기와 색상으로 조절돼야 한다. 특히 밤 시간에 지속적으로 조사되는 가시광선은 뱀에게 심한 스트레스를 유발하고 면역력을 떨어뜨리게 된다. 야간에 상부열원의 사용이 필요할 경우에는 도자기 소재로 만들어진 세라믹등이나 색유리로 만들어진 야간전용등을 사용하는 것이 좋다.

■ **광주기(光周期, photoperiod, 광 지속시간)** : 광주기 관리란 사육 하의 뱀에게 밤과 낮의 길이를 제공해주는 것인데, 짧게는 하루 중에 사육장을 몇 시간 동안 밝게 유지할 것인가 하는 문제에서부터 길게는 번식을 위해 계절에 따른 밤낮의 길이를 조절해서 제공하는 것까지를 포함한다. 생명체는 빛을 중추신경계로 전달해 24시간을 주기로 신체의 여러 기능을 조절하는데, 사육 하에서는 성장이나 면역, 번식에 있어서 특히 광주기를 조절해주는 것이 무엇보다도 중요하다. 온·습도와 연계해 조절하면 사육자가 계획하는 만큼의 성장을 도모하거나 외상을 치료할 때, 혹은 번식을 유도할 때 실제적으로 유용하게 이용할 수 있다.

사육 하에서는 성장이나 면역, 번식에 있어서 특히 광주기를 조절해주는 것이 무엇보다도 중요하다.

그 중요성에도 불구하고 일반적인 취미사육자들은 그다지 많은 신경을 쓰지 않는 부분이기도 하지만, 전문적인 번식가나 멸종위기종의 성공적인 증양식을 위해서는 간과해서는 안 될 부분이기도 하다. 이처럼 사육장에 광주기를 제공해주기 위해서는 타이머를 사용하는 것이 좋은데, 이와 더불어 사육장 전면에 빛이 투과되지 않는 암막을 설치하는 것도 추천할 만하다. 주거공간과 분리된 별도의 사육공간이 없는 이상 대부분의 사육장은 사육자의 생활공간에 설치되는 것이 보통인데, 그렇게 되면 조명이나 열등의 조절만으로는 효과적인 광주기 조절이 어려운 경우가 많기 때문이다.

환기 관리

사육과정에서 사육장의 온·습도 관리만큼이나 사육장 내의 공기를 항상 청결하게 관리하는 것 역시 중요한 일이다. 특히 환기가 충분하지 않은 랙 시스템에서는 그 중요성이 더욱 크다고 할 수 있다. 사육장의 공기가 오염되는 원인은 과밀사육, 분진이 많이 발생하는 소재로 된 바닥재 사용, 베딩과 배설물의 부패 등이다. 간혹 뱀이 소화시키지 못하고 토한 먹이라든지 합사 중에 폐사한 개체로 인해 발생하기도 하지만, 뱀 사육장에 발생하는 악취의 원인은 대부분의 경우 배설물로 인한 것이다.

사육장 바닥재를 교체할 때 100% 교체하지 않고 배설물과 그 근처만을 제거해 배설물이 일부 남아 있을 때, 이렇게 청소되지 않은 사육장에서 뱀이 이동하면서 물그릇의 물을 엎질렀을 때 냄새가 더 심해진다. 청결하지 못한 사육환경에서는 이런 유기물들이 부패하면서 암모니아가 발생하게 되는데, 이러한 상태에서 환기설비가 제대로 설치돼 있지 않거나 직접 환기를 자주 시켜주지 않으면 환기불량으로 인해 거식과 성장 둔화, 호흡기질환을 포함한 각종 질병에 걸리게 된다. 아울러 사육환경불량에 따른 스트레스로 인해 질병에 대한 저항력이 떨어짐으로써 질병에 쉽게 감염되고 치료도 어렵게 된다.

기본적으로 현재 시판되고 있는 파충류 전용 사육장은 환기가 원활하도록 상부

윗부분이 철망으로 처리된 파충류 전용 사육장

고온다습한 지역에 서식하는 대형종을 사육하는 경우에는 환기에 더욱 신경을 써야 한다.

나 측면이 철망으로 처리돼 있는 형태가 많기 때문에 사육자가 환기의 중요성에 대해 가볍게 생각하고 크게 신경 쓰지 않는 경우가 많은 것이 사실이다. 이렇게 기성품 사육장을 사용하고 있다면 환기보다는 사육장의 온도유지에 더 관심을 기울이는 것이 맞다. 그러나 이전까지 제작된 MDF나 포맥스 사육장 등은 환기구멍이 충분히 뚫려 있지 않은 경우가 종종 있어 사육장 안의 뱀에게 여러 가지 문제가 생기는 경우가 많았다.

환기는 사육장의 온도균형을 유지하고, 암모니아 가스를 배출하고 산소를 공급하는 것 외에도, 습기나 세균 및 곰팡이균을 제거하고 먼지를 배출해 사육대상 종의 건강을 유지하는 데 중요한 역할을 한다. 따라서 사육장을 새로 제작할 경우에는 환기문제를 잘 고려해 제작하는 것이 좋고, 현재 환기구멍이 충분히 뚫려 있지 않은 사육장을 사용하고 있다면 뱀이 탈출할 수 없는 선에서 사육장을 조금 손볼 것을 추천한다. 사육장의 개조가 어렵거나, 랙 시스템을 사용하고 있는 경우처럼 환기가 원활하지 않을 경우에는 청소가 가장 좋은 대안이다. 바닥재를 수시로 교체하고, 사육기자재를 소독하는 횟수를 늘리는 등의 방법을 통해 환기불량으로 인한 여러 가지 질병을 예방할 수 있다.

환기를 위해 부식이 되지 않는 소재인 알루미늄 혹은 플라스틱 망을 설치하거나 구멍을 뚫을 때는, 탈출을 방지할 수 있도록 구멍의 크기가 지나치게 커서는 안 된다. 사육하는 뱀의 굵기를 고려해 적당한 구멍의 크기를 결정하도록 한다. 좀 더 능동적인 환기를 위해서 팬을 설치하기도 하는데, PC용 팬과 직류어댑터로 자작하기도 하지만 열대어 수조에 사용되는 소형 팬들이 시판되고 있으므로 이것을 구입해 응용하는 것도 고려해볼 만하다.

사육장 환기 관리 시에는 추가적으로 사육장 내 습도유지에 신경을 써야 한다.

환기를 위해 플라스틱 통에 구멍을 뚫을 때는 드릴이나 인두를 사용하면 된다. 이때 가급적 안쪽에서 바깥쪽으로 구멍을 내도록 하고, 뱀이 머리나 몸을 비벼 상처가 날 수도 있으므로 뚫은 부분을 날카롭지 않게 잘 마무리할 필요가 있다. 랙 시스템에서 사육하는 경우 환기 관리는 특히 더 중요한 사항이다. 랙의 구조상 환기가 원활하게 이뤄지지 않기 때문에 배설을 하게 되면 사육통 내의 암모니아농도가 급상승하게 되므로 배설을 확인한 즉시 신속하게 청소해주는 것이 필요하다.

사육장을 자작하는 경우에는 위의 내용처럼 효율적인 환기에 대한 고민을 별도로 하게 되지만, 시판되는 파충류 전용장을 이용하는 경우에는 조금 다른 고민을 해야 한다. 기성품 사육장은 대부분 위쪽으로 철망 처리가 돼 있기 때문에 환기가 문제가 되는 경우는 없다. 하지만 환기는 필수적으로 사육장 내의 수분손실과 관련이 있으므로 추가적으로 사육장의 습도유지를 위한 노력이 있어야 한다.

질병을 예방할 수 있는 사양 관리법

앞서 언급했듯이 뱀의 질병은 예방이 최선이다. 여기서는 밖으로 드러나지 않는 여러 가지 이상증상들을 예방할 수 있는 온욕과 구충에 대해 알아보고, 그에 덧붙여 질병의 징후를 초기에 포착하기 위한 방법으로서의 핸들링의 중요성에 대해 알아보도록 하자. 이 세 가지만 정기적으로 실시하더라도 사육 중에 발생할 수 있는 상당수의 질병들을 미리 예방할 수 있다.

■ **핸들링** : 뱀은 핸들링을 그리 즐기지 않는 동물이고 사육 중의 과도한 핸들링은 권장되지 않지만, 그렇다고 해서 사육하면서 핸들링을 전혀 하지 않는 것은 문제가 있다. 가끔씩 사육장에서 꺼내 건강상태를 꼼꼼히 확인해보는 시간을 가지는 것은 사육과정에 있어서 반드시 필요한 일이고, 권장할 만한 일이다. 보통은 온욕을 시킬 때 전체적인 건강상태를 확인하지만, 온욕을 자주 시키지 않는다면 온욕과는 별도로 건강상태를 확인하기 위한 핸들링이 필요하다. 사육장 내의 뱀은 배가 고프지 않은 이상 거의 하루 종일 은신처나 구석진 곳에 똬리를 틀고 있는 편인데, 이렇게 늘 같은 행동을 보이다 보니 사육자들도 시간이 지나면서 뱀을 잘 만지지 않게 되는 경우가 많다.

그러나 사육장 밖에서 눈으로 잠시 확인하는 것만으로는 뱀의 현재 건강상태를 제대로 확인하기가 어렵다. 특히 항상 땅에 닿아 있는 배 부분의 문제는 뱀을 들어 올리지 않고서는 알아차리기가 쉽지 않다. 더구나 본능적으로 자신이 약해진 것은 숨기는 야생동물의 특성 때문에 직접적으로 확인해보지 않으면 심각한 질병증상을 너무 늦게 알아차리게 되는 경우가 많다. 따라서 사육자의 즐거움을 위해서가 아니라 건강상태를 확인하기 위한 핸들링은 정기적으로 실시하는 것이 좋다.

■ **구충** : 인공번식개체를 분양받은 사람이라면 사실 구충에 대해서는 깊이 생각하지 않는 것이 보통이다. 그리고 시중에서 일반적으로 분양되는 인공번식된 개체들에게 있어 내부기생충감염의 위험성은 야생채집개체에 비해 현저하게 낮은 것 또한 사실이다. 애완뱀 가운데 구충을 필요로 하는 경우는 감염의 가능성이 높은, 야생에서 채집된 일부 수입개체와 인공번식개체 중에서도 기생충감염으로 의심될 만한 징후를 보일 때 정도다.

핸들링 전후에는 반드시 손을 깨끗이 씻도록 하자.

Tip 구충

기본구충방법

- 메트로니다졸(metronidazole) : 원생동물과 혐기성 세균 감염증, 아메바증 치료용으로 사용된다. 40mg/kg의 용량으로 투여하고, 2주 간격으로 3회(1년에 2번) 실시한다. 메트로니다졸은 예전에는 어렵지 않게 구할 수 있었으나 의약분업 이후에는 처방전이 있어야만 구할 수 있는 약품이 됐다.

- 펜벤다졸(fenbendazole)/플루벤다졸(flubendazole)/알벤다졸(albendazole) : 카필라리아와 선충류, 내부기생충 구제에 사용되며 연 2회 정도 실시한다. 50~100mg/kg의 용량으로 24시간 간격으로 3~5일 투여하고, 기생충의 번식사이클을 감안해 2주 후 다시 한 번 실시한다. 일반적으로 많이 사용하는 구충제로 처방전 없이도 시중 약국에서 어렵지 않게 구할 수 있다.

구충 시 주의할 점

구충을 실시할 때는 정확한 용량을 지키는 것이 무엇보다 중요하다. 너무 적은 양을 투여하면 내성이 생겨 다음에 구충할 때 효과가 나타나지 않을 수 있고, 반대로 과다 투여하면 구토와 설사, 심한 경우 폐사에 이르는 등의 부작용이 나타날 수 있기 때문이다. 장내에 기생충이 많을 때 구충제를 과다 투여하면 기생충이 동시에 사멸해 뭉쳐지면서 장을 막는 경우도 있다. 이럴 경우 장폐색(intestinal obstruction)으로 폐사할 가능성도 있다.

실제로 구충을 실시할 때는 위의 기본구충방법에서 언급한 대로 뱀의 체중 kg당 투여량만 계산해 일률적으로 투여하는 것이 아니다. 구충 대상 개체의 크기, 나이, 현재의 상태, 분변검사로 확인된 기생충의 종류와 양을 기준으로 사용할 구충제의 종류를 고려하고, 거기에 그동안의 수의사의 진료경험 등이 합쳐져서 전체적인 투여량이 결정된다. 또한, 이와 더불어 개체에 따른 과민증의 위험성까지 고려해 안전한 투여용량을 결정하는 것은 상당히 어려운 일이므로 가급적이면 전문적인 지식이 있는 수의사를 찾아 정확한 진단과 처방을 받기 바란다. 구충제를 투여한 뒤에는 뱀의 체내에서 약 성분이 충분히 활성화되도록 사육장을 따뜻하게 해줘야 한다.

사육 하에서 감염원이 발생하는 경우는 감염된 먹이를 급여했을 때나 자연상태의 쥐 또는 개구리 등의 채집먹이를 급여했을 때 등인데, 이처럼 생먹이를 먹이는 경우와 사육환경이 불결할 경우에는 구충을 실시하는 것이 좋다. 만일 구충하고자 하는 개체가 태어난 지 얼마 안 된 해츨링이라면, 어느 정도 성장해서 약에 대한 내성과 면역력이 갖춰진 이후에 구충을 실시하는 것이 안전하다.

■**온욕(soaking)** : 자연상태에서 뱀은 별도로 온욕이라는 것을 하지는 않는다. 하지만 사육 하에서는 인공사육으로 발생할 수 있는 여러 가지 문제점들을 예방하고 해소해주기 위해서 주기적인 온욕이 필요하다. 그뿐만 아니라 온욕을 시키면서 뱀을 사육장에서 꺼내 전체적으로 자세하게 관찰할 수 있으며, 건강상태나 성장의 정도 등을 직접 확인할 수 있으므로 온욕은 뱀의 사육에 있어 아주 중요한 활동이라고 할 수 있다.

온욕을 목적으로 강제로 사육장 밖으로 뱀을 꺼내는 것보다는, 사육장 내에 뱀의 몸이 완전히 들어갈 수 있는 적당한 크기의 물그릇을 설치해 뱀이 원할 때 자연스럽게 스스로 입수할 수 있도록 하는 것이 가장 좋다. 하지만 그렇게 하기에는 상당한 관심과 수고가 필요하므로 보통은 별도의 온욕통에서 실시하는 경우가 많다. 온욕을 위해서는 우선 덮개가 있고 바닥이 평평한 용기에 26~28℃ 정도의 온수를 적당히 담는다. 온욕통 물의 온도는 온욕시간 내내 일정하게 유지되도록 하는 것이 좋으므로 온도계를 옆에 두고 수온이 너무 떨어지지는 않는지 체크하도록 하자. 겨울철에는 차가워진 물에 장시간 방치할 경우 호흡기질환이 생길 수도 있으므로 더욱 신경 써야 한다.

온욕시간은 그 목적이나 개체의 크기 및 상태에 따라 차이가 있을 수 있는데, 30분 내외로 실시하는 것이 보통이지만 외부기생충 구제를 위해서는 10시간 이상 지속하기도 한다. 물을 마시고 배설을 했는지 확인하고, 온욕 중간에 배설했을 경우 바로 물을 교체해준다. 가급적이면 개체별로 별도의 공간에서 온욕을 시키는 것이 좋으며, 같은 용기를 사용할 경우에는 혹시 모를 질병의 전염을 막기 위해 확실하게 소독한 뒤 사용한다. 온욕은 대사활동을 활성화시키므로 어린 개체의 경우는 성체보다 좀 더 자주 실시하는 것이 좋다. 그러나 너무 어린 개체나 약한 개체, 질병이 있는 개체, 장시간에 걸쳐 이송돼온 개체 등은 오히려 역효과가 날 수 있으므로 개체의 상태를 감안해 적절하게 실시한다.

온욕을 마치고 난 다음에는 호흡기질환을 예방하기 위해 빠른 시간 내에 뱀을 말려주고, 안정된 사육공간으로 옮겨주도록 한다. 또한, 체온유지를 위해 사육장의 온도를 조금 높여줘야 한다. 온욕은 수분을 보급하고, 장운동 활성화로 배설을 촉진(부가적으로 결석을 예방한다)하며, 신진대사를 높여 체온을 상승시킬 뿐만 아니라 혈액순환촉진, 운동부족의 해소, 마이트나 틱 등 외부기생충의 구제와 감염성 질병의 예방, 번식행동 유발 촉진, 오염제거 등 여러 가지 긍정적인 효과가 있다.

주기적인 온욕은 파충류인 뱀에게 매우 유익하다.

Section 03

먹이의 급여와 영양관리

이번 섹션에서는 사육과정에서 필수적인 먹이의 급여와 영양관리방법에 대해 알아보도록 하자. 사육 중인 뱀에게 양질의 먹이를 충분히 급여하는 것은 개체의 성장과 번식 그리고 질병의 예방 등과 밀접하게 관련돼 있다.

뱀의 포식 특성의 장단점

동물은 체온을 조절하는 데 있어서 체내의 대사과정에서 발생한 열을 이용해 내온성 조절(endothermic regulation)을 하는 항온동물(homeotherm)과 외부(주변 환경)의 열을 이용해 외온성 조절(ectothermic regulation)을 하는 변온동물(poikilotherm)로 크게 나뉜다. 뱀은 대사에 필요한 열을 태양이나 2차 전도열과 같은 외부요인에 전적으로 의존해야만 하는 변온동물이다. 변온동물은 모든 활동이 대기온도에 의해 제한을 받는다는 치명적인 단점을 지니고 있지만, 반대로 체온을 유지하는 데 에너지를 낭비하지 않아도 되며, 기본대사를 유지하기 위해 필요한 에너지요구량 역시 항온동물보다는 현저하

인공번식된 흰쥐는 애완뱀의 대표적인 먹이다.

게 낮다는 엄청난 장점도 가지고 있다. 이는 곧 한번 먹은 먹이로 오랜 시간을 버틸 수 있다는 의미이며, 사육 하에서는 먹이급여의 횟수가 빈번하지 않아도 된다는 의미이기도 하다. 뱀은 적은 먹이로도 장기간 생존이 가능한 변온동물이면서 100% 동물성 먹이만을 섭취하고, 사냥한 먹이를 자르거나 씹지 않고 통째로 삼킨다는 특징을 가지고 있다. 이러한 뱀의 포식 특성들이 사육 하의 먹이급여에 있어서는 어떠한 요인으로 작용하는지에 대해 간략하게 알아보도록 하자.

■**대사가 느리다** : 변온동물인 뱀은 대사량이 일반 포유류의 25~35% 정도밖에 안 될 정도로 대사가 아주 느린 동물이다. 대사가 느리다는 것은 체내의 에너지가 서서히 감소한다는 의미이며, 동일한 양의 먹이를 섭취했을 때 보다 오랜 시간을 견딜 수 있다는 뜻이다. 대사는 식이와 포식 습성에 의해 영향을 받는데, 먹이를 앉아서 기다리는(sit&wait) 종의 대사는 매복해 먹이가 가까이 올 때까지 기다리는 행동으로 인해 극히 낮으며, 먹이를 능동적으로 찾아 이동하는(seek&hunt) 종은 앉아서 먹이를 기다리는 종에 비해 상대적으로 높은 대사율을 보인다. 그러나 그마저도 비슷한 크기의 온혈동물에 비하면 극히 낮으며, 주변온도가 낮아질수록 대사율은 더욱 감소한다. 매일같이 먹이를 챙겨주기란 보기보다 어렵고 번거로운 일인데, 뱀의 경우에는 이러한 대사 특성으로 인해 먹이를 챙겨줘야 하는 데서 오는 스트레스가 없으며, 짧게는 며칠에서 길게는 몇 달씩 먹이급여에 대한 걱정 없이 집을 비우는 것도 가능하다.

■**100% 육식성이다** : 최근 들어 여러 미디어 매체를 통해 애완용 파충류를 기르는 사람들의 이야기가 소개되고, 그로 인해 일반인들이 애완용 파충류에 대해 조금씩 관심을 가지게 되면서 여러 종류의 파충류 사육에 도전을 하고 있는 추세이지만, 그럼에도 불구하고 아직까지 뱀 사육은 그다지 대중적인 취미활동은 아니다. 거북이나 도마뱀 등 다른 종류들은 그나마 조금씩이라도 사육인구가 증가하고 있는 추세이지만, 뱀만은 여전히 파충류 중에서도 마니아틱한 분야로 남아 있다. 이는 일반인들뿐만 아니라 파충류 동호인들 사이에서도 마찬가지다. 이처럼 이전과는 달리 뱀이라는 동물 자체에 대한 거부감이 조금씩이나마 완화돼가고 있고, 예상외로 많은 사람들이 뱀이라는 동물에 대한 매력을 인지하고 있음에도 불구하고 여전히 뱀 사육에 도전하기를 꺼리게 되는 가장 큰 이유는 무엇일까?

뱀은 완전한 육식동물이기 때문에 먹이급여에 대한 부담감으로 인해 사육을 꺼리는 경우가 많다.

뱀에 대한 근본적인 혐오감과 두려움, 애완뱀 입수의 어려움, 사육설비 구입비용의 부담, 사육기술의 미확립과 숙련의 어려움 그리고 다른 사람의 불편한 시선 등에 이르기까지, 호기심은 있으되 사육을 선뜻 결심하지 못하게 하는 여러 가지 다양한 이유들이 있다. 그 중에서도 가장 큰 이유를 꼽으라면 아무래도 일반적인 다른 애완동물과는 달리 먹이가 되는 동물을 그 형태 그대로 통째로(예를 들면 쥐) 급여해야 한다는 사실 때문이 아닐까 생각한다. 일반인들에게 뱀은 존재 자체만으로도 거부감을 불러일으키지만, 그런 뱀의 먹잇감이 되는 쥐 역시도 뱀에 버금갈 정도로 거부감을 주는 동물이기 때문이다.

더구나 '뱀은 살아 있는 먹이만 먹는다' 는 말이 일반인들 사이에 널리 퍼져 있어 그 역시도 뱀 사육을 꺼리는 큰 이유가 되는 것 같다. 당연한 이야기지만 먹잇감을 살아 있는 채로 사육장에 던져 넣어야 한다는 사실은 사육자에게 상당한 부담이 아닐 수 없다. 웬만큼 강심장인 일반인들도 살아 있는 쥐를 뱀에게 먹이로 주기는 쉽지 않을 테니까 말이다. 그러나 실제로 뱀을 사육하는 많은 사람들은 살아 있는 생먹이보다는 냉동된 먹이를 구입해 보관했다가 필요할 때마다 해동해 급여한다. 하지만 이 경우 먹이급여를 위해 냉동된 쥐를 미지근한 물에 넣어 녹이는 행동 역시 그다지 유쾌한 일은 아니다.

어쨌거나 이처럼 한 생명을 살리기 위해 다른 생명의 희생이 필요하다는 것은 뱀을 사육하는 데 있어서 사육자들이 겪는 가장 큰 딜레마다. 현재 애완동물로 분양되고 있는 모든 종의 인공사료가 시판되고 있고, 이러한 사실은 해당 종의 사육인구 확대에 엄청난 기여를 하고 있다. 따라서 개인적인 생각으로는 기호성이 뛰어난 전용 인공사료가 개발된다면 앞으로 뱀 사육의 대중화 역시 상당히 진전될 것이라 생각한다.

■**먹이를 통째로 삼킨다** : 애완동물 사육의 용이성이라는 측면에서 살펴본다면, 위와 같은 뱀의 독특한 포식 특성은 오히려 관리를 매우 쉽게 하는 유리한 조건이 될 수도 있다. 100% 육식성 먹이를 섭취한다는 점과, 먹이의 특정 부위를 섭취하는 것이 아니라 완벽하게 통째로 삼킨다는 특징 덕분에 영양관리 면에서 다른 파충류에 비해 상당히 간단한 편이기 때문이다. 뱀은 통째로 삼킨 먹이를 거의 70~95%까지 소화시킨다.

물고기를 통째로 삼키고 있는 모습

일반적인 뱀 먹이 성분표

	단백질(mg)	지방(g)	탄수화물(mg)	수분(mg)
마우스 핑키(털 안 난 어린쥐)	57	40	3	81
마우스 호퍼(털 나고 눈 뜬 어린쥐)	29	69	2	71
마우스 성체	48	57	5	64
랫 성체	55	43	2	66
병아리	52	44	4	73
닭(중간 크기)	47	49	4	66

(100g당 성분표, 농촌진흥청 식품영양기능성정보 참고)

뱀은 먹이의 살과 뼈뿐만 아니라 털, 외피, 내장까지 모두 섭취함으로써 먹잇감이 되는 동물들이 가지고 있는 단백질을 비롯해 비타민, 효소, 미네랄 등 각종 전구물질을 직접적으로 흡수하게 된다. 따라서 초식성 파충류의 사육에 있어 사육자의 골치를 아프게 하는 복잡한 칼슘섭취과정도 이해할 필요가 없으며, 불균형적인 영양공급으로 인한 건강상의 문제도 거의 발생하는 일이 없다. 한 가지 더 좋은 점은 먹이를 통째로 삼키기 때문에 먹다 남긴 찌꺼기로 인해 사육장이 지저분해지거나 오염되는 일도 없다는 사실이다. 이 역시도 사육이라는 관점에서 보면 매우 긍정적인 요인이 될 수 있다.

뱀 먹이의 종류

사육 하에서 먹이급여의 기본은 영양가 있는 '충분한 양' 의 음식을 '각 동물의 포식 시간대와 일치하는 시간대' 에 '적당한 횟수' 로 제공하는 것이다. 변온동물이라는 뱀의 특징까지 고려한다면, 여기에 덧붙여 '소화시키기에 적당한 온도대에 급여' 하는 것이 중요하다.

■**생먹이** : 동물 사육에 있어서 먹이급여의 공통된 법칙은 최대한 여러 가지 종류의 먹이를 제공하는 것이다. 자연상태에서 뱀이 포식하는 먹이는 서식환경, 종, 개체의 크기 등의 조건에 따라 매우 다양하지만 실제로 사육 하에서는 자연상태에서처럼 다양한 먹이를 급여하기가 쉽지 않다. 따라서 사육 중에는 보통 어류는 난태생 송사리류나 미꾸라지, 금붕어, 조류는 십자매나 새 정도 그리고 거의 마우스나 랫 혹은 토끼와 같은 소형포유류 정도를 급여하는 것이 일반적이다. 당연한 것이겠지만 직접 채집한 야생동물은 기생충성 질병 감염의 위험이 있으므로 가급적 먹이지 않도록 한다.

> **Tip 뱀의 먹이가 되는 생물들**
>
> - **갑각류** : 수생성 뱀은 게, 가재 등을 먹는다.
> - **연체동물** : 지하성 뱀이나 어린 육상뱀은 지렁이, 달팽이를 먹는다.
> - **물고기** : 엘리펀트 트렁크 스네이크 등 완전수생성이나 가터, 리본 등 수서성 뱀이 먹는다.
> - **양서류** : 물가에서 주로 서식하는 종은 개구리를 주로 먹으며, 어류와 양서류를 고루 먹는다.
> - **도마뱀, 뱀** : 땅이나 나무 위에 주로 서식하는 종인 킹스네이크, 킹코브라와 같은 일부 종은 다른 뱀을 주로 먹는다.
> - **포유류** : 뱀의 일반적인 먹이로서 작은 설치류부터 돼지, 사슴, 캥거루까지 다양하다.
> - **조류** : 지상성 뱀도 선호하나 수상성 뱀이 더 선호하는 먹이다.

종에 따라 특정 먹이에 집착하는 경향이 없지는 않으나, 생물은 적응력이 있기 때문에 어지간하면 사육자가 수급 가능한 먹이에 적응시킬 수 있다. 간혹 먹이를 구하지 못할 경우 돼지고기나 소고기, 바다 생선, 소시지 등을 급여하는 경우도 있으나 뱀은 어느 정도 굶더라도 건강에 크게 영향을 받지 않으므로 적합하지 않은 먹이를 조급하게 급여할 필요는 없다.

먹이는 신선도나 영양적인 면에서 생먹이가 더 좋지만, 뱀의 안전과 사육자의 편의를 고려하면 냉동먹이를 급여하는 것도 나름의 장점이 있다. 생먹이라고 해서 먹이동물을 살아 있는 채로 급여하는 것은 아니며, 가장 좋은 방법은 먹잇감을 기절시키거나 반항하지 못하도록 제압해 급여하는 것이다. 그러나 급여방법이 숙달되지 않았거나, 뱀이 사냥에 미숙하면 먹잇감이 뱀을 해치게 되는 경우가 있으므로 초보사육자라면 냉동먹이를 구입해 보관했다가 필요할 때마다 해동해 급여하도록 한다.

■**인공사료** : 앞서 언급했다시피 개인적으로는 한국 애완파충류시장을 확대시키기 위해서는 각 종에 적합한 인공사료의 개발이 급선무이자 최선의 방법이라고 생각한다. 아직 국내에서는 볼 수 없지만, 파충류 사육의 역사가 오래된 외국에서는 뱀을 위한 인공사료가 생산되고 있다. 뱀 전용 인공사료는 동물성 먹이를 분쇄해 속을 채운 소시지 형태가 일반적인데, 만일 국내에도 시판된다면 국내 애완파충류시장의 확대에 상당히 긍정적인 효과를 가져올 수 있으리라 생각한다. 필자에게 뱀을 기르고 싶다고 이야기하는 사람이 많지만, 그런 사람들에게 먹이로 쥐를 줘야 한다든가 먹이용 쥐를 냉동고에 보관해야 한다는 이야기를 하면 사육을 포기하는 경우가 많기 때문이다.

또한, 개인적으로 사육하는 경우가 아니라 동물원이나 전시장에서 사육하는 경우에도 인공사료에 적응시킨다면 사양 관리에 있어서 여러 가지로 편의를 도모할 수 있을 것이다. 냉동먹이가 아닌 이상 사실 뱀을 관리하는 것보다는 먹잇감이 되는 동물의 관리에 손이 더 많이 가기 때문이다. 인공사료의 제조가 가능해지면 매번 생먹이의 구입과 보관에 세세하게 신경을 쓰지 않고 편리하게 이용할 수 있으며, 천연사료에 비해 저렴하게 조제가 가능하다는 장점이 있다.

보통 인공사료는 각종 영양소를 주재료로 하고, 거기에 사육대상 종에게 필요한 영양성분을 첨가한 후 수분함량이 약 10% 미만인 건조사료 형태로 제조하는 것이 가장 일반적이다. 그러나 뱀에게 급여되는 인공사료의 경우에는 먹이원을 통째로 갈아 식용이 가능한 외피에 충전한 소시지 형태로 제조하는 것이 일반적이다. 적정한 장비와 약간의 수고로움만 감수한다면 파충류용 인공사료의 생산은 그다지 어려운 일은 아니다. 인공사료의 문제는 제작방법이 아니라 먹이붙임이 가능한지 여부가 불확실하다는 데 있다. 일반적인 경우 인공사료에 대한 기호성은 생먹이보다 상당히 떨어지는 것이 사실이며, 특히 WC개체나 생먹이를 선호하는 경향이 강한 개체들은 영원히 적응이 안 될 수도 있기 때문이다. 따라서 어떻게 하면 생소한 먹잇감에 적응시켜 먹이로 인식하도록 할 것인가가 인공사료 급여의 관건이라고 할 수 있다.

필자도 뱀을 상당히 많이 사육하고 있기 때문에 인공사료 제조에 많은 관심을 가지고 있고, 실제로 다양한 방법으로 제조해본 적도 있다. 여러 번의 시행착오를 거치기도 했지만 나름대로 내린 결론은 어떤 형태이건 애완뱀의 대중화에 있어 인공사료는 반드시 필요하다는 사실과, 적절한 설비만 준비되면 충분히 제조도 가능하며, 제조배합과 가공법에 따라 사육개체의 성장률까지도 상당 부분 조절이 가능하다는 것이다.

그러나 개인적으로 한두 마리를 사육하는 입장에서 인공사료의 제조까지 관심을 가지고 시도하기에는 여러 모로 어려움이 있다. 따라서 인공사료의 제조는 전문적인 먹이공급업체에서 시도하는 것이 가장 좋다고 생각하며, 파충류를 대규모로 사육하는 곳에서는 인공사료를 자가생산할 수 있는 설비를 갖추는 것도 괜찮다고 생각한다. 그러나 어느 것이나 100% 장점만 있는 것은 없듯이 인공사료의 경우 보관이

뱀 전용 인공사료는 소시지 형태로 제작되는 것이 일반적이다.

> **Tip** 것로딩 (Gut-loading)
>
> 먹잇감을 급여하기 전이나 냉동시키기 전에 반드시 필요한 것이 '것로딩(Gut-loading)'이다. 것로딩은 뱀에게 생먹이를 급여할 경우 먹이가 되는 생물에게 영양이 있는 양질의 먹이를 급여한 뒤, 그 영양분이 충분히 먹이의 체내에 흡수된 다음 급여해 영양이 그대로 뱀에게 전달되도록 하는 것을 말한다. 육안으로 확인해 먹이동물의 건강상태가 양호하다면 구입해온 뒤에 그냥 먹여도 좋지만 시간적, 공간적인 여유가 있다면 며칠간 영양을 충분히 공급한 이후에 급여하는 것이 좋다.
>
> 먹이용 쥐에게 것로딩용 사료를 먹이고 그것을 바로 뱀에게 급여하는 것이 아니라, 것로딩 사료 급여후 24~48시간이 지난 뒤 먹여야 효과적이다. 또한 것로딩을 마친 먹잇감을 냉동 보관할 경우에도 마찬가지로 영양이 흡수될 수 있도록 충분한 시간을 가진 뒤에 냉동 보관하는 것이 좋다. 것로딩을 위한 사료는 손쉽게 조달할 수 있는 재료들을 혼합해 스스로 조제해도 되고, 그것이 번거롭다면 시판되는 것로딩용 사료를 사용하면 도움이 될 것이다.
>
> 것로딩은 사육하고 있는 뱀에게 보다 더 질 좋은 영양을 공급하기 위해 사용하는 방법으로 약간은 번거로운 과정이기도 하고, 즉각적인 효과를 기대하기도 어려워 사육에 있어 그 중요성이 많이 간과되고는 있지만 꾸준히 좋은 영양소를 공급하면 뱀의 건강유지와 성장에 많은 도움이 된다는 것은 부인할 수 없는 사실이다.

용이하다는 장점이 있지만, 가공과정에서 생먹이가 포함하고 있는 유익한 영양분이 손실될 수 있고 또 일부 개체의 경우 기호성이 떨어질 수 있다는 단점도 있다.

■냉동사료 : 대부분의 사육자들은 관리의 번거로움 때문에 냉동해 사용하는 것을 선호한다. 냉동된 생먹이의 경우는 살아 있는 상태보다 보관이 용이하고, 냉동되는 과정에서 세포벽이 파괴되기 때문에 녹여서 급여했을 때 얼리기 전의 상태보다 소화흡수가 잘 된다는 장점이 있다. 또 한 달 이상 냉동상태를 유지했다면 내·외부기생충의 구제효과까지 기대할 수 있다. 그러나 지나치게 오랫동안 냉동 보관한 먹이를 급여하는 것은 좋지 않다.

■영양제 : 파충류를 위한 영양제는 국내에도 다양하게 구비돼 있다. 하지만 파충류 공용이라고는 하나 대부분 도마뱀 혹은 거북을 위한 것이고, 뱀에게는 그다지 사용되지 않는다. 이는 먹이를 통째로 먹는 특유의 포식 행동과 관계가 있는데, 뱀은 육식을 하는데다 먹이의 뼈, 내부장기까지 한꺼번에 섭취하므로 미량원소의 결핍 같은 증상이 나타나는 빈도가 다른 파충류에 비해 현저하게 낮기 때문이다. 칼슘제는 거의 사용되지 않으며, 간혹 냉동먹이만 지속적으로 급여하는 뱀에게 비타민제가 사용되는 경우도 있으나 그 역시도 흔한 일은 아니다.

뱀의 먹이사냥법(독과 감아 조르기)

뱀이 먹이를 사냥하는 방법은 종에 따라 다르며, 그 차이를 구분하는 가장 큰 요인은 독(毒)을 가지고 있느냐 그렇지 않느냐 하는 것이다. 일반적으로 잘 알려져 있듯이 독이 없는 뱀의 경우에는 대체로 강한 힘으로 먹잇감을 조여 질식시키는 방법으로 제압하고, 독이 있는 뱀은 독니로 먹잇감에 독을 주입해 사냥하는 방법을 취한다. 하지만 모든 종류의 뱀이 이와 같은 방법으로 사냥을 하는 것은 아니다. 먹이를 잘 감지 못하고 몸통으로 강하게 눌러 바닥이나 벽면에 밀어 붙여 제압하는 종도 있고, 아주 작은 뱀의 경우에는 그냥 먹이를 물어서 제압하기도 한다.

외국에서는 애완으로 독사를 사육하기도 하지만, 국내에서는 개인적인 애완목적의 독사 사육이 허가되지 않고 있어 독사에 대해서는 본서에서 다룰 필요가 없어 보이나, 직업상 독 있는 뱀을 다뤄야 할 필요가 있는 분들을 위해 간단하게 알아보도록 하자. 독사는 혈액이나 신경계통에 유해한 독을 분비하는 모든 뱀을 이르는 말로, 대부분의 종이 열대 혹은 아열대지방에 분포돼 있으며, 전체 뱀 가운데 약 20%인 480여 종이 알려져 있다.

독이 없는 뱀은 강한 힘으로 먹이를 조여 질식시키는 방법으로 먹잇감을 제압한다.

Tip 먹이급여 방법

냉동먹이
해동(전자레인지에 해동하는 것은 안 된다) → 물기 제거 → 핀셋으로 잡아 머리 앞쪽에서 흔들기, 피딩 케이지 안에 뱀과 함께 두기 → 물면 놓고 다 삼킬 때까지 기다린다 → 추가 급여는 바로 이어서 하거나, 완전히 삼킨 다음에 한다 → 급여 후에는 따뜻하게 해주고 안정시키며, 핸들링은 자제한다.

생먹이
경추 분리 → 핀셋으로 잡아 머리 앞쪽에서 흔들기 → 물면 놓고 다 삼킬 때까지 기다린다 → 추가 급여는 바로 이어서 하거나, 완전히 삼킨 다음에 한다.

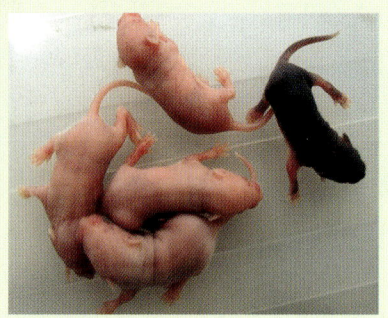
어린 뱀의 먹이인 핑키

먹이급여의 중요한 요소
뱀의 먹이급여에 있어서 가장 중요한 요소는 '온도', '냄새', '움직임'의 세 가지라고 할 수 있다. 보통 뱀은 죽은 것을 먹지 않는다고 알고 있는데, 냉동된 쥐라고 해도 냄새가 없어지지 않도록 조심스레 비닐에 싼 후 미지근한 물에 해동해 살아 있는 쥐와 비슷한 체온을 유지시키고, 핀셋 등을 이용해 뱀의 눈앞에서 움직여주면 충분히 먹이로 인식한다. 이렇게 먹이를 급여할 때의 관건은 첫째, 가급적이면 먹이가 가지고 있는 고유의 체취를 유지시키면서 해동해야 한다는 것이다. 둘째, 너무 낮은 온도나 너무 높은 온도로 먹이를 데우지 말라는 것이다. 너무 낮은 온도에서 데우면 핑키의 내부까지 녹지 않을 수 있으며, 너무 높은 온도로 해동시켜 완전히 익어버리면 소화에 어려움을 겪을 수 있다. 마지막으로 먹이를 핀셋으로 잡아 급여할 경우 뱀의 머리를 직접적으로 자극하지 말고, 너무 먼 곳 혹은 먹이를 감지하기 어려운 각도에서 움직이지 말고 적당한 거리와 각도를 유지하도록 해야 한다.

먹이의 크기
일반적으로 뱀에게 급여하는 먹이의 크기는 급여하고자 하는 뱀의 몸통 굵기와 비슷한 것을 기본으로 한다. 먹이를 먹는 시간이 너무 오래 걸리거나, 기도를 입 밖으로 빼서 호흡하며 삼킬 경우에는 너무 큰 것이므로 조금 작은 크기의 먹이를 급여하도록 한다. 먹이를 삼킨 후에 외관상으로 먹은 것이 약간 표시 날 정도가 가장 적당하다.

서식지역은 상당히 넓어서 지상이나 나무 위, 바다에까지 널리 분포돼 있다. 킹코브라나 블랙 맘바처럼 5m에 가까운 길이를 가진 독사도 있지만, 대부분의 독사는 크기가 작고 대형인 좋은 많지 않다. 독사는 구강샘(침샘)의 일종인 귀밑샘 또는 입술샘에서 변화한 특수한 독샘을 양 뺨에 가지고 있다. 여기서 만들어지는 독은 각종 효소와 독성 단백질이 합쳐진 혼합물로, 한 마리의 독사가 가지고 있는 독 안에는 많게는 수백 가지의 화학 성분이 혼합돼 있으며, 종에 따라 성분구성이 제각각 미묘하게 다르다.

독의 주목적은 포획물에 주입해 저항력을 잃게 해서 효율적으로 먹이를 얻기 위한 것이며, 독이 가지고 있는 성분 중의 효소는 독소기능과 마취기능 외에도 먹이의 소화를 촉진시키는 소화효소로서의 역할도 한다. 이러한 독사의 독은 혈액독(血液毒)과 신경독(神經毒) 두 가지로 크게 나눠볼 수 있다. 혈액독을 가진 대표적인 뱀으로는 살무사가 있는데, 혈액독의 성분은 혈액 내에서 세포분해효소로 작용해 적혈구와 혈소판을 파괴하고 근육조직을 괴사시킨다. 따라서 혈액독에 의한 사망은 대량의 혈액손실과 중요장기의 손상으로 인해 발생하며, 그 과정에서 극심한 고통을 동반한다. 혈액독을 가진 독사의 경우 발달된 독샘으로 인해 머리 모양이 삼각형을 띤다. 독니는 상당히 크고, 물었을 때 한 번에 많은 양의 독을 주입할 수 있으나, 먹이가 완전히 숨을 멈출 때까지는 30분에서 1시간 정도까지 걸리는 편이다. 혈액독을 가진 독사는 대부분 온대지방에 서식한다.

신경독을 가진 뱀으로 일반인들에게 잘 알려져 있는 종은 코브라나 바다뱀이다. 신경독의 성분은 신경세포를 마비시켜 심장박동이나 폐의 움직임을 방해함으로써 죽음에 이르게 한다. 신경독을 가진 뱀은 강한 독을 가지고 있음에도 불구하고 머리는 삼각형이 아니다. 따라서 머리 모양으로 독사와 비독사를 완벽하게 구분할 수는 없다.

까치살무사는 우리나라에서 가장 큰 독사다.

Tip 먹이급여 시 주의사항

1. 먹이를 급여할 뱀의 현재 상태를 파악해 급여여부를 결정하도록 한다. 탈피 중이거나 임신 중인 경우 급여하지 않는 것이 좋다.
2. 보통 뱀은 먹이 크기의 4배까지 삼킨다고 알려져 있으나 삼킬 수 있는 최대치를 급여하는 것은 좋지 않다(보통 몸통 굵기보다 약간 더 굵은 크기의 먹이를 급여하는 것이 좋다). 빠른 성장을 위해 파워 피딩을 실시할 때는 머리 크기의 최대 3배 정도 되는 먹이를 급여하기도 하지만, 일반적으로 그보다 작아 삼키기 쉬운 먹이를 급여하되 급여횟수를 늘리는 것이 더 좋다. 먹이급여 시에는 뱀의 길이가 아니라 체중과 머리 크기를 고려해 먹잇감의 크기를 정한다. 그렇다고 성장기에 너무 작은 먹이만 지속적으로 공급하면 두개골 성장이 정상적으로 이뤄지지 않는 경우도 있다.
3. 성장시키는 경우라면 한번 급여할 때 최대한 많이 급여한다. 한번에 3마리 정도를 먹을 수 있는 뱀이라도 오늘 한 마리, 내일 한 마리, 그 다음날 한 마리, 이렇게 주면 먼저 준 먹이를 소화하면서 다음번 먹이를 먹지 않는 경우가 많다.
4. 살아 있는 먹이를 절대로 뱀과 함께 두지 않는다. 이는 뱀을 사육하고자 하는 사람이 반드시 숙지해야 할 가장 중요한 사항이다. 급여 후 먹이반응을 보이지 않는다면 잠시 지켜보다 반드시 사육장 내에서 먹이가 되는 동물을 제거해줘야 한다. 이 간단하면서 절대적인 수칙을 지키지 않아 아끼던 뱀을 폐사시킨 경우를 많이 봤다. 사육장 내에서 움직이는 다른 동물은 스트레스 요인이 되며, 심한 경우 오히려 먹이로부터 공격당하기도 한다.
5. 살아 있는 먹이를 급여할 경우에는 가급적이면 반격할 수 없는 상태로 만든 후 급여한다. 보통 뱀이 쥐를 제압할 수 있다고 알고 있으나, 사육자들 사이에서는 쥐가 사육 중에 뱀에게 위해를 가했다는 이야기를 듣는 것이 어려운 일은 아니다. 먹이로 준 쥐가 뱀의 입 안쪽을 물어 사육 중인 뱀이 쇼크사한 사례도 있으며, 필자 주위에서도 완벽하게 제압하지 않은 렛을 자수정 비단뱀에게 급여했다가 단 한 번의 반격으로 척추를 다쳐 4년 넘게 기르던 뱀이 폐사한 사례가 있다. 거의 3미터에 육박하는 크기에 성인남자의 팔뚝보다 굵은 크기였음에도 불구하고 말이다.
6. 가급적이면 냉동먹이를 구입하지 말고 살아 있는 채로 구입해 냉동 보관하는 것을 추천한다. 냉동 일시를 정확하게 기록해둔 업체에서 구입했다면 모르되, 보통은 언제 얼린 것인지도 모르는 것을 판매하는 곳이 많다. 냉동먹이를 구입할 때는 가급적 최근에 냉동시킨 것으로 선택하도록 하자.
7. 가급적이면 먹이는 적절한 숫자만큼 구입해 냉동 보관하고 최대한 빨리 소비하는 것을 추천한다.
8. 조류를 급여할 경우에는 반드시 큰 깃털을 충분히 제거하고 급여하도록 한다. 뱀의 소화액은 뼈나 발굽, 이빨까지도 흔적 없이 녹이지만, 털이나 깃털은 소화시키지 못하기 때문에 그 형태 그대로 배설된다. 털의 경우는 거의 뭉쳐서 용이하게 배설되는 편이지만, 조류의 큰 깃털의 경우 소화되면서 뭉쳐 배설되지 않고 장을 막아버리는 경우가 생긴다. 자연상태에서는 활동량도 많고 영양상태도 균형적이라 문제가 되는 경우는 드물지만, 사육 하에서는 생각보다 문제가 되는 경우가 잦다. 이렇게 되면 배설을 못하고 자연스럽게 거식을 하며, 적절한 치료가 따르지 경우 폐사에 이른다. 따라서 조류는 털이 달린 채로 급여하지 않는 것이 좋다. 메추라기나 닭을 급여할 경우에는 반드시 숙지해야 할 사항이다.
9. 배고픈 뱀은 공격성이 증가하므로 사육장 문을 열 때 반응을 살피고 물리지 않도록 주의한다.
10. 먹이급여 후에는 급수를 하고, 원활한 소화를 위해 사육장의 온도를 높여주는 것이 좋다.
11. 먹이급여 직후 과도한 핸들링이나 자극이 가해지면 삼킨 먹이를 토하는 경우가 잦으므로 먹이급여 후 2~3일은 핸들링을 자제하고 안정시키는 것이 좋다.
12. 가급적이면 죽은 먹이로 급여를 시도하는 것이 좋다. 살아 있는 먹이를 계속 급여하면 죽은 먹이에 대해 반응을 보이지 않는 경우가 생기는데, 그럴 경우 차후 생먹이를 구하지 못했을 때 먹이 관리가 상당히 번거로워질 수 있다.

신경독을 가진 독사의 독니는 혈액독을 가진 독사에 비해 상대적으로 짧아 여러 번 무는 경향이 있다. 그러나 독의 양이 적은 대신 효과는 강력해 순식간에 포획물의 중추신경계를 마비시켜 사망에 이르게 한다. 그런 만큼 혈액독에 비해 비교적 고통은 적다. 신경독을 가진 독사는 대부분 열대지방에 서식한다. 독을 편의상 이렇게 두 종류로 분류하기는 하지만, 앞서 말했다시피 뱀의 독은 여러 가지 화학물질이 혼합된 것이라 완벽하게 한 가지 성분만 가지고 있는 뱀은 없다.

독사는 위턱의 앞 끝 또는 뒷부분에 독니를 가지고 있고, 이 독니는 도관으로 독샘과 연결돼 있다. 독니는 옆면에 홈이 있는 구아(溝牙)와 홈이 완전히 막힌 주사바늘 모양으로 된 관아(管牙)가 있고, 독사는 독아의 위치에 따라 구아를 위턱 뒷부분에 가진 후아류(後牙類), 코브라와 바다뱀 등 구아를 앞부분에 가진 전아류(前牙類), 살무사와 쇠사슬뱀 등 위턱 앞부분에 가동적인 관아가 있는 가동아류(可動牙類)로 크게 나뉜다.

사냥이 손쉬운 먹이일 경우 살아 있는 채로 삼키기도 한다.

뱀의 소화 메커니즘

먹잇감을 다 삼킨 뱀은 안전하고 따뜻한 곳으로 이동해 자리를 잡고 소화를 시키기 시작한다. 뱀은 소화 도중에 의도적으로 자리를 옮기는 경우가 드물기 때문에 사육 하에서도 역시 먹이급여 후에는 따뜻하고 조용하며 안정된 환경을 제공해줘야 한다. 정말 부득이한 경우가 아니라면 다른 장소로 이동시키는 것은 자제하는 것이 좋다.

뱀의 소화는 일반적인 포유동물의 소화 메커니즘과는 차이가 있다. 불규칙적으로 먹이를 먹는 많은 동물들과 마찬가지로 뱀의 소화기관 역시 먹이가 들어오기 전까지 불필요한 에너지의 낭비를 막기 위해 일시적으로 크기가 작아지고 동작을 멈춘다. 무독성 뱀과 독사의 소화는 조금 다르다. 독이 없는 뱀의 경우 소화는 위에서부터 시작되는데 비해 독사의 경우에는 단백질을 녹이는 독 자체가 소화효소의 역할을 일부 담당하게 된다. 먹이를 삼킬 때 생성되는 침은 소화를 돕는 작용은 거의 하지 않고 단순한 윤활유 역할만을 한다. 먹이와 소화액이 닿는 부위의 세포가 끊임없이 죽고 재생되는 항온동물과는 달리, 위가 비어 있을 때 뱀의 내부장기는 다음번 소화가 시작될 때까지 활동을 멈춘다.

이러한 독특한 에너지 절약법은 장기의 축소에서 절정에 이르는데, 간부터 콩팥 심지어 심장까지도 그 크기가 평소보다 현저하게 줄어든다. 그러나 일단 먹이가 들어가면 소화활동이 시작되는 동시에 순식간에 커지면서 전력을 다해 먹잇감을 소화시킨다. 소화기관은 먹이를 먹지 않았을 때보다 40배로 활동을 늘리며, 소화를 촉진하는 분비물의 양이 늘어난다. 간은 이틀 만에 두 배 크기로 커지며, 심장의 크기도 40% 이상 커진다. 먹이를 삼킨 비단구렁이의 창자무게가 하룻밤 사이에 2~3배로 늘어났다는 보고도 있다. 이 대사과정을 보조하기 위해 소화기간의 산소소비량은 전력 질주

먹이를 다 삼킨 뱀은 따뜻하고 안전한 곳으로 이동해 삼킨 먹이를 소화시킨다.

자연상태에서 영양을 사냥한 아프리칸 록 파이손

하는 경주마 수준으로 평상시의 36배 정도까지 증가하는데, 이 상태는 소화가 진행되는 며칠간 지속된다. 뱀의 소화는 상당히 급속도로 진행되는데, 이는 강력한 소화효소 때문이기도 하지만 변온동물이라는 특성에 기인하기도 한다. 체온이 일정하게 유지되지 않는 변온동물은 소화 도중에 주변의 온도가 떨어지면 소화속도가 급격히 저하되며, 심한 경우 소화되던 먹이가 뱃속에서 부패해 죽을 수도 있기 때문이다.

이러한 이유로 뱀은 소화를 돕기 위해 먹이를 먹은 후에는 일광욕을 하거나 똬리를 틀어 몸을 데운다. 온도가 떨어지면 식욕이 감소하거나, 소화 중일 경우 먹이를 토해내기도 한다. 따라서 사육 중에는 먹이급여 후의 사육장 내 온도의 유지와 변화에 주의를 기울여야 한다. 소화가 어느 정도 진행되면 가스가 발생하면서 일시적으로 몸통 두께가 엄청나게 굵어지기도 하는데, 이는 정상적인 소화의 과정이므로 크게 걱정할 필요는 없다. 사육장 내에 별도의 스팟 공간이 설치돼 있지 않다면, 먹이급여 후에 사육장의 전체 온도를 약간 올려 소화를 도와주는 것이 좋다. 또한, 온도의 급격한 변화가 없는지도 확인해보는 것이 좋은데, 일교차가 커지는 봄, 가을 환절기 때 더욱 세심하게 관찰해야 한다.

먹잇감의 덩치가 큰 경우 관절이 먹이를 삼키는 데 방해가 되지 않도록 머리 부분을 찾아 삼키기 시작한다.

먹이를 급여하고 하루나 이틀 정도 지난 뒤보다 사흘이나 그 이후의 기간이 중요하므로 잘 살펴봐야 한다. 먹이를 소화시키는 도중 완전히 형태를 잃기 전에는 소화를 시키기 힘들다고 생각되면 쉽게 토해내는 것이 가능하지만, 어느 정도 소화가 진행된 이후에는 먹이를 토해내기가 쉽지 않기 때문에 더 위험하다. 뱀은 주로 먹이가 지나치게 크거나 소화시키기 어려울 정도로 사육장의 온도가 낮을 때, 건강상태가 안 좋을 때, 스트레스를 받았을 때 삼켰던 먹이를 토해낸다. 특히 스트레스로 인한 구토는 이후 장기적인 거식으로 이어질 수도 있기 때문에 더욱 조심해야 한다. 이렇게 먹이를 토했을 때는 조용하고 안정된 장소에 격리한 다음 사육장을 따뜻하고 어둡게 유지해 주도록 하며, 가급적 작은 먹이를 공급하고 먹이급여 후에 절대 안정을 취할 수 있도록 해주는 것이 좋다.

반론이 있기는 하지만, 현재 뱀의 소화에 관한 학계의 지배적인 이론은 'Pay before pumping'이라고 할 수 있다. 이는 뱀이 먹이를 소화시켜 영양분을 흡수하기 위해서는 이미 소화에 필요한 에너지가 저장돼 있어야 한다는 이론이다. 지방을 거의 가지고 있지 않은 뱀에게 많은 먹이를 급여하면 죽는 경우가 많은데, 이는 'Pay before pumping' 이론을 뒷받침하는 중요한 증거가 되고 있다.

뱀이 자신의 머리보다 큰 먹이를 먹을 수 있는 이유

일반적으로 뱀은 자신의 머리 크기의 최대 4배나 되는 크기까지 삼킬 수 있다고 알려져 있다. 다른 동물에게서는 볼 수 없는 이러한 능력은 어디에서 오는 것일까? 보통 동물의 위턱뼈는 두개골과 일체형으로 돼 있어 위턱만을 따로 움직일 수 없는 것이 보통이지만, 뱀의 위턱은 두개골에 근육과 인대, 힘줄로 연결돼 상하좌우 어느 방향으로든 원활하게 움직이는 것이 가능하다. 또한, 이 유연한 위턱은 아래턱과 이중관절경첩 역할을 하는 정방형뼈(방골, quadrate Bone)라는 특수한 뼈로 서로 연결돼 있다. 이와 같은 두개골의 독특한 구조로 인해 뱀은 위턱과 아래턱이 최대 150°까지 벌어진다.

또한, 뱀의 아래턱은 도마뱀과는 달리 좌우가 탄력 있는 인대로 연결돼 있기 때문에 좌우를 따로따로 움직이는 것이 가능하다(뱀과 도마뱀의 확연한 해부학적인 차이는 아래턱의 분리 여부다). 뱀은 이 분리된 좌우의 턱뼈를 효과적으로 움직여 한쪽으로는 먹이를 잡고, 다른 한쪽으로는 먹이를 둘러싸 목구멍으로 밀어 넣는다. 이때 입 주변을 감싸고 있는 피부도 신축성 있게 늘어나게 된다. 아무리 뱀의 턱이 150°까지 벌어진다 하더라도 신축성 있게 늘어나는 피부가 없다면 큰 먹이를 삼키는 것은 불가능하다. 또한, 흉골이 없기 때문에 늑골이 자유로이 개폐되는 것도 큰 먹이를 삼킬 수 있는 이유 중 하나다. 지나치게 큰 먹이를 삼킬 때는 호흡이 곤란할 경우가 있는데, 이럴 때 뱀은 보통 입 안의 기도를 밖으로 빼서 호흡을 하며 먹이를 삼킨다.

인간은 체중의 6~7%의 음식만 먹을 수 있지만, 뱀은 평균적으로 자기 몸무게의 25% 정도 되는 양의 먹이를 먹는다. 대형 비단구렁이의 경우에는 자신의 체중과 비슷한 동물도 통째로 삼키며, 강한 소화력으로 며칠

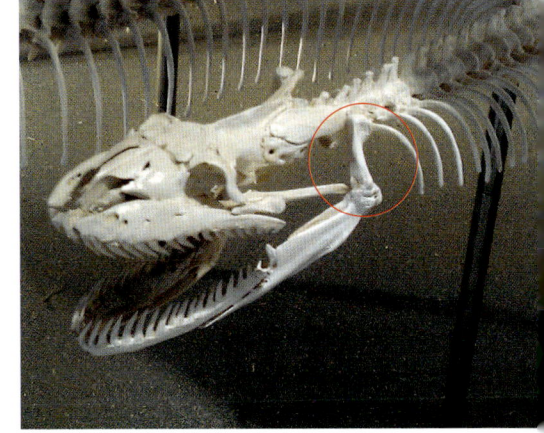

방골(方骨)

뱀은 크기가 큰 먹이를 먹은 후에는 하품을 하듯 입을 움직여 턱을 맞추는 행동을 한다.

에 걸려 포획물의 털과 발톱의 일부만 남기고 모두 소화시킨다. 이렇게 뱀이 큰 먹이를 삼키고 난 다음에는 마치 하품을 하는 것처럼 입을 크게 벌리는 행동을 하는 경우가 있는데, 이는 입을 크게 벌려 좌우로 움직임으로써 먹이를 잡고 삼키는 과정에서 늘어나고 이탈된 각각의 턱뼈를 제자리에 돌려놓기 위한 정상적인 행동이므로 크게 걱정할 것은 없다.

비만의 예방

사육 하에서는 뱀의 영양섭취가 너무 과다하지 않도록 엄격하게 관리하는 일이 매우 중요하다. 사육 하에서 동물의 질병과 폐사는 보통 너무 높은 온도, 너무 잦은 핸들링 등 무엇이든 부족할 경우보다는 과한 경우 더 잘 일어나는데, 이는 먹이급여에 있어서도 마찬가지다.

자연상태의 뱀은 먹이사냥이 그다지 용이하지 않은 경우가 많기 때문에 먹잇감을 얻는 과정에서 많은 에너지를 소모하게 된다. 그러나 사육되는 뱀은 자연에 있을 때와 비교해 먹이의 공급은 지나친데 반해 운동량은 현저하게 부족한 경우가 많다. 이는 곧바로 비만으로 이어지고, 비만은 돌연사 등 치명적인 건강상의 문제를 야기하게 된다. 따라서 사육 하에서 영양관리를 체계적으로 하지 않으면 너무 많은 먹이를 공급하게 됨으로써 자연상태에서는 발생하지 않는 질병이 많이 발생하게 된다. 기르고 있는 뱀이 비만 증세를 보인다면 먹이공급량을 줄이고, 운동량을 늘려 적절한 체중을 유지시켜줘야 한다. 사육장의 세팅을 변경한다거나, 밖에 내놓아 새로운 환경에 대한 호기심을 유발한다거나, 혹은 일정기간 굶기는 방법으로 운동량을 늘릴 수 있다. 사실 먹이의 조절(diet)에 있어서 그 양과 횟수가 뱀의 종류나 크기에 따라 획일적으로 정해져 있는 것은 아니기 때문에 기르고 있는 개체의 운동량과 건강상태, 육안으로 확인되는 영양상태를 고려해 사육자가 적절히 가감해야 한다.

식욕부진 및 거식의 원인과 대처

뱀은 사육환경이 안정돼 있는 상태라면 보통 먹이를 잘 먹는 편이지만, 거식 경향이 있는 뱀들과 특정한 먹이를 고수하

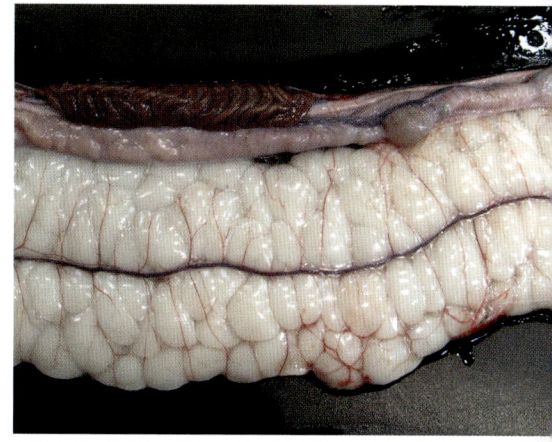

과잉공급된 영양분은 체내에 지방체로 축적됨으로써 돌연사를 유발한다.

는 종들이 없는 것은 아니다. 식욕부진이나 거식은 다양한 이유로 발생하게 되는데, 그 원인을 파악하고 적시에 적절한 조치를 취해야 한다. 평상시에 영양을 충분히 공급했다면, 사실 뱀은 단기간의 거식 정도로 건강을 해치거나 폐사에 이르는 경우는 거의 없으므로 지나치게 걱정하지 않아도 괜찮다. 하지만 탈피나 임신기간 이외의 기간에 발생하는 갑작스러운 식욕부진은 질병의 예후이거나, 사육환경 이상의 징조일 수 있으므로 가볍게 생각하고 넘어가서도 안 된다.

■**사육온도저하에 따른 대사장애** : 사육 하에서 발생하는 뱀의 거식원인 가운데 가장 높은 비율을 차지한다. 뱀이 삼킨 먹잇감을 소화시키기 위해서는 외부로부터 일정 수준의 온도가 필수적으로 제공돼야 하는데, 사육장 내의 열원이 충분한 온도를 제공해주지 못할 경우에는 소화기능이 저하돼 이미 삼킨 먹이를 소화시킬 수 없게 되고, 나아가 먹이활동 자체를 포기하게 된다. 그뿐만 아니라 저온은 기생충감염이나 세균성 감염에 대한 면역력까지 현저하게 저하시키게 되므로 사육장 내의 온도를 수시로 체크하고 적절한 수준으로 관리해줄 필요가 있다.

■**스트레스와 사육환경 부적응** : 사육 하에서 받게 되는 여러 가지 스트레스 역시 거식을 유발하게 하는 중요한 요인 가운데 하나다. 사육장이 지나치게 좁거나 청결하지 못한 경

우, 과도한 합사나 과밀사육, 사육장 주위에서 발생하는 소음이나 진동, 부적절한 광량이나 광주기, 먹이동물로부터의 자극 등이 스트레스의 주원인이다. 무엇보다 사육장 내에 몸을 숨길 만한 은신처가 설치돼 있지 않을 경우에는 더욱 더 심각한 문제가 된다. 사육장 내에 어느 정도의 스트레스 요인이 있더라도 그로부터 벗어나 숨을 공간이 마련돼 있으면 폐사율이 훨씬 줄어들게 된다. 동물원이나 파충류 전시장에서 기르는 동물들의 폐사율이 상대적으로 높은 것은 은신처의 부재와 무관하지 않다.

거식의 원인이 스트레스로 인한 것일 경우에는 신속하게 원인을 제거해주는 것이 무엇보다도 중요하다. 그나마 다행스럽게도 이렇게 스트레스로 먹이활동을 거부하는 개체들은 건강상태가 심각하게 나쁘지만 않다면 대부분 얼마 지나지 않아 식욕을 회복하는 경우가 많다.

■**이물섭식에 의한 장폐색** : 먹이를 통째로 삼키는 뱀의 포식 특성상 먹이를 먹는 과정에서 바닥재 등을 함께 섭취함으로써 장이 막히는 경우가 있다. 냉동 보관한 먹이를 물에 그대로 녹인 후 물기를 제대로 제거하지 않고 급여할 경우 바닥재가 먹이에 묻게 되고, 뱀은 먹이에 묻은 바닥재를 함께 삼키게 된다. 이는 개체의 체구가 크다면 별 문제가 되지 않을 수도 있지만, 크기가 작은 뱀의 경우 심각한 문제가 될 수도 있다. 이러한 이유로 적절한 바닥재의 선택이 무엇보다 중요한데, 먹을 가능성이 없는 바닥재나 먹어도 안

> **Tip 뱀의 거식을 완화시키는 방법**
>
> 거식은 뱀과 사육자의 인내력 싸움이다. 사육하는 뱀의 건강상태가 양호하고, 최적의 사육환경을 제공해주고 있다는 자신이 있으면 식욕이 회복될 때까지 느긋하게 기다려보는 것도 괜찮은 방법이다. 그러나 사육환경이나 사육방법에 무언가 문제가 있다고 느껴진다면 다음의 방법으로 먹이반응을 유도해 보도록 하자.
>
> - 안정된 사육환경을 유지한다.
> - 뱀이 선호하는 포식 장소에서 급여한다.
> - 자연상태에서 선호하는 먹이를 급여한다.
> - 원서식처의 환경을 충실히 재현한다.
> - 평소 주던 것보다 작은 크기의 먹이를 급여한다.
> - 냄새가 강한 먹이를 급여한다.
> - 먹이에 냄새를 묻혀준다.
> - 은신처 안에서 먹이를 급여한다.
> - 살아 있는 먹이를 급여한다.
> - 수분을 공급한다.
> - 포식 시간대를 고려해 급여한다.
> - 냉동먹이는 약간 따뜻하게 데워 식기 전에 급여한다.
> - 냉동먹이를 녹일 때 상온에서 천천히 녹이거나, 바로 물에 넣지 말고 봉지에 넣어 녹인다.

전한 소재의 바닥재를 사용하는 것이 좋으며, 사육환경에 민감하지 않은 종이라면 바닥재가 깔려 있지 않은 별도의 공간으로 이동시켜 먹이를 급여하는 것도 나쁘지 않다.

■**기생충감염과 질병** : 먹이를 공급하다 보면 기생충감염의 가능성이 높아지게 된다. 증상이 심하지 않은 경우에는 구충을 해주면 대부분 식욕이 회복되며, 냉동먹이를 사용하는 것도 어느 정도 효과를 볼 수 있다. 골대사장애(MBD)나 눈병 등 여러 가지 질병에 걸렸을 경우에도 식욕부진이 일어나는데, 이때는 질병의 원인을 찾아 치료하면 식욕이 회복된다. 또 구내염과 같이 구강 부분에 외상으로 인한 감염이 발생했을 경우 먹이활동이 감소할 수 있는데, 감염증을 치료해주면 식욕을 회복시킬 수 있다.

■**적절하지 않은 먹이의 급여** : 급여하는 먹이가 뱀이 선호하지 않는 종류이거나 평소에 늘 먹던 것이 아닐 때, 사육되는 뱀의 크기에 비해 지나치게 먹잇감의 크기가 클 때, 특히 뱀은 냄새가 민감하기 때문에 뱀이 싫어하는 냄새가 묻어 있거나 부패돼 좋지 않은 냄새를 풍길 때와 같이 먹잇감으로서의 적정조건을 충족시키지 못하는 먹이를 급여하는 경우 거식이 생길 수 있다. 이럴 경우에는 먹이의 종류를 바꿔주거나, 신선한 생먹이를 공급하는 것으로 문제를 해결할 수 있다. 늘 먹이던 먹이라도 냉동보관 중이었던 것을 완전히 해동시키지 않고 급여했을 때도 발생할 수 있다. 일반적인 경우 뱀에게 급여하는 먹이의 크기는 뱀의 몸통에서 가장 굵은 부위보다 굵지 않은 것을 선택한다.

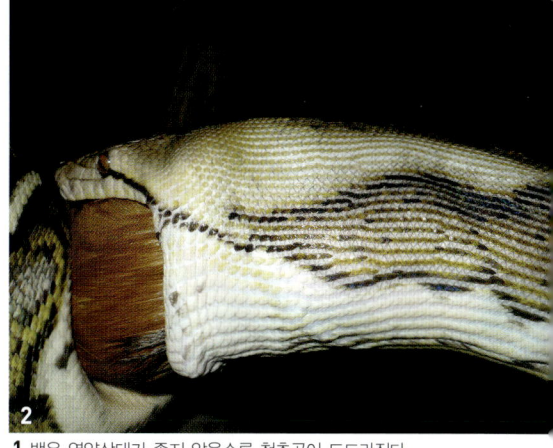

1. 뱀은 영양상태가 좋지 않을수록 척추골이 도드라진다.
2. 먹이를 삼킬 때 신축성 있게 늘어나는 목비늘

야생개체는 자연상태에서 주로 잡아먹던 먹이를 고집하는 경향이 있다.

적절하지 않은 위치에서의 먹이급여도 식욕부진의 원인이 될 수 있으므로 자신이 기르는 뱀 개체가 먹이활동을 하는 공간에서 먹이를 공급하는 것이 좋다. 예를 들면 그린 트리 파이손은 나무 위에서 먹는 것을 선호하는데, 땅에서 먹이를 공급하는 경우에는 먹이반응이 평소보다 떨어지는 경우가 생긴다.

뱀은 단순히 먹이를 먹지 못한다는 것만으로 쉽게 폐사에 이르지는 않는다. 따라서 먹이를 안 먹는다고 지나치게 걱정하거나, 급한 마음에 서둘러 강제급여(force feeding)를 실시하는 일은 없도록 하자. 어린 개체의 경우 섣불리 포스 피딩을 하면 영영 먹이를 거부하고 굶어죽기도 한다. 안정된 곳으로 이동시키고 스트레스를 줄여주면 식욕이 다시 회복되는 경우가 있다. 이때 식욕이 조금 회복됐다고 갑자기 지나치게 많은 양의 먹이를 급여하면 다시 먹이를 거부하게 될 수도 있으므로 삼가도록 한다. 소화가 용이한 양을 급여하되, 지속적인 관심을 가지고 서서히 늘려가도록 하자. 그러나 거식기간이 너무 길었고, 체형도 점점 야위어간다면 사육자가 판단해 강제급여도 고려해봐야 한다.

빠른 성장을 위한 급여법

파워 피딩(power feeding)의 필요성이 있는지에 대해서는 파충류 사육자들 사이에서도 많은 논의가 있고 뱀에게 그다지 좋지 않다는 의견이 많기는 하지만, 생명체를 사육하는 과정에서는 갖가지 상황이 발생하는 만큼 방법을 알아두는 것도 나쁘지는 않을 것 같다. 필자 역시도 필요성을 그다지 느끼지 못하고 있고 또 선호하지도 않지만, 가끔 폐사율이 높은 어린 개체를 면역력을 갖춘 안전한 크기까지 비교적 빠른 시간 내에 성장시킬 필요가 있을 경우에 일시적으로 실시하고 있다.

파워 피딩을 실시하기 위해서는 우선, 뱀은 섭취한 영양의 상당 부분을 운동에너지로 소모하므로 운동량을 줄여 섭취한 영양이 체내에 축적될 수 있도록 하기 위해 좁은 공간에서 사육해야 할 필요가 있다. 사육장은 스트레스 요인이 없는 곳에 설치하고, 소화를 촉진시키기 위해 충분히 따뜻해야 하며, 은신처와 물그릇 등 기본세팅이 돼 있어야 한다. 먹이로는 개체가 선호하는 종류의 소화하기 쉬운 것으로 준비해 먹을 수 있을 양만큼 최대한 급여한다. 먹이반응이 좋다면 삼킬 수 있는 최대 크기의 먹이를 충분히 급여하거나, 더 이상 먹지 않을 때까지 급여한다. 먹이급여 후에는 깨끗한 물을 공급하고, 소화를 돕기 위해 사육장 내의 온도를 높여주는 것이 필요하다. 또 안정적으로 소화시킬 수 있도록 은신처를 설치해준다.

파워 피딩을 실시할 때는 뱀이 선호하는 먹이로 준비해 먹을 수 있는 양만큼 최대한 급여한다.

파워 피딩을 실시하면 탈피간격이 짧아지는데, 탈피시기에는 일시적으로 먹이공급을 중단하고 충분한 수분을 공급하며, 탈피를 마치면 다시 먹이공급을 반복한다. 파워 피딩 기간에는 당연히 핸들링은 자제하는 것이 좋다. 파워 피딩은 부득이한 경우가 아니라면 실시하지 않는 것이 좋다. 덩치는 커지지만 성성숙은 그에 따르지 못하게 되는 경우도 있으며, 완급을 잘 조절하지 않을 경우 비만이 되기 쉽기 때문이다. 성체의 경우 과다한 파워 피딩은 돌연사를 유발할 수 있고, 수명이 줄어든다는 보고도 있다.

보조급여법과 강제급여법

보조급여법인 어시스트 피딩(assist feeding)은 식욕이 완전히 사라지지 않은 뱀의 입에 먹이를 살짝 물려줌으로써 먹이반응을 유도하고 스스로 삼키도록 하는 방법이다. 뱀의 입을 벌리고 평소 먹이던 것보다 좀 작은 크기의 먹이를 이빨에 살짝 물리듯이 걸어주면 된다. 뱀의 이빨은 안쪽으로 휘어져 있기 때문에 식욕을 완전히 잃지 않았다면 다시 토해내기보다는 삼키는 것을 택한다. 먹이를 바꾼 뒤 거식증세를 보이는 개체의 경우에 식욕을 회복시키는 데 꽤 효과적인 방법으로 알려져 있다. 어시스트 피딩을 할 때 이빨에 살짝만 걸어줘도 금방 적극적으로 먹이를 무는 개체도 있지만, 먹이를 무는 것을 결사적으로 거부하는 개체도 있다. 이럴 때는 먹이를 물린 채로 위아래 턱을 살짝 눌러 잠시 안정시키는 것으로 먹이반응을 유도할 수 있다. 숙달되면 혼자서도 가능하지만, 대형종이나 사나운 개체의 경우는 도움을 받아 실시하는 것이 안전하다.

포스 피딩은 먹이를 거부하는 뱀의 입을 강제로 벌려 먹이를 위까지 밀어 넣어주는 방법으로, 이 방법을 실시하기 위해서는 끝이 부드럽게 처리된 가늘고 긴 핀셋이 필요하다. 상당한 스트레스를 유발하는 방법이므로 강제라도 먹이지 않으면 폐사가 확실하다고 판단될 때 최후의 수단으로 사용한다. 이렇게 강제 급여할 때는 가급적 소화시키기 쉽도록 작은 먹이를 먹여야 한다.

Chapter 06

뱀의 건강과 질병

뱀이 잘 걸리는 질병의 종류와 진단방법, 특정 질병 및 부상 발생 시의 응급처치법과 예방법에 대해 알아본다.

Section 01

질병의 징후와 예방

어떤 동물이건 간에 오랜 기간 사육하다 보면 필연적으로 질병과 맞닥뜨리게 된다. 태초에 생물의 발생과 함께 질병의 발생도 시작됐고, 생물과 질병은 떼려야 뗄 수 없는 불가분의 관계다. 따라서 뱀을 입양하고 사육하다가 마지막에는 자연사하기까지, 단 한 번의 질병발생도 없이 평생을 함께 한다는 것은 단언컨대 '완벽하게' 불가능한 일이다.

그런데 이 질병이라는 것이 그 원인을 정확하게 파악하기가 쉽지 않고, 고치기는 더욱 어렵다는 데 문제가 있다. 필자에게도 간혹 동물을 기르는 주위 사람들이 동물의 이상증세와 질병의 치료법에 관해 물어오곤 한다. 부족한 지식이나마 최대한 도움을 주고는 있지만, 항상 "저는 동물을 치료하는 수의사가 아닙니다. 제가 하는 일은 동물의 병을 고치는 것이 아니라 동물이 병에 걸리지 않도록 돌보는 일입니다"라는 말을 덧붙이곤 한다.

누구나 공감하듯이 질병에 대처하는 가장 이상적인 방법은 애초에 질병에 걸리지 않도록 미리 예방하는 것이다. 본서에서 다루고 있는 뱀의 경우 증상이 사육자의 눈에 포착될 정도가 되면 이미 질병이 상당히 진척돼 있는 경우가 많다. 또한, 국내 사정상 파충류를 다루는 데 어려움을 겪는 동물병원이 대부분이고, 파충류 진료가 가능한 그 몇 안 되

아메시스틴 파이손(Amethystine Python)

는 동물병원마저도 서울지역에 집중돼 있는 현 실정에서 질병개체의 이상적인 치료가 이뤄지기는 상당히 어려운 것이 사실이다. 따라서 사육자들은 자신이 보유하고 있는 개체가 질병에 걸리지 않도록 사육환경을 최대한 쾌적하게 조성해주고, 영양을 충분하게 공급해주며, 사육으로 인한 스트레스를 줄여주는 등 평소에 세심하게 돌봄으로써 스스로 면역력을 높일 수 있도록 해줘야 한다. 비만이나 영양부족, 영양불균형, 청결하지 못한 사육환경 혹은 지속적인 스트레스 등으로 인해 자연치유력과 면역력, 질병에 대한 저항력이 저하되면 이런저런 잔병들이 나타나고, 정상적인 컨디션이라면 충분히 버텨낼 정도의 가벼운 증상도 결국에는 큰 질병으로 이어지게 된다.

그러나 사육자가 뱀에 대한 지식이 많고, 평소 유지관리를 철저히 한다고 해도 모든 상황과 질병에 완벽하게 대비하기는 어렵다. 질병의 발생원인은 매우 다양하고 증상 역시 천차만별이며, 그 치료법은 쉽게 숙달할 수 없는 경우가 대부분이기 때문이다. 이러한 이유로 뱀은 개나 고양이와 같은 반려동물보다 더욱 세심하게 보살피고 관리할 필요가 있다. 수시로 외형과 행동, 식욕, 배설물의 상태 등을 세심하게 관찰해 이를 기준으로 건강상태를 파악하고, 진단에 따라 증상이 더 나빠지기 전에 적절한 조치를 미리미리 취하는 것이 현명하다. 요즘은 예전과는 달리 애완파충류의 질병치료를 위한 여러 가지 약품들이 시판되고는 있지만, 이러한 파충류용 약품으로 간단하게 문제를 해결할 수 있는 질병은 극히 드물기 때문에 응급조치가 효과를 발휘하지 못하면 곧바로 경험 있는 수의사의 도움을 받는 것이 좋다.

질병의 원인과 예방

질병의 발생원인은 유전적인 요인부터 영양공급의 이상, 기생충이나 세균의 감염, 생리적 이상, 독이나 화학물질, 환경오염, 퇴화로 인한 것까지 매우 다양하며 단순하게 발생하지도 않는다. 앞에서 언급한 단 하나의 원인 또는 특별한 상황에서 발생하는 것이 아니라, 사육환경의 여러 요인이 복잡하게 변화돼 발생할 수도 있다. 질병은 그 자체로 직접 사육개체를 죽음에 이르게 하기도 하지만, 몸을 쇠약하게 만들고 생리적, 행동적인 변화를 일으켜 굶어죽게 만들거나 다른 개체들로부터 스스로를 보호하지 못하도록 한다.

그러나 사육 중인 뱀에게 생기는 대부분의 질병은 여타의 발생조건보다 부적절한 영양공급, 사육환경의 불량, 그로 인해 발생하는 스트레스가 요인이 되는 경우가 대부분이다. 따라서 평소에 균형적으로 영양을 공급하고, 철저하게 사육환경을 정비하며, 스트레

공격적이고 스트레스에 민감한 종일수록 더욱 세심한 관리가 필요하다.

스를 줄여주는 것만으로도 대다수의 질병과 상해를 예방할 수 있다. 충분한 영양공급과 더불어 균형 있는 먹이급여 프로그램을 준비해서 적정 영양상태를 유지시키고, 사육환경적인 면에서도 항상 청결한 환경을 유지하도록 관심을 가지는 것이 필요하다. 사육장을 청결히 하고, 사육비품들을 주기적으로 살균하는 것만으로도 상당한 질병예방효과를 기대할 수 있다. 또한 뱀에게 스트레스 요인이 될 수 있는 것을 제거하고, 안정된 사육환경을 유지해 주도록 한다. 뱀은 기본적으로 단독생활을 하는 동물이므로 합사는 가급적 지양하되, 부득이한 경우에는 생태나 서식환경적인 면에서 합사가 가능한 종인지, 질병의 전염 가능성은 없는지 등을 신중히 고려해 결정하도록 하자.

사육장 내의 온·습도상태, 환기조절장치, 히터 등을 수시로 점검해 최적의 조건으로 조절하고 환기를 철저히 하며, 사육환경을 항상 청결히 관리하도록 한다. 매일 실시하는 위생관리와 더불어 사육장과 사육장비는 주기적으로 소독하는 것이 좋다. 수생종 뱀의 경우 수질을 청결하게 유지하는 것도 질병발생을 예방하기 위해 중요하다. 또한, 주기적인 온욕과 충분한 일광욕을 실시하며, 뱀을 핸들링하기 전과 후에 반드시 손을 세정함으로써 사육자의 안전도 도모할 수 있다. 새로운 개체를 구입했을 때나 먹이를 줄 때, 온욕을 시킬 때 조심스럽게 외상이나 기생충의 유무, 건강상태 등을 습관적으로 점검한다면 질병에 걸릴 확률을 그만큼 낮출 수 있을 것이다.

질병의 징후

사육 중인 뱀이 왠지 모르게 평소와는 다른 모습과 행동을 보일 때 사육자는 질병을 의심하게 된다. 그러나 뱀은 원래 그다지 움직임이 많지 않고, 소리도 내지 않는지라 평소에 세심하게 관찰하지 않으면 질병이 꽤 진행된 이후에야 증상을 포착하게 되는 경우가 많다. 특히 뱀은 눈꺼풀이 없기 때문에 증상을 파악하기가 더 힘들다.

Tip) 합사

합사는 말 그대로 '한 사육공간에 여러 마리의 동물을 함께 기르는 것'을 뜻한다. 경우에 따라 합사하는 동물은 동종의 뱀일 수도 있고, 두 종 이상의 뱀 혹은 뱀과 물고기의 조합처럼 서로 다른 종의 동물일 경우도 있다. 넓은 사육장에 여러 마리의 뱀들이 옹기종기 모여 함께 먹이를 먹고, 따뜻한 햇볕 아래 일광욕을 즐기는 모습을 상상하면 정말 평화롭고 이상적인 광경이 그려질 것이다.

애완으로 인기 있는 밀크 스네이크도 다른 뱀을 먹는다.

정을 중시하는 우리나라 사람의 정서 때문인지 한 마리는 외롭다고 생각하며, 혼자 있는 것보다는 두 마리가 함께 있는 것을 더 좋아하기 때문에 뱀을 입양할 때 가격이 많이 부담되지 않는 경우라면 두 마리씩 입양하는 사육자도 많다. 하지만 이는 단순히 인간의 관점에서 판단하고 갖는 느낌일 뿐 뱀은 기본적으로 단독생활을 하는 동물이므로 한 마리만 사육한다고 해서 외로움을 느낀다거나, 그로 인한 문제가 발생하지는 않는다. 오히려 합사는 단독사육 시에 비해 여러 가지 문제들을 유발할 수 있기 때문에 불가피한 경우가 아니라면 지양하는 것이 좋다.

합사를 지양해야 하는 이유
1. 각 종마다 적정한 온도와 습도 등 기본적 사육환경조건이 다르다.
2. 개체수가 늘수록 청결한 사육환경을 유지하기가 그만큼 더 어려워지며, 그로 인한 질병발생의 위험이 높아진다.
3. 카니발리즘이 있는 개체는 동종이나 다른 종을 잡아먹는다.
4. 평상시에는 합사가 가능할 정도로 온순한 종이라 할지라도 번식기 등 특정한 시기와 상황에 따라 성격이 돌변하는 경우가 있다.
5. 타종일 경우 활동성이나 성격의 차이가 있을 수 있다.
6. 교차감염의 우려가 있다.
7. 전염성 질병의 발생 시 감염위험성이 크다.
8. 같은 먹이를 동시에 문 경우에 한 마리가 다른 한 마리를 먹이와 함께 삼킬 수 있다.
9. 이외에 예상치 못한 돌발상황의 우려가 있다.

위와 같은 여러 가지 위험 때문에 합사는 가급적 피하는 것이 좋다. 그럼에도 불구하고 합사를 원하는 경우에는 합사하고자 하는 두 개체의 상태와 성격, 서식환경 등을 충분히 고려해 결정하도록 해야 한다. 합사 이후 별다른 문제가 없더라도 어느 정도 마음이 놓일 때까지는 상태를 지속적으로 모니터링하도록 한다.

동물의 눈을 살핀다는 것은 가장 쉽게 그 동물의 건강상태를 확인할 수 있는 방법이지만 (눈을 감고 있다거나, 자주 깜빡인다거나, 눈물이 난다거나 하는 증상의 확인), 뱀은 눈꺼풀이 없고 비늘이 렌즈처럼 눈을 덮은 상태로 항상 열려 있기 때문에 눈을 살피는 것만으로 질병증상을 파악하는 것이 쉽지 않다. 따라서 행동이나 신체적인 변화, 냄새 등을 파악해 질병의 징후를 포착해야 한다.

■**행동의 변화** : 질병의 유무를 파악하기 위해서는 사육장 안의 뱀을 단순히 눈으로만 확인하는 것이 아니라, 반드시 가까이에서 오감을 총동원해 상태를 확인해야 한다. 이렇게 건강상태를 점검할 때 가장 중점적으로 확인해야 할 것은 '평소와는 다른 것들', '정상적이지 않은 것들'이다. 그 어떤 행동을 하든지 '평소와는 다른 모습'을 보인다면, 뱀이건 사육환경이건 무엇인가 분명히 문제가 있는 것이다.

작은 변화를 대수롭지 않게 넘기면 반드시 나중에 큰 문제에 봉착하게 된다. 사육 중인 뱀에게서 '어? 평소와는 좀 다른데?' 라는 느낌을 조금이라도 받은 순간이 있다면, 번거롭더라도 더 늦기 전에 사육종이나 사육환경에 대해 점검해볼 필요가 있다. 뱀이 가만히 있다가 배가 고파져 활발하게 활동하는 것은 정상적인 행동이지만, 먹이를 충분히 급여했음에도 불구하고 움직임이 감소하지 않거나, 야행성 뱀이 낮에 활발하게 움직이거나, 갑자기 심하게 사육장을 탈출하려고 하는 행동 등은 이상행동이다. 하다못해 평소보다 잦은 하품까지도 심각한 질병의 증상일 수 있다.

■**신체적인 변화** : 질병이 발생되면 외형적으로 나타나는 신체적인 변화들이 있으므로 이러한 외형적인 변화를 우선 눈으로 확인하는 것이 필요하다. 쇠약이나 비늘의 상태 혹은 육안으로 식별 가능할 정도의 체형 및 체색의 변화, 골격 이상이 없는지를 확인한다. 몸이 심하게 말라간다거나, 몸의 특정 부분이 과도하게 부어오른다거나, 골격이 뒤틀어지거나 튀어 나오면 뱀에게 무언가 건강상의 이상이 있는 것이다.

다음으로 체색의 변화나 부종, 피부가 벗겨지거나 상처 또는 딱지가 생기는 경우가 있으며, 심한 경우 구토나 출혈이 있기도 하다. 배변상태 역시 건강상태를 파악할 수 있는 중요한 기준이 된다. 배변을 아예 하지 않거나 배설물이 정상적인 형태가 아닐 경우, 변에 기생충이 있을 경우 질병발생의 가능성이 있다. 이처럼 사육자는 1차적으로 나타나는 여러 가지 외형적인 변화를 살펴봄으로써 건강상태를 파악하는 것이 가능하다.

먹이를 먹은 직후 배가 불룩해진 아마존 트리 보아

좀 더 사육경험이 있는 경우 뱀의 행동을 관찰해 보면 이상상태를 파악할 수 있는데, 외형적인 변화를 관찰하는 것만큼이나 행동의 변화에도 주의를 기울여 살피는 것이 필요하다. 앞서 언급했다시피 평소와 다르게 나타나는 행동은 곧 질병의 전조일 수도 있기 때문이다. 뱀은 그다지 활동적인 동물이 아니기 때문에 먹이를 찾을 때나 온도조절을 위해 이동하는 경우가 아니라면, 뱀의 움직임을 관찰하는 것은 쉽지 않다. 반대로 이야기하면, 뱀이 움직인다는 것은 뭔가 요구사항이 있다는 것으로서 먹이를 급여하거나, 사육장의 온·습도를 조절하는 등의 사양 관리가 필요하다는 의미이기도 하다.

질병이 발생하면 움직임이 더 줄어들게 된다. 질병을 앓고 있는 중에 유일하게 활동이 느는 경우라면, 뱀이 외부기생충을 떼어내기 위해 벽면에 자신의 몸을 비비는 행동을 할 때 정도다. 건강상 이상이 있는 개체에게 가장 먼저 나타나는 증상은 대부분 활력이나 활동성이 둔화되고 무기력해지는 것이다. 뱀은 평소에 움직임이 매우 적기 때문에 행동을 보고서는 알아차리기가 더 힘들다.

■**거식** : 다음으로 보이는 행동이 거식이다. 동면 전이나 탈피기간 혹은 산란 전에 보이는 정상적인 먹이거부반응이 아니라면, 먹이를 거부하는 반응 역시 질병의 대표적인 징후 가운데 하나라고 할 수 있다. 건강상태가 조금 좋지 않더라도 먹이에 대한 반응을 보이면 정말 심각한 증상까지는 이르지 않았다고, 최소한 치료에 희망은 있다고 판단할 정도로 먹이반응은 건강상태와 밀접한 관계가 있다.

질병의 첫 번째 증상으로서 먹이활동이 중지되는 현상은 나름의 합리적인 이유가 있다. 음식물의 소화와 흡수에는 많은 에너지가 필요한데, 질병을 앓고 있는 중에 음식물이 들어오면 스스로 질병을 이겨내는 데 필요한 에너지가 부족해지게 되기 때문에 체내의 면역력이 극대화될 수 있도록 일시적으로 먹이활동을 중지하는 것이다. 거식은 곧 영양부족으로 이어지므로 과도하게 몸이 마를 때도 질병을 의심해볼 수 있다.

■ 이상행동 : 또 다른 질병의 전조는 휴식을 취하는 자세가 평소와는 달리 불안정한 것이다. 몸이 뻣뻣해 보인다거나, 똬리를 튼 모습이 평소와 다르게 불완전하거나, 덜 꼬여진 자세를 오랫동안 유지하는 것이 대표적이다. 그밖에 경련이나 마비 및 정동행동, 몸을 비비거나 긁는 행동, 헤엄치는 모습의 이상, 지나치게 오랜 수면(기면 혹은 혼수상태), 지나치게 숨으려고 하는 행동, 불안정한 움직임, 끊임없이 움직이는 것, 갑작스런 식성의 변화, 먹잇감에 대한 흥미상실, 적절치 않은 위치에서 움직이지 않는 것, 갑자기 공격성이 증가하거나 쉽게 놀라고 결사적으로 도망치려고 하는 행동 등이 있다. 평소와는 달리 자극에 대한 반응이 없거나, 반응속도가 현저하게 저하될 때 혹은 보통 때와는 달리 과도한 회피반응을 보이거나, 반대로 강한 공격성을 보이는 경우도 질병의 예후일 수 있다.

■ 냄새 : 질병의 전조를 파악하기 위해 코로는 냄새를 확인한다. 가끔 사육장이나 뱀에게서 평소에는 느낄 수 없었던 독특한 냄새가 나는 경우가 있는데, 이러한 경우에도 질병을 의심해볼 수 있다. 대변이나 소변냄새가 아닌 제3의 악취가 나면 건강상태를 다시 확인해보는 것이 필요하다. 구토나 설사 역시 체내의 세균이나 오염물을 배출하려는 방어행동이므로 반대로 생각하면 몸에 무언가 이상이 있다는 신호로 이해할 수 있다.

■ 소리 : 귀로는 빠른 호흡과 거친 호흡음, 특이한 경계음처럼 평소와는 다른 소리를 확인한다. 호흡기질환이 있을 때는 호흡이 거칠고 소리가 나며 재채기, 콧물, 거품이나 분비물이 생기기도 한다. 평소와는 달리 유난히 거칠게 히싱(hissing)을 하는 것 역시 질병으로 인해 예민해졌기 때문일 수도 있으므로 '이 녀석이 오늘 유난히 왜 이러지?'라고만 생각할 것이 아니라 건강상의 이상을 의심해보는 것도 나쁘지 않다.

이렇게 단순히 눈, 코, 귀만으로 증상을 파악하기는 어렵기 때문에 정기적으로 뱀의 상태를 점검할 때는 반드시 손으로 확인하는 것이 필요하다. 피부의 탄력과 영양상태를 확인하고, 몸이 힘없이 축 처져 있지는 않은지, 외상은 없는지 등도 꼼꼼히 살펴야 한다.

질병개체 발견 시 대처법

앞서 언급했다시피 사육자가 증상을 확연하게 알아차릴 정도가 되면, 이미 치료가 어려울 정도로 질병이 진행된 경우가 많기 때문에 평소에 사육하는 뱀의 상태를 세심하게 살피는 일은 무엇보다 중요하다. 뱀은 사실 다른 애완동물에 비해 상당히 손이 덜 가는 동물이기 때문에 애정 있는 사육자라 해도 매일 건강상태를 꼼꼼하게 살피기는 쉽지 않다. 그러다가 어느 순간 갑자기 질병증상을 발견하면 적잖게 당황하게 된다. 이때 도움을 받을 수 있는 전문가가 가까이 있거나, 진료 가능한 동물병원을 미리 알아뒀다면 큰 도움이 될 것이다. 따라서 뱀을 사육하기로 마음먹었다면 집에서 가깝고 임상경험이 많은, 뱀의 진료가 가능한 동물병원의 연락처를 미리 알아두는 것이 좋다.

파충류 사육 역사가 짧은 우리나라는 아직 전문적으로 뱀을 치료할 수 있는 설비와 임상경험을 갖추고 있는 동물병원이 드문 것이 현실이다. 더욱이 많은 수의사들이 뱀 자체에 대해 거부감을 가지고 있고, 파충류는 특히 치료도 용이하지 않은데다가 어렵사리 치료한다고 해서 그로 인해 막대한 이익이 생기지는 않기 때문에 많은 동물병원이 파충류 치료에 대해 특별히 관심을 기울이지 않는 것으로 보인다. 이처럼 뱀이 아프다고 무조건 가까운 동물병원으로 데리고 갔다가는 치료를 받지 못하는 경우가 생길 수도 있는 만큼 뱀이 아프기 전에 미리 파충류 치료가 가능한 병원을 검색해두는 것이 좋다.

일단 어떤 형태로건 사육 중인 뱀에게서 질병증상이 발견되면 가장 먼저 할 일은 그 증상의 원인을 파악해보는 것이다. 감기인지, 화상인지, 기생충으로 인한 것인지 등을 어느 정도라도 파악할 수 있으면 이후 보유하고 있는 약품을 이용해 자가 치료할 것인지, 좀 더 경과를 지켜볼 것인지, 아니면 즉시 동물병원으로 가서 수의사의 도움을 받을 것인지에 대한 결정을 내릴 수 있다. 그러나 사실 외관상의 증상만으로 발병의 심각성을 파악하기는 쉽지 않기 때문에 사육자의 판단은 최소한으로 제한하고, 가급적 전문지식을 갖춘 수의사의 도움을 받는 것이 현명하다.

개별 사육장이 아니라 한 사육장에 여러 마리의 뱀을 합사 중일 때 사육개체 가운데 한 마리에게서 질병으로 판단될 만한 증상이 포착되면, 가장 먼저 할 일은 즉시 그 개체를 격리시켜 더 이상의 진행이나 전염의 확산을 방지하는 것이다. 질병개체의 격리는 증상을 발견한 순간 바로 이뤄져야 한다. 합사했던 다른 개체들에게서 외관상으로 질병증상이 나타나지 않더라도 가급적이면 사육장에 있던 모든 개체를 각각 따로 격리하는 것이 좋다. 질병을 치료하기 위해 실시하는 처치 역시 개체의 건강상태나 질병증상에 따라 차

건강한 뱀은 자극에 대한 반응이 신속하고 즉각적이다.

이를 보이기 때문에 격리해서 개별 관리하는 것이 유리하다. 특히 다른 질병보다 사육 시에 흔히 발생하는 호흡기질환의 경우에는 시간을 늦추면 늦출수록 다른 개체로의 전염위험이 급격하게 높아지기 때문에 발견 즉시 다른 사육장으로 옮길 것을 권장한다.

질병을 치료하기에 앞서 치료를 위한 별도의 공간을 마련하는 것이 필요한데, 이럴 경우 사용하는 사육장과는 별도로 치료를 위한 사육장을 여분으로 준비해두면 도움이 된다. 여의치 않을 경우에는 사용하고 있는 사육장 내외부를 전체소독하고, 현재 뱀의 상태를 고려해 치료를 위한 온·습도와 환기조건을 제공해야 한다. 보통 질병치료 시에는 평상시의 사육온도보다 사육장의 온도를 조금 높게 설정하는데, 기온은 33~34℃, 수생성 뱀이라면 수온은 28~30℃ 정도로 설정하도록 한다. 수생성 뱀의 경우 질병으로 정상적인 행동이 어렵다고 판단될 때는 일시적으로 수위를 낮춰주는 등의 관리도 필요하다. 동물병원에서 치료를 마치고 다시 집으로 뱀을 데리고 온 이후에도 분무식 소독약 등으로 사육설비와 손을 수시로 소독해 더 이상 전염이 진행되지 않도록 한다.

다행히 합사했던 다른 개체에게서 질병증상이 나타나지 않더라도 완전히 마음이 놓일 때까지는 합사를 지양하고, 지속적으로 건강상태를 모니터링하는 것이 필요하다. 그러나 앞서 언급한 이런 대처법들 자체가 필요한 경우가 생기지 않도록 미리 질병의 예방에 만전을 기하는 것이 최선의 사육법이라고 할 수 있다.

Section 02

뱀의 질병과 그 대책

이번 섹션에서는 사육 중에 발생할 수 있는 뱀의 질병에 대해서 알아보자. 일단 사육하는 뱀에게서 이상증상이 나타나면 사육자는 최대한 신속하게 그 증상과 원인을 파악하고, 회복을 위한 적절한 대책을 강구해야 한다.

피부 관련 질환

뱀의 신체를 감싸고 있는 비늘은 외부의 자극으로부터 신체를 보호하고, 이동의 수단이 되는 등 생존에 있어 무엇보다 중요한 역할을 하는 신체기관이다. 평상시에는 튼튼한 보호막의 구실을 하지만, 작은 부분에라도 외상이나 감염이 생기면 급속도로 증상이 악화되기도 한다.

■비늘감염(scale rot) : 구내염(mouth rot)과 마찬가지로 오염되고 습한 사육장으로 인해 발생하는 질병이다. 등 부분보다는 항상 바닥에 대고 있는 배 부분에서 쉽게 발생하는데, 대부분의 경우 배비늘에서 시작해 증상이 진행됨에 따라 등 쪽으로 감염범위가 넓어진

캘리포니아 킹스네이크

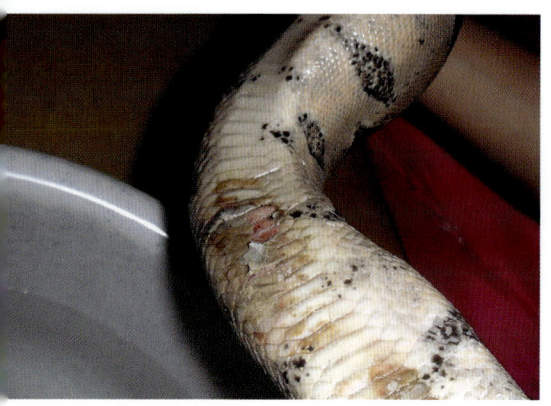
배 부분이 감염된 모습

다. 평소 사육장이 오염돼 있거나 배설물을 바로바로 치워주지 않으면, 오염물질이 배비늘 사이에 끼게 되고 세균이 증식해 감염된다. 사육장이 따뜻한데다 바닥재가 축축하기까지 하면 발생빈도가 급격히 증가한다. 질병의 특성상 육상에 서식하는 대형종 뱀에게서 발현빈도가 높다.

질병발생 초기에 뱀의 배를 뒤집어 보면 배비늘 군데군데에 울긋불긋한 감염자국이 있는 것을 확인할 수 있는데, 배 부분의 색깔이 짙거나 얼룩무늬가 있는 종이면 감염초기에 발견하기가 쉽지 않으므로 사육하고 있는 종의 최적 컨디션일 때의 배의 색상과 무늬를 기억해두는 것이 좋다. 증상이 진행되면 비늘이 떨어져 나가고, 수포나 물집이 생기기도 한다. 수생뱀의 경우에도 수질관리가 잘 돼 있지 않으면 역시 피부 관련 질환이 쉽게 발생할 수 있다.

비늘감염을 치료하기 위해 가장 먼저 해야 할 일은 감염된 개체를 청결한 사육장으로 옮기는 것이다. 오염된 기존의 사육장 내에서는 치료효과를 전혀 기대할 수 없다. 이렇게 치료를 위해 새로 세팅한 사육장에는 물그릇은 넣어주지 않는 것이 좋다. 비늘이 울긋불긋해지는 정도의 초기증상을 보이는 경우라면 10% 베타딘(betadine)으로 약욕시키면 어느 정도 효과를 기대할 수 있다. 치료에 있어 한 가지 유의할 것은 이러한 응급처치가 가능한 것은 수포로 진행되기 전까지라는 것이다. 경과가 그 이상 진행되면 수의사의 도움을 받아야 한다. 이때부터는 항생제 치료가 필요한데, 치료를 위해서는 상당한 시간과 노력을 요하는 길고도 지루한 과정이 기다리고 있으므로 예방이 무엇보다 중요하다.

비늘감염은 다행스럽게도 사육장만 청결하고 건조하게 유지해준다면 어렵지 않게 예방할 수 있는 질병이므로 항상 사육장 청결에 힘쓰도록 하자. 덧붙이자면, 본 질병을 치료하기 위해 뱀을 다룰 때는 다른 때보다 더욱 조심해야 한다. 온순한 종이라 하더라도 배 부분에 세균성 염증이 있으면 공격성이 증가하는 경향이 있기 때문이다.

■ **외상** : 뱀은 매우 유연하게 움직이기 때문에 사육장 내부에 설치된 데코용품들의 모서리가 좀 날카롭더라도 이동하면서 상처가 생기는 경우는 없지만, 갑자기 놀라게 했을 때

황급히 피하면서 부딪쳐 상처가 생기는 경우가 있다. 특히 탈피시기에는 비늘이 부드러워지기 때문에 탈피허물을 비벼 벗는 과정에서 상처가 생기기도 한다. 야생채집개체나 겁이 많은 종인 경우에는 사육장을 탈출하는 과정에서 코 부분에 외상이 생기는 경우가 많다. 이러한 사고를 방지하기 위해서는 자극을 줄이고 사육장을 어둡게 해주거나, 적절한 장소에 은신처를 설치해주는 것이 도움이 된다.

외상이 발생하는 또 다른 주요 원인은 먹이동물로부터 공격을 받는 것이다. 먹잇감을 완전히 제압하지 않고 사육장 내에 방치했을 때 오히려 먹잇감으로부터 뱀이 공격당해 심한 부상을 입는 경우도 이따금 보고되고 있다. 토끼처럼 덩치가 큰 동물을 산 채로 먹이로 줄 경우에도 완전히 제압하지 않고 급여하면, 뱀에게 조여진 상태에서 토끼가 격렬하게 발버둥치게 되면서 발톱으로 인해 심각한 상처를 입기도 한다.

특히 주의해야 할 외상은 '화상'이다. 열원의 잘못된 설치나 고장으로 인해 화상을 입는 경우가 있으므로 열원은 안정된 위치에 정확히 설치해야 하고, 온도는 수시로 관리해주는 것이 좋다. 앞서 사육장의 조성 편에서 언급했다시피 열등은 반드시 사육장 외부에 설치하도록 하고, 저면열판은 사육장 일부에만 설치해야 한다. 오래 전 사육장 안쪽에 열원소켓을 설치하고 타이머로 전원을 조절했을 때 문제가 생긴 사례를 소개한다. 사육자는 뱀이 올라가지 못할 정도의 높이에 설치했다고 생각했지만, 열원이 꺼진 틈에 뱀이 전구소켓과 전구 사이의 좁은 공간에 자리를 잡았고, 나중에 타이머가 작동돼 심각한 화상을 입은 개체가 있었다. 누차 강조하지만 파충류와 열은 밀접한 관계이므로 사육하면서 열과 관련된 기기들은 와트 수부터 설치위치, 가동시간에 이르기까지 세심한 계획 하에 설치해야 한다. 가벼운 상처라면 항생제 치료를 하면 되지만, 심한 경우에는 외과적 처치가 필요할 때도 있다. 특히 심한 화상은 뱀을 폐사에 이르게까지 하지는 않더라도 애완으로서의 가치를 상실하게 함으로써 사육자의 사육의욕을 저하시키는 경우가 많기 때문에 더욱 조심해야 한다.

이와 같은 외상들은 초기에 치료를 시작하면 회복되는 경우가 많다. 더구나 사육환경이 청결하고 적절한 치료만 병행된다면

배 부분에 화상을 입은 모습

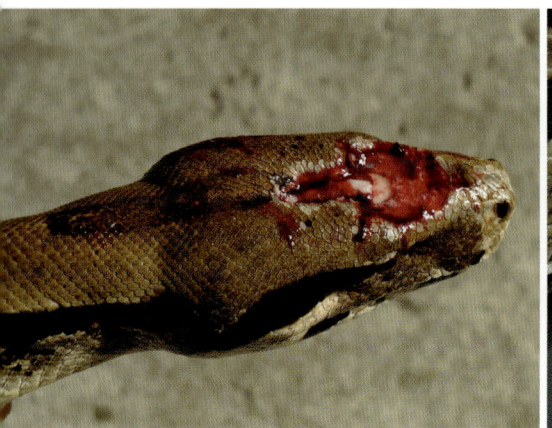 

외상은 보기 싫은 상처를 장기간 남기게 되므로 사고를 당하지 않게끔 평소 세심하게 관리하도록 한다.

뱀을 폐사에 이르게 할 정도로 심각한 문제가 되지는 않는다. 그러나 초기에 적절한 치료를 실시하지 않으면 균류 및 박테리아 감염이나 패혈증 등으로 치명적인 결과를 초래할 수도 있다. 따라서 감염이 일어나지 않도록 사육장을 청결히 관리하는 것이 무엇보다 중요하다. 사육환경을 청결히 하지 않을 경우 치료효과를 기대하기 어렵고, 오히려 증상이 급격히 악화될 수 있으므로 반드시 사육장의 소독과 청소를 병행해야 한다.

호흡기 관련 질환

우리나라의 경우 4계절의 변화가 뚜렷한 기후 특성으로 인해 사육 중 가장 흔하게 보고되는 질병이 바로 호흡기와 관련된 것이다. 외형적으로 관찰되는 증상이 비교적 뚜렷하기 때문에 감염여부를 파악하기가 상대적으로 용이하지만, 완치시키는 것은 생각만큼 쉽지 않고 감염으로 인한 폐사율도 높다.

■호흡기감염(RI, respiratory infection) : 실제로 파충류를 사육하고 파충류사육동호회에 가입해 활동하다 보면 심심치 않게 접하게 되는 용어가 이 'RI'다. 다른 질병보다 발생빈도도 높고, 그런 만큼 파충류 사육자들 사이에서 상당히 자주 언급되는 질병이기 때문이다. 다년간 뱀을 사육한 경험이 있는 사육자라면 직접 경험하거나 주위에서 접한 경험이 있을 만큼 흔한 질병이고, 필자 역시도 RI로 여러 마리의 아끼던 뱀을 떠나보낸 경험이 있기 때문에 예방에 주력하는 질병이기도 하다.

'감기 정도가 뭘' 하고 생각하는 사람도 있겠지만, 뱀을 포함한 모든 파충류에게 발생하는 호흡기질환은 사람의 감기와는 완전히 다른 의미를 가지고 있는 질병이라고 할 수 있다. 앞서 잠깐 언급했다시피 뱀은 횡경막이 없기 때문에 의도적으로 기침을 해서 폐에 고인 분비물을 가래나 침의 형태로 몸 밖으로 내보낼 수가 없다. 즉 호흡기에 들어온 세균을 몸 밖으로 내보낼 수 없는 구조이기 때문에 일단 감염되고 치료가 늦어지면 폐렴으로 진행되는 경우가 많다. 이러한 뱀의 독특한 폐 구조와 기능으로 인해 뱀의 호흡기질환은 사람의 감기보다 훨씬 치명적인 결과를 초래하게 된다.

사육 중에 보온되지 않은 사육장이나 지나치게 건조한 사육장, 차가운 외풍, 극심한 온도변화, 겨울철 온욕통에 장시간 방치하는 행동 등은 호흡기질환을 유발하는 주요 원인이 된다. 드물게 과습한 바닥재나 분진이 많이 발생하는 바닥재, 환기가 되지 않는 오염된 탁한 공기로 인해 발생하기도 한다. 특히 사막이나 열대지방 원산의 뱀은 짧은 시간의 추위, 잠깐 동안의 급격한 온도변화에도 호흡기질환에 걸릴 수 있으므로 관리에 더욱 주의를 요한다. 거식이 나타나고 활동성이 둔화되는 기본적인 질병의 증상과 더불어 호흡기질환만의 특징이 관찰되는데, 호흡기질환에 걸리면 당연히 평상시처럼 정상적으로

뱀은 호흡기질환에 상당히 취약한 동물이므로 예방에 만전을 기해야 한다.

호흡하지 못하게 된다. 평소에는 들리지 않던 거친 호흡음을 내뱉고, 입을 자주 열었다 닫았다 하는 행동, 입을 크게 벌려 호흡하거나 혹은 고개를 치켜들고 숨을 쉬는 등의 행동을 보인다. 이와 더불어 콧물을 흘리고, 증상이 진행됨에 따라 코와 눈, 입 주위에 끈적거리는 분비물이 형성된다. 분비물의 색이 맑지 않고 희거나 노르스름한 상태일 경우에는 폐렴으로 인한 증상일 수도 있다. 호흡기질환의 경우 동물병원에서는 X-ray 검사로 확진하며, 네뷸라이저(nebulizer, 약물을 에어로졸로 만드는 기구) 요법과 항생제 처치로 증상을 완화시키게 된다.

RI증상을 확인하고 일단 치료를 시작하면 한두 번의 치료로 완치되는 경우는 드물기 때문에 역시 예방이 최선이다. 사육자가 해야 할 일은 발병개체 및 합사 중이던 개체를 격리 수용하고, 치료공간의 온도를 30℃ 정도로, 습도를 60% 이상으로 높게 유지시키도록 한다. 이때 습도를 유지하는 것이 관건이다. 수생뱀이라면 사육수조의 수온은 평소보다 5~10℃ 정도 올려 설정해 주도록 한다. 집중적인 온욕이나 스팀욕도 치료에 많은 도움이 된다. 파충류용 비타민제를 급여하고 스트레스 요인을 제거하며, 식욕이 있다면 평소 선호하던 먹이를 소량씩 자주 공급해서 체력을 북돋아주는 것도 필요하다.

똬리 트는 자세가 평상시와 달라진 것도 질병의 징후일 수 있다.

호흡기질환의 경우 금세 호전될 기미가 보이지 않으면 만성화돼 폐렴으로 발전할 수 있으므로 반드시 수의사의 치료를 받아야 한다. 항생물질을 주사하는 것이 효과적인데, 구강으로 투여하는 것은 장내의 유익한 세균까지 함께 사멸시킬 부작용이 생길 수 있기 때문이다. 호흡기질환이 확인되면 제일 먼저 할 일은 질병개체를 격리하고, 시판되는 케이지 소독제품이나 클로로헥시딘 등의 소독제를 이용해 사육장을 완벽하게 소독하는 것이다.

호흡기감염이 있을 때는 입을 벌려 호흡한다.

치료 중인 뱀이라면 신진대사를 활성화시키고 면역력을 증진시키며, 혹 사용해야 할 약품의 활성화를 돕기 위해 모든 방법을 동원해 뱀의 체온을 올려줘야 한다. 이때 탈수에 유의해야 하는 것은 물론이다. 자가치료로서 가습기에 유칼립투스 오일을 몇 방울 첨가해 이용하는 사육자도 있는데, 이 방법 역시 꽤 효과적이다.

눈 관련 질환

처음 뱀을 사육하는 사람들은 탈피기에 눈동자가 일시적으로 흐려지는 것을 눈병으로 생각하기도 하는데, 이는 뱀의 자연스러운 탈피과정이므로 걱정하지 않아도 된다. 뱀은 다른 동물의 경우와는 달리 특정 비타민의 결핍으로 인한 안질환도 드물고, 눈꺼풀이 붓는 등의 증상도 나타나지 않는다.

■**안구감염(eye infections)** : 안구감염 역시 사육 하의 뱀에게서 쉽게 볼 수 있는 질병은 아니다. 상당히 오랜 기간 뱀을 사육해 왔지만 필자 역시 이 증상을 관찰한 것은 두 번이 고작이다. 감염 부위에 따라 안구 바깥쪽에 일어나는 감염, 안구 비늘 안쪽의 감염, 그보다 더 위험한 안구 내부의 감염으로 구분되는데 안쪽으로 진행될수록 위험하다.
영양학적으로 살펴보면 안구 관련 질병은 비타민 부족으로 인해 많이 발생하지만, 뱀의 경우 섭식 특성상 특정한 비타민이 부족하게 되는 경우는 흔치 않기 때문에 비타민 결핍이 원인인 경우는 드물다. 대부분의 안구감염은 구내염처럼 눈 부분의 외상이나 내부기생충이 원인이 된다.

안구감염은 눈 부분의 외상이나 내부기생충이 원인이 된다.

마이트나 틱이 눈 부분에 서식하면서 피를 빨기 위해 상처를 내고, 그 부분이 감염되기도 한다. 일반적인 증상은 눈에 하얀색의 막이 생기고 붓는 것이며, 오랜 기간 방치하면 뱀의 시력에 문제가 생길 수 있다. 더 진행되면 점차 활동성이 둔화되고 쇠약해지며, 결국 폐사에 이르게 된다. 다른 질병도 마찬가지지만, 안구감염은 특히 치료를 서둘러야 한다. 여러 감각기관이 모여 있는 머리 부분의 질병이고, 혈류를 따라 다른 곳으로 번져나갈 가능성이 높기 때문이다. 동공이 보이지 않을 정도로 안구 비늘 안쪽에 하얀색의 분비물이 모여 있는 경우가 드물게 나타나는데, 이는 보통 다음번 탈피 때 허물이 벗겨지면서 깨끗하게 회복되는 경우가 많다.

입 관련 질환

머리에 위치한 다른 신체기관들 가운데 입 관련 질환의 빈도는 상대적으로 높은 편이다. 그 가운데 가장 흔한 것이 구내염으로서 초기에 확인해 치료하지 않고 치료시기를 놓치면, 이후 상당히 오랜 기간 동안 사육자를 괴롭히는 질병이다.

■**구내염(mouth rot)** : 사나운 종의 경우에는 잦은 입질로 유리면에 입 부분을 부딪쳐 상처가 생기고, 상처가 생긴 부위에 세균이 감염되는 경우가 있다. 온순한 종이라 하더라도 사냥 중에 혹은 부적절한 사육환경이나 스트레스 때문에 사육장을 이탈하기 위해 벽면을 문지르는 과정에서 입 부분에 상처가 생기고, 그 부분에 세균 및 헤르페스 바이러스(herpes virus) 감염이 일어나면서도 발생한다.

사육장 내부의 세팅자재들이 뱀에게 상처를 낼 만큼 날카롭거나, 작은 상처에도 쉽게 감염이 일어날 정도로 사육환경이 위생적이지 못할 경우에 발생빈도가 증가한다. 조류를 먹이로 삼는 보아나 수생성 비단구렁이류처럼 앞니가 길게 발달한 종에게 발생빈도가 높다고 보고되고 있다. 호흡기질환처럼 뱀에게 상당히 쉽게 나타나는 질병이므로 구내염에 대한 기본적인 정보를 미리 숙지하는 것이 좋다.

초기증상은 1차적으로 먹이를 거부하고, 입 부분에 미세한 분비물이 생기는 것이다. 이때 관심 있는 사육자라면 뱀의 입 주변에서 나는 좋지 못한 냄새로 인해 조기에 증상을 발견하는 경우도 있으나, 평소 뱀을 자세히 관찰하지 않으면 이 정도의 가벼운 증상으로 감염 여부를 알아채기는 어렵다. 이 시기에 입을 벌려 안쪽을 살펴보면 평소보다 혈관이 확장돼 있고, 전체적으로 붉은색을 띠어 평소와는 다른

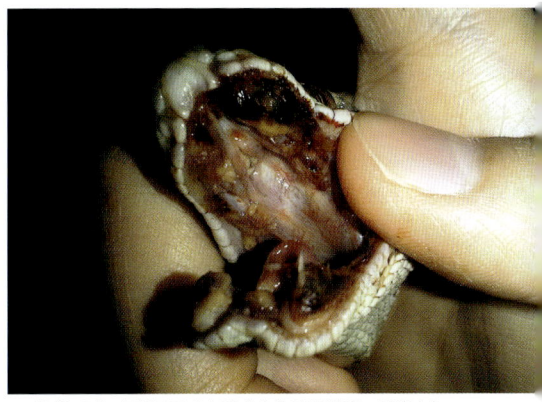

구내염은 호흡기질환만큼이나 뱀에게 흔히 발생하는 질병이다.

모습을 보이므로 구내염의 의심이 들면 구강 안쪽을 확인해 보자. 굳이 이렇게 하지 않더라도 뱀이 입을 자주 여닫는다거나, 입을 다물고 있는 모습이 평소와 조금이라도 다르면 뭔가 입에 문제가 있는 것이므로 미리 확인해서 조치를 취하는 것이 최선이다.

그러나 이렇게 초기에 증상을 포착해내는 경우는 드물다. 보통은 증상이 좀 더 진행돼 혀나 구강에 염증과 고름이 생기고, 생성된 분비물이 입에 차고 목이 붓는 정도가 돼야 발견되는 경우가 많다. 증상이 더 악화되면 악취가 나고 끈적거리는 분비물을 흘린다. 이런 증상 때문에 입을 다물지 못하고 있는 모습을 보이기도 하며, 심한 경우 식도, 기관, 폐에까지 염증이 확대된다. 조직뿐만 아니라 뼈에까지 전이돼 이빨이 빠지고 골수염으로 진행되기도 한다. 이와 같은 증상으로 인해 식욕이 감퇴되기 때문에 강제급여가 필요하게 되는 경우도 생길 수 있다.

구내염이 발생했다는 것은 일단 사육 중인 뱀이 고통을 무릅쓰고라도 사육장을 벗어나고 싶은 행동을 할 만큼 극심한 스트레스를 받고 있다는 의미로 이해할 수 있다. 야생채집개체로서 인공사육환경에 적응하지 못하고 자연을 찾아가려는 본능에 따라 사육장을 벗어나려는 행동을 보인 것일 수도 있는데, 사실 이는 그리 큰 문제가 되지 않는다. 자연상태로 꾸민 더 큰 사육장으로 이동시킴으로써 충분히 탈출의 욕구를 감소시킬 수 있기 때문이다. 그것보다 더 큰 문제는 뱀이 바이러스 감염을 이겨낼 만큼 영양이 충분히 공급되지 않았을 경우와, 사육자가 조성한 현재의 사육장 환경이 뱀이 벗어나고 싶을 만큼 불안정하고 감염이 일어날 만큼 청결하지 못할 때다. 이 경우에 발생한 구내염은 전적으로 사육자의 책임이므로 질병치료와 더불어 사육환경의 개선이 필요하다.

> **Tip 구내염의 증상**
>
> - 거식증상을 보인다.
> - 입을 정상적으로 닫지 못한다.
> - 초기증상은 입 안쪽의 혈관이 확장돼 있고, 전체적으로 붉은색을 띤다.
> - 입 부분에서 상당히 역한 냄새가 난다.
> - 위아래 턱이 부어 있다.
> - 점액질의 분비물이나 고름이 생긴다.
> - 증상이 진행되면서 이빨이 빠지고 식도, 기관, 폐, 턱뼈 등 다른 기관에까지 염증이 확대된다.

구내염 증상을 보이고 있는 뱀

질병발생 초기라면 감염부분을 면봉 등으로 꼼꼼히 긁어 제거하고, 물과 1:1로 희석한 포비돈이나 과산화수소용액으로 감염부위를 철저히 소독한 후, 항생제를 발라주는 것만으로도 증상을 어느 정도 완화시키는 것이 가능하다. 일단 증상이 진행되면 동물병원에서 외과적 처치와 전신 및 국소에 대한 전문적인 항생제 치료를 받을 필요가 있다. 구내염이 악화되면 일반가정에서는 대처하기가 어렵기 때문에 증상이 진행되기 전에 미리 발견하고 조치를 취하는 것이 무엇보다도 중요하다. 따라서 거식증상이 나타나면 온도와 습도 관리에만 관심을 기울이지 말고 구내염도 의심해볼 필요가 있다.

■ **구토(regurgitation/vomiting)** : 뱀은 일단 완전히 삼킨 먹이를 다시 토해내는 경우가 드물지만, 부득이하게 삼킨 먹이를 토하게 되는 몇 가지 상황이 있다. 첫 번째는 '자신의 안전이 보장되지 않을 때'다. 먹이를 먹는 것보다 생명을 구하는 것이 더 중요할 때 뱀은 어렵게 잡아 삼킨 먹이를 토한다. 자연상태에서는 소화를 시킬 안전한 장소로 이동하는 중에, 천적의 위협을 받아서 반격하거나 도망치기 위해 몸을 가볍게 해야 할 필요가 있을 때 먹이를 토한다. 간혹 인터넷에 올라오는 글을 보면, 뱀이 먹이를 삼키는 과정의 모습을 올리고는 마지막에 '먹이를 토하고 도망가는 뱀'이라는 제목이 붙은 사진이 자주 보이는데, 그것이 이런 경우에 해당된다. 근래 사진을 취미로 하는 사람이 늘면서 좋은 생태사진을 찍기 위해 오히려 환경을 해치거나 동물들에게 해를 끼치는 사례들도 늘고 있는데, 이런 짓은 안 하느니만 못한 취미활동이라고 생각된다. 자연에서 뱀이 먹이를 먹는 모습을 본다는 건 놀랍고도 신기한 광경이겠지만, 그 사실을 기록하기 위해 뱀이 어렵게 잡은 먹이를 두고 도망가게 한다는 것은 바람직하지 못하다.

사육 하에서도 자연상태에서와 마찬가지로 먹이를 급여한 후 바로 뱀을 핸들링하거나 자극하는 등의 스트레스를 주면 삼킨 먹이를 다시 토해내고 방어태세를 갖춘다. 따라서 핸들링은 뱀에게 먹이를 급여하고 최소 48시간이 지난 후에 실시하도록 한다.

먹이를 토하는 두 번째 이유는 '너무 많은 먹이를 먹었을 때' 다. 소화시킬 수 없을 만큼 큰 먹이나 너무 많은 먹이를 먹었을 경우 뱀은 삼켰던 먹이의 일부 혹은 전부를 토해낸다. 사육 하에서는 드문 일이지만, 초보사육자의 경우 뱀의 먹이반응이 지나치게 좋은 나머지 너무 많은 먹이를 급여해 토하게 만드는 경우가 간혹 있다. 이 두 가지 경우에 나타나는 구토는 지극히 정상적인 행동이며, 오히려 뱀의 반응상태가 정상적이고 개체가 건강하다는 증거가 되기도 한다. 다시 먹이를 먹이려면 좀 성가시기는 하지만, 이런 경우 뱀이 먹이를 토했다고 해서 크게 걱정할 것은 아니다. 이렇게 뱀을 토하게 만드는 것이 올바른 행동은 아니고 토하지 않도록 잘 관리해야 하겠지만, 사육 중의 부주의로 드물지 않게 일어나는 일인 것도 사실이다.

먹이급여 후에는 사육장의 온도를 높여줘야 구토를 방지할 수 있다.

세 번째는 '소화시킬 환경이 갖춰지지 않았을 때' 다. 좀 더 정확하게 이야기하면, '먹이를 먹은 이후에 소화시키는 데 적합한 온·습도가 충분히 제공되지 않을 경우' 다. 소화에 필요한 온도를 외부로부터 제공받는 변온동물인 뱀은 체온을 적절하게 유지하지 못하면 삼킨 먹이가 뱃속에서 부패해 죽게 되는데, 이럴 때 먹이를 토해낸다. 이처럼 구토의 원인이 온도로 인한 것일 경우에는 사육자의 반성이 필요하다. 사육장 관리를 제대로 하지 않았다는 의미이기 때문이다. 사육 하에서 스트레스 요인이 없었음에도 불구하고 먹이를 토했다면 사육장의 온·습도를 확인하고, 필요할 경우 추가로 열원을 설치해 줄 필요가 있다. 온욕을 시켜주는 것도 어느 정도는 도움이 될 수 있다. 온도와 습도 이외에도 진동이나, 적으로 느껴질 수 있는 다른 애완동물의 존재를 알아채는 것 등도 구토의 원인이 된다. 따라서 적어도 소화기간만이라도 이러한 스트레스 요인을 제거하고, 안정된 환경을 유지해주는 것이 좋다.

네 번째로 가장 걱정해야 할 때는 뱀의 구토가 '기생충감염이나 소화기관의 이상, 혹은 극심한 스트레스로 인한 것' 일 경우다. 스트레스나 온도로 인한 구토 이외에 뱀이 하는 구토는 '심각한 질병의 예후' 인 경우가 많다. 스트레스 요인도 없고, 사육장 온도도 적정함에도 불구하고 먹이를 토한다면, 질병을 의심하고 수의사의 도움을 받는 것이 좋다. 우리말로 정확하게 구분하기는 어렵기 때문에 앞서 뱀의 '구토' 라고 표현했는데, 뱀의 구토는 'Regurgitation' 과 'Vomiting' 의 두 가지로 세분화할 수 있다. 'Regurgitation' 은 뱀이 삼킨 먹이가 위에 도달해 여러 가지 소화효소들과 섞이기 전에 토해내는 것을 의미하며, 소화과정 중에 이를 토해내는 것은 'Vomiting' 이라고 별도로 구분한다. 구토물과 함께 뱀이 가지고 있는 위산과 소화효소를 함께 토해내기 때문에 'Regurgitation' 보다는 'Vomiting' 이 더 위험하다.

사육 중인 뱀이 이렇게 구토를 하면 사육자는 걱정을 많이 하게 되는데, 너무 조급하게 먹이를 먹이려는 시도는 하지 말고, 1~2주 정도 금식시키며 안정시켰다가 개체가 선호하는 작은 크기(평소의 1/4 ~1/2)의 먹이부터 서서히 급여를 시작하면 된다.

총배설강 관련 질환

소화 또는 산란과 관련된 이상증상이나 질병 역시 간혹 보고되고 있다. 사육 하에서는 아무래도 먹이공급량에 비해 운동량이 부족하기 때문에 자연상태에서보다 이상증상이 나타날 확률이 더 높은 것이 사실이다. 주기적인 온욕이 효과적인 예방법으로 추천되고 있다.

■ **변비(constipation)** : 뱀의 배변빈도는 먹이급여의 빈도와 급여하는 먹이의 종류 및 양에 따라 상당히 많은 차이를 보인다. 대부분 별다른 문제없이 배설을 잘 하는 편이지만, 간혹 오랜 기간 배설을 하지 않는 경우가 있다. 변비는 육식성 거북이나 왕도마뱀 등 완전육식을 하는 파충류 종에서는 드물지 않게 발견되는 질병인데, 다행스럽게도 뱀에게서는 상당히 보기 드문 증상 가운데 하나다. 그러나 사육 하에서의 파충류는 만성적인 탈수와 운동부족으로 대사과정이 방해받는 경우가 많기 때문에 아무래도 자연상태에서보다 발현빈도가 높다고 할 수 있다.

변비의 원인은 운동부족과 탈수 외에도 스트레스로 인한 대사불량, 알을 가지고 있을 때, 이물질 혹은 기생충으로 인한 장관폐색 등 한 가지로 특정 짓기 어려울 정도로 다양하다. 회복을 위해서는 먹이를 급여하는 빈도와 급여량을 줄이고, 운동량을 늘려주거나 구충을 하는 방법이 있다. 주기적으로 실시하는 온욕은 변비를 방지하거나 완화시키는 효과가 있다. 또한, 사육장 내에 설치하는 물그릇 하단에 히팅 패드를 설치해 수온을 미지근하게 유지해주는 방법으로 배변을 유도할 수도 있다. 이렇게 예방을 했음에도 불구하고 변비 증상이 있다면, 총배설강의 변이 걸려 있는 부분에 윤활액을 주입해서 직접 짜내는 응급처치도 실시할 수 있다. 이때 경험이 없다면 믿을 만한 수의사의 도움을 받는 것이 좋다.

정상적인 뱀의 배설물

■ **탈장(prolapsed), 탈항(sutured wound)** : 총배설강 부분에 붉은색의 돌출된 장을 매달고 있는 것이 관찰되면 탈장을 의심해볼 수 있다. '탈장'은 배설강의 안쪽, 소장의 일부나 암컷의 경우 생식기의 일부가 총배설강으로부터 돌출되는 증상을 말한다. 간혹 배변을 하다가, 혹은 번식기 때 생식기의 일부를 외부로 돌출시키는 것을 보고 탈장을 의심하기도 하는데, 이는 지극히 정상적인 현상이므로 크게 걱정하지 않아도 괜찮다. 이럴 경우 돌출된 생식기는 곧바로 몸속으로 들어가 문제가 되지는 않는다.

탈장의 원인은 정확하게 알려져 있지 않지만 스트레스 혹은 기생충이 원인이거나, 선천적·후천적인 요인으로 인해 배설을 돕는 근육이 약해진 것이 원인으로 추측되고 있다. 탈장은 사육자가 보기에는 심각한 증상처럼 느껴지겠지만, 초기증상이라면 생존을 위협할 정도로 심각한 질병은 아니며, 뱀 역시 그리 고통스러워하지는 않는다. 하지만 그럼에도 불구하고 가능한 한 빠른 치료가 필요하다. 돌출된 부위가 비교적 작으면 특별한 치료를 하지 않아도 다시 들어가는 경우가 있으나 심한 경우에는 탈장된 부위의 혈액순환이 이뤄지지 않아 괴사되고, 세균감염이나 염증 및 복막염으로 발전해 조직이 죽고 살

사육 하의 운동부족은 탈장의 원인이 되기도 한다.

이 썩어 폐사에 이르는 경우도 있다. 따라서 최대한 빠른 시간 내에 다시 체내로 들어가도록 조치를 취해야 한다. 탈장이 일어나면 우선 그 부분이 건조해지지 않도록 습도를 유지해주는 것이 필요하다. 탈장된 곳이 말라버리면 외과적 처치로 그 부분을 제거해줘야 하므로 깨끗한 물을 분무하거나, 사육장 내에 깨끗한 물이 채워진 큰 물그릇을 설치해줘야 한다. 항생연고를 발라주는 것도 돌출부분의 습기를 유지하는 데 어느 정도는 도움이 될 수 있다.

돌출된 부분은 최대한 신속하게 몸 안으로 밀어 넣도록 한다. 가벼운 증상이라면 뱀이 움직이면서 스스로 몸 안으로 들어가기도 하는데, 필요할 경우 돌

운동량을 늘려주는 것도 탈장의 예방에 도움이 된다.

출된 부분을 부드럽게 마사지해줌으로써 회복을 유도하기도 한다. 그러나 이 과정에서 돌출된 부분을 강제로 밀어서 집어넣는 행동은 하지 않는 것이 좋다. 자칫 잘못하면 돌출된 부분에 상처가 나거나 감염되기 쉽기 때문이다. 탈장이 진행되고 시간이 지나면 그 부분이 붓기 시작하는데, 심하게 부으면 다시 집어넣기가 어렵다. 이때 민간요법으로 설탕물에 온욕을 시킨다든가, 미지근한 물에 설탕을 진하게 타서 꾸준히 발라주면 붓기가 빠진다. 사육자에 따라서는 사람용 치질연고를 사용하기도 한다.

이렇게 일단 응급처치로 돌출물이 체내로 들어갔다 하더라도 수의사에게 데려가 진찰을 받아보도록 한다. 무슨 이유에서건 내부장기가 밖으로 나오는 것이 정상적인 현상은 아니므로 그 원인을 찾아 제거해야 재발을 방지할 수 있기 때문이다. 그대로 방치할 경우 한번 일어난 탈장증상은 재발되는 경우가 상당히 많으므로 증상이 빈번하다면 외과적 처치를 받아 확실하게 재발을 방지하는 것이 좋다. 동물병원에서는 탈장된 부위를 절개해 빠져 나와 있는 장기를 원래의 위치로 넣은 다음, 탈장 구멍을 봉합하거나 다른 물질로 채워주는 처치를 하게 된다.

장폐색이 발생한 뱀의 모습

■**장폐색(intestinal obstruction)** : 간단하게는 배설장애, 크게는 장폐색에 이르는 소화기계 질병으로 인해 뱀에게 변비증상이 나타나는 경우는 드물다. 지나친 탈수상태이거나, 사육장의 온도가 너무 낮거나, 기생충이 있을 경우에 간혹 발생한다.

장폐색은 먹이와 함께 바닥재나 소화할 수 없는 다른 이물질을 섭취하고, 이러한 이물질들이 소화되지 않고 장에 축적돼 소화기관을 막는 증상을 말하며, 보통 변비증상과 상당히 유사하다. 배변을 전혀 하지 못하거나, 하더라도 평소보다 상당히 작고 얇은 형태의 변을 배설한다. 초기에는 증상을 파악하기 힘들지만, 경과가 진행되면 외형적으로도 쉽게 증상을 파악할 수 있다. 변비나 다른 증상이라고 생각하고 그에 알맞은 치료를 했음에도 불구하고 차도가 없다면 장폐색을 의심해볼 수 있다. 장폐색이라고 판단될 경우에는 곧바로 동물병원에서 X-ray 촬영으로 확진하고, 적절한 치료를 받도록 해야 한다.

자연상태에서는 운동량이 많아 장운동이 활발하기 때문에 웬만하면 모두 배설이 가능하므로 문제가 발생하는 경우는 드물다. 그러나 사육 하에서는 만성적인 탈수와 운동부족으로 소화 및 배설장애를 일으켜 건강상의 심각한 문제를 야기하는 경우가 많다. 이를 예방하기 위해서는 칼슘이 부족하지 않도록 영양공급에 신경 쓰는 것이 필요하다. 사육장 온도를 적정한 선으로 유지하고, 배설활동을 원활하게 해주기 위해 주기적으로 온욕을 실시하는 것이 좋으며, 특히 조류를 먹이로 급여할 경우에는 반드시 큰 깃털을 제거하고 급여하는 것이 좋다.

■**산란 이상(egg bound)** : 교미를 한 암컷이 산란시기를 넘기도록 산란을 하지 않거나, 은신처에서 장시간 불안정한 자세로 은신하고 있을 경우 산란 이상을 의심해볼 수 있다. 아직 국내에서는 뱀의 인공번식이 활발하게 이뤄지지 않아 낯선 증상이지만, 산란 이상은 통계적으로 사육 하에서 번식하는 파충류 가운데 10%의 비율로 나타난다고 알려져 있는, 보기보다 흔한 증상이다.

처음으로 산란을 하는 경우나 번식개체의 나이가 너무 많을 때, 영양이 부족할 때(특히 혈액 내 칼슘저하), 탈수, 비만, 동면기간에 제공된 부적합한 온·습도, 심각한 스트레스, 생식 관련 기관의 질병이나 기형, 신장질환, 호르몬 불균형, 생식기감염, 산란기의 온도가 적정하지 않을 때(보통 너무 낮을 때)에 발생빈도가 높다. 나팔관에 이상이 있는 경우나 암컷의 몸속에 알들이 뭉쳐 있거나, 기형적인 형태로 인해 알들의 위치가 적절히 배치돼 있지 않아 알이 산도를 통과하지 못함으로써 나타나는 증상이다.

아주 드물기는 하지만 운동량부족으로 알을 총배설강으로 밀어낼 만큼 근육이 충분히 발달되지 않았을 때 나타나기도 한다. 특히 그린 트리 파이손 등 운동량이 적은 종에게 충분한 먹이를 급여했을 때 발현빈도가 높다. 다른 파충류에게서는 근육과 자궁의 수축을 위해 필수적인 칼슘이 부족한 경우에 발생하는 빈도가 높지만, 먹이를 통째로 뼈까지 먹는 뱀의 특성상 장기간의 거식 중에 교미를 한 경우가 아니라면 칼슘부족으로 인한 알걸림 증상은 상당히 드물게 나타난다. 앞서 언급한 질병적인 원인 외에도 산란기에 극심한 스트레스를 받거나, 산란공간이 마련돼 있지 않을 때, 사육장의 온도, 습도, 조명 등 여러 요인들이 산란을 할 만큼 안정돼 있지 않을 때 배란이 늦어져서 발생하기도 한다. 산란할 시간이 지났음에도 알을 낳지 않고 있거나, 알을 조금 낳고는 식욕이 회복되지 않고 불안해한다면 알걸림증을 의심해볼 수 있다.

알걸림증이 발병한 뱀은 매우 불안해하며, 총배설강이 붉게 부풀어 올라 있는 경우가 있고, 촉진했을 때 알이 만져지기도 한다. 심한 경우 총배설강에서 점액질의 액체가 흘러나오는 경우도 있다. 보통 음식을 거부하며, 시간이 경과하면 난관염이나 복막염이 발생하거나 폐사에 이르기도 한다. 다행히 폐사까지는 이르지 않았더라도 알걸림 증상을 겪은 어미는 이후 불임이 될 확률이 높아진다는 보고가 있으므로 번식을 고려하고 있는 사육자라면 관심을 기울여야 하는 질병이다.

산란 이상이 생겼을 때 유일한 치료방법은 외과적 처치나 관장을 해서 알을 꺼내주는 것뿐이다. 가정에서 할 수 있는 응급처치로는 우선 뱀을 따뜻한 곳으로 옮

버미즈 파이손의 부화모습

산란장소의 환경이 적절하지 않아도 알걸림이 발생할 수 있다.

긴 후, 온욕을 실시해 장운동을 활성화시키는 방법을 사용할 수 있다. 또한, 항문에 올리브유나 피마자유 등의 윤활제를 몇 방울 넣어주는 것도 도움이 될 수 있으며, 알의 내용물을 주사기로 조심스럽게 뽑아낸 후 총배설강을 통해 알껍질을 꺼내주는 방법으로 체내의 알을 제거하기도 한다. 온욕을 시키면서 복부를 압박해 강제로 알을 꺼내는 방법도 있는데, 이는 가급적이면 경험이 있는 사육자나 수의사의 도움을 받기를 권한다. 함부로 실시했다가 내부장기가 파열되거나 총배설강이 탈장돼 폐사에 이르는 경우도 있기 때문이다. 심각한 경우에는 수의사의 도움을 받아 X-ray와 초음파로 증상을 확진한 뒤 수술로 제거하기도 하며, 원인을 알아보기 위해 혈액검사를 실시하기도 한다.

알걸림증의 원인이 상당 부분 부적절한 사육환경이나 사양 관리의 미숙함에서 오는 경우가 많기 때문에 알걸림증을 예방하기 위해서는 충분한 영양을 공급하고 사육환경을 최적으로 유지하는 것이 가장 중요하다. 또한, 번식을 시키고자 할 때는 충분히 크고 젊은 최적의 개체를 선정하는 것이 필요하다. 마지막으로 알걸림증을 빨리 알아차리기 위해서는 교미와 산란날짜를 기록하고, 종의 평균적인 부화기간을 숙지하고 있는 것이 무엇보다도 중요하다.

기생충성 질환

기생충성 질환은 마이트(mite)와 틱(tick) 같은 외부기생충으로 인한 것과 각종 내부기생충으로 인한 것 두 가지로 크게 나눠볼 수 있다. 사육장의 정기적인 소독과 주기적인 구충으로 어느 정도는 예방이 가능하지만 완벽히 통제하기는 사실상 어렵다.

■**외부기생충 감염(tick, mite)** : 대표적인 외부기생충은 틱과 마이트로, 뱀을 사육하다 보면 어느 순간 절대 마주치고 싶지 않은 이 벌레들과 만나게 될 날이 올지도 모른다. 이들은 뱀의 피를 빨아먹는 흡혈성 진드기로 일반적으로 야생채집개체에서 많이 보이지만 인공번식된 개체에서도 간혹 발생한다. 뱀을 운동시킨다고 잠시 야외에 내놨을 때 묻어 오거나 먹이에 붙어오는 경우도 있고, 인접해 있는 다른 사육장에서 스스로 이동해 오기도 한다. 사육자가 다른 곳에서 진드기가 있는 동물을 접하고 와서 뱀이나 사육장을 관리하는 경우에도 진드기나 진드기의 알이 묻어오기도 한다.

주로 비늘 아래쪽이나 눈, 콧구멍이나 피트(pit) 안 등 구석진 부분에 자리를 잡기 때문에 비늘이 들려 있다거나, 눈은 움푹 들어가고 눈 테두리가 튀어나와 보일 때 이 부분을 살펴보면 작은 기생충을 확인할 수 있다. 두 종 모두 피를 빨아먹는데, 심한 경우 빈혈로 폐사에 이르기도 한다. 외부기생충에 감염된 뱀은 거친 물체 또는 사육장 벽면에 몸을 강하게 문지르거나 물그릇에 장시간 들어가 있는 행동을 한다. 이러한 외부기생충은 뱀에게는 지속적으로 스트레스 요인이 되고, 세균성 바이러스의 매개체 역할을 하기 때문에 발견되는 대로 신속하게 구제해야 한다.

틱은 평소에는 잘 보이지 않지만 피를 충분히 빨면 크기가 3~5mm 정도 되기 때문에 육안으로 확인 가능하다. 틱이 발견되면 면봉에 알코올을 묻혀 틱의 몸에 충분히 바른 다음, 5분 정도 기다렸다가 핀셋으로 조심스럽게 떼어낸다. 마이트와는 달리 틱은 숙주의 몸에 이빨을 박고 있으므로 떼어낼 때 이 이빨까지 함께 떼어내는 것이 중요하다. 거칠게 다루면 몸통만 제거되고 이빨은 그대로 박혀 있게 되는 경우가 있는데, 이럴 경우 뱀이 불편해

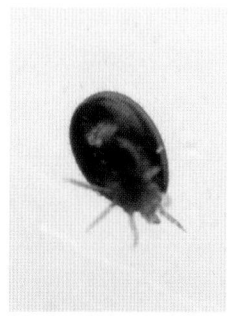 

마이트(왼쪽)와 틱(오른쪽)

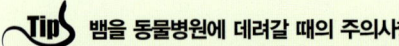
Tips 뱀을 동물병원에 데려갈 때의 주의사항

1. 반드시 이동상자에 넣어서 이동한다.
   - 특히 겨울철에는 적절한 보온환경이 제공되지 않을 경우 이동 간에 질병이 악화되는 경우도 있다. 안정된 이동상자를 마련해서 이동하도록 하자.

2. 가급적 뱀에 대한 지식이 풍부하고 임상경험이 많은 수의사를 찾아가도록 한다.
   - 우리나라에는 파충류, 특히 뱀에 대한 임상경험이 있는 수의사가 아직은 많지 않다. 한 번이라도 경험이 있는 수의사에게 진료를 받는 것이 좋다. 앞서도 말했지만 이렇게 진료가 가능한 동물병원의 장소는 미리 파악해두는 것이 좋다.

3. 뱀의 질병치료를 위한 시설과 약품이 있는지 확인한다.
   - 동물병원이라도 각각의 동물용 약품을 전부 구비해두지는 않는다. 방문하기 전 여유가 있다면 미리 증상을 이야기하고, 약품의 보유 여부나 진료가능 여부를 문의해보는 것이 좋다.

4. 예상되는 질병에 대한 기본적인 증상과 같은 정보는 숙지하고 있는 것이 좋다.
   - 수의사의 오진을 점검할 수 있는 사람은 사육자뿐이기 때문이다. 검진 후 조금이라도 의심스러운 부분이 있다면 바로 질문하고, 다른 수의사의 의견을 들어보는 것도 좋다.

5. 사육자의 수준이 낮을 때 오진이 많아진다.
   - 뱀을 대신해서 증상을 이야기해줄 사람은 사육자밖에 없다. 따라서 사육자가 뱀의 질병 증상을 정확하게 파악하고 있지 않으면 수의사의 오진확률 역시 높아지는 것은 당연하다. 그것이 싫다면 수의사에게 정확한 정보를 전달할 수 있도록 사육자가 지식을 갖추는 방법밖에는 없다.

하고 감염의 통로가 되기도 하기 때문이다. 혹 떼어내다 실수로 터뜨렸다면 틱의 알이 뱀의 몸에 남지 않도록 철저하게 제거해줘야 한다. 마이트는 틱보다 더 작은 검정색 벌레로서 크기가 1mm 정도밖에 안 되기 때문에 마이트보다 확인하기가 더 어렵다. 많은 사육자들이 초기에는 마이트의 존재를 알아차리지 못하고 있다가 뱀의 몸을 덮는 하얀 점과 같은 분변 때문에 그 존재를 인식하곤 한다. 틱보다는 마이트가 더 위험하고 귀찮은 존재로 인식되고 있는데, 그 이유는 무엇보다 무서울 정도로 급속도로 번식하고, 운동성이 있어 근처에 있는 다른 사육장에까지 스스로 이동해가기 때문이다. 따라서 마이트가 발생했을때 조기에 발견하고 구제하지 않으면, 구제될 때까지 몇 달간 상당히 번거로운 구제활동을 계속해야 하는 상황이 발생한다.

일단 외부기생충이 발견되면 뱀을 관리가 편한 임시사육장으로 옮겨 치료를 실시하고, 기존 사육장은 완벽하게 소독해야 한다. 은신처나 유목 등 사육장 내의 세팅자재들도 삶거나 약품으로 소독해서 잘 말린다. 유리사육장을 사용하고 있다면 뜨거운 물로 소독해주는데, 이때 온도차로 인해 유리가 깨지는 경우가 있으므로 주의해야 한다. 진드기가 생기면 뱀은 스스로 물에 몸을 담그고 구제를 하려고 하므로 새로운 사육장에는 깨끗한 물이 든 충분한 크기의 물그릇이 설치돼 있어야 한다. 추운 계절이라면 물그릇 안의 물이 항상 미지근하도록 물그릇 바닥에 열원을 설치해주는 것도 좋다. 바닥재는 관리가 편리한 신문지나 키친타월 등의 패드류가 선호되는데, 바크와 같은 다공질의 바닥재는 진드기나 알의 은신처가 되므로 사용하지 않는 것이 좋다.

외부기생충 자가치료의 방법은 여러 가지가 있다. 순수하게 빈번한 온욕으로 제거하는 사육자도 있고, 계면활성제나 식물성 기름을 뱀 몸에 전체적으로 발라 기생충을 질식시키는 방법을 사용하는 사육자도 있으며, 시판되는 외부기생충 구제약을 사용하기도 한다. 한편, 탈피시기를 잘 조절하면 외부기생충을 확실하게 제거할 수 있다. 탈피증상을 보이면 잘 살펴봤다가 온욕을 시킨 후 직접 허물을 벗겨주는 방법으로 진드기를 완전히 구제할 수 있다. 벗긴 허물에는 진드기와 진드기 알이 있으므로 조심스럽게 옮겨 완벽하게 처리해야 한다. 시중에는 파충류 진드기 구제용 약품이 다양하게 판매되고 있는데, 이러한 약품을 구입해 사용하는 것도 도움이 된다.

약품을 사용할 때는 매뉴얼에 따라 적절한 용량과 용법을 지키는 것이 무엇보다 중요하다. 현재 시판되고 있는 약품은 살충성분이 파충류의 혈액에 존재하는 동안 그 피를 빨아먹은 진드기가 죽게 하는 효과를 나타내거나, 직접적으로 진드기의 신경을 마비시켜 죽게 만드는 기전을 이용하고 있다. 어느 쪽이건 과다하게 사용할 경우 뱀에게도 유독한 것은 마찬가지다. 약품을 뱀이 직접 먹거나 흡입하게 하는 것은 좋지 않으며, 약품을 사용하는 동안에는 사육장 안의 물그릇은 치워두는 것이 좋다. 이러한 위험성이 있으므로 뱀을 새로 분양받은 경우에는 바로 사육장으로 옮기지 말고, 외부기생충의 감염 여부를 확인하기 위해 별도의 공간에서 어느 정도 관찰한 뒤 사육을 시작하도록 한다.

외부기생충인 틱에 감염된 모습

배설물에서 발견되는 내부기생충

■**내부기생충 감염** : 기생충 가운데 숙주의 내장 및 조직에 기생하는 것을 내부기생충이라고 하며, 그 종류는 매우 다양하다. 내부기생충 감염의 대표적인 증상으로는 체표에 수포처럼 볼록하게 튀어나오는 혹이나 혈관처럼 긴 형태로 돌출되는 것을 들 수 있고, 심한 경우에는 배설물에서 알이나 유충이 관찰되기도 한다. 감염된 개체는 공격성이 증가하거나 반대로 쇠약한 행동을 보이기도 한다.

본서에서는 내부기생충 자체에 대해서는 깊게 다루지 않도록 하겠다. 애완으로 분양되는 뱀들이 대부분 인공번식개체들이기 때문에 근본적으로 내부기생충 감염의 위험이 낮고, 사육 중에 감염될 가능성 역시 희박하기 때문이다. 그리고 내부기생충 예방을 위한 구충 이외에, 실제로 내부기생충 감염 증상이 나타났을 경우 서적에 의존해 자가치료를 하기란 사실상 쉽지 않다. 치료가 필요한 경우가 생기면 경험 있는 수의사의 도움을 받기 바란다.

기타 질환들

지금까지 뱀에게서 흔히 발생되는 질병에 대해 살펴봤다. 앞서 언급한 질환 이외에도 사육 중인 뱀에게 발생할 수 있는 여러 가지 질환들은 다음과 같다.

■**패혈증(septicemia)** : 패혈증이란 혈액 내에 세균이 검출되는 병으로서 상처의 감염이나 기존에 가지고 있던 질병으로 인해 발생한다. 패혈증은 생명에 심각한 위협을 주는 질병이며, 증상이 발견되는 대로 즉시 치료해야 한다. 증상으로는 뱀의 피부나 껍질이 분홍색 또는 불그스레한 색을 띠는 특징이 나타나고, 몸이 부으며, 소변의 양도 평소보다 적어진다. 패혈증 역시 개인이 취할 수 있는 대책은 아무것도 없으며, 검증된 수의학적 치료를 받는 것이 이 질병을 낫게 하는 유일한 방법이라고 할 수 있다.

■**일사병(sunstroke)** : 몸을 식힐 만한 은신처가 없는 공간에서 오랫동안 직사광선을 쬘 경우 체온이 급격히 상승해 혈액이나 내장의 기능이 쇠약해지면서 발병한다. 증상으로는 코나 입에 거품이 나고, 먹이를 토하거나 경련 또는 마비와 같은 흥분상태를 보이며, 심한 경우 돌연사하게 된다. 이 과정은 상당히 순식간에 일어난다는 사실을 명심하도록 하자. 실제로 어느 무더운 여름날 플라스틱 사육장에 뱀을 넣어 옥상에서 일광욕을 시키려다가, 사육자가 사육장을 덮을 수건을 가지러 잠시 1층에 내려갔다 온 사이에 뱀이 폐사한 사례도 있다.

가벼운 증상일 때는 즉시 서늘한 장소로 옮겨 냉수를 뿌려주거나 얼음주머니를 이용해

일광욕 중인 뱀

체온을 내려주면 어느 정도 효과가 있다. 그러나 증상이 조금이라도 심할 경우에는 아무런 도움이 되지 않는다. 일사병을 방지하기 위해서는 너무 뜨거운 여름에는 일광욕을 피하고, 일광욕 공간에는 반드시 그늘이나 은신처를 설치해서 뱀이 스스로 체온을 조절할 수 있도록 해줘야 한다. 몸을 담글 만한 물그릇을 설치해주는 것도 좋다. 대부분의 파충류가 그렇듯이 뱀은 낮은 온도는 꽤 잘 견디는 편이지만 고온에는 상당히 취약하므로 어떠한 경우라도 온도가 급격하게 상승되는 환경에 처하게 해서는 안 된다.

■**비만** : 사육 하의 뱀은 지나치게 많은 단백질섭취로 인해 돌연사하는 경우가 있는데, 이는 간장이나 신장의 장애로 인한 것이다. 사육 하에서는 자연상태에서보다 현저하게 활동량이 적을 수밖에 없고, 반대로 먹이의 공급은 지나칠 정도로 과다한 경우가 많은데, 이 두 가지 요인이 지속적으로 작용하면 결국 돌연사하게 된다. 빠른 성장률, 과다체중과 비만으로 인한 돌연사를 방지하기 위해서는 임의로 기분에 따라 먹이공급을 하는 것이 아니라, 수시로 사육 중인 뱀의 체형과 체중을 살펴 영양공급계획을 체계적으로 세우고 정확하게 실천해야 한다. 주기적인 금식기간을 설정하는 것도 좋다.

Section 03

탈피 관리

간단하게 표현하면 탈피란 단순한 허물벗기에 불과하지만, 뱀의 삶 전반에 걸쳐 지속적으로 일어나는 일련의 과정으로서 성공적인 사육을 위해서는 그 기전(機轉)을 이해할 필요가 있다. 사육 하에서는 거식이나 탈피부전 등 탈피와 관련된 여러 가지 문제점들에 수시로 맞닥뜨리게 되므로 탈피와 관련된 부분은 별도의 섹션으로 나눠 설명하도록 하겠다.

뱀의 피부 '비늘'
피부(皮膚)는 표피가 변형돼 만들어진, 생명체의 신체를 둘러싸고 있는 비늘, 털, 손톱, 깃털, 뿔과 같은 것을 통칭하는 말이다. 동물체의 가장 외부에 위치해 단열과 체온조절, 감각기능 그리고 비타민 D의 합성과 비타민 B 및 엽산(folate)의 보호기능을 하는 아주 중요한 기관이다. 피부는 매우 많은 역할을 하지만 동물에게 있어서 첫 번째로 꼽을 수 있는 기능은 생명체 주위의 온도와 습도, 바람, 빛, 병원균 그리고 그 외의 여러 물리적·화학적 자극으로부터 몸의 내부환경을 보호하는 역할, 즉 외부의 환경과 내부기관 사이의 완충작용을 하는 것이라고 할 수 있다.

뱀의 허물

본서에서 다루고 있는 뱀을 포함해 파충류의 대표적인 특징 가운데 하나는 체표의 대부분을 '비늘'이 덮고 있다는 것이다. 이 비늘은 표피가 각질화한 각린(角鱗)과 표피와 진피(眞皮)의 비늘이 합쳐져 만들어진 두 종류가 있는데, 파충류의 비늘은 조류의 발이나 쥐의 꼬리와 같은 각린이 많다. 뱀의 표피는 바깥쪽의 상피와 그 아래에 있는 진피, 두 개의 층으로 돼 있는데, 안쪽은 살아 있고 바깥쪽은 케라틴이라는 죽은 각질로 덮여 있다. 안쪽 층은 세포를 만들어 위쪽으로 밀어내며, 바깥쪽의 세포는 죽어서 딱딱하게 각질화되고, 이 각질층은 안쪽의 살아 있는 층을 보호하는 역할을 한다.

탈피의 정의

앞서 언급한 완충작용이 없이는 어떠한 생명체도 생명을 유지할 수 없다. 이러한 역할을 하는 중요한 기관인 피부에 물리적 충격을 받았을 때 생명체는 몇 가지 방법으로 회복을 꾀하게 된다. 가장 잘 알려져 있는 방법은 피를 응고시키고 딱지를 형성하거나, 새로운 피부조직을 생성시켜 대체하는 것 등이다. 대부분의 생명체가 이러한 방식으로 피부를 유지하는 것이 보통이다. 그러나 본서에서 다루고 있는 뱀은 여타의 생명체들처럼 국소적으로 새로운 대체세포를 생산해 손상된 부분만을 교체하는 대신, 몸 전체의 모든 세포를 주기에 맞춰 동시에 교체하는 방식(탈피)으로 피부를 유지하는 것이 가장 독특한 특징이라고 할 수 있다.

보통은 성장함에 따라 진피층의 혈관 압력이 상승하게 되면서 갑상샘 호르몬이 자극돼 전체 탈피과정이 시작되는데, 상피세포의 분열이 일어나면서 그 바깥층을 잃게 된다. 갑상샘 호르몬인 엑디손(ecdysone, 탈피촉진 호르몬)의 영향에 의해 주기적으로 바깥쪽 피부가 벗겨지는 것을 탈피(脫皮, molt, moult)라고 하는데, 의미를 좀 더 확대하자면 뿔이나 털, 표피, 깃털 등의 교체도 모두 탈피에 포함된다고 할 수 있다. 또한, 무척추동물이 성장이나 변태를 위해 외골격을 벗어버리는 것 역시 탈피에 포함된다. 그러나 본서에서 말하는 '탈피'는 파충류에게서 일어나는 '몸 전체의 피부를 일시에 벗어버리는 행동'을 의미하며, 몸 전체의 완벽한 탈피를 통해 성장하는 동물은 대부분 무척추동물인 절지동물이고, 척추동물 가운데서는 뱀만이 유일하게 완전한 탈피를 통해 성장한다.

뱀에 대해 거부감이 있는 보통 사람이라면 벗어놓은 탈피껍질만 봐도 기분이 으스스해지는 것이 보통이지만, 뱀에게 있어 탈피란 세상에 태어나서 가장 먼저 하는 행동이자 매년 돌아오는 오랜 동면기간에서 깨어나 맨 처음 거쳐야 하는 과정이다. 또 뱀이 태어

정상개체와 탈피를 앞둔 개체의 비교. 눈동자의 선명도에 차이가 있다.

나서부터 죽을 때까지 지속적으로 거쳐야 하는 필수불가결한 활동이기도 하다. 이처럼 탈피는 늘 있는 정상적인 성장과정의 하나일 뿐이며, 뱀의 전체 삶에 있어 상당한 의미를 가지는 행동이다. 탈피를 하지 못하면 뱀은 스스로의 몸 안에 갇혀서 죽게 된다.

탈피의 횟수

뱀의 탈피횟수는 '1년에 *회', 이런 식으로 정확하게 정해져 있는 것은 아니다. 질병이 있거나 또는 외피가 많이 손상된 경우 성장에 관계없이 탈피가 일어나기도 하지만, 대부분의 탈피는 개체가 성장함에 따라 수시로 일어나기 때문이다. 파충류의 탈피는 개체의 영양상태와 나이, 성장률, 섭취하는 먹이의 정도, 기온, 습도, 상처나 외부기생충의 유무, 활동량 등의 요인에 따라 편차가 상당히 크다. 자연상태의 유체의 경우 1년에 2~3회, 성체의 경우 1년에 1~2회의 탈피를 하게 되며, 보통 1~2주에 걸쳐 진행된다. 사육 하에서는 1년에 4~6번 허물을 벗는데, 이때 일시적으로 뱀의 체색이 흐려진다.

더운 지방에 서식하는 뱀은 추운 지방에 서식하는 종보다 활동하는 기간이 길고 활동량도 많기 때문에 더 자주 허물을 벗는데, 일정한 기간을 두고 정기적으로 일어나지는 않으므로 탈피가 늦어진다고 해서 크게 걱정할 일은 아니다(질병에 걸렸거나 사육환경이 부적절한 경우 예외). 또한, 모든 뱀은 일정 기간이 지나면 성장이 정지되는 것이 아니라 숨이 멈추는 그 순간까지 계속해서 성장하기 때문에 탈피는 뱀이 살아 있는 한 지속적으로 진행된다.

대부분의 뱀은 윗입술 부분에서부터 꼬리 끝까지 한 번에 허물을 완벽하게 벗지만, 특이하게 방울뱀의 경우 꼬리 부분은 탈피가 일어나지 않기 때문에 꼬리 끝의 방울 조각으로 개체의 대략적인 나이를 가늠할 수 있다. 그러나 간혹 방울이 사고로 떨어져 나가는 경우도 있으므로 100% 신뢰할 수 있는 방법은 아니다. 사육 하의 뱀의 경우에는 아무래도 야생에서보다는 영양공급량이 많으므로 더 자주 허물을 벗으며, 동면을 시키는 경우가 드물기 때문에 겨울에도 탈피가 이뤄지기도 한다.

탈피의 전조

탈피가 시작되면 일단 거식을 하게 된다. 먹이거부는 탈피기에 관찰되는 대표적인 증상으로 평소에 먹성이 좋은 개체라도 탈피기간에는 먹이를 거부하는 경우가 대부분이다. 물론 킹스네이크와 같은 일부 먹성 좋은 뱀 중에는 탈피 도중이라도 먹이를 먹는 개체가 있기도 하지만, 다시 토하는 경우도 많기 때문에 탈피기간에는 금식을 시키는 것이 좋다. 일반인들도 탈피 여부를 쉽게 알아챌 수 있는 대표적인 증상으로 체색의 변화를 들 수 있는데, 눈이 뿌옇게 변하고 체색이 탁해지는 '블루현상' 이 나타난다. 또한, 이때 뱀을 뒤집어 보면 배비늘이 자라나온 것이 육안으로도 확인된다. 이렇게 블루현상이 시작되면 시력이 떨어지므로 자연스럽게 활동량도 줄어들고, 자극이 있을 때 거부반응이나 공격성이 평소보다 증가한다. 탈피는 수분과 밀접한 관계가 있으므로 원활한 탈피를 위해서는 수분이 충분하게 공급돼야 한다. 탈피가 시작되면 평소보다 물을 자주 마시게 되며, 사육장 내에서 수분이 많은 곳으로 이동하거나 물그릇에 몸을 담그는 행동이 관찰된다.

탈피 전 눈이 뿌옇게 변하고 체색이 탁해지는 블루현상

원활한 탈피를 위한 준비

탈피시기가 다가오면 자연상태의 뱀은 탈피를 용이하게 하는 조건들을 스스로 만들어 가지만, 사육 하에서는 탈피에 필요한 환경조건들을 전적으로 사육자가 제공해줘야 한다. 탈피시기는 뱀에게 상당한 신체적인 변화가 생기는 기간이므로 사육 중인 뱀에게서 탈피의 전조가 관찰되면 사육자는 평소보다 사양 관리에 더욱 신경을 써야 한다.

■**격리** : 탈피가 시작되면 블루현상으로 저하된 시력 때문에 자극에 대한 스트레스도 심해지며, 피부도 상당히 약해진다. 혹 여러 마리의 뱀을 합사사육하고 있다면 탈피기간만이라도 탈피를 마치고 비늘이 완전히 굳어질 때까지 별도의 공간에서 개별 관리하는 것이 좋다. 합사돼 있더라도 별 문제없이 탈피과정을 잘 마치는 개체가 대부분이기는 하지만, 신체적으로 큰 변화가 있는 시간이니만큼 가급적 스트레스 요인을 제거해주는 것이 좋다.

■**은신처의 설치** : 탈피시기에는 정상적인 컨디션이 아니기 때문에 주변의 위협에 대해 평소처럼 즉각적으로 반응하기 힘들다. 따라서 어둡고 조용하며 안전한 곳에서 탈피가 완료될 때까지 은신하면서 가만히 있는 경우가 많다. 이때는 몸이 꼭 낄 만한 크기의 은신처를 제공해 주도록 한다.

탈피하고 있는 모습

■**사육장 습도의 조절** : 자연상태의 뱀들은 탈피기에 주로 생활하던 은신처 지역을 떠나 습도가 높은 지역으로 이동하는 등의 행동을 한다. 그러나 사육 하에서는 다습한 환경을 선호하는 뱀의 경우가 아니라면 보통 사육장을 건조한 상태로 유지해주게 되는데, 탈피의 전 과정을 마칠 때까지 사육장의 습도를 한시적으로 높여주는 것이 필요하다. 대부분의 탈피부전의 원인이 사육장의 낮은 습도로 인한 것이기 때문에 사육장의 습도를 높여주는 것은 탈피과정에 있어서 가장 중요한 일이라고 할 수 있다. 사육장에 습도계를 늘 비치하는 것이 좋지만, 그것이 어렵다면 탈피시기만이라도 습도계를 설치해 습도를 적절하게 관리해 주도록 하자.

■**충분한 수분급여** : 탈피시기에는 평소보다 수분의 섭취량이 증가한다. 사육장에 물그릇이 항상 비치돼 있지 않은 경우라면 몸 전체가 들어갈 만큼 충분한 크기의 물그릇을 설치하거나, 온욕을 시키거나 급수를 함으로써 수분을 충분히 섭취할 수 있도록 해주는 것도 탈피를 원활히 하는 데 많은 도움이 된다.

■**탈피에 도움이 되는 구조물 설치** : 탈피를 돕기 위한 다른 방법은 탈피의 순간에 몸을 비빌 수 있는, 거친 표면을 가진 구조물을 사육장 내에 설치해주는 것이다. 물이 부족한 지역에 서식하는 일부 뱀의 경우에는 탈피기에 혈압을 높이는 방법으로 낡은 껍질을 밀어내고 손쉽게 탈피를 하는 경우도 있지만, 일반적인 뱀이라면 문질러서 낡은 허물을 벗겨낼 수 있도록 사육장 내에 유목이나 돌 혹은 인공장식물 등을 넣어주는 것이 좋다. 그러나 탈피기의 뱀의 피부는 상당히 약해서 자칫하면 상처가 날 수 있기 때문에 너무 날카로운 단면을 가지고 있는 구조물은 좋지 않다. 특히 인공구조물을 넣어줄 경우에는 표면의 상태를 한번 살펴보고 사용하도록 한다. 정상적인 컨디션에서 이뤄지는 일반적인 탈피라면 보통은 이 두 가지만 신경 써주면 별다른 문제없이 탈피를 마칠 수 있다.

탈피 사이클(molt cycle)

육안으로 관찰 가능한 변화를 중심으로 탈피의 과정을 개략적으로 설명하면 〈체색이 탁해지고 눈이 뿌옇게 된다 -> 체색이 선명해지고 눈이 다시 맑아진다 -> 며칠 후 탈피를 한다〉로 요약할 수 있다. 이 과정에 대해 좀 더 자세히 알아보도록 하자.

■**탈피 간 시기(脫皮 間 時期)** : 휴지기(休止期)로서 보통 때의 상태(탈피와 탈피 사이의 시간)이며, 탈피 사이클에서 가장 긴 시간을 가진다. 이 시기의 표피는 바깥층, 중간층, 내층의 피부구조로 나뉘어져 있다.

■**탈피 전 시기(脫皮 前 時期)** : 낡은 바깥 피부가 내피에서 분리되고 배아(胚芽)층이 활동을 시작해 새로운 허물이 낡은 허물 아래에서 생성된다. 이 시기에는 칼슘과 기타 영양소들이 낡은 허물로부터 흡수되고, 생물체의 세포 내부에 축적된다. 이러한 영양소의 재흡수는 바깥 허물을 부드럽게 하고, 새롭게 생성되는 허물을 위한 칼슘을 재활용하는 두 가지 목적이 있다. 이 과정에서 각질화가 일어난 묵은 껍질과 새로운 껍질과의 구별이 시작돼 체표면의 색깔이 탁하고 어두워진다.
다음으로 중간층에 액포가 퍼지면서 단백질 분해작용을 가진 호산성 백혈구가 모세포혈관에서 이동해 온다. 이때 뱀의 색깔은 흐려지고, 눈에 백태가 끼어 눈동자가 보이지 않는 블루현상이 나타난다(그렇다고 시력을 완전히 잃어버리는 것은 아니다). 당연히 이 시기에는 보호본능 때문에 공격성이 증가하게 된다. 블루현상이 관찰되고부터 완전히 탈피를 마친 2~3일 정도 뒤까지 핸들링은 자제하도록 한다.

P.L.S.(pre-laying sheding). 뱀의 탈피는 산란을 하기 전 임신 중에도 이뤄진다.

탈피하기 10일 전쯤에는 표피의 바깥층과 내층 사이에 기름과 같은 액체가 분비되고, 층 사이에 털 모양의 융모가 생겨 바깥층을 느슨하게 떠오르게 한다. 뱀의 모든 색소는 표피의 내층에 있기 때문에 바깥층에는 적은 양만이 남아 있다. 그래서 바깥층이 떨어져 내층과의 사이에 틈이 생기면 아래의 색소가 잘 보이지 않게 돼 몸 색깔이 뿌옇게 보인다. 사육경험이 부족한데다 사육 중인 뱀의 체색이 흰색인 경우에는 체색의 변화를 정확히 알아차리기 힘들 수도 있는데, 눈동자를 보면 좀 더 정확한 판단을 할 수 있다. 이 시기는 중간층이 대부분 붕괴해 새로운 껍질 위에 묵은 껍질이 겹쳐 있게 된다. 몸의 색깔은 새로이 선명해지고, 눈동자도 뚜렷해진다. 블루현상이 관찰되고 보통 일주일에서 보름 뒤면 다시 체색이 선명해진다.

■**탈피기(脫皮期)** : 블루현상 뒤 체색이 다시 선명해지고 그로부터 며칠이 지나면, 본격적인 탈피가 시작된다. 뱀은 먼저 거친 구조물에 주둥이를 문질러서 윗입술 부분부터 허물을 벗는다. 그리고 이미 벗겨진 부분을 몸통으로 누르면서 벗겨 나간다. 묵은 껍질이 어떤 물체에 걸리게 되면 탈피시간이 단축된다. 벗겨진 껍질은 마치 양말을 뒤집어 벗어 놓은 것같이 뒤집어진다. 건강한 뱀은 머리부터 꼬리 끝까지 허물이 찢어지지 않게 깨끗이 벗는데, 몇 분에서 몇 시간 안에 탈피행동이 완료된다.
영양실조이거나 기생충에 감염된 뱀은 깨끗하게 벗지 못하고 부분탈피를 하는데, 때로는 묵은 껍질이 겹쳐져 딱딱하게 되는 경우도 있다. 묵은 껍질이 계속 남아 있으면 혈액공급을 방해해 그 부분이 괴사되거나 감염을 유발할 수 있기 때문에 반드시 제거해줘야 한다. 이 시기의 허물은 휴지기만큼 딱딱하지 않으며, 탈피하고 난 허물은 실제 뱀의 길이보다 20% 정도 늘어나기 때문에 허물의 길이로 뱀의 실제 길이를 판단하기는 어렵다.
탈피를 마치고 나면 탈피 허물과 뱀을 자세히 관찰해야 한다. 특히 얼굴 부분, 눈과 입 주변, 콧구멍과 총배설강 부분, 외상이 있던 부분의 탈피가 완전히 이뤄졌는지 확인하는 것이 좋다. 또한, 외부기생충의 흔적은 없는지도 잘 확인해야 한다. 여기에 덧붙이자면, 탈피 허물이 너무 얇고 약하지는 않은지도 확인해보는 것이 좋다. 건강한 뱀은 어느 정도 두껍고 질긴 허물을 남기는데, 벗어놓은 허물이 지나치게 약하다면 건강상의 문제가 있는 것이기 때문이다. 이렇게 탈피 허물과 뱀을 관찰해서 만약 깨끗하게 허물을 벗지 못한 부분이 있다면, 미지근한 물에 한동안 온욕을 시킨 후 꼼꼼하게 낡은 허물을 제거해줘야 한다.

■**탈피 후 시기(脫皮 後 時期)** : 새로운 허물이 경화와 석회화를 거쳐 굳어지는 시기다. 경화란 외피를 좀 더 단단한 구조로 만들기 위해서 단백질이 각각의 구조를 연결하는 화학적인 본드를 만드는 과정이며, 석회화란 허물로 칼슘을 밀어내는 과정을 말한다.

새로운 허물을 팽창시키는 근본적인 힘의 원천은 수압이기 때문에 탈피 후에도 일정 시간은 사육장 내의 습기가 어느 정도 유지되도록 해주는 것이 좋다. 또한, 탈피 직후의 비늘은 수분의 증발을 완벽하게 차단하지 못하므로 그런 이유로도 사육장 내의 습도를 유지해줘야 한다. 또한, 일부 종은 탈피과정에서 혈액 속의 염분을 이용해 새로운 허물을 팽창시키기 때문에 약한 소금물을 공급해주는 것도 좋다. 표범무늬도마뱀과 같은 도마뱀의 일부 종은 스스로 탈피한 껍질을 먹는 경우도 있지만, 뱀은 탈피한 껍질을 다시 이용하는 경우는 없으므로 탈피를 마치면 바로 치워주도록 하자. 간혹 탈피 껍질에 진드기를 담고 있을 수 있으므로 최대한 빨리 치워주는 것이 좋다.

대부분의 사람들이 징그럽게 생각하고 거부감을 가지는 것이 허물이지만, 별로 쓸모가 없어 보이는 이 허물은 전통적으로 한방에서 사태(蛇蛻)라 불리며 오랜 기간 약재로 이용돼 왔다. 동의보감의 탕액편 충부(蟲部)에는 사태(蛇蛻)라는 이름으로, 향약구급방 방중향약 목초부에는 사태피(蛇蛻皮), 용자의(龍子衣)라는 이름으로 기재돼 있는데 '풍(風)을 제거하고 경련을 멈추게 하며, 부종을 내리고 살충하는 효능이 있는 약재'라고 설명돼 있다. 허물의 주성분은 케라틴이며 그 외에 아미노산물, 콜라겐, 불포화지방산 등이 포함돼 있는데 흙 속에 하룻밤 동안 묻어뒀다가 식초에 담가 구워 말려서 쓰거나, 약성이 남게 태워서 쓴다. 주로 진정, 해독, 항염증, 가려움증, 인후종통, 종창 등의 치료에 이용되며 임산부에게 처방해서는 안 되는 약재라고 알려져 있다.

탈피 후의 카펫 파이손

탈피 후 관리와 탈피부전(dyscdsis, 탈피이형성)의 처리

앞서 언급한 바와 같이 뱀은 물고기의 비늘과 달리 전체가 한 장의 비늘로 이뤄져 있으므로 뱀류의 탈피는 윗입술 부분부터 꼬리 끝까지 외피 전체에서 한 번에 진행된다. 따라서 사육 중인 뱀의 컨디션이 최적이라면 머리에서 꼬리 끝까지 찢어진 곳 하나 없는 한 장의 완벽한 허물을 남기게 된다(단, 보아나 파이손과 같은 대형뱀은 체중 때문에 탈피 중에 비늘이 찢어지는 경우가 많은데, 이는 자연스러운 현상이므로 걱정하지 않아도 된다).

뱀은 일부 도마뱀의 경우처럼 탈피한 허물을 먹는 행동은 하지 않기 때문에 탈피를 마치고 난 다음에는 허물을 사육장에서 꺼내 버리게 된다. 이때 그냥 버리지 말고 벗어놓은 탈피 허물이 완벽한지를 먼저 살펴본 다음 처리하는 것이 좋다. 허물의 한 부분이 부족하거나 특정 부위에 구멍이 있다면, 그 부분의 허물이 벗겨지지 않고 남아 있을 수 있고 또 상처나 감염이 있을 수 있으므로 이런 경우 뱀을 꺼내 그 부분을 다시 한 번 확인하는 것이 좋다. 이렇게 낡은 허물이 미처 벗겨지지 않고 새로운 허물 위에 남아 있게 되는 것을 탈피부전(脫皮不全)이라고 한다.

탈피하지 못한 낡은 허물은 시간이 지나면 새 허물 위에 남게 되는데, 벗지 못한 허물이 체표에서 굳을 경우 혈행장애를 유발할 수 있으며, 스스로 몸을 문지르는 과정에서 상처가 생겨 감염될 수 있다. 특히 유의해서 볼 곳은 눈과 꼬리 끝부분이다. 눈 위의 얇은 막은 피부와 연결돼 있기 때문에 눈 부분에 낡은 허물이 남게 되면 심한 불쾌감을 느끼며, 잘 보이지 않는 상태가 되기 때문에 다시 한 번 탈피과정을 반복하는 경우도 있다. 탈피는 에너지가 굉장히 많이 소모되는 일이므로 이는 뱀에게 있어 좋은 현상은 아니다.

심한 경우는 시력이 손상되고 안염까지도 유발할 수 있으므로 탈피 후에는 가장 먼저 눈 부분의 탈피가 완벽하게 이뤄졌는지 반드시 확인해야 한다. 눈 부분의 허물이 덜 벗겨져 사육자가 벗겨내줄 때는 잘못하면 각막에 영구적

탈피부전을 보이고 있는 모습

Tip 뱀의 스트레스 관리

여타의 동물처럼 뱀 역시도 사육과정에서 여러 가지 스트레스를 받는다. 단독생활을 하는 뱀의 특성상 합사된 다른 뱀의 자극으로 인해 스트레스를 받기도 하고, 불완전한 사육환경으로 인해 혹은 다른 동물과 같은 외부적 자극으로 인해 스트레스에 노출된다. 사실 어떻게 보면 동물을 한정된 공간에 가둬 사육한다는 자체가 지속적으로 스트레스에 노출시키는 것이기도 한데, 사육이란 어쩌면 '사육종의 스트레스를 줄여주는 노력의 과정'이라고 할 수 있다.

스트레스를 받게 되면 뱀은 심장기능을 강화시켜 외부자극에 신속히 대응할 수 있는 전투태세를 갖춘다. 이 과정에서 자연스럽게 소화와 같은 전투준비와 관련 없는 기능은 일시적으로 정지하게 된다. 또한, 이 과정에서 뱀의 체내에 코티졸(cortisol, 스트레스 호르몬)이 증가하게 되는데, 만성적인 코티졸의 증가는 내부장기 기능이상, 성장억제, 면역기능의 약화와 질병에 대한 감수성 증가, 불임, 돌연사 등으로 이어질 수 있다. 따라서 사육종의 스트레스를 예방하기 위한 노력이 필요하다. 특히 이러한 스트레스는 성체보다는 어린 개체에게, CB개체보다는 WC개체에게 있어 더욱 위험하다.

뱀에게 스트레스를 주는 요인은 예상외로 상당히 다양하다. 사육환경적인 면에서 보자면, 사육 대상종에 대한 지식의 부족으로 종의 서식환경을 고려하지 않고 부적절한 사육환경을 제공해주는 것에서부터 적당하지 않은 광량이나 광주기를 제공하는 것, 부적절한 온도와 습도를 제공하는 것 등을 들 수 있다. 좁은 사육장에 너무 많은 개체를 합사하거나, 사육장 주변에서 지속적으로 발생되는 소음이나 진동도 문제가 되며, 사육장 내에 몸을 숨길 만한 은신처가 설치돼 있지 않거나, 설치됐다 하더라도 그 크기나 형태가 적절하지 않은 것도 상당한 스트레스 요인이 된다. 개나 고양이처럼 사육장 외부에 포식자로 인지되는 다른 동물의 존재를 느낄 때도 스트레스를 받을 수 있다. 영양적인 면에서 보자면, 영양부족이나 불균형적인 영양공급 혹은 먹이를 거부함에도 불구하고 사육장 내에 먹이동물을 방치하는 것도 스트레스 요인이 될 수 있다. 또한, 질병으로 인한 것도 있다.

스트레스를 줄여주기 위해서는 일단 사육하고 있는 뱀의 컨디션을 최고조로 유지시킬 필요가 있다. 그러기 위해서는 무엇보다 충분하고도 균형적인 영양을 공급할 필요가 있으며, 면역기관 약화에 대비해 구충을 해주면 도움이 된다. 안정된 사육환경을 유지해야 하며, 충분한 영양을 공급하고 일광욕, 영양제급여 등의 주기적인 관리를 해줄 필요가 있다. 그러나 이러한 스트레스 자극이 모두 뱀에게 해로운 것만은 아니다. 자극을 받아들이는 동물이나 자극의 정도에 따라 생활에 적당한 활력을 불어넣을 수도 있고, 건강하지 못한 몸이라면 그로 인해 회복에 도움이 되기도 한다.

뱀은 소리를 낼 수 없기 때문에 다음과 같은 행동을 관찰해 스트레스의 증상을 파악할 수 있다.
은신처 고수 / 신경질적인 반응 / 쇠약 / 거식 / 각종 질병 / 느린 성장 / 돌연사 / 구토

인 손상을 입힐 수 있기 때문에 상당한 주의를 기울여 작업해야 한다. 또한, 꼬리 끝부분에 남아 있는 낡은 허물을 방치할 경우에는 끝부분이 각질화돼 꼬리가 잘려나가는 경우가 있으므로 잘 확인해서 꼼꼼하게 제거해줘야 한다. 탈피부전이 확인되면 사육자가 직접 허물을 벗겨내야 하는데, 일찍 발견할수록 낡은 허물을 쉽게 제거할 수 있으므로 탈피를 한 직후에 바로 확인하는 것이 좋다. 또한, 보기 싫다고 절대 과도하게 힘을 줘 비비거나 벗겨내려고 해서는 안 된다. 탈피 직후에는 피부가 특히 약해져 있기 때문에 강제로 벗겨내려고 하다가는 탈피 부위뿐만 아니라 멀쩡한 껍질까지 벗겨지는 경우가 있다.

뱀이 탈피한 후에는 눈 부분의 탈피를 잘 마쳤는지 반드시 확인해야 한다.

만약 탈피부전이라고 판단되면 뱀의 몸 전체를 담글 수 있는 크기의 물그릇에 미지근한 물을 받아 뱀을 넣은 다음, 허물을 충분히 불린 후에 직접 손으로 벗겨내 주도록 한다. 이때 주의할 점은 수조 안의 물이 일정한 온도를 유지해야 한다는 것이다. 수온은 너무 차갑거나 뜨겁지 않도록 조절해주고(27~30℃ 정도), 온욕 중에 물의 온도가 일정하게 유지되게끔 신경 쓰도록 한다. 수조 내 수온의 변화가 심하면 정상적으로 탈피를 마치더라도 체온이 떨어져 호흡기질환이나 다른 질병이 생길 수도 있다.

탈피한 지 얼마 지나지 않았다면 잠시 온욕을 시켜주는 것만으로도 낡은 허물이 물에 불어서 저절로 벗겨지기도 하지만, 탈피 후 오래 지체될수록 온욕에 필요한 시간도 길어진다. 탈피부전 초기라면 10~15분 정도가 적당하지만, 시간이 지날수록 좀 더 불리는 시간을 늘려주도록 한다. 온욕통의 물의 깊이는 뱀의 몸이 잠길 정도면 되고, 그린 트리 파이손과 같은 수상성 뱀은 온욕 중에도 몸을 감고 있을 수 있도록 온욕통 내에 구조물을 설치해 스트레스를 줄여주는 것이 좋다. 이렇게 탈피를 시켜준 후에도 혹시라도 남은 부분이 없는지 세심하게 살펴야 하며, 혹 몸에 미처 벗지 못한 낡은 허물이 있다면 다시 제거해줘야 한다. 젖은 수건을 이용하면 좀 더 쉽게 낡은 허물을 제거할 수 있다.

탈피되지 못한 부분을 깨끗하게 제거해줬다면 다음 탈피에는 큰 영향은 없다. 그러나 매번 탈피를 할 때마다 탈피부전이 나타날 경우에는 습도문제가 아닌 다른 건강상의 문제가 없는지 파악해야 한다. 앞서 언급했다시피 탈피부전은 보통 낮은 습도 및 영양부족과 관련돼 많이 일어나지만, 그 외에는 마이트와 같은 외부기생충, 호르몬장애 등의 질병에 걸렸을 경우에도 발생할 수 있기 때문이다. 사육자 스스로 해결하기 힘들 경우에는 경험 많은 수의사의 도움을 받는 것이 좋다.

Chapter 07

뱀의 번식

여러 가지 다양한 암수구분법에 대해 기본적으로 살펴보고,
실제적인 번식의 과정에 대해 알아본다.

뱀의 성별구분법

뱀을 사육 중인 사육자가 아닌 이상 뱀의 교미, 산란, 부화와 같은 번식장면을 관찰하게 되는 경우는 그리 흔치 않다. 만약 우연찮게라도 이를 관찰할 기회가 있다면 그 누구를 막론하고 평생에 걸쳐 기억에 남을 인상적인 경험이 될 것이다. 그만큼 쉽게 볼 수 없는 독특하고 신비로운 장면이기 때문이다. 필자 역시 처음으로 뱀의 알을 받아 부화시켰을 때의 그 느낌을 아직도 잊지 못한다.

만일 이 책을 읽는 독자분이 오랜 시간 동안 뱀을 돌보고 있다면 당연히 번식에 대해서도 관심을 가지게 될 것이다. 어느 동물이나 마찬가지겠지만 번식을 위해 사육자가 가장 먼저 해야 할 일은 번식이 가능할 정도로 성숙한 쌍을 구하는 일이다. 전문적인 브리더의 경우 성체의 크기와 건강상태가 평균적인 수준이라면 번식에 있어 유전적인 요인을 더 중요시하기도 하지만, 성적으로 성숙하고 건강한 모체(母體)가 성공적인 번식의 가장 기본적인 토대가 된다는 사실에 이견을 제기할 사람은 없을 것이다. 그러나 여기서 말하는 성숙하고 건강한 모체가 반드시 종의 최대 성장크기에 달한 개체라는 의미는 아니다. 최대 성장크기까지 성장하지 않았더라도 충분히 잘 번식할 수 있기 때문이다.

카펫 파이손

번식기 때 수컷들을 합사하면 심한 다툼이 일어날 수 있다.

하지만 뱀은 다른 동물들과 달리 개체가 번식에 적합할 만큼 충분히 성숙했는지의 여부를 알아차릴 수 있는 외형적인 표시들이 드러나지 않고, 번식기에 나타나는 독특한 번식행동에 대한 데이터도 부족하기 때문에 그 성숙의 정도를 파악하기가 쉽지 않다는 것이 뱀의 번식에 있어 부딪히게 되는 첫 번째 문제다. 쉽게 말하자면 성적으로 성숙하더라도 성체의 표시가 나지 않고, 번식기 때도 번식준비가 됐음을 알리는 특별한 신체적인 변화를 확인할 수 없다는 것이다. 수컷의 성성숙은 '스펌 플러그(sperm plug), 메이팅 플러그(mating plug)'라고 불리는 정포(精包)의 배출을 확인함으로써 가능한 경우도 있지만, 암컷의 성성숙은 더욱 파악하기 어렵다. 그래서 보통 뱀을 번식하고자 할 때는 태어나면서부터의 대략적인 사육시간을 파악해 번식계획을 세우게 된다.

리본 스네이크나 가터 스네이크와 같은 일부 종은 태어난 해에 번식이 가능한 경우도 있기 때문에 예상보다 일찍 번식을 시도하는 사례가 있기는 한데, 보통 뱀의 번식을 위해서는 종에 따라 차이가 나기는 하지만 2년(성체급을 입양한 경우가 아니라면) 정도는 제대로 된 관리 하에서 사육해야 한다. 일반적으로 대부분의 뱀들이 성적으로 성숙하기 위해서는 최소한 2년 정도의 시간이 필요하다고 알려져 있는데, 파이손(Python)이나 보아(Boa)와 같은 대형종은 성숙시기가 좀 늦어서 성공적인 번식을 위해서는 일반적인 소형종보다 조금 더 긴 3~5년 정도를 정성 들여 성장시킬 필요가 있다. 필자의 경험상 번식가능한 나이가 됐다고 너무 성급하게 번식을 시도하는 경우 모체나 새끼들의 건강에 좋지 못한 영향을 나타내는 것을 자주 봐왔기 때문에 최소 번식나이보다 1~2년 정도 더 축양시킨 이후에 시도하는 것을 추천하는 편이다.

너무나 당연한 이야기지만 모체를 구하기 위해서는 먼저 뱀의 성별을 정확하게 구분할 줄 알아야 한다. 그 첫 번째 이유는 당연히 교미를 위해서이지만, 성별구분 시의 착오로 인해 번식기에 수컷들끼리 합사하는 경우가 없도록 하기 위해서이기도 하다. 개체 간의 다툼이 없는 듯 보이는 뱀이지만, 번식기 때 성숙한 수컷들을 합사하게 되면 서로 심각하게 상처를 입히거나 심한 경우 다툼으로 인해 약한 개체가 죽을 수도 있다.

뱀은 암수의 생김새에 별다른 차이가 없어 보이지만, 성별을 구분하는 기준이 되는 몇 가지만 알아둔다면 암수구별은 생각보다 그다지 어렵지 않다. 육안 관찰 또는 팝핑(popping)을 통해 외형적으로 나타나는 암수의 여러 가지 차이점을 관찰해 판별하거나, 뱀의 성별구분을 목적으로 제작된 프로브(probe)라고 불리는 특수한 도구를 이용하는 총배설강 프로빙(cloacal probing)법으로 구분하는 것이 일반적이다. 어느 정도 경험이 쌓이면 외형적으로 나타나는 특징만으로도 성별의 구분이 가능해지기는 하지만, 개체나 성장정도에 따라 잘못 판별할 가능성은 항상 있다. 현재까지 알려진 여러 가지 성별구분법 가운데 가장 정확한 방법은 프로브를 이용한 방법이라고 평가되고 있다.

그러나 다음에 기술할 여러 가지 성별구분방법 모두 적용하고자 하는 개체에 따라서 사용하기 적합한 경우가 있고, 또 그렇지 않은 경우가 있으므로 뱀의 성별구분을 위해서는 확인하고자 하는 개체의 종류와 크기, 성격, 구별방법에 따른 시행자의 숙달 정도 등을 종합적으로 고려해 최적의 방법을 선택하도록 하는 것이 좋다.

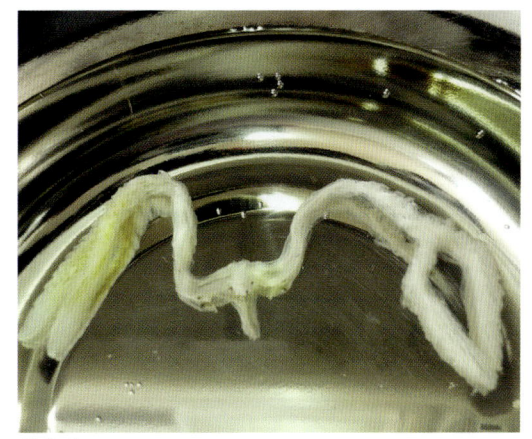

뱀의 정포

육안 관찰(looking)

뱀의 성별을 구분하는 가장 기본적인 방법은 눈으로 관찰하는 것이다. 눈으로 가장 쉽게 성별을 구분하는 방법은 생식기를 직접적으로 관찰하는 것인데, 자주 있는 일은 아니지만 일부 종의 수컷은 흥분하거나 번식기 때 사향(麝香)이 분비되는 동안 생식기를 스스로 외부로 노출하는 경우가 있다. 운 좋게 이런 모습을 보게 된다면 성별을 쉽게 구분하는 것이 가능하다. 그러나 이렇게 스스로 생식기를 내보이는 경우는 상당히 드물기 때문에 뱀 성별구분의 가장 기본이 되는, 육안으로 구분하는 방법을 익혀두는 것이 좋다.

육안으로 관찰할 때 중점적으로 살펴보는 것은 대체로 두상(頭狀)이나 전체적인 체형(體形), 체장(體長), 꼬리 부분의 굵기와 길이 정도인데, 어느 정도 경험이 쌓이면 성별에 따라 나타나는 이러한 외형적인 차이를 단순히 눈으로 관찰하는 것만으로도 암수를 판별하는 것이 웬만큼 가능해진다.

■**체장 및 체형의 비교** : 모든 동물은 완전히 성숙했을 때 체장이나 체형에 있어서 암수가 어느 정도 차이를 보인다. 다른 동물에서처럼 확연하게 나타나지는 않지만, 이런 현상은 뱀에게도 마찬가지로 나타나기 때문에 그 차이를 관찰함으로써 성별을 판별할 수 있다. 예를 들어 사람들이 보통 동물원에 가서 만나게 되는 엄청난 체구의 노란색 알비노 미얀마비단구렁이나, 간혹 신문기사나 뉴스에서 보이는 '무려 몇 m나 되는 거대한······.'이라고 소개되는 그물무늬비단구렁이, 아나콘다는 암컷이다. 이와 같이 암컷과 수컷의 성체크기가 월등하게 차이가 나

암수에 따른 두상의 차이(아래가 암컷, 위가 수컷)

거나, 성장하면서 암수의 머리 모양 혹은 전체적인 체형의 차이가 두드러지는 동종이형(同種異形)의 경우에는 체형과 체장을 관찰해 어렵지 않게 암수를 판별할 수 있다. 체형이나 체장을 관찰할 경우에는 그 종에 관한 기본적인 정보를 어느 정도 숙지할 필요가 있으며, 판별하고자 하는 개체가 성별의 차이를 확연하게 나타낼 정도로 충분히 성숙한 성체여야 한다는 전제조건이 붙는다. 사육 하에서는 먹이급여의 정도에 따라 체형 및 체구의 변화에 변수가 많으므로 자연상태의 개체보다 성별구분이 좀 더 어렵다.

■**꼬리의 길이와 굵기, 형태 비교** : 체형이나 체장을 비교하는 것보다 성별을 좀 더 쉽게 구분하는 데 도움이 되는 것은 꼬리 부분을 관찰하는 것이다. 일단 모든 뱀의 꼬리의 길이는 수컷이 암컷보다 길다. 이는 수컷의 생식기(hemipenis)가 꼬리 내부에 뒤집혀서 위치하고 있기 때문인데, 같은 종에 비슷한 크기의 뱀들이라면 꼬리의 길이를 가늠해봄으로써 암수구별이 가능하다. 길이와 마찬가지로 그 굵기 역시 동일한 이유로 수컷의 꼬리가 암컷에 비해 상대적으로 굵기 때문에 그 굵기의 차이를 확인해 암수를 구분할 수도 있다. 또 굵기와 관련된 것이지만 위에서 보면 꼬리의 형태 역시도 성별에 따라 약간의 차이가 있다. 수컷의 경우는 총배설강 뒤쪽으로 수납돼 있는 생식기로 인해 총배설강 위치(몸통과 꼬리의 경계 부분)에서 몸이 살짝 가늘어졌다가 다시 굵어지면서 꼬리가 끝나는데 비해, 암컷은 굵기의 차이가 없이 총배설강에서부터 매끄럽게 굴곡 없이 꼬리가 끝난다. 따라서 이 차이를 확인함으로써 암수의 구별이 가능하다.

그러나 이렇게 꼬리를 확인하는 방법 역시 뱀이 성적으로 성숙해야만 비교적 구분이 명확하고, 어린 개체의 경우에는 판별이 용이하지 않다는 단점이 있다. 또한, 육상종의 경

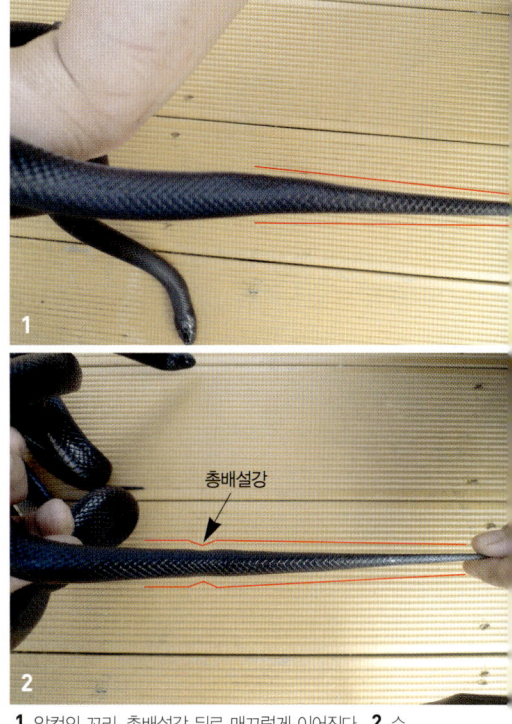

1. 암컷의 꼬리. 총배설강 뒤로 매끄럽게 이어진다. **2.** 수컷의 꼬리. 총배설강 뒤로 살짝 굵어졌다가 가늘어진다.

우에는 비교적 그 차이가 두드러지지만, 나무 위를 주 서식공간으로 하는 콜러브리드 종의 경우에는 그다지 확연하게 두드러지지 않아 정확한 구별이 어렵다는 단점이 있다.

■ **암수의 형태 및 체색 차이 비교** : 위와 같이 꼬리의 굵기와 길이를 확인하는 방법은 판별하고자 하는 종에 따라 그리고 개체의 성장정도에 따라 오판의 위험이 있는 것이 사실이다. 살무사나 볼 파이손과 같이 짧고 뚱뚱한 체형의 뱀은 짧은 꼬리 때문에, 나무 위에서 서식하는 뱀은 육상종보다 상당히 긴 꼬리를 가지고 있기 때문에 더욱 구별이 어렵다.
육안으로 성별을 구분하는 또 다른 방법으로 가분 바이퍼(Gaboon Viper)나 혼 바이퍼(Horn Viper)와 같이 코나 눈 위에 난 뿔의 크기를 살펴 암수구별이 가능한 종도 있으며, 마다가스카르의 립 노우즈 스네이크(Leaf Nosed Snake, *Langaha nasuta*)의 경우 코 앞쪽에 돌출된 특이한 구조의 부속물이 있는데, 이 형태와 크기가 암수에 따라 상당한 차이가 나기 때문에 이를 확인해 성별구분이 가능하다. 뱀에게서는 아주 드문 현상이지만 일부 피트 바이퍼(Pit Viper, 살무사)는 암수의 체색에 차이가 있어 이로써 성별을 구분할 수도 있다.

■ **흔적다리 비교** : 진화상으로 도마뱀에 가까운 보아과(*Boidae*)와 비단구렁이과(*Pythonidae*)에 속한 뱀들은 흔적다리라는 발톱과 같은 기관의 크기를 관찰해 암수를 판별하기도 한다. 흔적다리는 뒷다리의 퇴화 흔적으로서 총배설강 옆에 자리 잡고 있다. 보통 이 흔적다리의 크기가 크면 수컷으로 판별하지만, 이 역시도 예외는 있다. 교미활동이 활발한 수컷에게 흔적다리가 나타나지 않거나, 늙은 암컷이 큰 발톱을 가지고 있는 경우도 보고되고 있기 때문이다. 또한, 흔적다리의 크기는 종에 따라 상당한 차이가 있으므로 성별을 판별하고자 하는 종에 대한 충분한 사전지식이 필요하다.

이렇듯 외형을 관찰해 성별을 구분하는 경우라면 동일한 종, 동일한 크기의 완전히 성숙한 뱀을 서로 비교하는 것이 가장 이상적이지만, 실제로 성별구분이 필요한 상황에는 그렇지 못한 경우가 대부분이다. 육안구별법은 별도의 도구가 필요치 않다는 점에서는 가장 손쉬운 방법이라고 할 수는 있지만, 충분한 지식이 없고 시행자가 숙달돼 있지 않으면 반대로 가장 오판의 가능성이 많은 불완전한 방법이기도 하다. 따라서 육안으로 관찰

암컷의 흔적다리 　　　　　　　　수컷의 흔적다리

해 성별에 대한 확신이 서지 않는다면, 다음에 소개하는 다른 방법으로 다시 한 번 정확하게 성별을 확인도록 한다. 어쩌다 인터넷 사육동호회를 모니터링하다 보면 사육종의 사진을 올리고 성별구분을 의뢰하는 경우가 간혹 있는데, 경험이 쌓이면 사진만 보고도 어느 정도는 암수의 구별이 가능하게 된다. 혹시라도 이렇게 사진으로 성별구분을 의뢰하고자 할 경우에는 반드시 위쪽에서 전체 모습을 정확하게 촬영하고, 다른 부위보다는 꼬리 쪽을 부각한 사진을 올리는 것이 도움을 받기가 쉽다. 의뢰하고자 하는 종이 보아과와 비단구렁이과라면 뒤집어서 총배설강의 흔적다리 부분의 사진을 촬영해 첨부하는 것도 좋은 방법이다.

팝핑(popping)

팝핑은 평소 체내에 뒤집혀 들어가 있는 생식기를 꼬리 쪽에 인위적 압력을 가해 강제로 돌출시킴으로써 그 돌출된 생식기를 보고 성별을 감별하는 방법이다. 압력을 가했을 때 생식기가 돌출되는 것은 수컷이므로 '암수감별법' 이라기보다는 '수컷을 감별하는 법' 이라는 표현이 좀 더 정확하다고 할 수 있다. 팝핑의 기본적인 방법은 핸들링한 상태에서 꼬리 부분을 뒤집은 다음, 뱀의 꼬리를 등 쪽으로 살짝 굽히면서 엄지손가락을 꼬리끝 쪽에서 총배설강 방향으로 밀면서 동시에 가볍게 누르는 것이다. 이렇게 하면 수컷일 경우에는 생식기가 몸 밖으로 돌출된다. 이때 작은 뱀은 엄지손가락으로 말아 올리는 정도로도 충분하지만, 큰 뱀은 좀 더 강한 힘이 필요하다.

이렇게 글로 설명하면 정말 쉬운 듯 보이지만 실제로 해보면 상당히 어렵고, 여러 번의 시행착오를 겪으며 어느 정도 숙련돼야만 제대로 적용할 수 있는 기술이라고 할 수 있다. 필자는 아직까지 정확하게 팝핑을 할 줄 아는 사람을 고작 몇 명 정도밖에 보지 못했다. 팝핑 역시 나름대로의 장단점이 있다. 우선 장점이라면 특별한 도구 없이도 간편하게 시행할 수 있으며, 다음에 설명할 프로빙보다는 뱀을 다치게 할 빈도가 낮은 안전한 방법이라는 것, 프로빙과 비교해서는 상대적으로 정확도가 떨어지지만 시행자가 숙달돼 있다면 상당히 정확도가 높은 방법이라는 것이다.

반대로 단점이라면 일반적으로 숙달되기가 쉽지 않아 초보자의 경우 실패할 확률이 높으며, 근육이 발달한 대형종 뱀이나 대형개체의 뱀은 실시하기 어렵기 때문에 보통 미성숙한 어린 뱀 위주로 시행하는 것이 성공률이 높다는 것 정도다. 그러나 어린 뱀이라고 해도 태어난 지 얼마 안 된 아주 어린 해츨링보다는 준성체 정도의 크기에 적용하기가 좋은 방법이며, 준성체급이라 하더라도 파이손과 보아류 등 대형종들의 경우 팝핑이 상당히 어렵다고 알려져 있다. 대형종의 뱀은 몸이 굵고 근육이 강하게 발달돼 있어서 웬만큼 강한 압력을 주더라도 생식기가 돌출되지 않는 경우가 많기 때문이다. 또 다른 단점은 동물은 몸이 조여지는 것에 대한 거부감이 강한데, 팝핑을 하기 위해서는 어쩔 수 없이 뱀의 몸을 조여야 하기 때문에 불가피하게 뱀에게 스트레스를 주는 방법이라는 것이다. 이러한 스트레스는 사육자에 대한 공격을 유발할 수도 있으므로 혼자 다루기 힘들 정도의 크기라면 물리지 않기 위해서라도 다른 사람의 도움을 받아 실시하는 것이 안전하다.

이렇게 팝핑을 실시할 경우에는 '적절한 압력'을 가하는 것이 가장 중요하다. 가해지는 압력이 적절하지 않으면 수컷이라도 생식기가 돌출되지 않아 암컷으로 판단할 소지가 있으며, 반대로 너무 지나치게 강한 압력을 가하면 암컷이라도 난관성 돌기가 돌출되는 경우가 있는데, 숙달되지 않은

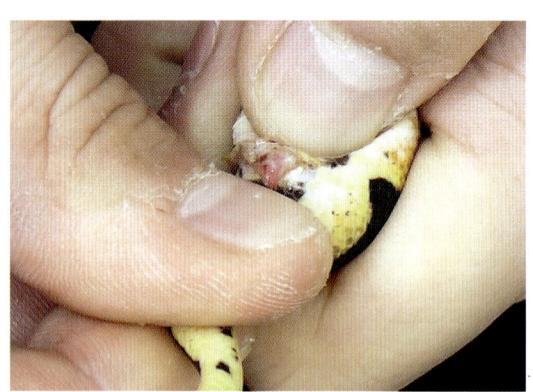

핸들링한 상태에서 꼬리 부분을 뒤집은 다음, 뱀의 꼬리를 등 쪽으로 살짝 굽히면서 엄지손가락을 꼬리끝 쪽에서 총배설강 방향으로 미는 것과 동시에 가볍게 누르면, 수컷의 경우 생식기가 돌출된다.

그레이 랫 스네이크

사육자는 이것을 생식기로 오인해 수컷으로 판별할 수도 있기 때문이다. 무엇보다 압력조절에 실패하면 뱀에게 상처를 입힐 위험도 있다. 따라서 팝핑을 시도하고자 한다면 숙련자의 지도를 받아 제대로 된 방법을 익히는 것이 좋다.

총배설강 프로빙(cloacal probing)

프로빙(probing)은 프로브(probe)라는 막대기를 생식기 구멍에 넣어 그 들어간 깊이로 암수를 판별하는 방법이다. 프로빙이라는 방법은 1933년 미시간대학의 교수이자 파충류학자인 프랭크 넬슨 블랜차드(Frank Nelson Blanchard)와 에델 핀스터(Ethel B Finster)에 의해 처음으로 시도됐고, 피치(Fitch)에 의해 자세한 기술이 정립됐다. 1973년과 1977년 요제프 라즐로(Josef Lazlo)에 의해 이 내용이 실린 두 편의 짧은 논문이 출판되면서 일반에 널리 알려졌는데, 이전까지 파충류 사육자들은 자신이 기르고 있는 뱀의 성별을 정확하게 판별하는 방법을 알지 못했다.

프로빙을 할 때는 프로빙만을 위해 제작된, 뭉뚝하거나 볼팁(ball-tip) 형태의 금속성 소재로 된 섹싱 프로브(sexing probe)라는 도구가 사용된다. 보통 서로 다른 굵기의 봉이 여러 개 들어 있는 형태로 판매되고 있는데, 판별하고자 하는 개체의 크기를 고려해 적당한 굵기를 선택해서 사용하면 된다. 많은 사육자들이 확인하고자 하는 뱀의 체구에 비해 너무 가는 굵기의 프로브를 사용하는 경향이 있는데, 원칙적으로 삽입할 수 있는 최대 굵기를 사용하는 것이 기본적인 사용법이다. 지나치게 가는 굵기인 경우 암컷의 생식기에 더 깊게 들어가 성별구분에 오류를 일으킬 수 있다.

프로빙의 기본적인 방법은 우선 바셀린 같은 윤활제를 적당히 바른 탐침봉을 뱀의 양쪽 생식기(hemipenes)의 뒤집힌 안쪽 가운데 어느 한쪽에 대고 조심스럽게 돌리면서 꼬리쪽을 향해 밀어 넣는다. 서서히 밀어 넣다가 압력이 느껴지면 더 이상의 진행을 멈추고 엄지손톱 끝으로 눌러 들어간 부분까지를 표시한 후 다시 천천히 빼낸다. 빼낸 프로브는 총배설강에서 들어간 깊이만큼 탐침을 놔보고, 그 길이에 해당하는 배 비늘의 수를 세어 성별을 구분하게 된다. 수컷이 암컷보다 훨씬 깊이 들어가는데 평균적으로 암컷은 2~5개, 수컷의 경우 7~16비늘까지 들어간다고 알려져 있다. 프로브가 깊이 들어가지 않는 것은 생식기가 없다는 것을 나타내기 때문에 암컷으로 판별한다. 그러나 이 삽입되는 길이는 암수뿐만 아니라 종에 따라서도 상당한 차이를 보이므로 '무슨 종이 몇 개가 들어가면 수컷, 몇 개가 들어가면 암컷'이라고 정확한 개수를 확정짓기는 어렵다.

가장 확실한 성별구분법이라는 프로빙 역시도 오판의 가능성이 없지는 않다. 수컷이 거부반응을 보이며 생식기를 강하게 조여 프로브가 얕게 들어가는 경우도 있고, 동일한 뱀에서 생식기 한쪽은 얕게 한쪽은 깊게 들어가는 경우도 있어 간혹 오류가 생기기도 한다. 성별구분을 할 때는 이러한 점을 감안해 실시하는 것이 좀 더 정확한 결과를 얻을 수 있다. 프로브가 없을 때는 적당한 굵기의 다른 재질의 막대기를 사용하는 경우도 있지만, 뱀에게 창상(創傷)을 일으킬 위험이 있기 때문에 가급적이면 프로브를 사용하도록 한다.

암컷

수컷

프로빙에 의한 암수구별

프로빙은 뱀의 몸 안에 이물질을 강제로 집어넣는 방법이므로 경험 있는 숙련자가 정확한 자세로 실시하는 것이 안전하다. 숙련된 사람이 실시할 경우 뱀의 성별구분법 가운데 가장 오차가 적은 감별법이지만, 반대로 탐침을 체내에 넣는 방식이기 때문에 미숙련자는 뱀을 다치게 할 수도 있는 방법이다.

뱀의 성별구분법

	육안확인법(looking)	팝핑(popping)	프로빙(probing)	캔들링(candling)
방법	암수의 외형적 차이 관찰	꼬리를 압박해 강제로 생식기를 돌출시킴	프로브를 생식기로 넣어 그 깊이로 암수 구별	몸의 반대편에 빛을 비춰 몸 안쪽의 해부학적 차이를 관찰함
필요도구	없음	없음	프로브	조명등
시행난이도	개체가 작고 어릴수록 숙달 필요	숙달 필요	숙달 필요	상당한 해부학적 지식 필요
적용대상	성체일수록 유리	준성체일 때 유리. 성체에 가까울수록, 대형종일수록 어려움	준성체~성체까지 유리. 개체가 작을수록 불리하다.	알비노나 체색이 흰 종, 어린 개체일수록 유리

프로빙을 하는 중에 삽입한 프로브를 통해 뱀의 신체 내부에서 어떤 압력이 느껴지면 즉시 집어넣는 것을 중지해야 한다. 이를 무시하고 강제로 실시하다가 뱀을 다치게 하는 경우도 적지 않다. 또한, 확실하게 판단할 만큼 프로빙이 진행되지 않았다면 약간의 시간을 가지고 다시 시도하거나, 다른 쪽을 시도해보는 편이 좀 더 정확한 결과를 얻을 수 있다. 탐침봉의 굵기를 정하는 것부터가 많은 경험이 필요한 일이며, 작은 뱀의 경우 탐침이 들어가지 않을 수도 있으므로 초보자의 경우 숙련자의 지도를 받아 함께 실시해보는 것을 권장한다. 프로빙이나 팝핑은 어느 정도의 경험이 있어야 하고, 숙달되지 않았을 때는 뱀이나 사육자에게 피해가 발생할 수 있기 때문에 섣불리 시도하지 않는 것이 좋은데, 이 방법에 숙달되고자 한다면 먼저 경험이 있는 사육자로부터 정확한 방법을 지도받은 뒤 시도하는 것이 좋다. 위와 같은 방법으로 뱀의 암수를 구분해서 번식에 적당한 쌍이 구해지면 번식을 위한 가장 기본적인 준비가 된 것이다.

캔들링(candling)

앞서 언급한 방법 외에 캔들링이라는 방법이 있다. 수정란의 발생 정도를 알아보기 위해 실시하는 검란(檢卵)처럼, 몸의 반대편에서 강한 빛을 비춰 내부장기를 살펴보는 방법이다. 체색이 짙거나 빛이 투과하기 어려울 정도로 많이 성장해 버린 개체에게는 사용할 수 없는 방법으로 주로 알비노 계열의 소형뱀에게 사용된다. 암수에 따라 다른 뱀의 내부장기의 해부학적 차이를 정확하게 숙지하고 있어야 하는 만큼, 일반적인 성별구분법보다 조금 더 전문적인 방법이라고 할 수 있기 때문에 사육자들 사이에서 흔하게 사용되지는 않는다.

Section 02

번식의 과정

제대로 된 쌍이 구해지고 난 이후 본격적인 번식의 과정은 〈동면을 위한 모체 관리 -> 쿨링 or 사이클링 -> 메이팅 -> 산란 -> 인큐베이팅 -> 부화 -> 유체 관리〉의 순서로 진행되는 것이 보통이다. 그러나 난태생인 종은 메이팅 이후 임신기간을 거쳐 새끼로 바로 낳으므로 별도의 인큐베이팅 과정은 필요치 않다.

번식에 영향을 미치는 요소는 '개체의 나이(크기)', '온도', '습도', '광주기' 다. 뱀의 번식은 생각보다 간단한 것이 아니기 때문에 각 단계마다 신경 쓸 것도 많고 손도 많이 가는 일이다. 하지만 성공적인 번식을 위해서는 어느 한 단계도 소홀히 관리해서는 안 된다. 아울러 이후로도 체계적인 번식을 계획하고 있다면 진행되는 일련의 과정들을 전부 기록해두는 것이 좋다.

뱀의 번식방법

파충류의 번식에는 알로 낳는 '난생' 과 새끼로 바로 낳는 '난태생' 의 두 가지 타입이 있다. 29,000여 종의 뱀 가운데 약 3/4은 건조로부터 보호되는 방수막을 가진, 양막란을 산란하는 '난생' 이지만 보아류나 살무사류, 물뱀, 바다뱀 등의 일부는 난태생으로 번식을 한다.

뷰티 스네이크

■ **난생(卵生)/난태생(卵胎生)** : 난생(卵生, oviparity)은 말 그대로 알을 낳는 것이지만, 새끼로 바로 태어나는 타입을 '태생(胎生, viviparity)'이라고 하지 않고 '난태생(卵胎生, ovoviviparity)'이라는 용어를 사용하는 것은 그 발생과정이 태생과는 다소 차이가 있기 때문이다. 우선 태생과 난태생은 태아가 발생되는 위치에서 차이를 보인다. 태생은 자궁에서 발생이 진행되지만 난태생은 수란관의 뒷부분이 부풀어 올라 자궁의 역할을 하며, 부화 시까지 그 안에 알을 보관하는 형태다. 또 하나 다른 점은 태생이 모체로부터 직접적으로 영양을 공급받는데 비해 난태생은 모체 내에서 알의 수정은 이뤄지지만, 태반이 없기 때문에 대부분 모체로부터 직접적으로 영양을 공급받지 않고 알속의 난황을 영양분으로 삼아 발육한다(Common Garter Snakes-*Thamnophis sirtalis*나 Red Pipesnakes-*Anilius scytale*와 같은 진화된 일부 난태생종은 배를 싸고 있는 달걀 내막과 같은 얇은 막을 통해 수분과 영양을 공급받기도 한다).

전체 뱀 중에 약 1/5은 알 대신 새끼를 낳는데 임신기간은 보통 약 2~3개월이다. 어떤 종은 한 번에 100마리 이상을 낳지만 대개는 그보다 적다. 고도가 높거나 위도가 높은 지역에서 서식하는 뱀, 물이나 물가처럼 온도가 낮은 지역에 서식하는 뱀 중에 난태생으로 번식하는 경우가 많다. 난태생종의 어미는 임신기간 동안 몸이 둔해져서 천적의 공격으로부터 스스로를 보호하지 못할 가능성이 커지지만, 자신의 몸을 인큐베이터처럼 사용해 새끼들의 생존율을 높이기 위해 이런 번식방법을 택한 것으로 보인다.

보아류는 전 종이 모두 난태생으로 번식한다. 새끼로 바로 태어나기 때문에 난태생으로 이뤄지는 출산은 외형적으로 보기에는 태생과 비슷하지만, 좀 더 이해하기 쉽게 말하면 '수정란이 모체 밖으로 방출되지 않고, 모체 안에서 발생 및 부화해 유생상태로 나오는 것'이라고 할 수 있다. 어느 동물이나 태생은 임신기간이 길고 태어나는 새끼 역시 크며, 그 수도 얼마 되지 않는다. 난태생은 태생의 이러한 단점들을 보완하면서 새끼들의 생존율까지 높이기 위한 나름대로의 생존방법이라고 할 수 있다. 뱀과 도마뱀 가운데 20% 정도만이 난태생으로 번식한다.

난생뱀의 산란 모습

난태생인 보아뱀의 산란 모습

난태생종 가운데 태어난 새끼를 돌보는 종은 없으며, 난생종 가운데 극히 일부 종만 알을 돌본다고 알려져 있다. 일부 비단구렁이류, 랫과 콘 스네이크가 알을 품는다. 독사 가운데 알을 품는 종은 킹코브라, 인도코브라, 동남아시아의 산북살무사 정도가 알려져 있다.

알을 품을 때는 단순히 알을 서리면서 산란한 형태를 유지시키는 것이 아니라, 산란굴 밖을 능동적으로 오가면서 햇볕으로 데워진 몸을 이용해 산란에 필요한 온도를 유지하기도 하며, 알 주위에 몸을 감고 기온이 떨어질 때 근육을 급격히 떨면서 열을 내어 부화 온도를 유지하기도 한다. 그러나 대부분의 뱀은 알을 보호하지 않기 때문에 알은 부화될 때까지 방치된다. 또한, 이렇게 알을 보호하는 종은 있지만 새끼를 보호하는 종은 현재까지 알려져 있지 않다(장기간의 양육은 아니더라도 며칠 동안 근처에 머무는 종은 있다). 난생종이건 난태생종이건 산란한 알에 일부 무정란이 섞여 있는 경우가 있는데, 이렇게 부화가능성이 없는 알은 영양분으로 재활용하기 위해 어미가 먹기도 한다.

양서류와는 달리 파충류가 이렇게 양막(羊膜)에 쌓인 알을 낳을 수 있다는 것은 파충류가 물에서 멀리 떨어져 지낼 수 있도록 진화됐다는 의미라고도 할 수 있다. 진화에 있어 양서류가 대지에 첫 발을 디딘 최초의 척추동물이었다는 데 그 의의가 있다면, 파충류는 서식공간을 물에서 멀리 떨어진 내륙까지 획기적으로 넓혔다는 데 의의가 있다.

■**단성생식(單性生殖)** : 뱀이 번식을 하기 위해서는 반드시 암컷과 수컷이 있어야 하는 것일까? 대부분의 종이 그렇지만 100% 그런 것은 아니며, 암컷만으로도 번식을 하는 종이 있다. 아프리카와 아시아에 서식하는 성체 크기 6~16cm 정도의 '화분뱀(Ramphotyphlops Braminus, Flower-pot Snake, *Brahminy blindsnake*)'이 그 예인데, 일반적으로는 뱀 가운데 이 화분뱀만이 유일하게 단성생식을 하는 것으로 알려져 있다. 이 종을 특정 지역에 입식시키면 번식된 개체는 모두 암컷이며, 번식된 개체의 유전자 역시 상당한 유사성을 보인다.

단성생식은 처녀생식(parthenogenesis, 처녀라는 뜻의 그리스어 parthenos와 창조라는 뜻의 genesis의 합성어)이라고도 하는데, 수컷 배우자에 의한 수정 없이 새로운 개체를 만드는 생식방법을 말한다. 단성생식으로 번식하는 경우는 보통 하등식물, 무척추동물(물벼룩, 진딧물, 벌 등)에서 드물지 않게 관찰할 수 있으며, 척추동물에서는 몇몇 양서류와 파충류, 물고기, 아주 드물게는 새, 상어(귀상어)에서도 나타난다고 보고돼 있다. 포유류에서는 2004년 4월 동경대에서 최초로 쥐에게 인공적으로 유도한 사례가 있으나 자연적인 환경에서 단성생식이 보고된 예는 현재까지 없다.

단성생식은 교미가 없어도 번식이 가능하기 때문에 개체수를 쉽게 늘릴 수 있다는 점이 상당히 유리한 것처럼 생각되지만 역시 나름대로의 장단점이 있다. 번식을 위해 짝짓기를 꼭 필요로 하지 않기 때문에 이에 소모되는 시간과 에너지를 줄일 수 있고, 또 이렇게 상대방을 찾아다니는 동안 맞닥뜨릴 수 있는 잠재적인 위험성(천적을 만난다거나 질병에 감염된다거나)이 없으며, 자신보다 열등한 유전자 구성을 가지고 있을지 모르는 다른 개체와 유전자를 섞을 필요도 없다. 또한, 낯선 환경으로 이주했을 때 새로운 개체군을 확립하기 쉽다는 장점이 있다. 반면에 장기적으로 볼 때, 어미와 자식의 유전자가 거의 비슷하기 때문에 유전적 변이도가 낮아짐으로써 질병이나 기생충, 급격한 환경적 변화에 취약해질 수 있다는 단점이 있다.

단성생식이라도 교미를 전혀 하지 않는 것은 아니며, 수컷이 없는 대신 다른 암컷이 수컷의 역할을 대신하게 된다. 이들은 정자를 만들거나 전달하지는 않지만 모든 구애행동을 나타내고 교배도 한다. 이를 위(pseudo, 僞)교미라고 하며, 어떤 암컷이 암컷 혹은 수컷으로 행동하는가는 교미 당시의 호르몬 상태에 달려 있다. 에스트로겐(estrogen) 농도가 높을 때는 암컷으로 행동하며, 프로게스테론(progesterone)의 농도가 높으면 수컷으로 행동한다. 왜 이런 행동을 하는지 의아하겠지만, 암컷의 배란이 자극되기 위해서는 이러한

최근 단성생식 사례가 보고된 코퍼헤드 스네이크(Copperhead Snake, *Agkistrodon contortrix*)

교미자극이 필수적이라고 알려져 있다. 화분뱀 이외에 단성생식을 하는 다른 파충류로는 코모도왕도마뱀(Komodo Dragon, *Varanus komodoensis*)과 뉴멕시코채찍꼬리도마뱀(New Mexico Whiptail Lizard, *Cnemidophorus neomexicanus*) 등이 알려져 있다.

동면을 위한 모체 관리

성공적인 번식을 위해서는 일련의 번식과정을 잘 견뎌낼 수 있는 건강한 모체를 선별해야 한다. 알을 낳을 만큼 성숙했다 하더라도 지나치게 어린 개체나 영양공급부족으로 체중이 지나치게 가벼운 개체, 사육기간 동안 스트레스를 많이 받은 개체, 심각한 질병을 앓았거나 현재 질병에 걸려 있는 개체, 질병에서 회복된 지 얼마 되지 않은 개체는 번식 프로그램에서 제외하는 것이 좋다. 또한, 관리현황이 파악되지 않은, 분양받은 지 얼마 되지 않은 개체 역시 부득이한 경우가 아니라면 프로그램에 포함시키지 않도록 한다.

번식을 위해 선택할 모체는 보유하고 있는 개체들 가운데 가장 크고 건강한 것일수록 좋다. 덩치가 큰 모체를 선택해야 하는 가장 중요한 이유는 더 크고 많은 수의 알 혹은 새끼를 얻을 수 있기 때문이다. 실제로 겨우 알을 낳을 수 있을 정도로 자란 암컷이 낳은 알과 충분히 성장한 나이 먹은 암컷이 낳은 알은 일단 그 크기에서부터 확연하게 차이가 나며, 태어난 새끼들의 크기 역시도 상당한 차이를 보인다. 또한, 태어난 해츨링의 크기는 곧 개체의 생존율과도 직결되는 중요한 요인이기 때문에 가급적이면 최대한 크고 건강한 암컷을 선택하는 것이 성공적인 번식의 첫걸음이라고 할 수 있다. 그러나 개체가 비만한 경우 난포가 제대로 자라지 않는 등 여러 가지 문제가 발생할 수 있기 때문에, 단순히 덩치가 크다고 해서 비만개체를 번식프로그램에 포함시키는 것은 피하도록 한다.

모체가 커야 하는 두 번째 중요한 이유는 동면기간을 안전하게 버틸 가능성이 높기 때문이다. 동면 중이라고 해도 체중의 감소가 완전히 없는 것은 아니다. 번식을 위한 개체에게는 동면에 들어가기 전에 동면기간을 문제없이 버틸 수 있도록 영양을 충분히 공급하지만, 기본적인 체력을 갖고 있고 영양을 충분히 비축하고 있는 개체가 동면기간을 버티는 데 더 유리하다는 것은 재론의 여지가 없을 것이다.

이렇게 준비된 모체는 동면 전에 모체를 성숙시키는 데 가장 적합한 환경에서 양육할 필요가 있다. 여러 마리를 합사사육하고 있다면 계획된 쌍을 별도의 공간에서 특별 관리하는 것도 좋다. 별도의 공간에서 충분히 축양된 개체들은 동면을 시킬 시기가 다가오면 완전한 동면에 들어가기에 앞서 장을 비우기 위해 통상 동면 1개월 전부터는 먹이의 급여를 중지한다. 이것은 성공적인 동면을 위해 반드시 필요한 과정이다. 동면기간 중 위장 내에 소화가 안 된 음식이 남아 있으면 저온으로 인해 소화되지 않고 체내에서 부패될 수 있으며, 2차적인 감염증을 유발할 수 있다. 급하게 번식계획을 세워 시간적으로 촉박하더라도 동면 전 최소 2주간은 반드시 금식을 시키도록 한다.

번식을 위한 메이팅 과정에서 뱀의 건강은 매우 중요하다. 생식활동을 위해서는 신체 내에 어느 정도의 체지방이 축적돼 있어야 한다. 건강상태가 좋지 않으면 생

버미즈 파이손의 교미

식호르몬이 활성화되지 않으므로 암컷은 성적 감수성이 나타나지 않으며, 수컷 역시 구애활동을 보이지 않게 되는 경우가 생길 수 있다. 자연상태의 뱀들도 해마다 생식주기에 큰 변화를 나타내는 경우가 있는데, 이는 영양학적 요인이나 여분의 에너지 저장량 같은 요소들이 교미나 배란활동에 영향을 미치기 때문이다.

이와 더불어 본격적인 동면에 들어가기 전에 수분을 공급하고 장운동을 활성화시켜 장에 모여 있는 대변과 요산의 배설을 촉진시키기 위해, 최소 이틀 정도에 걸쳐 수시로 온욕을 시킨다. 또한, 이와는 별도로 본격적인 동면에 들어가기 전 개체의 체중과 체장 등 기본적인 신체측정을 하고 그 결과를 기록해둔다. 이 기록들은 동면 중 정기적인 관리를 하는 데 있어 중요한 기준이 되므로 가급적 정확하게 측정해둬야 한다. 마지막으로 여건이 허락된다면 믿을 만한 수의사에게 건강검진을 받는 것도 추천할 만하다.

교미 후 수정이 되면 보통 뱀들은 산란이 완전히 끝날 때까지 아무것도 먹지 않고 거식에 들어간다. 임신기간 중에 별도의 영양공급이 없으므로 순수하게 교미 이전까지 체내에 축적해둔 영양만으로 생활하며 알을 만드는 것이다. 따라서 교미 전에 충분한 영양을 공급하지 않았다면 성공적인 번식은 불가능하며, 설사 운 좋게 산란에 성공했다 하더라도 이후 회복기간을 버티지 못하고 암컷이 폐사할 가능성도 있다. 교미를 시킬 예정에 있는 암컷에게 충분한 칼슘과 비타민 및 미네랄이 제공돼야만 결과적으로 좋은 알을 얻을 수 있으므로 번식을 계획하고 있는 개체들은 사육하고 있는 다른 개체보다 좀 더 체계적이고 특별한 관리를 필요로 한다. 뱀은 다른 파충류와 같이 더스팅으로 별도의 영양제를 급여해줄 필요는 없지만, 것로딩이 된 먹이를 충분히 급여함으로써 번식에 대비하는 것이 좋다.

동면(cooling)

번식에 대비해 비번식기동안 충분한 영양을 공급했다면 다음으로 할 일은 동면(hibernation)이나 사이클링(cycling)을 시키는 일이다. 자연계에서 뱀들은 계절의 변화를 겪은 이후에 번식활동을 시작하는 경우가 대부분이기 때문에 인공사육 하에서도 번식을 위해서는 일정 기간 인위적으로 온도를 떨어뜨려주는 인공동면 혹은 인공 사이클링의 과정이 필요하다. 사육 하에서의 '동면'이 원서식지가 온대지방인 종에게 인공적으로 겨울과 같은 저온기간을 거치게 하는 것이라면, '사이클링'은 원서식지가 열대나 아열대지방인 종에게 우기에서 건기로 넘어가는 과정에 차가운 비가 내리고 기온이 떨어져

보아뱀의 교미

일정 기간 낮은 온도와 높은 습도가 유지되는 기간과 유사한 시간을 인공적으로 제공해주는 것이라고 할 수 있다(사실 사전적 의미에서의 동면은 'hibernation'이지만 사육 하에서의 동면은 인공적으로 동면온도까지 온도를 내려주는 과정이므로 여기서는 '쿨링, cooling' 이라는 용어를 사용하도록 하겠다). 자연상태의 동물에게 동면이나 사이클링은 체온조절기능의 불완전이나 체온조절중추 등의 미분화와 같은 내적 요인으로 인해 일어나기도 하지만, 주된 원인은 계절의 순환으로 환경온도가 떨어짐으로써 기온이 변온동물에게 필요한 활동가능온도 이하로 내려가 정상적인 활동이 더 이상 불가능하기 때문에 일어나는 현상이라고 할 수 있다.

동면을 번식의 측면에서 생각하면 쿨링이나 사이클링 기간에 제공되는 낮은 온도는 배란과 정자형성에 많은 영향을 미친다. 또한, 이러한 온도변화는 생식주기를 맞추는 데 도움을 주고 교미를 자극하는 효과가 있다. 원서식지가 아열대 및 열대지방인 뱀의 번식에 있어 최근에는 사이클링의 중요성이 간과되기도 하지만, 자연상태의 번식패턴을 고려한다면 최대한 자연스러운 생체 사이클을 맞춰주는 것이 번식에 도움이 될 것이다. 그러나 국내에서 많이 길러지고 있는 볼 파이손(Ball Python)의 경우에는 별도로 쿨링을 시키지 않아도 번식이 성공적으로 이뤄지고 있다.

자연상태에서 지역적 영향으로 동면을 하는 종의 동면형태는 가터 스네이크나 방울뱀(Rattlesnake, 래틀스네이크)처럼 한 장소에 무리를 지어 겨울을 나는 것과, 독립된 장소에서 홀로 겨울을 나는 것 등 크게 두 가지로 나눠볼 수 있다. 생물경제학적인 관점에서 보면, 무리를 지어 겨울을 나는 것은 상당히 효율적인 행동으로 동면이 끝난 뒤에 번식을 위한 짝을 쉽게 찾을 수 있다는 장점과, 동시에 짝을 찾기 위해 소모해야 하는 에너지를 상당 부분 절약할 수 있는 효과를 기대할 수 있다.

그러나 자연상태에서와는 달리 사육 하에서의 동면은 상당히 번거로우면서 위험부담을 동반하는 일이다. 동면 전 모체의 장기적인 건강관리가 필요하며, 무엇보다 동면에 필요한 낮은 온도를 일정하게 유지하기가 쉽지 않기 때문이다. 성공적으로 동면을 마치기 위해서는 몸속에 저장된 충분한 지방과 폐사에 이를 온도까지 떨어지지 않는 안전한 은신처 등 여러 조건이 필요하다. 동면 중의 폐사는 대부분 동면 초기나 끝나는 시기에 일어나는데, 이러한 폐사를 줄이려면 동면 중 발생할 수 있는 모든 사태에 대한 대비를 하고 대처방안을 강구해야 한다.

땅속에서 동면하는 종에게 광주기는 영향을 미치지 않지만, 밖에서 동면이나 쿨링을 하는 경우라면 광주기에도 신경을 써야 한다. 그럴 리는 없겠지만 온도에만 신경 써서 동면공간을 오랜 시간 밝게 유지하거나, 불규칙한 광주기를 제공하는 일이 있어서는 안 된다. 동면공간은 보통 저온을 유지하는 것과 함께 어둡게 해주는 것이 좋다. 실내사육 중이라고 해도 보통 가을이 깊어가는 10월 말 무렵이면 식욕과 일광욕 시간이 감소하고, 움직임도 둔해진다. 뱀은 스스로 동면굴을 파지 못하기 때문에 동면을 위해서는 별도의 동면상자를 만들어주는 등의 방법으로 적절한 동면장소를 제공해줘야 한다.

가터 스네이크의 브리딩 볼(breeding ball)

번식을 위해 쿨링을 시킬 때는 무엇보다도 안정적인 온도의 변화를 제공할 수 있어야 한다. 뱀의 일상 체온에서 단기간에 동면온도까지 내리는 것이 아니라, 시간을 두고 서서히 조금씩 온도에 변화를 줌으로써 뱀이 저온에 적응할 수 있도록 시간적인 여유를 줘야 한다. 온대지방에 서식하는 뱀의 경우에는 섭씨 20℃에서 최소 일주일 이상 저온에 적응시킨 다음 온도를 15℃로 내려 다시 며칠을 적응시키고, 그 이후 다시 동면온도인 5~10℃로 내려 본격적인 동면을 시키는 것이 일반적이다. 동면을 시키고자 할 때 시간적인 여유가 없다고 해서 급격하게 온도변화를 주면 그 과정에서 개체가 폐사하는 경우도 있으므로 무엇보다 충분한 시간을 가지고 실시하도록 하자. 동면이 아니라 쿨링을 시킬 때는 사육장 내에 냉각기, 수중모터, 레인바, 타이머 등의 설비를 갖추고 냉각기로 수온을 조절하면서 지속적으로 분무를 실시하는 방법을 실시하기도 하는데, 이 방법은 그다지 많이 이용되지는 않는다.

동면에서 깨울 때도 마찬가지로 며칠에 걸쳐 서서히 온도변화를 줘야 한다. 그러나 자연 상태가 아니라 사육 하에서는 온도조절기가 설치된 별도의 냉장장치를 사용하지 않는 이상, 이렇게 사육자가 마음먹은 대로 온도를 일정하게 내리고 유지시키기가 사실상 용이하지는 않다는 데 문제가 있다. 열판이나 열등 등의 각종 열원과 자동온도조절기를 이용해 온도를 원하는 수준까지 올리는 것은 가능하지만, 원하는 만큼 온도를 내리고 일정하게 유지하는 것은 생각만큼 쉬운 일이 아니다. 필자 역시 15년 전 처음으로 뱀의 번식에 도전했을 때, 동면을 시키기 위해 커다란 김장항아리에 뱀을 넣어 마당 한편에 묻어도 보고, 사육장의 열원을 전부 제거하고 집에서 제일 온도가 낮은 지하실 구석에 몇 달간 놔두기도 하는 등 갖가지 방법을 시도해봤지만, 역시나 불규칙한 온도변화로 인해 생각만큼 좋은 결과를 얻지는 못했던 기억이 있다.

번식을 위해 최상의 컨디션을 갖춘 뱀을 선별했다고 하더라도 동면준비 중이나 동면과정에서 그리고 동면에서 깨울 때 갑작스레 폐사하는 일은 드문 경우가 아니다. 그만큼 사육 하의 인공동면은 준비과정이 번거롭고, 또 상당한 위험부담을 안고 있기 때문에 번식을 위해서가 아니라면 굳이 억지로 동면시킬 필요까지는 없다. 현재 사육하고 있는 개체에게 애정과 관심을 집중하는 것이 우선이고, 꼭 번식을 시키고자 할 경우에는 철저한 준비과정을 거쳐 안전하게 모든 과정을 마칠 수 있다는 자신감이 생긴 후에 시도하는 것이 아끼는 뱀을 잃지 않는 방법이다.

■**동면상자의 제작과 설치** : 뱀을 동면시키기 위해 사용하는 상자는 소재나 규격 등에 있어 특별한 제한은 없다. 크기는 너무 크지 않게 뱀이 들어갈 정도면 충분하며, 동면 중에도 느리기는 하지만 호흡은 하므로 환기용으로 구멍을 충분히 뚫어줘야 한다.

동면용으로 사용하는 바닥재는 모래, 흙, 피트모스 등의 소재가 주로 선택된다. 바닥재는 그다지 깊지 않아도 상관없다. 동면상자의 재질에 좀 더 신경을 쓴다면 열전도의 속도를 감소시키는 효과가 있으므로 상자 주위에 단열재를 사용하면 좋다. 동면상자의 크기나 소재보다는 설치장소가 더 중요하다. 동면상자가 설치되는 곳은 진동이 없어야 하고, 쥐와 같은 천적의 침입으로부터 안전한 곳이어야 하며, 지나치게 온도가 떨어지는 곳이어서는 안 된다.

최근 들어 사육자들 사이에서는 냉장고를 이용해 동면시키는 경우가 늘고 있다. 필자 역시 몇 년 전부터 별도의 동면용 냉장고를 마련해 사용하고 있다. 진동에 민감한 뱀의 특성상 처음에는 모터의 진동 때문에 문제가 없을까 고민이 좀 됐지만, 실제로 사용해본 결과 크게 문제가 되는 것 같지는 않다고 판단돼 지속적으로 사용하고 있다. 필자가 사용하고 있는 것은 편의점에서 흔히 볼 수 있는 세로형의 음료수냉장고 하나와 냉장과 히팅이 가능하도록 개조한 크기가 조금 작은 자작품 하나인데, 동면개체의 크기에 따라 나눠 사용하고 있다.

냉장고를 동면용으로 사용한다고 할 때 음료수냉장고나 와인냉장고가 현재로서는 용도에 가장 적합하지만, 일반적인 가정용 냉장고의 야채칸에서도 동면이 불가능한 것은 아니다. 그러나 대부분의 사람들이 식품과 뱀을 같은 냉장고에 보관한다는 사실을 선뜻 용인하지는 않으므로 생각처럼 쉽지는 않다. 전문적인 브리더가 아닌 이상 동면을 시키기 위해 냉장고까지 구입할 필요까지는 없지만, 성공적인 번식을 위해서는 안정적으로 동면을 시킬 설비를 마련하는 것도 고려해볼 만하다.

소형냉장고를 개조해 인공동면을 시킬 수도 있다.

Tips 뱀의 생식기

보통 때는 뒤집혀서 몸 안으로 들어가 있기 때문에 육안으로 확인하기는 상당히 어렵지만, 다른 동물에 비해 뱀의 생식기는 상당히 독특한 특징이 몇 가지 있다. 우선 그 숫자가 일반적인 동물처럼 한 개가 아니고 두 개인 것이 가장 큰 특징이다(교미할 때 한꺼번에 두 개를 다 사용하는 것은 아니다). 민간속설에 살아 있는 뱀을 불에 올려두면 다리가 생긴다는 말이 있는데, 그것은 뱀의 생식기가 돌출되는 모습을 보고 나온 말이다. 또한, 생식기 내부에 소변이나 정액을 운반하는 관이 발달되어 있지 않다. 이 때문에 교미할 때 포유류와는 달리 수컷의 정액이 생식기 내부의 관을 통해 암컷으로 전달되는 것이 아니라 생식기 표면을 따라 암컷의 총배설강으로 흘러 들어간다.

일반적인 동물들과 숫자상의 차이가 있지만 그 형태에 있어서도 역시 차이를 보인다. 뱀의 생식기는 구부러져 있거나, 갈고리 모양 혹은 돌기가 돋아나 있는 독특한 형태를 가지고 있다. 이는 신체적인 약점을 보완하기 위해서라고 할 수 있는데, 표면의 이러한 돌기는 교미 중에 생식기가 쉽게 빠지지 않도록 진화한 결과물이라고 할 수 있다. 교미 시에는 뒤집히면서 암컷의 생식기로 들어가는데 표면에 나 있는 돌기 때문에 혹 교미 중인 뱀을 강제로 떼어내려고 하면 암수 모두에게 심한 상처를 입힐 수도 있으므로 주의해야 한다.

생식기의 구조와 모양은 종에 따라 무척 다양한데, 암컷의 총배설강은 동종의 수컷의 생식기와 구조적으로 딱 들어맞게 생겨 다른 유사종 수컷과의 교미를 방지하도록 돼 있다. 이러한 생식기의 차이로 인해 생식기를 비교하는 것은 종을 구별할 때 중요한 포인트가 되기도 한다.

교미 중인 콘 스네이크

■**동면 중 관리** : 안정적으로 동면에 들어가면 그때부터 정기적으로 체중을 측정하고, 동면상자 내부의 온·습도를 적절하게 조절해주는 등의 관리가 필요하다. 흔히 자연상태에서의 동면을 생각해 동면을 마칠 때까지 뱀에게 손끝 하나 대지 않는 것이 좋다고 생각하기 쉬운데, 오히려 동면 중에 더 세심한 관리가 요구된다. 동면 전에 측정해둔 데이터를 바탕으로 2~3주에 1회 정도 정기적으로 동면상태와 체중의 변화를 측정하고 기록해 두도록 한다.

동면은 죽은 것이 아니라 말 그대로 자는 것이기 때문에 그 과정에서 완벽하게 영양손실이 없을 수는 없다. 동면 중에도 수분의 손실이 발생하고, 지방과 글리코겐의 환원작용으로 체중 역시 서서히 줄어든다. 1달에 동면 전 대비 1~2%의 체중손실은 그다지 걱정하지 않아도 될 수준이지만, 10%나 그 이상의 급격한 체중손실이 있다면 무언가 건강상의 문제가 생긴 것이므로 동면에서 깨워 별도로 관리해줄 필요가 있다. 또 탈수가 일어날 수 있으므로 동면 중에 수분손실이 없는지 특히 세심하게 확인해야 한다.

이처럼 동면 중인 뱀의 상태 확인과 더불어 동면상자 내의 습도조건 등도 면밀히 살펴 최적의 환경을 제공해야 성공적으로 동면을 마칠 수 있다.

■**동면 끝내기와 동면 후의 모체 관리** : 자연상태에서는 상당히 오랜 기간 활동을 멈추지만, 사육 하에서의 동면은 평균 6~8주 정도면 적당하다. 자연상태에서 기온이 10℃ 이상으로 상승되면 동면굴 안의 뱀은 신진대사가 활성화되면서 서서히 동면에서 깨어날 준비를 한다. 사육 하에서도 일정 기간의 동면이 끝나면 시간을 두고 서서히 온도를 상승시켜 동면에서 깨우도록 한다. 동면기간에는 배설을 하지 않고 신장에 독소가 축적되므로 동면을 깨우는 과정에서 격일로 온욕을 시켜 수분을 충분히 공급해줄 필요가 있다. 보통 뱀은 동면을 끝내고 탈피를 하기 때문에 탈피를 마치고 난 며칠 후에 첫 번째 먹이를 먹는다. 보통은 별다른 문제없이 다시 먹이를 먹기 시작하지만, 장기간 거식이 풀리지 않으면 수의사의 도움을 받는 것이 안전하다.

합사(pairing)와 교미(mating)

자연상태에서 뱀은 보통 단독생활을 하다가 교미기에만 일정한 장소에 모여 교미를 하고, 교미를 마치면 다시 원래의 생활로 돌아간다. 이러한 뱀의 고유한 습성을 무시하고 동일한 사육장에 여러 마리를 합사하면 많은 스트레스를 유발하게 되고 종종 위험이 따르기도 한다. 따라서 평소에는 가급적 단독사육을 하다가 번식을 위할 때만 암수를 합사하도록 한다. 이때 다른 뱀을 먹는 종의 경우에는 특히 조심해서 합사해야 하며, 충분한 먹이를 급여한 이후에 합사하는 것도 불의의 사태를 예방하는 좋은 방법이 될 수 있다.

성공적으로 동면을 마쳤다 하더라도 동면에서 깨어난 뱀을 바로 합사하는 것이 아니라, 개별적인 공간에서 시간을 두고 회복시키면서 한 두 번 정도 먹이를 급여한 후에 합사에 들어간다. 합사의 성공여부는 수컷에 의해 많이 좌우되는 경향이 있으므로 가능하면 수컷이 있는 사육장으로 암컷을 이동시키는 것도 좋은 방법이 될 수 있다.

볼 파이손의 교미

블랙 킹스네이크의 교미행동

뱀을 포함한 모든 파충류는 체내수정으로 번식을 하기 때문에 수컷의 생식기가 암컷의 총배설강 안으로 들어가 정자를 보내야 수정이 이뤄진다. 그러나 다리가 없는 뱀의 신체적인 특성으로 인해 다른 동물에게서 볼 수 있는 것과 동일한 교미행동을 할 수 없기 때문에 교미 중에는 뱀에게서만 볼 수 있는 상당히 독특한 동작들을 관찰할 수 있다.

뱀의 구애동작은 격렬하지는 않지만 다른 동물과는 확연히 다르다. 번식을 위한 합사가 시작되면 수컷과 암컷은 서로의 존재를 확인하면서 직접적인 접촉을 시작한다. 서로의 존재를 감지하고 꼬리를 빠르게 바닥에 내리쳐 경고를 하기도 하고, 머리로 몸통을 살짝살짝 찔러보는 행동을 나타내기도 한다. 안전한 교미상대라고 판단되면 수컷은 암컷의 꼬리 쪽에서 머리 쪽까지 척추를 따라 아래턱을 비벼대는데, 이때 수컷의 아래턱에서는 '쾌락액(快樂液)'이라는 극소량의 액체가 분비된다. 이 분비물의 냄새는 암컷의 공격성을 감소시키고 교미욕구를 증진시키는 역할을 한다. 이렇게 서로를 살필 때 흔적다리를 가진 종은 이것으로 암컷의 몸을 긁어 암컷을 자극하기도 한다.

합사가 좀 더 진행되면 수컷은 암컷의 몸 위에 올라가 몸을 겹치고 두 마리가 마치 파도를 치는 것처럼 몸을 움직이는, 미두파(尾頭波)라고 불리는 독특한 행동을 보인다. 이 동작이 잠시 동안 계속된 후 수컷은 자신의 꼬리를 암컷의 몸통 밑으로 넣어 본격적인 교미를 시작하게 된다. 보통 정력의 상징으로 뱀을 꼽는 경우가 많은데, 그 이유는 생식기가 2개인 점, 무엇보다 다른 동물에 비해 상당히 오래 지속되는 교미시간 때문이다. 뱀의 교미는 길게는 하루 종일 지속되기도 한다.

교미를 마쳤다면 다시 원래의 사육장으로 이동시켜 산란할 때까지 관리하도록 한다. 임신한 개체는 거식을 하기 때문에 이후 별도의 먹이공급은 필요치 않으며, 안정된 환경만 유지시키면 별다른 문제없이 산란을 할 수 있다. 뱀 가운데 일부 종의 암컷은 수컷으로부터 받은 정자를 수년간 몸속에 저장할 수 있기 때문에 야생채집개체의 경우 수컷과의 접촉이 없었음에도 불구하고 다음해 혹은 몇 년 후에 유정란을 산란하는 경우도 있다.

산란

뱀은 산란하기 전에 습도가 충분하지 않으면 물그릇에 들어가 있는 시간이 길어지며, 체온을 상승시키기 위해 사육장 내의 따뜻한 곳으로 이동하고 머무는 시간도 길어진다. 따라서 사육장 내의 습도와 열원을 안정적으로 제공하는 데 관심을 기울일 필요가 있다. 뱀의 임신기간은 각 종마다 차이가 있지만 대부분의 뱀이 산란 전에 허물을 벗는 경향이 있다. 이 탈피는 보통 산란 1~2주, 길게는 한 달 정도 전에 이뤄지는데, 탈피를 확인하게 되면 곧 있을 산란의 전조로 이해해도 좋다. 자연상태에서의 산란은 천적의 위험으로부터 비교적 자유로운 한밤중이나 새벽녘에 이뤄지는 것이 보통이지만, 사육 하에서는 여건만 갖춰져 있다면 특정 시간을 고집하지는 않는다. 부화에 이를 때까지 산란장소의 온도와 습도가 지속적으로 안정되게 유지되기만 한다면 별도의 인큐베이터 없이도 부화는 가능하다. 하지만 사육장 내에서는 그런 환경을 유지하기가 사실상 거의 불가능하기 때문에 산란 후에는 어미와 분리시켜 안정된 인큐베이터로 옮기는 것이 부화율을 높일 수 있는 최적의 방법이다.

카펫 파이손의 산란

■**산란공간 제공하기** : 암컷은 산란일이 가까워지면 사육장 내에서 산란할 만한 장소로 이동하고, 산란에 적절치 않다고 생각되면 사육장을 이탈하려는 행동이 심해진다. 따라서 산란예정일이 다가오면 안정적으로 산란할 공간을 제공해주는 것이 필요하다. 일반적으로는 덮개가 있는 플라스틱 통 옆에 뱀이 들어갈 정도의 구멍을 뚫고, 안에 습기가 있는 상토나 물이끼를 넣어 사육장 구석에 설치해주는 방식을 많이 이용한다. 사육자에 따라서는 산란의 기미가 보이면 별도의 산란공간으로 암컷을 이동시켜 알을 받기도 한다.

대부분의 경우 산란한 알은 점액질로 인해 서로 붙어 있는데, 산란 직후에는 쉽게 떼어낼 수 있으나 시간이 지나면서 결합력이 강해져 점점 떼기 힘들어진다. 그중 일부는 수정이 되지 않은 것이 섞여 있기도 한데, 이런 미수정란들은 수정란보다 크기가 작거나 색깔이 차이가 나므로 확인해서 제거해야 한다. 무정란은 부화되지 않고 점차 썩게 되므로 다른 알에게 나쁜 영향을 주지 않도록 신속히 제거하는 것이 좋다. 미수정란을 제거할 때는 정상적인 알이 찢어지거나 뒤집히지 않도록 주의해야 한다.

산란을 했다고 해도 모든 알이 정상적인 것은 아니다. 슬러그(slug)도 있고 무정란도 섞여 있는 경우가 있다. 알을 확인해서 확실히 가망이 없는 것은 미리 제거하고, 약간의 가능성이 보이는 알은 완전한 알과는 분리해 관리하다가 처리하는 것이 좋다. 알은 주위환경으로부터 습기를 흡수해 배가 발육을 하기 때문에 무게가 증가한다. 무정란은 수분을 흡수하지 않지만 썩었다고 확신하기 전에는 어떤 알도 서둘러 버리려고 할 필요는 없다.

킹코브라를 제외한 대부분의 뱀은 산란을 위한 공간을 별도로 만들지는 않는다. 몇몇 지하종 뱀을 제외하고는 땅을 팔 수 없으므로 자연상태에서 뱀의 산란은 조용하고 따뜻하면서 어느 정도 습기가 유지되는 부드러운 부엽토나 흙이 깔린 지역에서 이뤄지는 것이

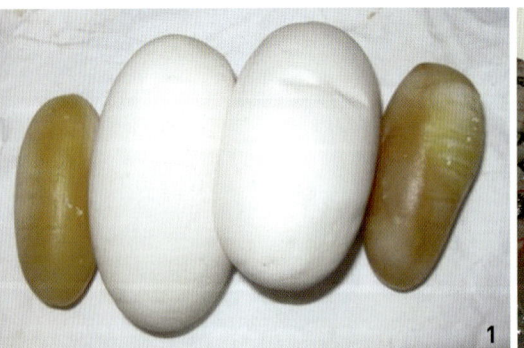 

1. 수정란과 미수정란 2. 난태생 뱀의 출산 시에는 수정되지 않은 무정란(슬러그)이 섞여 나오기도 한다.

> **Tip 유정란과 무정란**
>
> - **유정란(有精卵)** : 수컷과 합사돼 있거나 교미를 할 수 있는 상태에서 정상적으로 수정돼 낳은 알을 유정란이라고 하며, 적당한 환경이 갖춰지면 정상적으로 발생하고 부화된다. 그러나 뱀 가운데 일부 종은 암컷이 수컷으로부터 받은 정자를 수년간 몸속에 저장할 수 있는 능력이 있어서 야생채집 개체의 경우 수컷과의 접촉이 없었음에도 불구하고 그해 혹은 그 다음해에 유정란을 산란하는 경우도 있다.
>
> - **무정란(無精卵)** : 단독사육 중인 젊은 암컷 개체가 번식 가능한 크기가 됐을 때 갑자기 산란하는 경우가 있는데, 이때 산란한 알을 무정란이라고 한다. 무정란은 미수정란으로 인큐베이팅을 하더라도 부화되지 않으며 쪼그라들고 썩어버린다.
>
> - **교미를 했음에도 알을 낳지 않는 경우**
>   개체가 미성숙할 경우 / 산란횟수가 지나치게 많았을 경우 / 동면기의 기온이 적절하지 않았을 경우 / 정자가 독소의 영향을 받았을 경우 / 산란지의 온도가 적절하지 않을 경우 등

보통이다. 따라서 인공사육 하에서도 이와 비슷한 환경을 제공해 산란을 유도할 수 있다. 별도의 독립된 공간에 피트모스나 에코어스, 물기를 머금은 모래 등 살균되고 부드러운 바닥재를 충분히 깔아 산란상자를 만들어 주도록 하자. 제공된 산란장이 만족스럽지 않으면 사육장 바닥의 여기저기에 아무렇게나 알을 낳아버리는 경우도 있기 때문에 산란상자를 대충 만들어서는 안 된다.

산란상자 내의 바닥재는 절대 건조해서는 안 된다. 뱀의 알은 조류의 알처럼 완전히 딱딱한 각질로 덮여 있는 것이 아니므로 습도가 부족하면 말라서 죽게 된다. 바닥재의 온도에도 주의를 기울여야 한다. 산란용 바닥재의 온도가 너무 낮을 경우에는 암컷이 그곳을 산란하기에 적당하지 않은 곳이라고 판단하고 적당한 장소를 찾을 때까지 산란을 지연시키는 경우가 생기게 된다. 보통 산란용 바닥재의 온도는 28~30℃ 선으로 어느 정도 따스하게 유지해주는 것이 좋은데, 그렇다고 해서 강한 열원을 사용해 바닥재를 건조하게 만들면 절대 안 된다. 또 자연상태에서 알을 낳는 시간까지 고려하면 산란장을 어둡게 해주는 것이 좋은데, 이는 조용한 환경에서 좀 더 편안하게 산란에 집중할 수 있도록 하기 위해서다.

■**알 옮기기** : 파충류는 새끼를 돌보지 않는 경우가 대부분인데 뱀도 예외는 아니다. 그러나 몇몇 종의 뱀들은 둥지에서 알을 낳아 지키면서 천적으로부터 알들을 보호하고, 근육을 떨면서 열을 내거나 태양열로 달궈진 몸으로 산란한 알을 서려 부화에 필요한 온도를 제공하며, 둥지에서 생존하지 못한 알을 제거하고 습도를 조절하는 등의 행동을 한다.

대표적인 종으로는 록 파이손(Rock Python)이나 미얀마비단구렁이(Burmese Python) 같은 종이 있으며, 우리나라의 뱀 중 구렁이와 누룩뱀이 이와 같은 행동을 보인다고 보고돼 있다. 그러나 이렇게 알을 돌보는 종은 전체 뱀 가운데 0.2% 정도에 불과하며, 설사 알을 품고 있더라도 사육 하의 산란장에서의 포란은 성공적으로 부화하지 못할 가능성이 높으므로 산란을 확인한 즉시 준비된 부화기 안으로 알을 옮기는 것이 좋다.

이처럼 알을 서리는 일부 종을 제외하고는 대부분 산란한 장소를 떠나려는 행동을 보이므로 산란을 마친 어미는 회복용 사육장으로 옮기고, 알은 조심스럽게 미리 준비해둔 인큐베이터로 옮긴다. 그러나 한 번 만에 산란을 완전히 마치지 않는 경우도 있으므로 산란을 완전히 마쳤다고 생각이 들지 않으면 산란상자에서 이동시키지 않는 것이 좋다.

산란한 알 자체에 어느 정도의 점착성이 있기 때문에 산란과정에서 아무래도 산란용 바닥재가 알에 들러붙는 일이 생기게 된다. 이때 바닥재가 무기질이 아니거나 살균돼 있지 않으면 부화과정에서 알에 묻은 유기물이 부패되면서 알도 함께 오염되는 경우가 발생한다. 이를 방지하기 위해서는 무엇보다 산란용 바닥재는 부패의 우려가 없는 무기질 소재를 이용하는 것이 좋고, 안전한 소재를 구할 수 없을 경우에는 수급 가능한 소재를 살균처리한 다음 사용하는 것이 차후에 있을지도 모를 오염의 위험성을 조금이나마 줄일 수 있는 방법이라고 하겠다. 버미큘라이트나 펄라이트와 같은 무기질 바닥재는 어느 정도 알에 묻어 있는 상태 그대로 인큐베이터로 옮겨도 크게 문제가 생기는 경우는 드물다.

간혹 사육자가 예상치 못한 상태에서 갑작스럽게 산란을 했을 경우에 아무런 대비가 없다면 적잖게 당황하게 된다. 뱀의 알은 시간이 지날수록 급격하게 수분을 잃고 말라가기 때문이다. 이럴 때 인큐베이터까지는 아니더라도 버미큘라이트 한 봉지 정도만 집에 보관하고 있다면 이처럼 갑작스러운 상황이 닥쳤을 때 많은 도움이 될 수 있다. 일단 급하게나마 산란한 알만이라도 안정화시킬 수만 있으면 이후 인공부화를 위한 다른 준비를 할 수 있는 시간을 벌 수 있기 때문이다.

성공적인 부화를 위한 인큐베이팅

산란한 알은 알 상단에 윗면을 표시하고 조심스럽게 파내 인큐베이팅 상자 안으로 옮긴다. 산란 후 알을 서리고 있는 종의 경우 알에 손을 대면 모성본능 때문에 공격성이 증가하는 경우가 많다. 따라서 평소에 온순한 종이었다고 해도 안전하게 도구를 이용해 이동시키는 것이 좋다.

안정된 자리에서 산란한 알들은 보통 붙어 있는 경우가 많은데, 만약 알들이 붙어 있다면 조심스럽게 떼어내도록 한다. 서로 붙은 알을 통째로 인큐베이터로 옮겨 인큐베이팅해도 부화가 안 되는 것은 아니지만, 혹시라도 알이 오염됐다면 옆의 알로 번져나가기 쉽고 오염된 알을 제거하기도 어렵기 때문에 보통은 하나하나 분리해 인큐베이팅하는 경우가 많다. 알을 옮기는 과정에서 반드시 주의해야 할 사항이 하나 있는데, 산란지에서 인큐베이터로 알을 옮기기 전에 반드시 산란한 알의 위쪽을 펜으로 표시한 후 위아래가 바뀌지 않도록 그대로 조심스럽게 이동시켜야 한다는 것이다. 산란을

버미큘라이트로 옮겨진 알

하고 몇 시간이 지나면 숨구멍이 위쪽으로 올라오게 되고 발생이 시작되는데, 숨구멍이 자리를 잡은 이후에 알의 위아래가 뒤바뀌면 알은 발생이 중단되고 죽게 된다.

인큐베이팅 상자로 알을 이동시킨 후에는 산란한 종과 산란일, 산란한 알의 숫자 등 기본적인 정보를 기록해둔다. 이 기록들은 부화일을 추정하는 기준이 되기도 하고, 차후에 있을 번식프로그램의 참고 데이터로 사용되기도 하므로 가급적이면 정확하게 기록하는 것이 좋다. 또한, 체계적인 번식을 계획하고 있다면 이러한 자료들을 보관해두는 것이 도움이 된다.

■ **인큐베이터 제작** : 시중에서 파충류 번식용으로 판매되고 있는 인큐베이터를 구입해서 사용해도 괜찮지만, 기본적인 원리만 이해한다면 제작이 그리 어려운 것도 아니고 제작에 많은 시간과 비용을 필요로 하는 것도 아니기 때문에 여러 가지 소재들을 이용해 자신만의 인큐베이터를 직접 제작해보는 것도 권장할 만한 일이다.

뱀의 인공부화에는 습도유지가 가능한 바닥재가 들어 있는 인큐베이팅용(알을 담을 수 있는) 상자와, 이 상자를 넣어 부화에 필요한 온·습도를 일정하게 제공할 수 있는 인큐

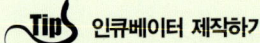
인큐베이터 제작하기

준비물
스티로폼 박스나 아이스박스 등 보온이 되는 박스 1개 / 알을 담을 작은 박스 / 부화용 바닥재(버미큘라이트, 펄라이트 등) / 히터 혹은 열판 등의 열원 / 온·습도계 / 자동온도조절기 / 받침대(벽돌 등) / 받침대 위에 올릴 망

제작법
1. 밀폐가 가능한 큰 통에 일정 수준의 물을 채우고 히터 등의 열원을 장치한다. 열원이 작동하면 물이 증발하고 부화에 필요한 습도를 제공하게 된다.
2. 물 밖으로 나올 정도의 받침대를 바닥에 설치하고, 그 위에 알을 넣을 밀폐된 작은 통을 하나 더 설치한다. 이 상자에는 공기구멍을 반드시 뚫어줘야 한다. 공기가 통하지 않으면 알도 질식해 썩어버리게 된다.
3. 통 안에 물에 적신 버미큘라이트를 넣는다. 이때 버미큘라이트가 완전히 물에 적셔지면 안 되고, 손으로 좀 짜서 습도를 머금을 정도면 충분하다.
4. 버미큘라이트 위에 알을 넣는다. 알은 위아래를 표시하고 하나하나 따로 넣어도 되고, 낳은 상태 그대로 넣어도 괜찮다. 하지만 가급적 하나하나 분리해서 넣는 것을 추천한다. 혹시 감염이 발생해 알이 썩을 경우 다른 알로 오염이 번지는 것을 최대한 방지하기 위해서다. 산란하고 시간이 좀 지났으면 알이 서로 붙어 떼기가 어려운데, 이럴 경우 억지로 떼어내려고 하지 말고 그대로 인큐베이팅시켜도 무방하다.
5. 알 위에 물방울이 직접 닿지 않도록 처리한다. 덮개를 씌우거나 버미큘라이트로 최대한 덮기도 한다. 이것은 통 상단에 맺힌 물방울이 직접적으로 알로 떨어지는 것을 막기 위한 조치다. 알이 썩을 수 있기 때문에 인큐베이팅 기간 중 물방울이 알에 직접적으로 닿아서는 절대로 안 된다. 매일 살펴보고 혹 알에 맺힌 물방울이 있으면 바로 제거해줘야 한다. 회복할 수 없을 정도로 오염이 진행된 알은 전염을 방지하기 위해 바로 제거한다.
6. 온·습도계를 설치한다. 실제로 알을 인큐베이팅하기 전에 미리 시운전을 해보고, 온·습도가 정확하게 맞춰지는지 확인한다.
7. 히터에 자동온도조절기를 부착하고 인큐베이팅 온도를 설정한다.
8. 인큐베이팅 기간 동안 정기적으로 열원의 정상작동 여부를 확인하고 통 안의 물을 보충하며, 알의 발생 정도를 관찰한다.

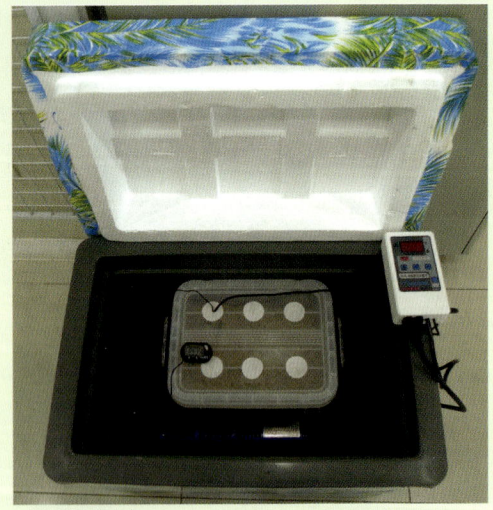
자작 인큐베이터

베이터(알 담은 상자를 넣을 수 있는), 이렇게 두 가지가 필요하다. 인큐베이팅용 상자는 상자 내부의 습도만 효과적으로 유지시킬 수 있다면 소재에 특별한 제약은 없다. 일반적으로 슈퍼마켓 등에서 판매하는 플라스틱 반찬통도 무방하다. 대신 그 상자 안에 깔아줄 바닥재로 사용되는 소재에는 몇 가지 조건이 있다. 오염원이 발생하지 않는 무기질이어야 하고, 습기를 잘 유지시킬 수 있어야 하며, 알에 손상을 주지 않는 부드러운 소재여야 한다.

버미큘라이트(질석, 수분을 함유하고 있는 특이한 광물로 900~1000℃로 가열하며, 층 사이에 있던 수분이 증기로 변하면서 6~30배로 팽창해 벌레모양으로 분리된

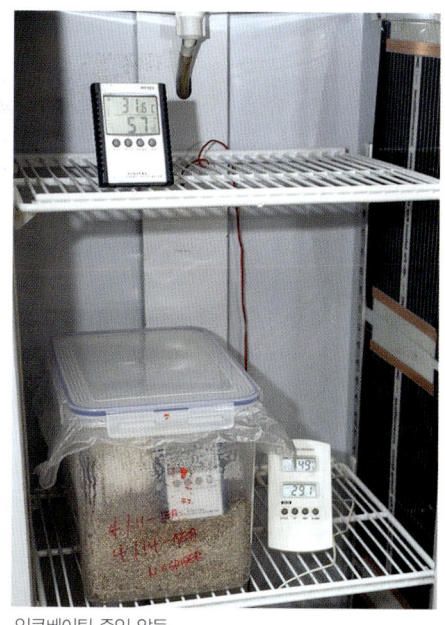

인큐베이팅 중인 알들

다. 다공질로 독성이 없고 보습성이 높다)가 가장 잘 알려져 있는 소재이기는 하지만, 펄라이트나 물이끼 등을 사용하는 사육자도 많다. 사용법은 아주 간단하다. 버미큘라이트와 물을 1:1의 비율로 섞은 뒤 통에 충분히 깔고 엄지로 살짝 눌러 자리를 잡은 다음, 알이 약 2/3 정도 부분까지 덮이도록 묻어주면 된다.

■온·습도 관리 : 인큐베이터 안에 알을 안정적으로 위치시켰으면 이제부터는 본격적으로 부화를 위한 온·습도 관리를 시작한다. 일반적으로 인큐베이터 내의 온도는 28~34℃, 습도는 85~90% 선을 유지한다. 우리나라 같은 온대지역에 서식하는 종은 별도의 인큐베이터를 사용하지 않고도 습도가 유지된다는 가정 하에 상온(25~26℃)에서도 성공적인 부화가 가능하다. 그러나 열대종이나 더 따뜻한 지역에 서식하는 종은 부화율을 높이기 위해 28~34℃ 사이의 온도를 제공해주는 것이 좋다.

온도도 중요한 요건이지만 인큐베이팅 중에 좀 더 관심을 기울여야 하는 것은 건조, 과습 등 습도와 관련된 문제다. 일반적인 경우 뱀의 부화에는 온도보다는 습도가 더 중요하다. 극단적인 고온이나 저온만 아니라면 속도에 변화가 있을 뿐 발생이 정지되지는 않

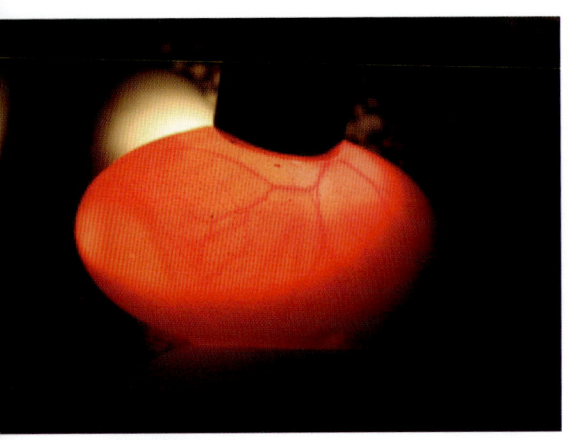
알에 빛을 비춰 검란하는 모습

는 반면, 습도는 알의 폐사와 밀접한 관계가 있기 때문이다. 뱀의 알껍질은 달걀처럼 딱딱하지 않기 때문에 알 내부의 수분증발을 억제하지 못한다. 따라서 인큐베이터 안의 습도가 낮아지면 쪼그라들어 결국 죽게 된다. 그렇다고 해서 알에 직접적으로 물기가 닿을 정도로 과습해서도 안 된다.

인큐베이터의 알은 매일 체크해야 하며, 알에 곰팡이 발생의 원인이 되는 물이 닿으면 좋지 않으므로 각 통의 뚜껑을 열어 뚜껑과 인큐베이팅 상자 안에 응결된 물방울을 제거해줘야 한다. 무정란은 발생이 되지 않아 정상적으로 인큐베이팅을 해도 며칠이 지나면 쪼그라든다고 알려져 있으나, 사육장 안의 습도가 유지되면 무정란도 일정 기간은 형태를 유지하는 경우가 있으므로 어느 정도 시간이 지나면 발생이 진행되고 있는지 확인해보는 것도 괜찮다. 그러나 썩었다고 확신이 들기 전까지는 어떤 알도 버리려고 서두를 필요는 없다. 부화시키고자 하는 종에 따라 인큐베이팅 온도와 필요 습도에 어느 정도의 차이가 있지만, 평균적으로 부화 시의 온도는 보통 25~34℃ 사이, 습도는 60~80% 선을 유지하면 별다른 문제없이 부화에 성공할 수 있다.

인큐베이팅 기간 중에 혈관이나 기실 등 알의 발생상태를 확인해 무정란이나 발생이 중지된 알을 제거하는 것을 검란이라고 하는데, 빛이 차단된 장소에서 알에 빛을 비춰보면 손쉽게 확인할 수 있다. 이렇게 매일 알의 상태를 살피고 발생 중인 알의 크기와 상태를 확인해 습도를 적절하게 조정해 주도록 하자. 알 주변이 움푹 파이면 습도가 낮은 것이고, 알들이 과도하게 주름질 경우 너무 건조한 것이므로 인큐베이터 안의 습도를 올려줘야 한다. 그러나 알이 젖거나 축축해질 정도로 과습해서도 안 된다. 알들은 만졌을 때 부드럽고 살짝 탄력이 있는 정도가 좋다. 환기 역시도 필요는 하지만 너무 과도해서는 안 된다. 발생 중인 알은 인큐베이터 안의 습기를 흡수해 배가 발육을 하기 때문에 시간이 경과할수록 그 무게가 증가한다. 다른 파충류와 마찬가지로 인큐베이팅 기간은 부화온도가 높으면 짧아지고 낮아지면 길어진다.

마지막으로 별다른 문제없이 발생이 진행되고 있다면 정기적으로 알의 상태를 점검하는 것 이외에 필요 이상으로 알을 이동시키거나 진동을 주지 말고 부화 시까지 안정을 유지하면 된다. 그러면 얼마 지나지 않아 새끼들이 세상에 나오기 시작할 것이다.

부화

병아리는 일반적으로 알려진 부화기간인 21일에서 고작 1~2일의 오차 안에 거의 틀림없이 부화되지만, 뱀의 정확한 부화일은 알 수가 없다. 사육매뉴얼 상에도 평균적인 부화날짜만 언급돼 있을 뿐, 어디에도 정확한 인큐베이팅 기간이 나와 있지는 않다. 그렇기 때문에 매뉴얼 상에 언급된 대략적인 부화예정일이 가까워오면 좀 더 자주 인큐베이터를 살피면서 곧 있을 부화에 대비해야 한다. 어느 정도 사육 경험이 있는 초보마니아들 중에서도 한동안 인큐베이터를 살피지 않다가 어느 순간 새끼들이 태어나 있는 것을 보고는 당황해서 부랴부랴 새로운 사육장을 꾸미곤 하는데, 새끼들이 태어날 때를 대비해 축양공간을 좀 일찍 준비해두면 조금은 덜 당황스러울 것이다.

난생 뱀의 부화 모습

정확한 부화일은 예측하기 어렵지만, 알들의 상태변화를 지속적으로 잘 관찰하다 보면 부화가 임박했음을 어느 정도는 예감할 수 있다. 그러나 이러한 변화를 보다 확실히 체감하기 위해서는 평소에 인큐베이터와 알의 상태를 꼼꼼하게 확인해둬야 할 필요가 있다. 알 속에 있는 새끼뱀이 난황을 사용하는 만큼 부화 직전의 알은 움푹 파이기 시작한다. 한창 인큐베이팅 중인데 이런 증상이 보인다면 그다지 좋은 현상은 아니지만, 부화 직전에 나타나는 이런 증상은 알이 건강하고 출산력이 있다는 좋은 징조이므로 크게 걱정하지 않아도 괜찮다. 또한, 부화가 임박하면 알 스스로 열을 발생시키기 때문에 인큐베이터 안에 맺히는 물방울의 양이 평소보다 증가하는 경향이 있다.

부화일이 되면 뱀은 난치(卵齒, egg tooth)로 알을 자르고 세상에 나올 준비를 한다(난치는 부화시기에 뱀의 주둥이 앞부분에 형성되는 돌기 모양의 단단한 조직을 말하는데, 난생이건 난태생이건 모든 새끼뱀에게서 다 생겼다가 알을 자르고 나온 뒤 얼마 지나지 않아 곧 떨어져 나간다). 알 속의 뱀이 난치로 알을 자르기 시작하면 마치 면도칼로 벤 듯한 자국들이 알 표면에 생기기 시작한다. 그 과정에서 안의 점액질이 밖으로 나오기도 하고, 새끼뱀이 호흡을 시작하면서 표면에 거품이 생기기도 한다. 관찰 중인 알 가운데 하나에서 이러한 실금이 보인다면 변화가 없는 나머지 알들도 부화준비가 됐다고 봐도 무방하다.

난태생인 경우에는 복강 내에서 양막에 쌓인 채로 성장하다가 새끼뱀이 돼 태어나는데, 어미의 뱃속에서 깨어나 태어나기도 하고 양막 채로 태어나 밖에서 난치로 알을 깨고 나오기도 한다. 이렇게 알에 실금이 생기는 것을 관찰하게 되면 일부 사육자들은 알껍질을 인위적으로 잘라 부화를 돕기도 한다. 간혹 알껍질을 자르기 전에 난치가 손상돼 알에서 나오지 못하고 죽는 경우도 있으므로 도구를

부화일이 되면 새끼는 난치로 알을 자르고 세상에 나올 준비를 한다.

이용해 약간의 도움을 주는 것도 나쁘지 않다. 그러나 이럴 경우 너무 깊게 자르지 않도록 주의해야 하며, 알 속의 내용물이 쏟아지지 않도록 조심해야 한다. 끝이 뭉툭한 코털 가위를 이용하면 좀 더 안전하게 알을 자를 수 있다.

산란 후 즉시 알을 분리할 상황이 되지 않아 덩어리째로 인큐베이팅을 했다면 이 시기에 하나하나 분리해주는 것도 좋다. 알들이 겹쳐 있을 경우 알을 깨고 나오기 어려울 수 있기 때문이다. 알을 분리할 때는 찢어지지 않도록 아주 조심스럽게 알을 돌려가면서 한쪽 방향으로만 힘을 줘 잡아 당겨 떼어내야 한다. 무엇보다도 중요한 사실은 이렇게 부화를 돕기 위해 알을 분리하는 경우에도 절대 알을 회전시키거나 뒤집어서는 안 된다는 것이다. 최악의 경우 알 속에서 익사하는 경우도 있을 수 있으므로 반드시 산란 후 표시한 윗면을 확인하고 조심스럽게 이동시켜야 한다.

난치로 알을 자른 후 새끼뱀이 바로 세상 밖으로 나오는 것은 아니다. 새끼뱀은 한동안 알 속에서 호흡을 하며 난황이 몸속으로 흡수되기를 기다리는데, 그 과정에서 가끔 알 밖으로 머리를 내밀어 주위가 안전한지를 파악하면서 세상에 나올 준비를 한다. 완전히 부화를 마칠 때까지 24~48시간 정도 걸리는 경우도 종종 있는데, 주위의 진동이나 자극이 심할 경우 난황이 완전히 흡수된 이후에도 난각 안에서 나오지 않으려고 할 수도 있으므로 가급적이면 스스로 나올 수 있도록 조용하고 안정된 환경을 제공해주는 것이 좋다. 알에서 깨어나는 시간을 기다리기가 지루하다고 해서 알 속에 있는 뱀을 강제로 밖으로 꺼내줄 필요는 없다. 새끼나 알 자체에 문제가 있어 스스로 알에서 나오지 못하는 것이 확실하다면 모를까, 일단 밖으로 나올 수 있을 만한 공간만 잘려 있으면 부화에는 문제가 없으므로 스스로 나올 때까지 느긋하게 기다리도록 한다.

처음 실금이 생겼을 때 강제로 알에서 새끼를 꺼내면 배부분에 노란색의 주머니를 달고 있는 것이 보이는데, 이것은 난황(卵黃, yolk)으로 발생과정에서 배의 양분이 되는 영양물질이다. 시간이 지남에 따라 난황은 점차 체내에 흡수돼 영양분으로 사용된다. 부화 초기에 알에서 억지로 새끼를 꺼내면 배에 이 난황을 단 채로 밖으로 나오게 되고, 그로 인해 움직임이 제한되고 감염의 위험도 증가한다. 새로운 생명의 탄생을 기다리는 것도 하나의 즐거움이라 생각하고 좀 더 여유를 가지도록 하자. 간혹 너무 오래 알 속에 있어서 난치로 자른 부분이 너무 빨리 건조해져 새끼가 빠져나오지 못하는 경우가 있는데, 이럴 때는 미지근한 물을 분무해주거나 따뜻한 물을 묻힌 천조각으로 살살 문질러주면 도움이 된다.

동일한 클러치에서 태어난 새끼라고 해도 체색과 무늬가 다양하게 나올 수 있다.

난황이 완전히 흡수된 이후에도 배 부분을 보면 탯줄(umbilical cord)이 확인되는 경우가 있는데, 이동하기 쉽게 떼어준다고 절대 탯줄을 억지로 잡아 당겨서는 안 된다. 잘못하면 과다출혈로 죽을 수도 있으므로 주의해야 한다.

인큐베이팅 기간 중에 상태가 양호했던 알이라 하더라도 모든 알이 성공적으로 부화되는 것은 아니다. 부화되지 못하고 알 속에서 죽는 개체도 있을 수 있고, 힘들게 알에서 나왔다 하더라도 체질적으로 약해서 생존하기 힘든 개체도 있다. 또한, 유전적인 영향이나 인큐베이팅 환경으로 인해 기형으로 태어나 죽는 개체도 있을 수 있다. 모든 알을 100% 완전하게 부화시키고 싶겠지만, 이러한 변수도 미리 감안하고 너무 실망하지 않도록 마음의 준비를 하는 것이 좋다. 새끼들이 태어나기 시작하면 몸에 묻은 부화용 바닥재를 제거하고, 깨끗한 종이와 물이 준비된 안정된 공간으로 부화된 새끼들을 옮긴다.

부화 이후 유체의 관리

난황이나 탯줄이 아직 몸에 붙어 있는 동안은 움직임에 방해가 되기 때문에 능숙하게 움직일 수 없다. 시간이 좀 지나 부화한 새끼가 자유롭게 움직이고 완전하게 알껍질만 남게 되면, 부화기에서 조심스레 꺼내 몸에 묻은 버미큘라이트 등의 인큐베이팅용 바닥재를 제거하고 미리 준비된 축양시설로 옮긴다. 어린 뱀의 축양을 위한 사육장은 환기가 가능한 구조의 열원과 은신처를 설치해 알이 부화되기 전에 미리 준비해두는 것이 좋다. 사육장 안에는 습도유지를 위해 얕은 물그릇을 설치하고, 하루 2~3회 따뜻한 물을 분무해 습도를 조절하도록 한다.

갓 태어난 뱀은 성체보다 저온, 건조, 질병에 훨씬 더 취약하다. 따라서 사육장 청결에 좀 더 신경 쓰고, 사육장의 온도와 습도는 번식종의 성체가 필요로 하는 것보다 조금 더 높게 설정해 유지해준다. 또한, 온·습도의 급격한 변화에 주의해야 하며, 광주기도 가급적 정확하게 규칙적으로 제공해주는 것이 좋다. 부화 후에도 며칠간은 먹이사냥을 하지 않고, 태어날 때 가지고 나온 난황의 영양분으로 생활한다.

부화한 뱀은 곧 생애 첫 번째 탈피를 한다. 허물을 벗는 것은 뱀이 태어나자마자 보이는 첫 번째 행동으로 보통 태어난 지 10~15일 이내에 이뤄지지만, 그 이후에는 앞서 열거한 여러 가지 여건에 따라 탈피횟수가 달라진다. 뱀은 태어날 때 가지고 있던 난황만으로도 상당 기간 영양공급이 가능하고, 보통 탈피 전에는 먹이반응을 보이지 않기 때문에 서둘러서 먹이를 급여할 필요는 없다. 태어나서 탈피 전까지 아무것도 먹지 않으며, 생애 첫 번째 먹이사냥은 탈피 후에 시작되므로 느긋하게 기다렸다가 첫 탈피 후 며칠이 지나고 서서히 첫 번째 먹이를 급여하면 된다. 첫 번째 먹이를 급여할 때는 크기가 지나치게 크지 않은 먹이를 선택하고, 혹 먹지 않고 남기면 사육장에 그대로 방치하지 말고 바로 제거해야 스트레스를 줄일 수 있다. 특정한 종류의 먹이에만 반응을 보이는 종이 있는데, 이 경우 강제로 핑키에 적응시키려고 해서는 안 된다. 기호성이 있는 먹이를 찾아 급여하면서 점차 식성의 변화를 유도하도록 한다.

한 클러치의 알이 모두 성공적으로 부화되면 평균 10~20마리의 새로운 뱀들이 생기게 된다. 태어난 새끼들을 안전하게 축양하기 위해서는 뱀들이 태어난 이후에 부랴부랴 사육공간을 마련하지 말고, 알들이 인큐베이팅 중일 때 사육장과 사육설비 그리고 먹이를 미리 준비하는 것이 현명하다. 태어난 새끼들을 바로 분양할 것이 아니라면 어느 정도의 기본적인 사육설비는 갖춘 환경에서 새끼들을 돌볼 필요가 있다. 뱀은 튼튼한 동물이지만, 체온조절능력과 면역력이 미처 갖춰지기 전에 취약한 환경에 노출된 어린 뱀의 폐사율은 생각보다 높다. 번식된 개체를 분양할 때도 최소한 첫 탈피를 마치고 첫 번째 먹이를 완전히 소화시킨 이후에 분양하는 것이 좋다.

부화 이후 모체의 관리

자, 이제 다시 어미에게로 관심을 돌려보자. 생명의 탄생은 언제나 신비한 것이지만, 부화된 새끼들에만 정신이 팔려 힘든 과정을 겪은 어미를 돌보는 것을 소홀히 해서는 안 된다. 어미는 산란 혹은 출산이라는 큰일을 겪은 이후이고, 그 과정에서 상당한 체중감소와 컨디션 난조가 있었으므로 평소보다 더욱 세심한 관리가 필요하다. 알을 가지고 있는 동안에는 거식을 하지만, 산란을 마친 암컷은 얼마 지나지 않아 식욕을 회복한다. 그러나 오랜 기간의 거식으로 소화계의 활동이 정지돼 있었으므로 처음부터 너무 큰 먹이를 과다하게 급여하는 것은 좋지 않다. 조금씩 천천히, 소화시키기에 무리가 없을 정도의 양을 급여하도록 하자.

산란을 마쳤다고 생각했는데 오랜 기간 거식이 풀리지 않는다면 모체에 무엇인가 문제가 있는 것이다. 무엇보다 아직 체내에 알이 남아 있을 가능성이 높다. 이때 체내에 남겨진 알을 신속하게 제거해주지 않으면 폐사할 가능성도 있으므로 동물병원을 방문해 X선 촬영을 해서 상태를 확인해보는 것이 좋다. 알이 남아 있는 경우 산란촉진제를 쓰기도 하지만, 먹이를 급여하는 것도 체내에 남은 알들을 제거하는 데 도움이 될 수 있다. 암컷이 다시 먹이를 먹기 시작하면 곧 정상체중을 회복하고 행동도 평상시로 돌아간다.

Tip 쌍둥이와 쌍두사

아주 드물게 하나의 알에서 두 마리의 새끼가 태어나는 경우가 있는데, 보통 이럴 경우는 두 마리 다 작거나 혹은 둘 중 한 마리가 같이 태어난 다른 새끼보다 작은 경우가 대부분이다. 쌍두사 역시 자연상태에서는 거의 일찍 도태되기 때문에 발견되는 경우가 드물다. 인공사육 하에서도 성공적으로 길러내는 경우는 흔치 않다.

쌍둥이

쌍두사

Chapter 08

뱀의 주요 종

뱀의 분류방법에 대해 알아보고, 주요 종의 종류와 특징, 서식현황, 사육방법과 번식 등에 대해 살펴본다.

뱀의 주요 종

뱀의 분류

뱀의 분류체계는 명확하게 확립돼 있지 않다. 전 세계에 약 2900여 종에 이르는 다양한 뱀들이 서식하고 있는데, 그 형태적인 특징이나 골격, 외부생식기의 형태나 구조, 최근에는 DNA분석에 이르기까지 다양한 방법을 이용해 분류하고 있으나 아직은 분류체계가 확실하게 정립돼 있지 않다. 이는 학자에 따라 분류하는 기준이 조금씩 다르기 때문이다. 각각의 자료마다 분류법이 상이하고, 본서에 특정한 한 학자의 주장을 싣는 것은 어렵기 때문에 학자에 따라 11개나 12개 혹은 15개 과로 나누거나, 더 세분화해 20개 이상의 과로 나누는 학자도 있다는 것 정도로만 소개한다.

이처럼 학문적으로 분류되는 모든 종들이 전부 애완으로서의 가치를 가지는 것은 아니며, 동일한 분류군이라고 해도 전 종이 모두 파충류시장에서 매매되는 것은 아니다. 일반적으로 애완으로 길러지고 있는 뱀들은 보아류(*Boaidea*), 비단구렁이류(*Pythonidae*), 킹/밀크/콘/랫 스네이크 등이 포함되는 콜러브리드류(*Colubridae*)가 대표적이라고 할 수

있다. 나머지 종류의 뱀들은 학문적으로는 높은 가치를 가지고 있을지는 모르지만 체색, 습성, 먹이, 사육난이도 등의 문제로 인해 애완으로서의 가치가 없거나 지나치게 희소해 대중화되기 어렵다는 문제점이 있기 때문에 흔하게 사육되지는 않는다.

뱀의 주요 종 소개

본서는 학술서라기보다는 실제 사육에 필요한 정보와 지식을 제공하는 사육기본서라는 성격을 가지고 있다. 따라서 종의 분류에 있어 학문적인 중요성이나 과학적인 가치를 가지는 종을 우선시하기보다는 1차적으로 애완되는 종을 중심으로, 그 가운데서도 대중적인 인기를 구가하고 있는 종을 중심으로 서술해 나가기로 하겠다.

외국에서 높은 인기를 구가하고 있는 종이라 하더라도 국내에 도입되지 않았거나 앞으로도 도입이 어려울 것으로 생각되는 종은 제외했으나, 국내에서도 인기가 높고 애완으로서 가치가 높아 추후 도입될 가능성이 있는 종은 추가했다. 독이 있는 독사류의 경우 상당히 매력적인 종들이 많고 외국에서는 합법적으로 많이 길러지기도 하지만, 국내에서는 애완이 허가되지 않으므로 독사에 관련된 내용은 포함시키지 않았다. 또한, 국내에도 다양한 종류의 뱀이 서식하고 있고 애완으로서의 가치를 가지고 있는 것도 없지는 않지만, 국내종의 포획이나 개인적인 사육은 법률로써 금지돼 있으므로 역시 본서에서는 다루지 않는다.

본서에서는 크게 보아(Boa), 비단구렁이(Python), 킹스네이크(Kingsnake), 밀크 스네이크(Milk Snake), 랫 스네이크(Rat Snake)와 콘 스네이크(Corn Snake), 파인(Pine)/불(Bull)/고퍼(Gopher) 스네이크, 마지막으로 기타 종류의 7가지로 나눠 애완뱀들을 살펴보도록 하겠다. 처음에는 개별종에 대한 내용을 따로따로 상세하게 정리하려고 했으나, 기본적인 생태에서 비슷비슷한 내용들이 중복되는 것이 많아 전반적으로 공통되는 내용을 앞쪽 분류 부분에서 가볍게 다루고, 각각의 종에 관한 설명에서 개별적인 내용을 다루는 것으로 정리했다. 사진은 '씨밀레북스' 편집부에서 보유하고 있는 것들, 필자가 직접 촬영한 것, 주위에서 관심을 보이고 보내주신 것들 가운데 각각의 종의 특성을 이해하는 데 가장 적합한 것으로 선별해 넣었다. 공간적인 문제 등으로 인해 더 많은 사진자료를 넣지 못한 점에 대해서는 독자 여러분의 양해를 구한다. 그럼 지금부터 대중적으로 많이 길러지고 있는 뱀들에 대해 알아보도록 하자.

그린 피트 바이퍼(Green pit viper)

보아

- **학 명**: *Boa* ssp.
- **한국명**: 보아, 보아뱀
- **크 기**: 50cm~2m 내외, 암컷이 수컷보다 크게 성장한다.
- **영 명**: Boa
- **서식지**: 아메리카 전역

약 40여 종이 알려져 있는 보아뱀과에 속하는 뱀들의 총칭이다. 진화학적으로 가장 원시적인 형태의 뱀으로서 두 개의 허파(대부분의 뱀이 하나의 허파만을 가지고 있다)와 골반뼈의 흔적 그리고 총배설강 양쪽에 뒷다리의 퇴화 흔적인 흔적다리(spur)를 가지고 있다. 대부분의 종이 피트와 입술구멍을 가지고 있으며, 전 종이 모두 독을 가지고 있지 않고 강한 힘으로 먹이를 감아 죽이는 콘스트릭터(constrictor, 먹이를 졸라 죽이는 큰 뱀이라는 뜻)다.

보아뱀아과(Boinae)에 속하는 아나콘다처럼 수생생활을 하기도 하고 땅에 서식하는 종도 있으며, 나무 위에서 주로 생활하는 종도 있다. 나무에 서식하는 트리 보아류는 새를 잡는 데 용이하도록 이빨이 상당히 길고 날카롭게 발달돼 있다. 비단구렁이(Python)와의 가장 큰 차이는 무엇보다도 비단구렁이가 알을 낳아 번식하는데 비해 보아는 새끼로 번식하는 난태생이라는 사실이다. 비단구렁이 대부분의 종이 구대륙(아프리카, 아시아, 오스트레일리아)에서 발견되는데 비해 보아는 다양한 종이 신대륙(북미, 중앙 및 남미)을 포함한 세계 각지에 널리 분포하고 있다.

해부학적인 차이를 보면 보아는 윗눈틀뼈가 없고 앞 위턱뼈에 이가 없다. 하위 분류로 보아뱀아과(Boinae)와 모래보아뱀아과(Erycinae)가 있다. 학자에 따라 비단구렁이를 보아과의 하위군으로 분류하기도 하고, 별개의 과인 비단구렁이과로 분류하기도 한다.

> **Tip 보아의 하위 분류**
>
> **보아뱀아과(Boinae)**
> 보아뱀속(Boa) / 태평양보아뱀속(Candoia) / 나무보아뱀속(Corallus) / 무지개보아뱀속(Epicrates) / 아나콘다속(Eunectes) / 마다가스카르나무보아뱀속(Sanzinia)
>
> **모래보아뱀아과(Erycinae)**
> - 고무보아뱀속(Charina)
> 북아메리카 서해안, 아프리카 서부 및 중앙아프리카
> - 구세계모래보아뱀속(Eryx)
> 북아프리카, 서남아시아, 유럽 남동부, 중동
> - 모래보아뱀속(Gongylophis)
> 아프리카, 아라비아반도 남쪽 끝, 인도 아대륙

레드 테일 보아

레드 테일 보아

- **학 명** : *Boa constrictor* spp.
- **서식지** : 남아메리카 일대
- **영 명** : Boa
- **크 기** : 최대 4m
- **한국명** : 보아, 레드 테일 보아

레드 테일 보아는 사실 이름은 꽤나 유명한 뱀이지만, 그 유명세는 실제 본종에 대한 것이라기보다는 생텍쥐페리의 소설 '어린 왕자(The Little Prince)'로 인한 경우가 대부분이다. '코끼리를 삼키는 뱀'이라는 이미지로 대중들에게 각인된 뱀이지만, 실제로 코끼리를 삼킬 수 있을 정도로 거대하게 성장하지는 않는다. 아종 가운데서도 최대크기로 자라는 *Boa constrictor constrictor*조차 최대급으로 성장하더라도 성인을 삼킬 수는 없는 정도의 크기다. 현재까지 알려진 10개의 아종이 있지만, 기아종은 *Boa constrictor constrictor*다.

외형

전체적으로 볼 때 주둥이 부분이 좁기 때문에 삼각형의 머리 형태를 가지고 있다. 머리의 정중앙에 세로줄무늬가 있으며, 몸통에는 독특한 가로줄무늬가 나타난다. 박쥐문양이라고도 표현되는 이 무늬는 몸통의 정중앙에서 약간 가늘어지고, 옆쪽은 그보다 조금 넓으며, 양 옆으로 조금 밝은 색의 무늬가 나타난다. 꼬리 쪽에도 비슷한 무늬가 나타나지만, 색깔이 몸통보다 더 붉어지는 경향이 있다.

보아의 체색은 지역에 따라 크게 차이가 난다. 그러나 어느 종을 막론하고 꼬리 쪽으로 갈수록 갈색 혹은 적갈색이 진해지는 경향이 있는데, 이러한 특징으로 인해 레드 테일 보아(Red-tailed Boa)라는 공통명이 붙게 됐다. 마니아들 사이에서는 'RTB'라는 이니셜로도 많이 불린다.

국내 도입현황

국내에도 다양한 지역변이종, 아종, 다양한 모프들이 도입돼 있고 많은 숫자가 길러지고 있다. 동물원 등지에서도 흔히 볼 수 있고, 개인적으로 사육하고 있는 사육자도 많다. 국내에서는 보아에 대한 인기가 다른 뱀들에 비해 월등하게 높은 편이라 번식도 활발하게 이뤄지고 있다. 어느 양서파충류 샵에 가더라도 어렵지 않게 구할 수 있으나, 특정한 모프를 입수하기 위해서는 별도로 수입을 의뢰하거나, 개인분양으로 나올 때까지 기다려야 한다.

번식

수컷은 1년 6개월, 암컷은 3년이면 성적으로 성숙해 번식이 가능하다. 난태생으로 4~6개월의 임신기간을 거쳐 최대 40마리까지 새끼를 낳는다. 태어난 새끼의 크기는 40~45cm 정도이며, 60cm 정도부터 본래의 색이 서서히 나타난다. 사육 하에서는 아종에 따라 번식난이도에 있어 상당한 차이를 보인다고 알려져 있다.

알비노 보아

> **Tip** 레드 테일 보아의 아종
>
> B.c. *amarali amarali*(Amaral's Boa) - 브라질, 볼리비아 및 파라과이
> B.c. *constrictor*(Red-tailed Boa) - 남아메리카
> B.c. *imperator*(Common Northern Boa) 중앙아메리카와 북부 남아메리카
> B.c. *longicauda*(Longicauda Tumbes Peru Boa) - 북부 페루
> B.c. *melanogaster*(Ecuadorian Boa) - 에콰도르
> B.c. *nebulosa*(Dominican Clouded Boa) - 도미니카
> B.c. *occidentalis*(Argentine Boa) - 아르헨티나와 파라과이
> B.c. *orophias*(St. Lucia Boa) - 세인트루시아
> B.c. *ortonii*(Orton's Boa) - 남미
> B.c. *sabogae*(Pearl Island Boa) - 파나마 해안 진주섬

보아는 다양한 모프로 개량되고 있다.

사육환경

수상성 종으로서 세로로 긴 형태의 사육장이 필요하며, 성장이 빠르고 덩치가 큰 뱀이라 사육장의 크기 또한 충분히 커야 한다. 덩치를 고려해 충분한 굵기의 가로목을 설치하고, 안정된 자리 위쪽으로 상부열원을 설치한다. 습도 60% 이상의 다습한 환경을 좋아하기 때문에 습도를 유지할 수 있는 바크와 같은 바닥재를 사용하며, 주기적인 분무나 미스팅으로 사육장 내의 습도를 유지해줄 필요가 있다. 너무 강한 빛은 좋지 않으며, 몸을 숨길 수 있는 공간을 마련해주는 것도 좋다.

먹이급여

야행성종이며 독은 없다. 강한 힘으로 먹이를 조여서 제압하는 대표적인 콘스트릭터(constrictor)다. 주로 나무 위에서 생활하며 새, 원숭이, 양서류, 중대형 포유류 등 제압할 수 있는 것이라면 어떤 동물이든 먹이로 삼는다. 가끔 다른 파충류도 잡아먹지만 뱀을 먹지는 않는다. 한 번에 확실히 먹이를 물 수 있도록 이빨이 상당히 길게 발달돼 있다.

붉은색의 꼬리는 레드 테일 보아의 대표적인 특징이다.

그린 아나콘다

- **학 명** : *Eunectes murinus* • **영 명** : Green Anaconda • **한국명** : 그린 아나콘다
- **서식지** : 남아메리카 북부, 트리니다드 섬, 아마존 강 유역
- **크 기** : 평균 크기 5.3~6.2m 내외, 최대 8.8m까지 성장한다. 암컷이 수컷보다 크다.

보아류에 속하는 남아메리카 원산의 초대형 뱀이다. 현재까지 총 4개의 종이 알려져 있으나, 일반적으로 '아나콘다' 라고 하면 본종 '그린 아나콘다' 를 의미한다. 학명에서 보이는 '*Eunectes*' 는 수영을 잘 한다(good swimmer)는 의미의 그리스어에서 유래된 것이며, '*murinus*' 는 '쥐를 쫓는 사람' 이라는 의미다. 이 이름이 의미하는 바와 같이 아나콘다는 수변공간을 주 서식지로 하는 대표적인 물뱀으로서 엄청난 덩치 때문에 육지에서보다는 습지나 물속에서의 움직임이 더 수월하다. 이런 특징으로 인해 그린 아나콘다라는 이름 이외에 '물 보아(Water Boa)' 라는 이름으로도 불린다.

'아나콘다'라는 이름의 기원에 관한 설은 여러 가지가 있다. 하나는 '코끼리 살인자'라는 의미의 타밀어 'anaikondran'에서 유래됐다는 설과, '채찍뱀' 혹은 '거대한 무엇'이라는 의미의 싱할라어(스리랑카의 언어)인 'henakandeya'에서 유래됐다는 설이 대표적이다. 현지에서는 아나콘다라는 이름보다는 '황소 킬러(bull killer)'라는 의미의 스페인어 'matatoro'로 불리거나, 페루에서는 '물의 어머니'라는 의미의 'yaqumama'나 'sucuri(Tupi)'라는 이름으로 불린다. 남미어인 케추아어로는 'Yaqurunas'라고 불리는데 이는 '물의 사람'이라는 뜻이다. 개체수 감소의 기본적인 원인인 환경오염, 서식지 파괴 이외에도 가죽을 상업적으로 이용하기 위해 남획됨으로써 개체수가 줄고 있다. 그린 아나콘다는 동종에 대한 카니발리즘이 보고돼 있다.

외형

머리는 체구에 비해 상당히 작다. 눈과 콧구멍이 머리 위쪽으로 향해 있어 마치 악어처럼 몸 전체를 물속에 감추고 사냥감을 기다릴 수 있다. 이름처럼 올리브 그린의 체색 위에 보이는 반점무늬는 몸 위쪽으로는 그냥 단색이지만, 측면은 테두리가 검정색인 노랗거나 붉은 반점무늬로 나타난다. 몸 전체에 산재해 있는 검정색의 타원형 반점과 눈 뒤에서 목까지 이르는, 위아래로 검정 테두리를 가진 붉은색의 가로줄무늬를 기억한다면 다른 뱀과 확실하게 구분할 수 있다. 눈 뒤쪽에 보이는 검정 줄무늬는 보통 아래쪽이 위쪽보다 굵고 선명하며, 배 부분에는 보통 크고 작은 점무늬가 산재해 있다. 다른 뱀에 비해 상당히 독특한 체색과 무늬를 가지고 있어 눈에 확 띄지만, 이러한 고유의 체색과 무늬는 본종의 주 서식지인 늪이라는 환경에서 몸을 숨기는 데는 아주 효과적이다.

모든 뱀을 통틀어 가장 덩치가 큰 뱀으로서 다른 뱀과 비교한다면 같은 길이일지라도 아나콘다의 체구는 상당히 거대하다. 하루의 대부분을 햇볕이 잘 들지 않는 어둡고 얕은 개울과 늪지대 및 강의 가장자리와 같은 물속에서 보낸다. 낮 동안에 주로 얕은 물가나 나뭇가지에 숨어 있다가 물고기, 자라, 악어,

그린 아나콘다는 눈 뒤쪽의 붉은 무늬가 특징적이다.

그린 아나콘다와 옐로우 아나콘다

패커리, 카피바라, 맥 등을 사냥한다. 드물게 재규어나 인간을 공격하기도 한다.

국내 도입현황
4개의 아종 가운데 가장 대중적으로 잘 알려져 있는 것이 본종 그린 아나콘다(Green Anaconda)이며, 국내에서는 근연종인 옐로우 아나콘다(Yellow Anaconda) 정도가 도입돼 있다. 외국에서는 인공적으로 그린 아나콘다와 옐로우 아나콘다의 교잡이 이뤄지고 있기도 하다. 대중적인 인지도로 인해 사육을 희망하는 사람도 많으나 큰 덩치와 사나운 성격 때문에 누구나 쉽게 도전해볼 만한 종은 아니다.

번식
수컷은 1년 6개월, 암컷은 평균적으로 3년이면 성적으로 성숙한다. 구애와 교미는 물속에서 이뤄지며, 암컷 한 마리에 다수의 수컷이 둥글게 한데 엉켜 브리딩 볼을 만든다. 임신기간은 5~8개월 정도이며, 난태생으로서 대형 암컷의 경우 최대 80마리에 가까운 새끼를 낳기도 하지만, 평균적으로 한 배에 20~40마리 정도의 새끼를 낳는다. 영양공급만 충분하면 새끼의 성장은 놀라울 정도로 빠르다. 태어난 새끼는 30~60cm 정도로 바로 수영과 사냥을 하며, 혼자 살아간다.

사육환경
뱀 가운데서는 가장 크게 자라는 대형종이고, 성격 역시 상당히 사납기 때문에 종에 대한 순간의 호기심으로 사육을 결정하면 틀림없이 후회를 하게 되는 종이다. 성장이 빠르고 굶주리게 되면 확연한 공격성을 보이기 때문에 다루기가 상당히 어렵다. 특히 크기가 사육자의 신장 정도에 도달하게 되면서부터는 가급적 혼자 있을 때는 다루지 않는 것이 안전하다. 극단적으로 말하면, 본종은 '자연계에서 가장 위험한 동물'이라고까지 표현할 수 있을 정도다.

고온다습한 환경을 기본으로 조성하되, 특히 습도에 신경 써야 한다. 아주 튼튼한 종이지만 건조한 상태로 장기간 사육하면 돌연사하기도 한다. 그러나 지나치게 과습한 것도 그다지 좋지 않으므로 55~60%로 습도를 유지해 주도록 하자. 이때 사육장 전체의 습도를 올리기보다는 습도를 유지할 수 있는 바닥재를 깔아 별도의 은신처를 설치해주는 것이 좋다. 이 같은 습계은신처(humidity hut)는 보통 뱀이 충분히

그린 아나콘다의 아종

다음과 같은 총 4개의 아종이 알려져 있다
- Green Anaconda(*Eunectes murinus*)
- Yellow Anaconda(*Eunectes notaeus*)
- Bolivian Anaconda(*Eunectes beniensis*) – 1998년 볼리비아에서 그린 아나콘다와 옐로우 아나콘다의 교잡종으로 의심되는 개체가 발견돼 *Eunectes murinus gigas*라는 학명이 붙여졌으나, 곧 새로운 아종으로 밝혀져 볼리비안 아나콘다(Bolivian Anaconda, *Eunectes beniensis*)라는 이름이 붙여졌다.
- Dark-spotted Anaconda(*Eunectes deschauenseei*) – 남아메리카 북동부 브라질과 프랑스령 가이아나 지역에 서식

들어갈 정도 크기의 상자를 준비해 자유로이 드나들 수 있도록 상단에 구멍을 뚫고, 그 안에 물에 적신 물이끼를 넣어주는 형태로 제작하는 것이 일반적이다. 습계은신처용 바닥재를 깔 때 바크의 경우 응애와 같은 벌레가 쉽게 발생하기 때문에 사용하지 않는 것이 좋다. 무엇보다 아나콘다의 사육에 있어 가장 중요한 일 가운데 하나는 청결한 수질을 유지하는 것이라고 할 수 있다. 물뱀으로서 습한 환경에서 사육해야 하기 때문에 언제나 사육장이나 수조를 깨끗하게 유지해야 할 필요가 있다. 배설 역시 물속에서 이뤄지므로 항상 깨끗하고 신선한 수질을 유지해야 관련된 여러 가지 질병을 예방할 수 있다.

먹이급여

파충류 샵에서 분양받은 정도의 어린 개체들은 일찍부터 마우스나 랫에 적응시키면 별다른 문제없이 잘 성장시킬 수 있다. 그러나 전시용으로 들어온 대형의 야생개체들은 사육 하에서 먹이를 거부하는 경우가 많다. 이럴 경우에는 포스 피딩이 필요한데 상당한 위험을 동반하는 작업이다. 새끼 때는 마우스나 랫 정도로 사육이 가능하지만, 조금만 성장하면 토끼나 새끼돼지와 같은 큰 먹이를 급여해야 하기 때문에 얼마 지나지 않아 먹이를 조달하고 급여하는 데 어려움을 겪게 된다는 것도 사육을 시작하기 전에 고려할 사항 가운데 하나다.

옐로우 아나콘다

- **학 명** : *Eunectes notaeus*   • **영 명** : Yellow Anaconda   • **한국명** : 옐로우 아나콘다
- **서식지** : 브라질, 파라과이, 우루과이, 아르헨티나 북부, 볼리비아 남동부
- **크 기** : 2.4~4.6m, 몸무게 30~40kg. 암컷이 수컷보다 크다.

같은 아나콘다라는 이름을 가지고 있지만 근연관계에 있는 그린 아나콘다보다 훨씬 작게 자란다. 그러나 그린 아나콘다보다 작게 자란다는 의미이지, 결코 '작은' 뱀이라는 의미는 아니다. 주로 서식하는 지역은 근연종인 그린 아나콘다와 마찬가지로 늪, 수류가 느린 강이나 개울 등이다. 우리나라에서도 애완용으로 분양되고 있으나 아직 애완으로 기르는 인구는 드물고, 동물원이나 파충류 전시장에서는 간혹 볼 수 있다. 수생성 뱀으로서 대부분 사나운 성격이며, 국내에서 번식에 성공한 사례도 있다.

외형

전체적인 체형은 그린 아나콘다와 흡사하나 체색은 상당한 차이를 보인다. 갈색 혹은 노란색 바탕에 연속적인 갈색 혹은 검정색의 줄무늬가 머리부터 꼬리까지 나타난다. 이런 독특한 무늬는 탁한 물속에서나 숲에서 효과적인 보호색으로 작용한다. 대형종 중에서 상당히 독특한 체색과 무늬를 가지고 있기 때문에 다른 종과의 구분이 용이한 종이다.

국내 도입현황

간혹 분양되는 개체가 있으나 개체수가 많지는 않다. 상당히 사나운 성격을 지닌 대형종이기 때문에 그로 인한 사양관리 면에서의 어려움으로 인해 파충류 사육에 입문하는 사람에게는 그다지 추천되지 않는다.

번식 및 사육환경

그린 아나콘다처럼 난태생이며 임신기간은 8~9개월로 상당히 길다. 번식기는 4월~5월 경이며, 4~82마리까지의 새끼를 낳는다. 갓 태어난 새끼도 공격성이 상당히 높기 때문에 다룰 때 주의를 기울여야 한다. 그린 아나콘다를 포함한 다른 종보다 물가의 나무 위에서 시간을 보내는 빈도가 높은 종이므로 반수생 환경을 조성해주더라도 수면 위쪽에 충분한 굵기의 나무를 설치해주는 것이 좋다.

먹이급여

자연상태에서의 주된 먹이는 사슴, 야생돼지, 조류, 대형 설치류, 물고기 등 상당히 다양하다. 본종은 살아 있는 먹이도 능동적으로 사냥하지만, 자연상태에서는 죽은 동물을 먹어서 자연계의 청소부 역할을 하기도 한다. 다른 뱀들에 비해 25℃ 이하의 낮은 온도에서도 먹이에 대한 반응이 좋은 편이지만, 다른 뱀들과 마찬가지로 먹이급여 후에는 사육장의 온도를 높여주는 것이 좋다.

옐로우 아나콘다는 물가의 나무 위에서 많은 시간을 보낸다.

브라질리안 레인보우 보아

- **학 명** : *Epicrates cenchria cenchria*
- **한국명** : 브라질리안 레인보우 보아, 무지개보아
- **크 기** : 1.5~2m
- **영 명** : Brazilian Rainbow Boa
- **서식지** : 남아메리카의 열대우림지역

9개 혹은 10개의 아종이 알려져 있는 레인보우 보아 가운데서도 가장 널리 알려진 종으로 브라질과 그 주변 국가에 걸쳐 발견된다. 소형종 보아로서 평균적으로 2m를 넘지 않는다. 체색이나 무늬는 별다를 것이 없으나 햇빛을 받았을 때 나타나는 무지개색의 광채로 인해 '레인보우(rainbow, 무지개)' 라는 이름이 붙여졌다. 이름처럼 몸 전체를 감싸는 휘황찬란한 광채 때문에 본종은 시각적으로 매우 아름다운 뱀 가운데 하나로 평가받고 있다. 기본적인 무늬는 거의 비슷하지만 체색은 서식하는 지역에 따라 상당한 차이를 보이며, 무지갯빛의 아름다운 광채는 모든 아종에게서 공통적으로 나타난다.

외형
전체적으로 가는 체형을 가지고 있으며, 머리는 작은 편으로 몸통보다는 가늘지만 목보다는 굵다. 체색은 전체적으로 붉은색 혹은 주황색이며, 몸 위쪽에는 검정색 테두리를 가진 원형의 무늬가 목 부분부터 꼬리까지 배열돼 있다. 이 원형무늬의 크기나 형태는 상당히 다양하며, 무늬 안쪽의 색상은 배경색보다 좀 더 진한 경향이 있다.
몸의 측면에도 원형의 무늬가 나타나는데, 등에 나타나는 무늬보다 상대적으로 크기가 작으며, 원형무늬 전체 혹은 아래쪽 절반에는 전체적으로 검정색이 나타난다. 눈 위 아래쪽으로 검정색의 줄무늬가 나타나며, 머리 한가운데를 가로질러 콧잔등에서 목 부분까지 검정색의 줄무늬가 나타난다. 눈동자는 야행성 동물에게서 나타나는 세로형이다. 나무 위에서 주로 서식하는 종이며, 수영도 제법 잘 하지만 물에 들어가는 것을 즐기지는 않는다.

국내 도입현황
이전에는 드물게라도 수입이 됐으나 요즘은 거의 볼 수 없게 된 종이다. 현재는 국내에 본종보다는 가이아나 레인보우 보아의 개체수가 조금 더 많다. 아름다운 뱀이지만 어린 개체는 성체보다 강한 공격성을 보이기 때문에 초보사육자들에게는 추천되지 않는다.

번식 및 사육환경
3년이면 성적으로 성숙한다. 임신기간은 약 5개월이고, 한배에 5~25마리까지의 새끼를 낳는다. 부화된 새끼는 30~40cm 정도이지만, 1년 후에는 1.2m 정도까지 급격하게 성장한다. 아름다운 종이지만 아직 국내에서의 번식사례는 없다. 사육온도는 30~32℃, 습도는 70~80% 선으로 좀 높게 유지해준다. 탈피 시 체색이 흐려질 때는 다른 종에 비해 확실하게 몸이 흐려지는 경향이 있다. 기본적인 습도만 유지된다면 탈피시기에 특별히 사육장의 습도를 더 높여줄 필요는 없다.

먹이급여
인공번식된 개체들은 먹이반응이 상당히 좋으며, 먹이만 충분히 공급되면 성장 역시 매우 빠르다. 그러나 야생채집된 대형개체들의 경우에는 사육환경에 적응하지 못하고 거식을 하는 경우가 잦다. 어두운 환경에서 안정시키고 작은 먹이로 먹이반응을 유도할 수 있다.

에메랄드 트리 보아

- **학 명** : *Corallus caninus*　　• **영 명** : Emerald Tree Boa　　• **한국명** : 에메랄드 트리 보아
- **서식지** : 남아메리카 북부(콜롬비아, 베네수엘라, 브라질, 에콰도르, 페루, 볼리비아, 가이아나, 수리남)
- **크 기** : 1.6~1.8m

전체적인 체색과 수상생활을 하는 습성, 특유의 똬리 자세로 인해 그린 트리 파이손(Green Tree Python)과 상당히 유사하게 보이기 때문에 많은 사람들이 두 종을 혼동하지만, 이 두 종의 서식지는 완전히 다르다. 두 종이 비슷한 형태로 진화한 것은 파충류계의 대표적인 수렴진화(convergent evolution)의 사례로, 전혀 다른 생물이 비슷한 환경에 적응해 살아가다 보니 외형적으로 비슷하게 진화한 것이다. 두 종의 차이는 머리 부분의 비늘과 피트(pit)의 위치를 잘 관찰하면 알 수 있다. 우선 입 주위에 두드러지는 열 감지기관인 피트가 본종은 윗입술에 있고, 그린 트리 파이손은 아랫입술에 있다.

두부 상면의 비늘도 에메랄드 트리 보아가 그린 트리 파이손보다 더 크다. 또한 성체의 크기 역시 에메랄드 트리 보아가 그린 트리 파이손보다 더 크다. 에메랄드 트리 보아 또한 그린 트리 파이손처럼 성장하면서 체색의 변화를 거치게 되는데, 보통 레몬색이나 붉은색으로 태어나 녹색으로 변하며, 일부 종은 녹색으로 태어나기도 한다. 야행성으로 낮에는 주로 나무를 감고 휴식을 취하다 야간에 활발하게 움직인다.

외형

머리는 상당히 크고 근육질이며, 목 부분이 확실하게 구분된다. 전체적으로 녹색의 체색을 바탕으로 등에는 하얀색의 가로줄무늬가 나타난다. 몸통의 옆쪽 등과 배의 경계면, 입술비늘은 노란색이고, 몸의 아랫부분은 흰색이다. 윗입술 아래에는 열감지기관이 두드러진다. 독은 없지만 마치 독니처럼 보일 정도로 위턱의 앞니가 상당히 길게 발달돼 있다.

국내 도입현황

분양가가 상당히 높고 분양되는 개체수가 매우 적어 아직 국내에는 기르는 사람이 드물다. 동물원 등지에 도입된 적이 있으나 사육난이도 중상(中上) 정도로 용이하지 않아 성공적으로 사육하고 있는 곳은 없는 듯하다. 아름답게 꾸민 충분히 넓은 사육장에 한두 마리 정도를 정성 들여 기르면 꽤 멋진 모습을 볼 수 있다.

에메랄드 트리 보아(좌)와 그린 트리 파이손(우)의 비교

독니처럼 보일 정도로 길게 발달된 앞니

그린 트리 파이손에 비해 머리비늘이 크다.

번식 및 사육환경

6~14마리 정도의 새끼를 출산한다. 태어난 새끼는 30cm 정도의 크기로 대체로 붉은색이나 주황색이지만, 생후 3~12개월 이내에 성체의 체색인 녹색으로 변화된다. 열대우림종으로 고온다습한 환경을 제공해야 하며, 넉넉히 자리를 잡을 수 있을 만한 충분한 굵기의 가로목을 설치해줘야 할 필요가 있다. 나무 위에서 주로 생활하기 때문에 바닥재는 필수적이지는 않지만, 바닥재를 깔아줄 때는 에코어스와 같이 습도를 유지하기 용이한 소재가 좋다.

먹이급여

배가 고프면 똬리를 튼 자세에서 아래쪽을 내려다보는 행동을 한다. 이는 아래로 지나가는 사냥감을 기다리는 자세로 평소와는 달리 뱀이 사육장 아래쪽을 내려다보고 있으면 배가 고픈 것이므로 먹이급여를 하면 된다. 인공번식된 개체들은 먹이반응이 나쁘지 않으나, 대형 야생개체들은 먹이보다는 방어에 치중해 먹이를 거부하는 경우가 잦다. 빠르게 움직이는 물체에 대한 반응이 빠르므로 거식이 장기간 계속되면 깃털을 제거한 조류를 급여함으로써 먹이반응을 되살리는 시도를 해보는 것도 좋다.

아마존 트리 보아

- **학 명** : *Corallus hortulanus*　**영 명** : Amazon Tree Boa　**한국명** : 아마존 트리 보아
- **서식지** : 남아메리카(콜롬비아 · 베네수엘라 남부, 가이아나, 수리남, 브라질, 에콰도르, 페루, 볼리비아 일대)
- **크 기** : 평균 1.5m, 최대 2m

에메랄드 트리 보아와 함께 남미를 대표하는 트리 보아다. 에메랄드 트리 보아의 분양가가 상당히 높은 탓에 대안으로서 본종을 선택하는 경우도 있지만, 아름답고 다채로운 색상 때문에 본종에 매력을 느끼는 사육자도 많다. 보아 가운데서는 가장 다채로운 체색변이가 일어나는 종이지만 붉은색, 노란색 개체가 인기가 높다. 색깔과 선명도에 따른 가격차이가 상당한 종으로 체색이 선명하고 아름다운 종은 에메랄드 트리 보아보다도 더 높은 가격대에 분양되기도 한다.

외형

비교적 단조로운 색상의 아마존 트리 보아와는 달리 검정색, 회색, 갈색, 녹색, 주황색, 노란색, 빨간색, 혹은 여러 가지 색깔이 조합된 것까지 다채로운 체색을 가지고 있다. 체색 외에도 줄무늬, 점무늬, 얼룩무늬 등 다양한 무늬들이 나타나고 완전히 무늬가 없는 개체도 있다. 몸통의 굵기는 에메랄드 트리 보아에 비하면 상당히 가늘다. 그런 만큼 훨씬 빠른 움직임이 가능하다. 목 부분이 특히 가늘어서 머리가 더욱 크게 강조된다.

국내 도입현황

사육난이도는 상당히 높다. 에메랄드 트리 보아에 비해 비교적 가격이 저렴하기 때문에 관심을 가졌다가, 나중에는 사나운 성격 때문에 사육을 포기하게 되는 경우가 많다. 상당히 사나운 종이지만 핸들링을 포기한다면 체색이 다채로워 관상용으로는 적합하다.

번식 및 사육환경

원서식지에서는 시원하고 건조한 12월에서 다음해 3월 사이에 교미를 하며, 임신기간은 7~10개월로 상당히 긴 편이다. 출산은 9~11월경에 이뤄지는데, 4~14마리 정도의 새끼를 낳는다. 에메랄드 트리 보아처럼 편안히 똬리를 틀 수 있는 나뭇가지를 설치해줘야 한다. 나무 위에서 주로 생활하지만 사육장 바닥에도 자주 내려오므로 바닥재도 신경 써서 선택해야 할 필요가 있다. 사나운 성격으로 사육장 앞에 움직이는 물체가 있으면 공격해서 입 부분에 상처를 입는 경우가 많기 때문에 자극하지 않도록 조심해야 한다. 사육에 필요로 하는 습도는 70% 정도다.

먹이급여

야생에서는 쥐와 같은 소형 포유류, 소형 파충류, 양서류, 곤충, 새 등을 주로 잡아먹는다. 국내에서 분양되는 개체의 먹이반응은 상당히 편차가 큰 편이므로 분양받기 전에 반드시 먹이반응을 알아보고 분양받는 것이 조금이라도 안전하다. 예민하고 신경질적인 개체가 많아 거식을 하는 경우도 많은데다 국내에서 분양되는 개체들은 거의 야생채집 개체들로 생먹이만을 고집하는 경우도 많다. 야행성으로 밤에 주로 사냥을 하기 때문에 먹이급여 역시 야간에 하면 좀 더 활발한 먹이반응을 기대할 수 있다.

듀메릴 보아

- **학 명** : *Acrantophis dumerili*　　• **영 명** : Dumeril's Boa　　• **한국명** : 듀메릴 보아
- **서식지** : 마다가스카르 서쪽 해안이나 서남쪽
- **크 기** : 평균 1.5m, 최대 2m 가까이 성장한다. 수컷은 암컷보다 상대적으로 작다.

마다가스카르 남서쪽의 건조한 사막지대에서 찾을 수 있는 보아뱀이다. 독특한 무늬는 바닥에 떨어진 나뭇잎과 덤불 속에서 보호색으로 작용하고, 먹이를 사냥할 때 잠복하는 데도 유리하다. 먹이사냥 시 몸을 바닥에 숨긴 채 머리만 내밀고 먹이가 나타날 때까지 인내심을 가지고 기다린다. 어린 개체들은 나무 위로 올라가는 경우도 많다. 본종의 서식지는 아프리카 옆의 섬나라 마다가스카르이지만, 외형적인 특징이나 체색을 고려해볼 때 남아메리카에 서식하는 보아와 같은 조상에서 분리됐을 것으로 추측되고 있다.

외형

듀메릴 보아는 마치 국화문양과 같은 무늬가 몸 전체에 나타나는 것이 가장 큰 특징이다. 어릴 때는 복숭아색이나 밝은 갈색이었다가 성장하면서 조금씩 무채색으로 변화되는 경향이 있다. 머리 뒷부분에는 양 옆으로 두 개의 가는 선이 있으며, 눈 뒤쪽과 아래쪽으로 얼룩무늬가 나타난다. 배 부분의 체색은 연한 갈색에 갈색 혹은 황갈색의 복잡한 얼룩무늬가 나타난다.

국내 도입현황

마다가스카르의 자연서식지가 끊임없이 위협받고 있어 CITES Appendix I로 지정돼 보호되고 있고, 상업적인 국제거래가 규제되고 있으며, 원서식지에서는 사육 하에서 번식시킨 개체들을 다시 멸종된 지역으로 되돌려 보내는 시도도 이뤄지고 있다. 현재까지 국내에는 도입되지 않은 종이며, 앞으로도 국내에서 본종을 관찰하려면 많은 시간이 지나야 할 것으로 보인다.

번식 및 사육환경

3~5년이 되면 성적으로 성숙한다. 자연상태에서의 메이팅 시즌은 3~5월경이며, 보통 6~8개월 동안의 임신기간을 거쳐 6~28마리 정도의 새끼를 낳는다. 갓 태어난 새끼의 크기는 30~45cm 정도다. 더운 지방에 서식하는 종으로서 사육장의 온도는 28~32℃ 정도를 제공해 주도록 하고, 스팟 아래는 35℃ 정도를 유지해준다. 야간의 온도는 20~23℃ 사이가 좋다. 본종 역시 조건만 갖춰지면 상당히 빠르게 성장하므로 가능한 넓은 사육장을 마련해주는 것이 좋다.

먹이급여

야행성 종으로 주로 해가 지면 먹이사냥에 나선다. 먹이급여는 그다지 까다롭지 않다.

듀메릴 보아는 몸에 나타나는 국화꽃 무늬가 특징적이다.

케냐 샌드 보아

- 학 명 : *Eryx colubrinus*
- 영 명 : Kenyan Sand Boa
- 한국명 : 케냐 샌드 보아
- 서식지 : 유럽, 아프리카, 서남아시아, 인디아, 스리랑카
- 크 기 : 60cm

'케냐 샌드'라는 이름에서 알 수 있듯이 아프리카의 모래지역에서 주로 서식하는 종이다. 낮 시간의 대부분을 모래 속에 숨어 있다가 어두워지면 활동을 시작한다. 그러나 모래 밖으로 활발히 돌아다니는 것은 아니며, 모래 속에 숨어 먹이를 기다린다. 본종의 사육을 시도하기에 앞서 무엇보다 이러한 종 자체의 특성을 잘 파악하고 충분히 이해한 뒤에 사육을 시작할 필요가 있다. 모래 속에 숨어 있는 습성으로 인해 상시적인 관상을 위한 종으로는 적합하지 않다.

외형

머리는 몸통과 비슷한 크기로 목 부분의 구분이 없다. 꼬리 부분 역시 다른 뱀에 비하면 통통한 편으로 머리에서 꼬리까지 전체적으로 몸통의 굵기가 비슷하고, 무늬 역시 고르게 분포돼 있어 앞뒤가 잘 구분되지 않는다. 적으로부터 취약한 머리 부분을 보호하기 위한 진화의 결과로 생각된다. 몸통은 진한 갈색 바탕에 주황색의 무늬가 불규칙적으로 나타난다.

국내 도입현황

국내에 도입된 지 얼마 되지 않은 종으로 애완으로 구할 수 있는 보아로서는 가장 작은 소형 종이다. 그러나 대부분의 시간을 모래 속에서 보내기 때문에 그리 인기가 있는 종은 아니다. 파충류 샵에서 분양되는 가격은 그리 저렴하지 않으나 사육 중에 흥미를 잃고 낮은 가격에 재분양하는 사례가 많다. 국내에는 뮬러 샌드 보아나 케냐 샌드 보아가 도입돼 있다.

번식 및 사육환경

원서식지에서는 늦은 봄(3~5월경)에 번식한다. 10~20마리 정도의 새끼를 낳으며, 새끼는 25cm 정도로 어미의 크기에 비하면 상당히 큰 편이다. 모래 바닥을 파고들어 생활하는 종이기 때문에 바닥재의 선택이 중요하다. 파충류 전용 모래 바닥재가 가장 좋은데, 다른 어떤 소재의 바닥재보다 모래 소재가 좋으며, 살균된 것이 안전하다. 편하게 파고들어 몸을 숨길 수 있도록 최소 3cm 이상 충분히 깔아주고, 저면열원을 사용해 따뜻하게 데워주는 것이 좋다. 사육장의 온도는 주간 25℃, 스팟지역은 30~32℃, 야간은 27℃ 선이 적당하다. 사막의 모래지역에 서식하므로 높은 습도는 좋아하지 않는다. 20~30% 선을 유지하며, 탈피기간에는 35~40% 정도로 높여준다. 그러나 사육장 한쪽에 물에 적신 이끼를 채운 상자를 설치해둠으로써 필요할 경우 스스로 드나들게 해주는 것도 좋다.

먹이급여

크기가 크지 않기 때문에 어릴 때는 핑키, 퍼지로 주로 급여하고 성장하면 준성체 마우스 정도를 급여한다. 먹이를 주면 모래 속으로 빨아들여 먹기 때문에 가급적이면 살아 있는 마우스를 제압해 급여하는 것이 좋고, 냉동먹이를 급여할 때는 물에 닿지 않도록 녹여서 급여하는 것이 조금이라도 모래를 덜 섭취하도록 하는 방법이다. 안정된 개체라면 별도의 공간에서 먹이를 급여한 후 사육장으로 되돌려 보내는 방법도 고려할 만하다.

파이손

- 학 명 : *Python* ssp.　· 영 명 : Python　· 한국명 : 파이손, 파이톤, 피톤　· 크 기 : 1~8m까지
- 서식지 : 사하라 사막 이남의 아프리카, 호주, 인도, 아시아, 태평양 섬의 열대 및 아열대지역 이외의 지역에서는 인공적으로 도입돼 토착화된 개체들이 발견된다.

한국어로 '비단뱀' 혹은 '비단구렁이'라고 번역되는 '파이손(Python)'이라는 이름은 그리스어의 '예언을 하는 영'이라는 말에서 유래됐다. 그리스신화에 의하면 '파이손'은 땅의 여신 가이아(Gaia)의 아들로, 누우면 산자락 하나를 덮을 정도의 엄청난 크기를 자랑하던 뱀의 형상을 한 존재였다고 알려져 있다. 파이손은 파르나소스 산 기슭에 있던 도시 델포이의 샘 곁에서 무녀 피티아(Pythia)를 거느리고 살면서 가이아의 신탁(神託)을 전했는데, 성질이 포악해 샘물을 마시러 오는 사람과 짐승을 함부로 잡아먹다가 신탁소(神託所)를 세울 장소를 찾아다니던 아폴론의 활에 맞아 죽었다는 이야기가 전해진다.

보아류와는 '번식방법'과 '서식지'로 구분할 수 있다. 난태생으로 새끼를 낳는 보아류와는 달리 알을 낳아 번식하며, 주로 구대륙에 서식한다는 것이 가장 큰 차이점이다. 많은 수가 부화될 때까지 알을 서리는 행동을 하는데, 단순히 감고 있는 것이 아니라 외부로부터 데워진 몸을 이용해 알을 덥히거나, 근육을 강하게 떨어 부화에 필요한 열을 만들어내는 등 적극적으로 알을 돌본다. 몇몇 특수한 경우(알을 보호하는 암컷의 경우처럼)에는 공격적인 성향을 보이지만 의도적으로 사람을 공격하지는 않는다.

크고 근육질의 몸통에 독은 없으며, 강한 힘으로 먹이를 조여서 제압한다. 대부분 능동적으로 먹이를 찾아다니기보다는 매복해 있다가 습격해 잡아먹는 은신형이다. 가죽의 무늬가 매우 아름답기 때문에 남획돼 많은 종이 멸종위기에 처해 있다. 수명은 40년 정도로 알려져 있다.

다이아몬드 파이손

그린 트리 파이손

볼 파이손

- **학 명** : *Python regius*   • **영 명** : Ball Python, Royal Python   • **한국명** : 볼 파이손
- **서식지** : 서아프리카에서 중앙아프리카에 이르는 넓은 지역의 저지대 초원이나 숲
- **크 기** : 평균 1m 내외, 드물게 1.8m 정도까지도 성장하며, 보통 암컷이 수컷보다 크다. 아프리카 대륙에 서식하는 비단구렁이 가운데 가장 체구가 작은 종이다.

"가장 일반적이고 대중적인 비단구렁이다." 이 말은 필자가 임의로 정의한 것이 아니라 웬만한 외국파충류도감에서 본종을 설명할 때 흔히 사용되는 표현이다. 각자의 선호도에 따라 차이는 있겠지만, 위의 설명대로 '이구아나가 애완도마뱀을 대표하는 종이라면 애완뱀을 대표하는 종은 바로 본종 볼 파이손이다'라고 결론을 내리더라도 이 말에 이의를 제기할 사람은 많지 않을 것이다.

영국을 포함한 몇몇 나라에서는 '로열 파이손(Royal Python)'이라는 이름으로도 불리는데, 학명 *Python regius* 가운데 '*regius*'는 라틴어로 'royal'을 의미한다. 이 이름은 클레오파트라가 평소 손목에 이 뱀을 감고 있었다는 이야기에서 유래됐다. 그러나 로열 파이손이라는 이름보다는 놀라거나 위협을 받았을 때 머리를 가운데 두고 몸을 동그랗게 말아 취약한 머리를 보호하는 습성에서 유래한 볼 파이손이라는 별명으로 더 많이 불린다. 특히 국내에서는 로열 파이손이라는 명칭은 거의 사용되지 않는다.

볼 파이손은 작은 체구와 귀여운 외모, 온순한 성격, 튼튼한 체질, 저렴한 가격으로 인해 파충류에 처음 입문하는 사람들에게 이상적인 '초보입문용 뱀(beginner's snake)'으로 평가되며, 전문적인 사육자들 사이에서는 여기에 덧붙여 다른 종에 비해 현저하게 다양한 갖가지 모프들이 본종이 가지는 또 하나의 거부할 수 없는 매력이라고 이야기되곤 한다. 정말 전문적으로 공부하지 않은 이상 제대로 동정을 하기조차 어려울 정도로 엄청나게 다채로운 색상과 무늬로 개량돼 선보여지고 있으며, 현재도 지속적으로 개량이 이뤄지고 있다.

본종에 대해 오래 전 누군가 언급한 내용 중 현재까지 기억에 남는 것이 하나 있는데, "볼 파이손은 길러 볼까 하다가 기를 수밖에 없게 되는 뱀이다"라는 것이다. 처음에는 건강하고 다른 뱀보다 분양가가 저렴하다는 이유로 본종을 사육하다가, 나중에는 끝없는 매력에 빠져들어 사육을 중단할 수가 없게 되는 뱀이라는 이야기였다.

그 많은 모프를 본서에 다 실을 수는 없으므로 본서를 읽다 시간이 난다면 인터넷 검색창에 'Ball Python'이라는 키워드로 이미지를 검색해보길 권한다. 현재 뱀에 대해 부정적인 시각을 가지고 있더라도 충분히 호기심과 매력을 가질 만큼 각양각색의 매력적인 색상과 무늬를 가진 볼 파이손을 만날 수 있을 것이다. 사진만으로도 충분히 아름답지만 실물은 사진으로 보는 것보다 몇 배나 더 아름답다. 사실 필자는 짧고 굵은 뱀보다는 구렁이처럼 가늘고 날렵한 체형의 무채색 종을 좋아하고, 현재까지도 그런 취향을 고수하고 있음에도 불구하고 본종이 가지는 다채로운 매력을 부인하기는 어렵다. 어쨌거나 이런 다양한 매력으로 인해 외국에서뿐만 아니라 국내 파충류계에서도 마니아

볼 파이손과 앙골라 파이손의 비교

볼 파이손은 작고 온순한 성격으로 초보자에 아주 적합하다.

층이 두터운 종이다. 그러나 안타깝게도 국내외를 막론하고 애완으로서의 인기가 상당히 높아서 애완용으로 판매하기 위한 목적으로 남획돼 자연상태의 야생개체군의 수가 급격히 줄어들고 있다. 하지만 다행스럽게도 높은 인기로 인해 인공사육되고 있는 개체의 수는 상당히 많으며, 외국뿐만 아니라 국내에서도 아직은 적은 숫자이기는 하지만 의욕 있는 브리더들에 의해 전문적으로 번식이 이뤄지고 있다. 근연종은 많지 않은데 현재까지 알려진 것으로는 앙골라비단구렁이(Angolan Python, *Python anchietea*)가 유일하다. 국내에는 최근에 극소수가 도입돼 길러지고 있다. 희소가치로 인해 분양가는 상당히 높은 편이지만, 볼 파이손과 비슷한 체형과 체색 때문에 대중적으로 인기가 높은 종이라고 하기는 어렵다.

외형

굵고 짧은 몸통에 비해 상대적으로 작은 머리와 짧은 꼬리를 가지고 있다. 원종은 전체적으로 검정색이나 짙은 갈색 바탕에 밝은 갈색이나 금색의 줄무늬 또는 원형무늬가 몸 전체에 배열돼 있다. 몸통의 중간에는 목 부분부터 꼬리까지 불규칙한 타원형의 무늬가 이어져 배열돼 있으며, 그 양 옆으로 더 큰 얼룩무늬가 배열돼 있다. 이 무늬들은 독립적이기도 하고, 옆의 무늬와 연결돼 있기도 하기 때문에 각 개체별로 나타나는 무늬는 상당히 복잡하고 차이가 크다.

몸 양쪽 측면에 나타나는 무늬의 테두리는 가운데보다 약간 밝은 것이 보통이며, 배 쪽 무늬의 테두리는 완전히 닫혀 있지 않은 경우가 많다. 무늬 안에 배경색과 같은 점무늬가 나타나는 경우도 흔하다. 코 부분에서 양쪽 눈을 지나 머리가 끝나는 부분까지 앞에서 보면 V자형의 긴 황색 줄무늬가 관찰된다. 머리 가운데 부분은 짙은 갈색을 띠고 있는 것이 보통이며, 눈 아래쪽과 턱은 밝은 색이다. 배는 흰색이나 크림색으로 무늬는 없지만, 드물게 불규칙한 점무늬가 약하게 나타나기도 한다.

국내 도입현황

모프에 따른 가격차이가 매우 크다. 국내에 상당히 많은 개체가 들어와 있으며, 사육을 원한다면 비교적 손쉽게 입수할 수 있다. 모프 종의 경우 고가이지만, 원종은 가격이 꽤 저렴한 편이기 때문에 애완뱀에 입문하고자 하는 사람이 가장 많이 선택하는 종이기도 하다. '모프'란 체색이나 무늬에 대한 유전적 돌연변이(genetic mutations)를 의미하는 용어로서 보통 모프라고 칭할 경우에는 이러한 돌연변이가 일시적으로 한 세대에만 발현되는 것이 아니라 다음 세대에까지 그 형질이 유전될 때를 의미한다.

번식

특이하게도 본종의 야생채집개체는 사육 하에서의 번식이 거의 불가능한 것으로 알려져 있다. 번식을 희망한다면 인공번식된 개체인지를 확인하고 분양받는 것이 좋다. 보통 5~10개 정도의 알을 낳으며, 일반적인 인큐베이팅 기간은 56~65일이다. 갓 태어난 새끼의 크기는 40cm 내외 정도이며, 성체가 되기까지는 3~4년의 시간이 걸린다. 수명은 평균 20~30년 이상이며, 사육 하에서 최대 48년까지 생존한 기록이 있다.

사육환경

스트레스에 강한 듯하면서도 상당히 온순하고 겁이 많으며, 예민한 종이다. 따라서 자극이 없는 안정된 환경을 제공해주는 것이 필요하다. 어린 개체의 경우에는 너무 소심한 성격 때문에 공격성을 보이는 경우가 있으나, 대체로 매우 순한 편이다. 이런 성격을 고려해 은신처는 반드시 설치해줄 필요가 있다. 지상성 뱀으로서 나무를 즐겨 타지 않기 때문에 사육장을 지나치게 입체적으로 꾸며줄 필요는 없다. 사육온도는 주간 약 30℃, 야간 약 27℃ 선을 유지해준다. 자연상태에서는 건조한 지역에 서식하기 때문에 50% 정

다양한 볼 파이손 모프들

도의 습도를 선호하므로 사육 하에서도 50~60% 정도 선에서 조절해주는 것이 좋다. 본 종은 온도보다는 습도에 더 민감하다고 알려져 있다.

먹이급여

국내에서는 다른 뱀에 비해 거식이나 편식의 성향이 강한 종이라는 평가를 받고 있다. 좋아하는 먹이만 먹으려는 경향이 다른 뱀보다 조금 강하고, 선호하는 먹이에서 다른 먹이로의 전환이 어려운 감이 없지는 않으나(이런 경향은 인공번식된 개체보다 야생채집 개체가 훨씬 심하다), 그렇다고 아무런 이유 없이 먹이를 거부하거나 하는 경우는 드물다. 그러므로 갑자기 먹이를 거부하는 경우 '이 종은 원래 그러니까' 라고 생각하고 가볍게 넘길 것이 아니라, 건강에 문제가 있는 것은 아닌지 혹은 사육환경이 부적절하지는 않은지 점검해볼 필요가 있다.

야행성으로 자연상태에서는 주로 밤에 사냥을 하지만 사육 하에서는 주간에도 먹이반응이 나쁘지 않다. 그러나 거식의 조짐이 있을 경우 야간에 먹이급여를 하는 것도 좀 더 적극적인 먹이반응을 유도할 수 있는 방법 가운데 하나다.

볼 파이손은 뱀 사육 입문자들에게 가장 추천할 만한 종이다.

버미즈 파이손

- **학 명**: *Python molurus bivittatus*
- **한국명**: 미얀마비단구렁이
- **영 명**: Burmese Python
- **크 기**: 평균 6m 내외(암컷)
- **서식지**: 동남아시아 일대(미얀마, 인도네시아, 방글라데시, 태국, 라오스, 캄보디아, 베트남, 말레이시아, 중국 남부 등)

애완으로 기르는 뱀 중에서 일반인들에게 가장 친숙한 종이다. 본종의 정확한 이름이나 무늬는 기억을 하지 못할지라도 '관광지나 동물원 등지에서 목에 걸고 사진 찍는 노란 뱀'이라고 하면 모두들 알아차릴 정도로 국내에서도 흔한 종이다. 안타까운 사실이지만 큰 덩치와 온순한 성격, 튼튼한 체질로 인해 본의 아니게 그런 용도로 많이 이용되고 있다. 이러한 애완용도 외에도 아름다운 무늬의 외피를 상업적으로 이용하기 위해 많이 포획하기 때문에 자연상태에서의 개체수가 줄어들고 있다.

원서식지에서는 건조한 지역보다는 물가에 가까운 지역에서 자주 관찰된다. 가끔 물속에서도 보이고, 나무 위에서도 관찰된다. 입질을 하기보다는 히싱으로 위협을 하는 경우가 많다. 본종 버미즈 파이손(Burmese Python, *Python molurus bivittatus*)과 인디안 록 파이손(Indian Rock Python, *Python molurus molurus*)은 인디안 파이손(인도비단구렁이, Indian Python, *Python molurus*)의 아종이다.

외형

크고 굵은 몸통에 큰 머리를 가지고 있다. 그러나 블러드 파이손처럼 뚱뚱해 보이는 이미지가 아니라, 상당히 힘 있고 날렵한 느낌이다. 전체적으로 짙은 갈색 바탕에 밝은 갈색의 그물무늬가 몸 전체에 나타난다. 짙은 갈색 무늬의 테두리는 검정색에 가까울 정도로 짙다. 머리는 위에서 볼 때 옆쪽으로 몸통과 같은 밝은 갈색의 무늬가 나타나기 때문에 머리 위쪽에 마치 화살표와 같은 모양의 짙은 갈색 무늬가 보인다. 이 갈색 화살표 무늬 가운데서 다시 밝은 갈색의 세로줄무늬가 나타난다.

배 부분은 보통 아무런 무늬 없이 흰색이다. 새끼 때 알비노 계열의 개체는 오렌지색이나 붉은색에 가까운 색을 띠지만, 성장하면서 점점 노란색으로 바뀐다. 몸통의 무늬는 록 파이손과 유사하지만 조금 더 정돈된 듯한 느낌이다. 선명하고 아름다운 무늬를 가지고 있는데다 덩치가 커서 한 장의 가죽으로 제작이 가능하기 때문에 고급 가방이나 신발 등을 만드는 소재로 많이 가공되고 있다.

국내 도입현황

일찍부터 국내에 애완으로 도입돼 현재 국내에는 원종 이외에 알비노, 하이포, 그린, 알비노 그린, 지그재그, 그래닛, 알비노 그래닛 등 다양한 모프가 도입돼 있다. 노멀과 알비노가 가장 구하기 쉽고 나머지는 흔하지 않다.

버미즈 파이손은 몸통이 크고 굵지만 날렵한 느낌이다.

번식 및 사육환경

일반적인 인큐베이팅 기간은 58~63일이다. 평균적인 사육온도는 30℃ 내외, 습도는 50~60% 선이 적당하다. 큰 덩치와 온순한 성격, 튼튼한 체질로 상당히 많은 사람들이 기르고 있는 종이지만, 그 큰 덩치 때문에 선뜻 추천하기 어려운 종이기도 하다. 잘 알려져 있다시피 매우 크게 자라는 대형종에 속하기 때문에 사육을 시작하기 전에 이 점을 충분히 감안하는 것이 좋다. 급격하게 성장하므로 2년 정도만 지나도 공간적인 문제로 사육이 어려워질 수 있으며, 상당히 굵게 자라므로 충분히 넓은 사육장을 제공해줄 필요가 있다. 보통 3m 가까이 되면서부터 사육에 부담을 느껴 재분양하는 경우가 많다.

먹이급여

먹성이 좋은 뱀이며, 어지간해서는 거식도 하지 않는다. 어느 정도 성장하면 도리어 너무 비만이 되지 않도록 관리해줘야 할 필요가 있다.

1. 버미즈 파이손 알비노 그래닛 2. 버미즈 파이손 알비노 3. 버미즈 파이손 하이포 4. 버미즈 파이손 그래닛

버미즈를 사육하기 전에는 거대하게 성장한다는 것을 먼저 고려하도록 하자

레티큘레이티드 파이손

- **학 명** : *Broghammerus reticulatus*
- **영 명** : Reticulated Python
- **한국명** : 그물무늬비단구렁이, 레틱
- **서식지** : 동남아시아 일대(필리핀, 인도네시아, 뉴기니, 태국, 라오스, 캄보디아, 베트남)
- **크 기** : 암컷 5~7m, 수컷 3~4m. 완전히 성장하면 암컷의 몸무게는 150kg 이상까지 나간다.

'레티큘레이티드 파이손' 혹은 '그물무늬비단구렁이'가 정식명칭이지만, 마니아들 사이에서는 '레틱(Retic)'이라는 이름으로 불리는 경우가 많다. 덩치로는 아나콘다나 버미즈 파이손과 비교할 수 없지만, 길이로만 보면 모든 뱀들 가운데서 가장 긴 뱀이며, 모든 파충류 종을 통틀어서도 가장 길다. 성격은 일반적으로 사납다고 알려져 있으나, 필자의 경험상 개체에 따른 차이가 어느 정도 있는 편으로 보인다. 다른 사육자들의 의견을 들어봐도 역시나 본종은 개체에 따른 성격의 차이가 상당하다는 평가다.

어떤 개체는 대단한 공격성을 보이고 성장하면서도 결코 길들여지지 않는 경우도 있지만, 다른 개체의 경우는 거의 버미즈 파이손에 필적할 정도로 테임(tame, 길들이기)이 잘 되는 경우도 있다. 먹이붙임도 거의 신경 쓰지 않아도 되는 종부터 특정 먹이를 고집하거나 까다롭게 구는 개체까지 다양하다고 알려져 있다. 현재 필자도 사육하고 있는 중인 종인데, 필자의 개체는 어릴 때부터 길렀기 때문인지 공격성을 보인 적은 거의 없었던 것 같다. 그러나 역시 완벽하게 테임이 되지는 않는 것 같고, 순하다가도 극히 배가 고프거나 스트레스가 심하면 입질을 하기도 한다. 열대우림에 서식하는 종으로서 수영에 능숙하고 물을 좋아하기 때문에 자연상태에서는 강이나 연못 등의 수변지역에서 주로 발견된다.

외형

입 부분이 뭉툭해 머리 모양이 마름모형에 가깝게 보인다. 암컷의 경우 최대 8m 이상에 이를 정도로 거대하게 성장하는 종이지만, 그 길이에 비해 상당히 날렵한 체형을 지니고 있다. 학명인 '*reticulatus*'는 라틴어로 '그물 모양의(net-like)'라는 뜻인데, 학명이 의미하는 것처럼 일련의 불규칙한 갈색 다이아몬드 무늬가 몸 전체에 산재돼 있다. 다이아몬드를 나누는 색깔은 검정색이고, 몸의 측면에는 검정색 주위로 밝은 노란색이 나타나기도 한다. 어릴 때는 체색이 전체적으로 좀 밝은 갈색을 띠고 있지만 성장하면서 점점 어둡고 진해진다.

본종의 무늬를 몇 마디 말로 정리하기는 상당히 어렵다. 몸의 옆면에는 밝은 흰색의 점무늬가 몸을 따라 나타나고, 머리에는 눈에서 턱으로 이어지는 하나의 줄무늬 이외에는 별다른 무늬가 없다. 복잡하고 기하학적인 아름다운 무늬와 큰 덩치 때문에 상업적인 용도로 많이 이용되기 때문에 무차별적인 포획으로 현재 자연상태의 개체들은 CITES 2로 보호받고 있다.

레티큘레이티드 파이손은 아름다운 무늬로 인해 상업적으로 많이 이용된다.

일반적인 체형으로 크게 자라는 종과 조금 작게 자라는 드워프(dwarf) 종이 있으며, 외국에서는 버미즈 파이손과의 교잡도 이뤄지는 등 상당히 많은 개량이 진행되고 있는 종이다. 국내에서도 타이거 레틱, 슈퍼 타이거 레틱, 알비노 레틱, 칼리코, 퍼플 알비노 타이거 등의 다양한 모프를 볼 수 있다. 단순히 대형종 알비노만을 비교하면 버미즈 파이손 알비노보다는 레틱 알비노의 체색이 훨씬 화려하고 아름답다.

국내 도입현황
국내에 상당히 많은 수가 들어와 길러지고 있다. 성격이 까다롭지만 오히려 그런 점을 매력으로 느끼는 마니아들이 많다. 그러나 역시 덩치가 크기 때문에 어느 정도 자라면 재분양하는 경우가 적지 않다. 보통 애완으로 분양되는 것들은 인공번식된 개체들이지만, 국내의 동물원이나 동물전시장에서 볼 수 있는 초대형 개체들은 야생에서 채집된 개체인 경우가 많다.

번식
암컷은 보통 생후 3~4년 이후부터 번식을 하는데, 이때 정상적으로 성장했다면 보통 4m 정도의 크기에 30kg 정도의 몸무게가 된다. 수컷은 대부분 1년 반 정도, 길이로는 약 2.5m 정도로 자라면 번식이 가능하다. 드워프는 더 작은 크기에서도 번식이 가능하다. 사육하는 개체들이 성적으로 성숙하고 번식기가 되면, 수컷들끼리 심하게 싸우기 때문에 여러 마리를 합사하고 있다면 분리 사육하는 것이 안전하다. 번식기에 보이는 이러한 공격성은 반드시 다른 수컷에게만 향하는 것은 아니기 때문에 이 시기에는 사육자도 조심하는 것이 안전하다. 임신한 암컷은 산란 전에 탈피를 하는데, 탈피 후 35~45일이 되면 알을 낳는다. 25~80개 정도의 알을 낳으며, 암컷이 알을 품는 습성이 있다. 일반적인 인큐베이팅 기간은 86~95일이며, 갓 태어난 새끼의 크기는 50~60cm 정도로 상당히 크고, 놀랄 정도로 빠르게 성장한다.

사육환경
습한 환경을 선호하는 종으로 사육장의 습도유지에 신경을 쓰고, 몸을 담글 수 있는 충분한 크기의 물통을 설치해주는 것이 좋다. 덩치가 커서 상당히 큰 물그릇을 준비해야 하기 때문에 본종의 사육에 있어서는 물그릇을 청소하는 것이 가장 번거로운 일이지만,

레티큘레이티드 파이손 알비노 라벤더

건강유지를 위해서는 번거롭더라도 물그릇을 매일 청소하고 깨끗한 물로 갈아주도록 해야 한다. 수상생활을 즐기기 때문에 사육장 내에 튼튼한 가로목을 설치해줄 필요가 있다. 건강하고 튼튼하지만 덩치가 크고 성격이 사납기 때문에 초보자에게 추천되지는 않는다. 자연상태에서는 사람을 잡아먹은 기록도 있는 종이다.

먹이급여

어릴 때 먹이공급만 충분하면 급격하게 성장하는 종이기 때문에 먹이를 적절하게 조절해 급여할 필요가 있으며, 굶주리면 상당히 사납고 날카로워진다는 사실을 숙지하고 사양 관리를 하도록 한다. 합사 사육 중일 경우는 먹이급여 시에 한 마리씩 따로 나눠서 급여하는 것이 좋다. 먹이반응이 좋고 동작이 빨라 같은 먹이를 동시에 물게 되면 상당히 번거로워진다. 먹이다툼으로 뒤엉킨 뱀을 힘으로 풀기는 어려운데, 큰 물그릇에 통째로 담그거나 미지근한 물을 강하게 뿌리면 떨어진다. 혼자서 억지로 떼어내려 했다가는 사육자도 위험해질 수 있으므로 정 어려우면 다른 사람의 도움을 받는 것이 안전하다.

록 파이손

- **학 명** : Python sebae   **영 명** : African Rock Python   **한국명** : 아프리카비단구렁이
- **서식지** : 사하라 사막 이남의 아프리카 남부와 동부(에티오피아, 수단 등지)
- **크 기** : 3~5m, 최대 6m까지 성장한다고 알려져 있다.

남아메리카에 '아나콘다'가 있고 동남아시아에 '그물무늬비단구렁이'가 있다면, 아프리카를 대표하는 대형뱀으로 첫 번째 꼽을 수 있는 것이 본종 '록 파이손(African Rock Python)'으로서 아프리카에 서식하는 비단구렁이들 가운데서는 가장 큰 체구를 자랑한다. 비록 그 크기는 앞의 두 종에 비해 약간 작긴 하지만, 두 종에 못지않은 난폭함과 강력한 힘을 가지고 있다. 자연상태에서는 나일 악어와 호각으로 싸울 수 있는 몇 안 되는 야생동물 가운데 하나이며, 사자나 표범과 같은 대형 포유류조차도 본종을 먹이로 삼는 경우는 드물다. 자연상태에서는 인간을 공격하고 잡아먹은 사례도 보고돼 있다.

자연상태에서는 임팔라(impala), 염소, 가젤까지 먹이로 삼는다. 인터넷에서 볼 수 있는 대형 포유류를 사냥하고 있는 사진 가운데는 본종의 사진이 상당히 많다. 충분한 양을 먹은 뒤에는 1년 가까이 먹이사냥을 하지 않고도 버틸 수 있다. 원서식지에서는 대부분의 시간을 은신처에서 보내며, 아프리카 현지의 주민들은 직접 은신처로 들어가 생포하기도 한다. 애완파충류 사육 역사가 오랜 미국에서는 우리나라에서 거북을 유기하는 경우가 많은 것과 같이 기르던 뱀을 버리는 사례가 많다. 플로리다 에버글레이즈 습지에 버려진 본종과 버미즈 파이손이 자연상태에서 이종교배할 가능성이 크다고 한때 이슈가 된 적이 있다. 둘 사이에서 태어난 잡종이 잡종강세(hybrid vigor) 성향을 띨 경우 버미즈 파이손의 크기에 본종의 성격을 지닌 교잡종이 태어나 상당한 문제가 발생하리라 예상되기 때문이다. 아프리카 남부 지역에는 서던 록 파이손(Southern African Rock Python, *Python natalensis*)이라는 별도의 종이 존재한다.

외형

성체의 경우 전체적인 체형이나 체색이 버미즈 파이손과 상당히 흡사하다. 특히 머리 부분의 무늬만 본다면 두 종은 거의 구분하기 힘들 정도로 비슷하다. 두 종을 체형으로 동정하기는 어렵고, 체색과 무늬로 동정이 가능하다. 어렸을 때의 체색이 버미즈 파이손보다는 조금 밝고, 무엇보다 몸통의 무늬가 버미즈 파이손보다 더 복잡하다. 어릴 때에 비해 체색은 성장하면서 조금씩 진해지는 경향이 있기 때문에, 성장하면 무늬 빼고는 거의 버미즈 파이손과 흡사한 이미지를 가진다.

버미즈 파이손과 흡사하지만 체색과 무늬로 동정이 가능하다.

국내 도입현황

국내에도 도입돼 길러지고는 있다. 그러나 버미즈 파이손과의 외형적인 차이가 크게 나지 않는데다 버미즈 파이손처럼 온순하지도 않는 등 애완동물로서는 치명적인 성격적 결함을 가지고 있기 때문에 많은 수가 길러지고 있

록 파이손은 테임이 불가능할 정도로 성격이 사나운 종이므로 사육 시 주의를 요한다.

지는 않은 종이다. 이러한 이유로 수입 역시 빈번하지 않다. 개인적으로 생각하기에 큰 덩치와 성격 때문에 집에서 애완으로 기르기에 적합한 종이라고 하기는 어려울 것 같다. 뱀 사육 입문자에게 권할 만한 종은 절대 아니며, 어느 정도 사육경험이 풍부한 사람으로서 본종만의 매력을 찾아 사육하게 됐더라도 극히 조심하는 것이 좋다.

번식 및 사육환경

번식은 봄에 이뤄진다. 수정된 후 3~4개월이 지나면 암컷은 한배에 20~60개의 알을 낳으며, 부화될 때까지 알을 품는다. 알을 품는 동안 마시지도 먹지도 않을 만큼 강한 모성애를 지니고 있다. 사육 시 온도는 26~30℃ 정도를 유지시켜주고, 60~65% 정도의 습도를 유지해준다. 외형적으로 매우 비슷하게 생긴 버미즈 파이손의 성격이 비교적 온순한데 비해 본종은 오랜 사육 하에서도 테임이 불가능할 정도로 사나운 성격을 자랑한다. 사나운 성격으로 인해 사육장 앞에 움직이는 물체가 있을 경우 유리문에 부딪혀 마우스 록이 발생하는 경우가 잦으므로 가급적 자극하지 않도록 한다. 테임이 거의 불가능한 종이기 때문에 길들이려는 노력은 하지 않는 것이 현명하다.

먹이급여

거식도 거의 없고, 먹이로 인한 문제는 거의 발생하지 않는 종이다. 다만 먹이반응이 너무 적극적이고 성격이 난폭하기 때문에 먹이급여를 위해 사육장 문을 열 때는 특별히 조심하는 것이 안전하다.

화이트립 파이손

- **학 명** : *Leiopyhon albertisii*
- **한국명** : 화이트립 파이손
- **크 기** : 1.8~2.4m
- **영 명** : White-lipped Python, Albertis Python
- **서식지** : 파푸아뉴기니, 인도네시아의 이리안자야

우리나라에서는 외형적 특징을 나타내는 'White-lipped Python'이라는 이름으로 주로 불리지만, 외국에서는 본종의 서식지를 탐험했던 이탈리아의 저명한 박물학자이자 탐험가인 루이지 마리아 달베르티스(Luigi Maria D'Albertis)의 이름을 따서 '달베르티스 파이손(D'albertis Python)'이라고 불리기도 한다. 북부 해안에 서식하는 *Leiopython albertisii*는 몸길이가 2미터 내외에 이르며, 몸 색깔은 짙은 갈색이다. 머리는 몸 색깔과 대조적으로 검은색이며, 입술비늘은 검은색과 흰색이 섞여 있어서 마치 피아노건반처럼 보인다. 남쪽 해안에 서식하는 *Leiopython hoserae*는 길이 약 3미터까지 성장하고, 더 짙은 회갈색 또는 녹색을 띠며, 머리와 몸통의 색깔 대비가 약하다.

외형

전체적으로 길고 날렵한 체형이며, 몸에 비해 상당히 큰 머리를 가지고 있다. 이름처럼 위턱과 아래턱은 신체의 다른 부분과는 달리 흰색이 두드러지는데, 위턱 부분에 특징적인 검정색 세로줄무늬가 있다. 아래턱에도 동일한 패턴의 무늬가 관찰되지만 위턱처럼 확실하지는 않다. 몸통은 단색으로 특별한 무늬가 없는데 척추를 따라 등 한가운데는 짙은 색이고, 그 양 옆으로 배 쪽으로 갈수록 색이 옅어지며, 배는 흰색으로 무늬가 없다. 야행성이며, 세로형의 동공을 가지고 있다. 무늬가 없는 단색의 뱀이면서 이렇게 아름다운 광채를 내는 종은 상당히 드물다고 하겠다.

국내 도입현황

사육난이도가 어느 정도 있는 뱀으로 국내에서 종종 보이는 종이지만, 완성체급을 본 기억은 없는 듯하다. 국내에서 볼 수 있는 개체는 거의 북부 화이트립(*Leiopython albertisii*)이며, 남부 화이트립(*Leiopython hoserae*)은 개체수도 적고 가격도 더 비싸다.

번식 및 사육환경

본종의 번식은 용이하지 않다고 알려져 있다. 성적으로 성숙하기까지 5년 정도의 시간이 소요되며, 임신한 암컷은 8~15개의 알을 산란하고 알을 서리고 지키는 행동을 보인다. 60~70일 정도의 인큐베이팅 기간이 지나면 부화되며, 태어난 새끼의 크기는 40cm 내외다. 주간에는 27~30℃, 스팟 아래는 30~40℃, 야간에는 24~25℃를 유지해준다. 적정습도는 70~85% 선으로 주기적으로 분무를 해주거나, 자동 미스팅 시스템을 제공하면 좋다. 성격은 대부분 공격적인 편으로 도구를 써서 다루는 것이 안전하다.

먹이급여

일반적인 뱀들이 먹이의 털이나 깃털을 총배설강으로 배설하는데 비해 본종은 가끔씩 포식 후 털이나 깃털을 위속에서 뭉쳐 덩어리(furball) 형태로 다시 토하는 행동을 하는 경우가 간혹 있다. 이런 행동을 '캐스팅(casting)'이라고 하는데, 대부분의 뱀에서 보이는 캐스팅은 건강상의 이상을 나타내지만, 몇몇 비단구렁이류가 개체의 건강상태와는 상관없이 이런 행동을 한다고 알려져 있다. 그 대표적인 종이 본종으로 사육장에서 이상한 털뭉치를 발견하게 되더라도 너무 과민하게 반응할 필요는 없다.

그린 트리 파이손

- **학 명** : *Morelia viridis*　　• **영 명** : Green Tree Python　　• **한국명** : 그린 트리 파이손
- **서식지** : 인도네시아, 오스트레일리아, 파푸아뉴기니, 말레이반도
- **크 기** : 1.5~1.8m, 드물게 2m에 이르는 개체도 있다. 서식지역에 따라 최대성장크기에 차이가 있다.

레드 테일 보아가 수상성 종을 대표하는 '보아'라면 수상성 종을 대표하는 '비단구렁이'는 본종이라고 평가된다. 마니아들 사이에서는 모든 애완뱀 가운데 수상성 뱀을 대표하는 종이라고까지 의미를 부여하는 사람도 있다. 마니아들 사이에서는 'G.T.P'라는 이니셜로 불리는 경우가 많은데, 본종의 가장 독특한 특징이라고 하면 성장하면서 체색이 확연하게 변화한다는 것이다. 이러한 극적인 체색의 변화와 나무 위에 똬리를 틀고 있는 특유의 카리스마 있는 자세로 인해 선호하는 마니아층이 두터운 종이기도 하다.

지속적으로 새로운 지역종들이 발견되고 있는 종으로서 지역종마다 체색, 체형, 크기, 꼬리 색깔 등에 약간씩의 차이가 있기 때문에 이를 동정의 포인트로 삼는다. 다양한 차이에도 불구하고 모두 같은 종으로 분류하며, 아직 아종으로 나누지는 않고 있다. 지역종에 따라 성격의 차이도 크다. 다른 수상성 뱀들 가운데 많은 수가 사나운 성격을 가지고 있는데다 국내에는 사나운 것으로 알려진 '비악(Biak)'의 개체수가 가장 많아 '그린 트리 파이손'이라는 종 전체가 사나운 것으로 인식돼 있으나 그렇지 않은 개체도 많다. 그러나 나무 위에 서식하는 뱀답게 이빨이 다른 뱀에 비해 길어서 물리면 상당히 아프기 때문에 이 점을 미리 감안해 다루는 것이 안전하다. 야행성 종으로 보통 열대우림의 나무 위에서 주로 생활하지만 밤에는 땅에도 내려온다.

외형

머리는 다이몬드형으로 체구에 비해 약간 큰 편이다. 뱀에 대한 지식이 없는 경우 머리 모양으로 보아 독사라고 판단하는 사람이 많지만 독은 없다. 드물게 2m 이상 성장하는 개체도 있으나, 파이손류의 일반적인 크기와 비교한다면 본종은 그다지 크게 성장하는 종이라고는 할 수 없다. 에메랄드 트리 보아와 외형적으로 상당히 유사하지만, 피트의 위치와 두부 상단의 비늘 크기로 구분이 가능하다.

그린 트리 파이손은 어릴 때 노란색 또는 붉은색을 띠며, 지역종마다 약간의 시기적인 차이가 있지만 일반적으로 생후 6개월 정도부터 체색의 변화가 일어나기 시작해 최종적으로 녹색으로 변한다. 보통 성체가 되면 녹색 바탕에 희거나 푸른색의 반점을 가진다. 눈 주변 색만은 변하지 않고 남아 있는 경우가 많아 성체가 됐을 때 눈 주위의 색으로 어릴 때의 색깔을 추정할 수 있다. 이러한 녹색의 체색은 본종이 서식하는 열대우림에서 아주 효과적인 보호색으로 작용한다.

그린 트리 파이손 어린 개체

국내 도입현황

기본적인 명칭은 지역명으로 붙인다. 녹색과 노란색이 섞인 체색으로 국내에 가장 많이 보급된 '비악(Biak)', '아루(Aru)', '모노콰리(Monokwari)', '카나리(Canary)', '자야뿌라(Jaya Pura)', '메라우케(Merauke)', 이리안자야 북서쪽 지역으로 다른 지역 개체에 비해 푸른색이 강한 '소롱(Sorong)', '와메나(Wamena)' 등 다양한 모프가 도입됐으나 아직 그 숫자는 많지 않다. 가장 일반적인 녹색 모프조차도 다른 뱀보다 상대적으로 높은 가격대가 형성돼 있고, 노란색이나 붉은색으로 고정되는 개체의 경우는 상당히 높은 가격대로 거래되고 있으며, 유통되는 개체수도 적다. 사육난이도는 중 정도에 속하며, 초보사육자보다는 어느 정도 사육경험이 있는 사람에게 추천되는 종이다.

번식

암컷은 생후 2~3년, 수컷은 생후 1~2년이면 번식이 가능하다. 본종은 일 년 내내 교미와 산란이 가능하다고 보고되고 있으나, 자연상태에서의 짝짓기는 11월에서 1월 사이에 이뤄진다. 이 시기의 주간의 온도는 24℃이며, 야간에는 17℃ 정도까지 떨어진다. 따라서 사육 하에서 번식을 위해서는 사육장의 온도를 낮춰주는 쿨링기간을 제공하는 것이 도움이 된다. 배란 후 암컷은 배란후탈피(post-ovulation shed, POS)를 겪으며, POS 24일 후 산란하게 된다. 임신기간은 2~3개월로 30℃ 정도의 온도에서 약 45~50일 후 부화된다. 자연상태에서는 보통 이끼가 많아 습도가 높은 공간에 20~30개 정도의 알을 낳으며, 일반적인 다른 뱀들과는 다르게 알을 서리는 행동을 한다고 알려져 있다. 부화한 새끼는 바로 나무로 기어오르며, 평균적으로 부화 후 3년 이내에 성체에 도달한다.

사육환경

나무에 서식하는 종이므로 가로나 세로로 넓은 사육장보다는 높이가 높은 형태의 사육장이 좋다. 습도조절이 용이한 바크 계열의 바닥재를 많이 사용하지만, 바닥에 거의 내려오지 않는 습성 때문에 신문지를 이용하고 큰 물그릇을 넣어주거나, 사육장 바닥면 전체에 물을 채워 환수하는 방식으로 습도를 조절하는 사육자도 있다.
그린 트리 파이손과 같은 수상성 뱀의 사육에 있어 필수적인 사육용품은 무엇보다도 몸을 안정적으로 걸칠 수 있는, 가로로 배치가 용이한 나뭇가지나 구조물이라고 할 수 있다. 일반적인 나뭇가지도 괜찮지만, 사육장 내 습도로 인한 부식이나 곰팡이발생 등을 고려한다면 부식되지 않고 곰팡이도 생기지 않는 수족관용의 시판 유목을 사용하는 것이 좋다. 사육자에 따라서는 아크릴이나 플라스틱 봉, 인조대나무 등을 사육장에 가로질러 설치하는 경우도 많은데, 이런 인공물의 경우 표면이 지나치게 매끄러워 탈피를 돕지 못하기 때문에 인공적으로 탈피를 도와야 하는 경우가 자주 생긴다는 것을 고려해야 한다. 하지만 어떤 소재든 간에 이동 시에 움직이지 않도록 벽면에 단단히 고정하는 것이 중요하며, 전체적으로 동일한 굵기라면 뱀이 성장함에 따라 몸통의 굵기를 고려해 적절한 굵기의 봉으로 교체해주는 것이 필요하다.

주간에는 24~28℃, 열원 아래의 온도는 30℃ 정도로 조절하고, 야간에는 22~24℃로 낮춰준다. 요구되는 습도는 80~90%로 상당히 습한 환경을 선호한다. 낮은 습도에도 적응은 하지만 활동량이나 발색이 저하되는 경향이 있다.

붉은색을 띠는 그린 트리 파이손 개체

그러나 높은 온도와 습도는 곰팡이증식에도 적합한 환경이므로 적절한 환기와 위생관리가 반드시 필요하다. 사육장 바닥에 큰 물그릇을 놓아 항상 신선한 물을 공급해주는 것이 좋고, 특히 환기가 잘 되도록 신경 써서 관리해줄 필요가 있다.

수상성 뱀으로 저면열원은 효율적이지 않으므로 상부열원을 주 열원으로 추천한다. 수시 분무로 사육장의 습도를 유지하고자 한다면 물방울이 닿았을 때 깨지기 쉬운 유리소재의 열등보다는, 가격이 조금 높긴 하지만 세라믹소재의 등을 사용하는 것도 고려할 만하다. 다른 뱀도 마찬가지지만 특히나 수상성 뱀 사육장의 상부열원은 절대로 사육장 안에 설치해서는 안 된다. 본종은 등과 소켓 사이의 좁은 공간에 숨는 것을 좋아하므로 화

그린 트리 파이손은 성장하면서 보통 녹색으로 체색이 변한다.

상의 위험이 상당히 높기 때문이다. 가급적 열등은 외부에 설치하도록 하되 부득이한 경우라면 반드시 덮개가 있는 소켓을 사용하도록 한다. 야행성 뱀이므로 야간등을 설치해주는 것이 좋으며, 반드시 광주기를 맞춰주는 것이 정상적인 대사활동에 도움이 된다.

본종은 탈피시기에 관계없이 체색의 변화가 크지 않은 특징이 있다. 사육장의 습도가 충분히 유지되지 못하면 탈피부전을 겪는 사례가 많다. 나무 위 생활에 완벽하게 적응한 종이기 때문에 사육장 청소 시나 이동을 위해 다른 곳으로 잠시 옮길 때도 가로목을 설치해 주도록 한다. 타종보다 스트레스에 민감하므로 가급적이면 자극하지 않는 것이 좋고, 병원체에 대한 면역력도 낮다고 알려져 있으므로 핸들링 시에는 손을 소독하는 것이 안전하다. 합사는 가능하나 암컷이 임신하면 수컷을 분리해 사육하는 것이 좋다.

먹이급여

자연상태에서는 주로 도마뱀이나 개구리, 소형 포유류, 소형 뱀 등을 잡아먹는다. 나무에 사는 뱀이지만 조류를 먹이로 하는 경우는 드물다고 알려져 있다. 상당히 색다른 방법으로 먹이를 사냥하는 특징이 있는데, 배가 고플 경우 체색에 비해 상대적으로 진한 색깔의 꼬리를 늘어뜨리고 마치 악어거북이 혀를 놀리듯이 꼼지락거리며 움직여 먹이를 유인하는 듯한 행동을 보인다. 약간의 자극에도 이런 행동을 보일 경우 배가 고픈 상태라 생각해도 무방하며, 이때 먹이를 급여하면 빠르게 반응하는 것을 볼 수 있다.

다른 뱀에 비해 대사가 느린 편이므로 지나치게 과식시키는 것은 좋지 않다. 또한 활동이 많지 않은 종으로 비만이 되기 쉽기 때문에 영양관리에 신경 써야 할 필요가 있다. 70cm 정도까지는 핑키나 호퍼 사이즈의 마우스를 급여하고, 그 이상의 크기부터는 마우스를 급여한다. 150cm 이상 되면 중간 크기의 랫 정도까지도 급여가 가능하다.

그린 트리 파이손은 야행성 뱀이다.

아메시스틴 파이손

- **학 명**: *Morelia amethistina*
- **한국명**: 자수정비단뱀, 스크럽
- **크 기**: 평균 5~6m, 극히 드물긴 하지만 8.5m까지도 성장한다고도 알려져 있다.
- **영 명**: Amethystine Python, Scrub Python
- **서식지**: 호주, 파푸아뉴기니, 인도네시아

국내에서는 '아메시스틴 파이손(Amethystine Python)' 혹은 '자수정비단뱀'이라는 정식명칭보다는 '스크럽(Scrub)'이라는 이름으로 많이 불린다. '스크럽'은 오스트레일리아의 가시덤불 지대를 의미하는 용어로 본종의 서식지를 나타낸다. 체색이나 무늬가 특별히 매력적이라고 할 수는 없지만, Amethystine(자수정)이라는 이름에서 알 수 있듯이 자연광을 받았을 때 몸에서 반사되는 빛이 레인보우 보아에 버금갈 정도로 상당히 영롱하고 아름답다. 필자도 본종을 해츨링 때부터 성체까지 기른 적이 있다. 무거운 덩치임에도 불구하고 그 아름다운 반사광을 보기 위해 맑은 날을 골라 가끔씩 밖으로 데리고 나갔는데, 그때마다 신비롭게 빛나는 체색에 감탄했던 기억이 있다. 허물을 벗고 며칠이 지나면 가장 아름다운 반사광을 관찰할 수 있다. 본종은 비단구렁이 가운데서도 매우 큰 대형종 가운데 하나이며, 호주에 서식하는 가장 덩치가 큰 뱀이다. 가끔 호주에서 본종이 집에서 기르는 애완동물을 잡아먹었다는 기사가 국내에도 심심치 않게 보도되며, 검색창에서 아메시스틴 파이손을 검색하면 왈라비(wallaby)와 같은 큰 먹이를 삼키고 있는 사진을 어렵지 않게 찾을 수 있다.

외형

나무 위에서 주로 서식하는 종으로 일반적인 비단구렁이과의 다른 종들에 비해 매우 길고 날렵한 체형을 가지고 있다. 이런 신체적 특징으로 인해 같은 길이의 다른 비단구렁이와 비교하면 체중은 비교할 수도 없을 정도로 많은 차이가 난다. 목에 비해 상당히 큰 머리를 지니고 있고, 무엇보다 머리 윗부분의 무늬가 굉장히 박력 있는 종이다.

국내 도입현황

어느 정도 사육난이도가 있는 종이며, 성체 시의 크기나 성격으로 보아 초보자가 도전하기에 용이한 종은 아니다. 상당히 공격적인 종으로 분류되기는 하지만 모두 그런 것은 아니며, 핸들링이나 테임이 가능한 개체도 있다. 국내에도 도입돼 있는 종이지만 도입 개체수가 그리 많지는 않으며, 개인적으로 사육하고 있는 사람도 드물다. 가격이나 사육난이도적인 면에서 대중화되기는 조금 어려운 종이라고 생각되지만, 비단구렁이 마니아들 사이에서는 높은 인기를 구가하고 있는 종이다.

번식 및 먹이급여

자연상태에서는 7~9월경에 교미해 7~19개 정도의 알을 낳는다. 암컷은 산란한 알을 서려서 보호하는 습성이 있다. 새끼들은 77~88일경의 부화기간을 거친 후 세상에 나온다. 원서식지에서는 수원지 주위에 은신했다가 물을 찾아오는 먹잇감을 사냥한다. 먹이반응이 왕성하고, 가리는 것 없이 잘 먹기 때문에 사육 하에서도 먹이로 인한 문제는 잘 생기지 않는다. 다른 파이손에 비해 얇은 체형인데, 보통 버미즈나 레틱 등의 다른 대형종 뱀을 기준으로 굵기를 가늠하게 되면 영양과다일 경우가 많다. 야생상태의 개체의 몸통 굵기는 생각하는 것보다 상당히 가늘다는 사실을 고려해 먹이공급량을 조절하도록 하자.

카펫 파이손

- **학 명** : *Morelia spilota*　● **영 명** : Carpet Pyton　● **한국명** : 카펫 파이손
- **서식지** : 오스트레일리아, 뉴기니, 인도네시아
- **크 기** : 2m 내외, 최대 4m. 암컷이 수컷보다 크다.

볼 파이손(Ball Python)은 너무 작은 것 같고, 그렇다고 버미즈 파이손(Burmese Python)만큼 거대하게 자라는 종은 그다지 끌리지 않을 때는 본종의 사육을 고려해볼 만하다. 국내 분양가가 아직은 높은데다 분양되는 개체수도 적어 입수하기 어렵기는 하지만, 튼튼하고 강건한 체질이라 기본적으로 사육이 그다지 까다롭지 않고 보통의 뱀들과는 달리 꽤 활동적인 성격을 지닌 종으로 입문자가 뱀 사육의 재미를 느끼기에는 상당히 좋은 종이다. 다소 사나운 성격을 가진 개체가 많다는 평가를 받고 있지만, 의외로 순치시키기가 용이한 종이기도 하다.

외형

굵고 힘 있는 몸체에 둥그스름하고 큼직한 머리를 가지고 있다. 양 눈 뒤쪽의 근육이 상당히 발달해 있고, 눈에서 주둥이 옆쪽까지 급격히 가늘어지는 머리 형태로 인해 위에서 보면 삼각형에 가까운 두상을 가지고 있다. 카리스마 있는 체색과 커다란 덩치, 삼각형으로 보이는 머리 형태로 인해 독사로 오인되기도 하지만 독은 없다. 두부 상단에 얼룩무늬가 있으며, 몸통에는 가로줄무늬가 목에서부터 꼬리 끝까지 배열돼 있다. 몸통의 무늬는 기본적으로는 가로줄무늬이지만, 등을 가로 질러 목에서 꼬리까지 길게 세로줄무늬가 있는 개체도 있고, 가로줄무늬가 등 가운데서 이어져 있지 않은 개체도 있는 등 무늬에 있어서 개체마다 상당히 차이가 있다.

체색 역시도 색깔만 본다면 서로 완전히 다른 종으로 생각될 만큼 아종에 따라 많은 차이를 보이지만, 본종은 전체적인 이미지가 상당히 유사하므로 한 종만 확실히 동정할 수 있다면 카펫 파이손과 다른 뱀을 구별하는 것은 그다지 어렵지 않다. 눈 아래쪽 아래턱에 피트가 발달해 있으며, 야행성으로 세로형의 동공을 가지고 있다.

국내 도입현황

아직 국내에서는 다양한 종류를 보기는 어렵지만, 외국에서는 다양한 모프의 개량이 지속적으로 이뤄지고 있는 종이다. 이런 개량종들이 국내에 소개되고, 국내 애완파충류 인구가 좀 더 증가하면 본종에 대해 매력을 느끼는 사육자 역시 점점 늘어날 것으로 기대된다. 국내에는 이리안 자야(Irian jaya), 정글(Jungle), 브레들스(Bredl's), 재규어(Jaguar) 등의 모프가 도입돼 있으나 아직 많은 수가 길러지고 있지는 않다. 동물원이나 파충류 전시장에서도 이리안 자야, 정글 정도의 모프만 드물게 볼 수 있다. 국내에 도입된 모프 가운데는 성장함에 따라 노란색이 선명해지면서 검정색 체색과의 대비가 점점 두드러지는 정글 카펫 파이손의 인기가 가장 높다.

번식

반드시 필요한 것은 아니지만 번식을 고려한다면 쿨링을 하는 것을 추천한다. 산란한 알이 부화될 때까지 암컷이 알을 서리고 있는 행동을 보인다. 15~50개의 알을 낳으며, 일반적인 인큐베이팅 기간은 70일 내외로 알려져 있다.

사육환경

나무 위를 선호하기는 하지만 반수상(semiarboreal) 종으로서 육상과 수상생활을 병행한다. 사육 하에서는 나무 위에 올라가 있는 모습을 좀 더 자주 보이지만, 땅에 내려와 있는 모습도 어렵지 않게 볼 수 있다. 파충류 사육자들 사이에서는 수상성 뱀의 이미지가 강하기 때문인지, 땅에 내려와 있으면 무슨 문제가 있는 것이 아닌가 걱정을 하는 사육자가 많다. 그러나 사육조건이 양호하고 특별한 질병이 없다면 크게 걱정하지 않아도 괜찮다. 매우 활동적인 뱀이라 충분한 크기의 사육장을 제공해야 하며, 덩치를 고려해 체중을 확실하게 지지할 수 있는 튼튼한 가로목을 설치해줄 필요가 있다.

사육장 내에 설치하는 지지대는 그린 트리 파이손의 경우처럼 단순한 가로형태보다는 충분한 움직임을 제공해줄 수 있는 다소 복잡한 형태가 좋다. 또한 바닥에 자주 내려오는 습성 때문에 일반적인 수상성 뱀들보다는 바닥재의 선택에 신중을 기할 필요가 있다. 어느 정도 습도를 유지할 수 있는 바크계열의 바닥재를 추천한다. 주간온도는 23~25℃, 야간온도는 20℃ 선을 유지하고, 습도는 50~60% 선을 유지해 주도록 한다.

카펫 파이손은 매우 활동적인 뱀이므로 충분한 크기의 사육장을 마련해줘야 한다.

카펫 파이손의 삼각형의 근육질 머리는 상당히 강한 인상을 풍긴다.

블러드 파이손

- **학 명** : *Python curtus*
- **한국명** : 블러드 파이손
- **영 명** : Short Python, Blood Python, Short-tailed Python, Red(Black) Blood Python, Sumatran Short-tailed Python, Sumatran Blood Python
- **서식지** : 태국, 말레이시아반도, 수마트라, 인도네시아 내의 열대 숲과 인근 토지 습지
- **크 기** : 1.5~1.8m, 최대 2.5m까지 성장한다.

다양한 이름이 있지만 국내에서는 일반적으로 '블러드 파이손(Blood Python)'으로 불린다. 국내에서 주로 분양되는 어린 개체의 이미지는 약간 긴 볼 파이손(Ball Python) 정도의 느낌이지만, 완전히 성장한 블러드 파이손은 엄청난 굵기와 그에 대비되는 짧은 체형 때문에 아주 독특한 인상을 주는 뱀이다. 오래 전 완성체를 직접 본 적이 있는데, 웬만한 성인 허벅지 굵기의 몸통에 비해 터무니없이 작은 머리와 짧은 꼬리로 인해 마치 몸통만 있는 듯한 기괴한 느낌의 뱀이었다는 기억이 있다.

모든 뱀류 가운데 체장 대비 몸통이 가장 뚱뚱한 뱀인데, 레티큘레이티드 파이손의 머리에 볼 파이손의 몸을 붙여 놓은 듯한 느낌의 뱀이라고 하면 체형을 이해하는 데 도움이 될지 모르겠다.

자연상태에서는 늪이나 습지, 강이나 개울 근처 등 어느 정도 습도가 높은 지역에 주로 서식한다. 야생개체는 상당히 예민하고 공격적인 성향을 띠지만, CB개체는 야생개체에 비해 비교적 유순한 성격을 가지고 있는 것으로 평가되고 있다. 그러나 이제까지 접한 경험으로 미뤄보아 다른 애완종에 비해 상대적으로 공격성은 강한 종이라는 느낌이 있다. 사육하고자 한다면 이 점을 고려해 시간을 두고 핸들링을 숙달시켜가는 것이 좋다. 체형에서 보여지듯 장거리를 이동하거나 움직임이 활발한 종은 아니다.

특유의 아름답고 독특한 무늬와 큰 크기로 인해 가죽을 상업적으로 이용하기 위해 남획되고 있는 종이다. 블러드 파이손의 아종은 *Python curtus curtus*, *Python curtus brogersmai*, *Python curtus breitensteini*(Borneo Short-tailed Python/Borneo Python, 다른 블러드 종보다 꼬리가 조금 더 짧다) 등이 있다.

외형

전체적인 체장에 비해 꼬리는 매우 짧고 가늘며, 머리부터 몸통 부분은 상당히 뚱뚱하다. 머리는 길고 넓적하며, 몸통 부분과 확실하게 구분된다. 본종의 체색과 무늬는 개체에 따라 편차가 상당히 심하기 때문에 딱히 몇 개의 색깔로 설명하기가 어렵다. 대체로 이름의 유래가 된 붉은 바탕을 기본으로 갈색과 흰색, 검정색이 어우러진 마블링이 몸 전체에 배열돼 있다. 대부분의 개체에 있어서 머리 부분과 몸통 부분의 색깔은 차이가 있다. 몸에 보이는 둥근 무늬는 독립적으로 떨어져 있기도 하고, 서로 연결돼 기다랗게 배열돼 있기도 한데 특별한 규칙성은 없다. 생후 2년 정도면 성체의 체색을 띠게 되며, 이후 차차 진해지는 경향이 있다. 야행성 종으로 세로 형태의 동공을 가지고 있다.

블러드 파이손은 뱀 가운데 체형 대비 가장 뚱뚱한 종이다.

블러드 파이손은 성장속도가 빠르고 매우 크게 성장하는 종이다.

국내 도입현황

파충류 마니아 사이에서 그리 대중적인 종은 아니며, 파이손 마니아 중에서도 극히 일부가 사육 중이다. 상당히 매력적인 뱀이지만, 본종에 관심이 있다면 이 뱀이 대체로 성격이 사납고 대형으로 성장한다는 사실을 충분히 고려한 후에 사육을 시작하는 것이 좋다. 어린 개체를 입양했더라도 얼마 지나지 않아 대형사육장과 큰 먹이가 필요하게 되고, 테임이 되지 않으면 덩치가 커짐에 따라 다루기 어렵게 될 수도 있다. 이해를 돕기 위해 본서에 성체사진을 싣고 싶으나 현재 국내에서는 완전히 성장한 개체를 보기 어려우므로 인터넷으로라도 본종의 성체사진을 확인하고 사육을 결정할 것을 권한다. 국내에는 아직 원종밖에 도입되지 않았지만, 외국에서는 전문브리더에 의해 다양한 체색을 가진 모프의 개량이 활발히 이뤄지고 있는 종이다.

번식 및 사육환경

18~30개 정도의 알을 낳으며, 일반적인 부화기간은 58~65일이다. 해칭된 새끼는 타종보다 좀 더 예민하고 공격적인 성향을 보이기 때문에 신속하게 안정된 환경으로 옮겨줘야 한다. 지상성 뱀으로 가로로 넓은 공간을 제공해줄 수 있는 사육장이 적당하다. 그리 활동적이지는 않지만 성장함에 따라 충분한 사육공간을 확보해줄 필요가 있다. 사육장 내의 온도를 28~30℃ 정도로 유지해주며, 자연상태의 주 서식처를 고려해 사육 하에서도 분무와 큰 물그릇 설치로 50~60% 정도의 약간 습한 환경을 제공해주는 것이 좋다.

먹이급여

원래 본종의 체형이 뚱뚱하다는 인식 때문인지 사육 하에서 너무 과잉급여를 하게 되는 경우가 많다. 그런 만큼 다른 종보다 쉽게 비만해지고, 그로 인해 돌연사하는 빈도도 높기 때문에 다른 종보다 먹이급여량과 급여시기를 신경 써서 조절할 필요가 있다.

블러드 파이손 보르네오 숏테일

볼룬스 파이손

- 학　명 : *Morelia boeleni* (Brongersma, 1953)
- 한국명 : 다이아몬드비단구렁이
- 크　기 : 1.8~2.5m
- 영　명 : Boelen's Python, Black Python
- 서식지 : 뉴기니 서부의 산악지대

'보엘렌 파이손'이라고 불리기도 하지만 국내에서는 보통 '볼룬스'로 통칭되며, 세계에서 두 번째로 큰 섬인 뉴기니의 열대우림에 서식하는 종이다. 카리스마 있는 덩치와 신비로운 체색으로 인해 '파이손의 제왕(King of Python)'이라는 별명을 가지고 있으며, '가장 아름다운 비단구렁이'이라고 평가하는 마니아들도 상당수 있다. 그러나 이런 열렬한 관심과 애정을 받고 있는 것과는 달리 아직은 생태가 잘 알려져 있지 않아 많은 비밀을 간직하고 있는 종이기도 하다. 머리 부분은 몸통에 비해 상당히 큰데 전체적으로 적갈색이며, 아래턱에는 검정색의 줄무늬가 세로로 나 있다.

몸통은 적갈색을 바탕으로 흰색 혹은 황색의 줄무늬가 꼬리까지 배열돼 있는데, 줄무늬의 테두리는 약간 짙은 색이다. 그러나 어릴 때 보이는 적갈색의 체색은 성장하면서 전체적으로 검정색으로 바뀐다. 이러한 체색의 변화는 태어나서 2년 정도 후, 체장이 1m 정도까지 성장하면 서서히 시작된다. 배 부분의 체색은 옅은 노란색이 일반적이다. 크기나 체색변화 등의 기본적인 자료 외에는 본종에 대해 알려진 정보가 드물며, 인공사육 하에서의 번식 역시 활발하지 않아 아직은 베일에 싸여 있는 종이다.

현재까지 아종은 알려져 있지 않으며, 자수정비단뱀(Amythistine Python, *Morelia amethiatina*)이 그나마 유전적으로 가장 가까운 종으로 알려져 있다. 본종은 상당히 제한된 서식지를 가지고 있으며, 그나마 있는 개체수도 서식지파괴와 밀렵으로 인해 숫자가 점점 감소하고 있기 때문에 현재는 CITES 2로 지정돼 보호받고 있다. 비록 국제간의 거래가 허가되고는 있지만, 볼룬스 파이손은 원서식지인 파푸아 뉴기니의 매우 중요한 보호종 파충류 가운데 하나다.

외형

수많은 뱀들 가운데 우리나라 구렁이를 가장 좋아하는 필자로서는 본종의 사진을 처음으로 접했을 때 그 전체적인 이미지가 우리나라의 반먹구렁이와 유사하다는 생각에 상당히 흥미를 느끼고 자료를 찾아봤던 기억이 있다. 영명으로도 역시 'Black Python', 그러니까 '검은 비단구렁이'라고 불리는데, 체색도 그렇고 특히 아래턱 부분의 줄무늬가 우리나라의 먹구렁이와 상당히 흡사하다. 몸통의 가로줄무늬 역시 굵기나 형태에서 차이가 있기는 하지만 전체적인 이미지는 유사하다.

그러나 본종과 구렁이는 분류상 완전히 다른 종이며, 실제로 본종을 처음 직접 눈으로 확인했을 때의 느낌 역시 구렁이와는 상당한 차이가 났기 때문에 매우 흥미로워했던 기억이 있다. 아마도 필자가 사진으로 본 개체는 성체였으나 직접 본 개체는 아직 어린 개체였기 때문에 더욱 그랬으리라 생각한다. 그러나 준

볼룬스 파이손은 체색 및 아래턱의 줄무늬가 우리나라의 먹구렁이와 흡사하다.

성체였음에도 불구하고 구렁이와는 비교할 수 없는 그 크기와 몸 전체에서 빛나는 휘황찬란한 반사광에 상당히 매료됐던 기억이 있다. 아직도 필자에게 본종은 '먹구렁이 무늬를 가진 자수정비단뱀 체형의 레인보우 보아'의 이미지로 기억되고 있다.

국내 도입현황

국내에 도입된 지 얼마 되지 않은 종으로 아직은 동물원에서도 보기 힘들며, 몇몇 극소수 마니아들만이 개인적으로 기르고 있다. 검정색 계열의 무채색 뱀을 좋아하는 필자 역시도 상당히 매력을 느끼고 있는 종으로 언젠가 원서식지인 뉴기니의 자연상태에서 만나고 싶은 소망을 가지고 있는 종이기도 하다.

번식 및 사육환경

다른 비단구렁이류에 비해 상대적으로 성장이 상당히 느린 종으로 알려져 있다. 번식을 위해 성적으로 성숙하기 위해서는 수컷은 3년, 암컷은 5년 정도의 시간이 필요하다. 교미를 치르고 2~4달 이후에 10~30개까지의 알을 산란한다. 부화한 새끼의 크기는 40~50cm 정도 된다.

본종이 서식하는 산악의 중간지대는 평지보다 기온이 상당히 떨어지므로 일반적인 비단구렁이류보다 조금 더 선선한 날씨와 너무 강하지 않은 빛을 선호하는 경향이 있다. 따라서 사육 하에서도 사육장이 지나치게 건조하다거나, 열원을 과다하게 제공하는 것은 좋지 않다. 특히 막 새로운 개체를 도입한 경우에는 광량과 광주기에 세심한 주의를 기울이는 것이 좋다. 열대우림의 바닥면에 주로 서식하는 것으로 알려져 있지만, 나무를 타는 것도 능숙한 종으로 몸을 지지하기에 충분한 굵기의 가로목을 사육장 상단에 설치해 입체적으로 꾸며주면 활발하게 활동하는 것을 관찰할 수 있다. 지상에서 떨어진 나무 위에서 일광욕을 하는 것을 매우 즐기는 종이다.

사육장이 전체적으로 너무 밝은 것은 좋지 않으므로 구석에 약한 조도의 조명을 설치하고, 조화 등을 이용해 빛을 어느 정도 걸러주는 것이 좋다. 스팟 아래는 31~35℃ 정도를 유지하도록 하며, 필요 습도는 75% 정도로 바닥재는 바크와 같이 습도를 유지할 수 있는 소재가 적합하다. 당연히 바닥이 항상 물기에 젖어 있어서는 안 된다. 충분히 몸을 담글 수 있는 크기의 물그릇을 설치하는 것을 추천한다. 먹이반응은 좋으며, 특별히 한 가지 종류를 고집하지도 않는 등 사육 중에도 먹이로 인한 문제는 거의 없다.

볼룬스 파이손은 두부 상단의 무늬가 두드러진다.

워마 파이손

- **학 명** : *Aspidites ramsayi*
- **한국명** : 워마 파이손
- **크 기** : 평균 1.5m, 최대 2.5m 내외. 암컷이 수컷보다 크다.
- **영 명** : Woma Python, Sand Python, Ramsay's Python
- **서식지** : 오스트레일리아의 서부와 중부

본종이 속한 *Aspidites*속에는 본종과 블랙 헤디드 파이손(Black-headed Python, *Aspidites melanocephalus*)의 두 종류가 있다. 이 두 종류의 뱀은 먹이를 감아서 제압하는 뱀 가운데서도 가장 원시적인 형태라고 알려져 있다. 사실 본서에 본종의 사양 관리에 대해 설명하는 것은 좀 불필요한 감이 없지 않다. 그 이유는 첫째, 국내에서 파충류를 사육하는 사람들 가운데서도 본종의 실물을 본 사람은 극히 드물고, 실제로 사육되고 있는 개체 역시 손에 꼽을 정도로 극히 마니아틱한 종이기 때문이다. 둘째, 본종에 관심을 가지고 이미 사육을 하고 있을 정도면 파충류 마니아 중에서도 상당히 오랜 경험을 가진 사람이면서 뱀에 대해 다방면으로 관심이 높은 사람일 것이다. 따라서 본종에 대해 별도의 사육설명이 필요치 않을 것이라고 생각되기 때문이다. 마지막으로 현재 국내 파충류시장의 상황을 고려할 때 구하기도 어렵고, 분양가도 상당히 고가인 본종이 한동안은 국내에 많이 도입되지도 않을 것이라고 예상되기 때문이다. 그러나 그럼에도 불구하고 굳이 본서에 페이지를 할애해 소개하는 이유는 본종이 뱀의 진화단계에서 매우 중요한 위치를 점하고 있기 때문이다.

외형

흰색 혹은 아이보리색 체색을 바탕으로 몸 전체에 특유의 갈색 가로줄무늬가 나타난다. 작은 삼각형의 머리를 가지고 있으며, 머리 부분의 색은 노란빛 혹은 옅은 주황색을 띠고 있고, 코끝과 양 눈 위쪽에는 검정색의 무늬가 있다. 배 부분은 크림색 혹은 밝은 노란색에 갈색의 점무늬를 가지고 있다. 머리는 원통형이며, 몸통 역시 작고 부드러운 비늘로 덮여 있어 땅속에 굴을 파고 들어가기에 가장 적합한 형태로 진화됐다. 눈은 상당히 작고, 머리에는 일반적인 파이손류처럼 얼굴 앞부분에 피트를 가지고 있지 않다.

국내 도입현황

원산지인 오스트레일리아에서도 특별히 보호를 받고 있는 종이다. IUCN 적색목록에 절멸위기종으로 분류돼 있으며, 오스트레일리아에서도 보존프로젝트가 실시되고 있다. 본종을 사육하는 사람은 멸종위기종을 보호하고 있다는 책임감을 가질 필요가 있다.

번식 및 사육환경

암컷은 2~3년 안에 성적으로 성숙한다. 교미할 때 수컷은 흔적다리를 이용해 암컷을 자극한다. 난생으로 9~10월경에 5~19개의 알을 낳으며, 60일 내외로 부화된다. 근연관계에 있는 블랙 헤디드 파이손보다 상대적으로 번식이 용이하다고 알려져 있다.

워마 파이손은 독특한 그림자무늬가 특징이다.

눈 위에 검정색 무늬가 있다.

자연상태에서 뾰족한 머리를 삽처럼 이용해 은신처를 파거나 넓히는 행동을 보이므로 은신처를 반드시 설치해주고, 바닥재를 넉넉히 제공해 본능에 따른 행동을 할 수 있도록 해주는 것이 좋다. 그러나 은신처에서 오랜 시간을 보내는 종은 아니다. 건조한 지대에 서식하는 종으로 특별히 습도에 대한 요구사항은 없다.

먹이급여

피트가 있는 다른 뱀들에 비해 먹이를 포착하는 데 능숙하지 않으며, 먹이를 제압하는 행동도 상당히 서툴게 보인다. 독이 없는 보통의 뱀처럼 먹이의 몸을 강하게 감아 조여서 (constrict) 제압하는 것이 아니라, 먹이를 물고 벽에 눌러 죽이는 방식으로 사냥을 한다. 자연상태에서 본종은 굴속에서 주로 사냥을 하는데, 좁은 굴 안에서는 몸으로 먹이를 효과적으로 감아 제압하기 어려운 경우가 많으므로 강한 몸통 근육을 이용해 먹잇감을 굴 벽에 짓눌러 제압한다. 뱀이 진화함에 따라 먹이를 압착하는 방식도 발전하게 되는데, 본종에서 보이는 이러한 먹이사냥법은 현대의 뱀에게서 보이는, 똬리를 틀어 먹이를 제압하는 행동의 기원인 것으로 알려져 있다. 또한 이러한 행동은 뱀이 지상→지하→지상의 진화단계 가운데서 지하생활을 하던 동물이라는 이론의 중요한 증거가 되고 있다.

식탐이 강한 편이며, 먹이공급만 충분히 뒷받침된다면 굉장히 빠르게 성장한다. 평소에는 얌전하고 온화한 성격이지만, 굶주려 있을 때는 공격성이 급격하게 증가하므로 주의하도록 한다. 식탐이 강한 만큼 너무 과도한 먹이급여로 비만이 되지 않도록 잘 관리할 필요가 있는 종이며, 포식 특성상 다른 뱀과의 합사는 지양하는 것이 좋다.

블랙 헤디드 파이손

- **학 명** : *Aspidites melanocephalus*
- **한국명** : 검은머리비단구렁이
- **크 기** : 1.5~2m, 최대 2.5m까지 성장
- **영 명** : Black-headed Python
- **서식지** : 오스트레일리아 북부 지대

이름처럼 머리 부분만 검정색을 띤 독특한 체색을 지닌 종으로 한번 보면 바로 동정이 가능할 정도로 특색 있는 체색을 가지고 있다. 머리부터 머리의 약간 뒤쪽 부분까지는 완전한 검정색이고, 나머지 몸에는 검정색의 가로줄무늬가 꼬리까지 이어져 있다. 야행성 종으로 새벽에 주로 활동하는데, 낮에는 포유류나 도마뱀 등 다른 동물이 파 놓은 굴 속에서 대부분의 시간을 보낸다. 도마뱀과 뱀을 주식으로 삼고, 무독성이나 독 있는 뱀까지 먹이로 삼는다. 국내에서는 보기 어려운 종이다.

블랙 헤디드 파이손의 머리는 진한 검정색이다.

킹스네이크

- 학 명 : *Lampropeltis* spp.
- 한국명 : 킹스네이크
- 서식지 : 아메리카 전역의 사막이나 산림지대, 대초원
- 영 명 : Kingsnake
- 크 기 : 1~2m 내외

학명 'Lampropeltis'는 '밝다(bright)'는 의미의 라틴어 'lamprós'와 '보호막(shield)'을 의미하는 'peltas'가 합쳐진 것이다. 이름이 의미하는 바와 같이 이러한 학명이 붙은 종은 뱀 가운데서도 용골이 없이 반짝거리는 매끄러운 비늘을 가지고 있다. 상당히 다양한 아종이 알려져 있으나 서식지가 가깝고 서로간의 교잡이 많아 학문적 분류에 어려움을 겪고 있으며, 분류군의 재분류가 현재도 계속 진행 중이다. 보통 별도로 이야기되는 밀크 스네이크 역시 크게 보면 킹스네이크에 포함된다.

외형

콘 스네이크와 크기는 비슷하지만 좀 더 통통한 체형이다. 또한 머리가 큰 편으로 콘 스네이크나 랫 스네이크보다는 머리가 좀 납작하고 둥글둥글한 이미지다. 머리가 크기 때문에 목과는 확실하게 구분된다. 체색은 종에 따라 상당한 차이를 보이는데, 흑과 백처럼 무채색의 대비도 있고 알록달록한 컬러들의 조합인 경우도 있다. 또한 동일한 종이더라도 변이에 의해 상당히 다르게 보이는 경우도 흔하다. 스칼렛 킹과 같은 일부 종은 밀크 스네이크처럼 독사인 산호뱀(Coral Snake)의 의태를 한다. 외형적인 특징은 아니지만 킹스네이크는 성장하면서 몸이 조금씩 부드러워지는(물렁해지는) 경향이 있다고 알려져 있다.

스펙클드 킹스네이크(Speckled Kingsnake)

아리조나 마운틴 킹스네이크

국내 도입현황

킹스네이크는 체질이 튼튼하고 활발한 성격을 가지고 있는데다가 성격이 온순하고 먹이반응이 좋으며, 사육에 부담이 될 만큼 크게 자라지도 않는다. 이처럼 애완동물로서 매우 이상적인 조건들을 많이 가지고 있기 때문에 Lampropeltis속에 속하는 뱀들은 콜러브리드 가운데 뱀 사육에 입문하고자 하는 사람들에게 가장 많이 권해지고 또 길러지고 있는 종류들이다. 국내에서도 블랙 킹, 플로리다 킹, 바나나 킹, 캘리포니아 킹, 그레이 밴디드 킹 등 다양한 종류가 도입돼 있으며, 원종을 개량한 변이개체들도 많은 종류들이 분양되고 있어 선택의 폭이 넓고 개체수도 많아 어렵지 않게 입수할 수 있다.

번식

수명은 약 10~15년 정도로 성성숙에는 보통 2~3년 정도가 소요된다. 짝짓기는 보통 3~6월 사이에 이뤄지고, 5~8월 사이에 15개 정도의 알을 낳는다. 산란된 알은 28~31℃ 정도의 온도에 습도 80% 정도를 유지해 인큐베이팅하면 50일~70일 사이에 부화한다. 갓 태어난 새끼는 평균 25cm 정도 된다. 보통의 뱀처럼 알이나 새끼를 돌보지는 않는다. 동종포식의 경향이 강한 종으로 평상시에도 합사는 피하는 것이 좋고, 번식을 위해 짝짓기를 시킬 경우에도 주의를 요한다. 수컷과 암컷 모두 교미시키기 며칠 전에 먹이를 급여해 배가 고프지 않은 상태에서 합사하는 것이 보다 안전하며, 합사 후에도 동종포식을

캘리포니아 킹스네이크

> **Tip 다양한 킹스네이크들**
>
> **Lampropeltis alterna** – Grey-banded Kingsnake
> **Lampropeltis calligaster**
> - *Lampropeltis calligaster* – Prairie Kingsnake
> - *Lampropeltis calligaster occipitolineata* – South Florida Mole Kingsnake
> - *Lampropeltis calligaster rhombomaculata* – Mole Kingsnake
>
> **Lampropeltis getula** – Common Kingsnake
> - *Lampropeltis getula californiae* – California Kingsnake
> - *Lampropeltis getula floridana* – Florida Kingsnake
> - *Lampropeltis getula brooksi* – South Florida Kingsnake
> - *Lampropeltis getula getula* – Eastern Kingsnake,
> - *Lampropeltis getula meansi* – Apalachicola Lowlands Kingsnake
> - *Lampropeltis getula holbrooki* – Speckled Kingsnake
> - *Lampropeltis getula niger* – Black Kingsnake
> - *Lampropeltis getula nigrita* – Mexican Black Kingsnake
> - *Lampropeltis Getula nitida* – Baja Cape Kingsnake
> - *Lampropeltis getula splendida* – Desert Kingsnake
> - *Lampropeltis getula catalinensis* – Isla Santa Catalina Kingsnake
> - *Lampropeltis getula sticticeps* – Outer Banks kingsnakes
> - *Lampropeltis getula goini* – Blotched Kingsnakes
>
> **Lampropeltis mexicana**
> - *Lampropeltis mexicana leonis* – Variable Kingsnake
> - *Lampropeltis mexicana greeri* – Durango Mountain Kingsnake
> - *Lampropeltis mexicana thayeri* – Nuevo Leon Kingsnake
>
> **Lampropeltis pyromelana**
> - *Lampropeltis pyromelana infralabialis* – Utah Mountain Kingsnake
> - *Lampropeltis pyromelana knoblochi* – Sonoran Mountain Kingsnake
> - *Lampropeltis pyromelana pyromelana* – Arizona Mountain Kingsnake
> - *Lampropeltis p. woodini* – Huachuca Mountain Kingsnake
>
> **Lampropeltis ruthveni** – Ruthven's Kingsnake
> **Lampropeltis triangulum elapsoides** – Scarlet Kingsnake
> **Lampropeltis webbi** – Webb's Kingsnake
>
> **Lampropeltis zonata**
> - *Lampropeltis zonata agalma* – San Pedro Kingsnake
> - *Lampropeltis zonata herrerae* – Todos Santos Island Kingsnake
> - *Lampropeltis zonata multicincta* – Sierra Mountain Kingsnake
> - *Lampropeltis zonata multifasciata* – Coast Mountain Kingsnake
> - *Lampropeltis zonata parvirubra* – San Bernardino Mountain Kingsnake
> - *Lampropeltis zonata pulchra* – San Diego Mountain Kingsnake
> - *Lampropeltis zonata zonata* – St. Helena Mountain Kingsnake
>
> *Lampropeltis triangulum*의 25개 아종 – 본서 밀크 스네이크 설명 참고

하지 않는지 관심을 가지고 지켜보도록 해야 한다. 동종포식의 가능성은 암수의 크기차이가 많이 날수록 높아지므로 번식을 시킬 때는 이 점을 고려해 비슷한 크기의 암수를 선별하도록 하자.

사육환경

애완으로 분양되는 개체들은 거의 인공번식된 것인데다가 기본적으로 체질이 강건하고 스트레스에 강해 사육환경에 쉽게 적응하는 편이다. 개체에 따른 차이를 감안하더라도 전반적으로 콘 스네이크와 비교한다면 약간 사나운 경향을 가지고 있다. 평소에 공격적이지는 않지만 흥분하면 꼬리를 바닥에 빠르게 내리쳐서 방울뱀의 경고음과 유사한 소리를 낸다. 그러나 순치 역시 어렵지는 않기 때문에 미리부터 부담을 가질 필요는 없다.

사육에 그다지 어려움은 없으나, 상당히 활동적인 뱀으로서 사육장을 탈출하는 빈도가 높은 종이기 때문에 잠금장치를 확실하게 하지 않으면 탈출해 버리는 경우가 종종 있다. 야행성으로 자연상태에서는 한낮에는 더위를 피해 은신해 있다가 날씨가 선선해지면 활동을 시작한다. 따라서 사육 하에서도 강한 빛을 조사해줄 필요는 없다.

아리조나 마운틴 킹스네이크

사육 하의 적정온도는 주간 28~30℃, 야간 26~28℃이며, 적정습도는 40~60% 선이다. 무엇보다 앞서 언급했다시피 동종을 포식하는 경향이 강한 종이므로 타종 혹은 동종 간의 합사는 절대 피하도록 할 것을 권한다.

먹이급여

일반적인 뱀처럼 주로 설치류, 도마뱀, 새, 알, 양서류 등을 먹이로 한다. 그러나 다른 뱀과 다른 점은 동종포식을 한다는 점이다. 'Kingsnake', 즉 한국어로 '왕뱀'이라 번역되는 이 뱀은 '다른 뱀을 잡아먹는 뱀 중의 왕'이라는 의미를 가지고 있다. 전 종이 독은 가지고 있지 않으며, 주로 먹이를 질식시켜 죽인 후 삼킨다. 독이 없는 다른 뱀뿐만 아니라 서식지를 공유하는 방울뱀의 독에 대해서도 면역력이 있어 원서식지에서는 방울뱀도 먹이로 삼는다(하지만 다른 뱀보다 특별히 먹이로서 방울뱀을 선호한다거나 정기적으로 잡아먹지는 않는다).

일반적으로 평상시에도 먹이반응이 좋고, 굶주리고 있을 경우에는 특히 더 예민하고 공격적으로 변한다. 식탐이 강해 장기간 굶주릴 경우 사나워지는 경향이 있기 때문에 오랜만에 먹이를 급여할 때는 물리지 않도록 주의해야 한다. 사육 하에서 먹이로 인해 주인을 걱정시키거나 번거롭게 하는 경우는 상당히 드물다. 질병이나 특별한 문제가 없는 이상 거식이 거의 없고, 먹이반응이 좋은 종이라 오히려 비만이 되지 않도록 먹이급여량을 조절해줄 필요가 있다.

알비노 캘리포니아 킹스네이크

캘리포니아 킹스네이크

- **학 명** : *Lampropeltis getula californiae*
- **한국명** : 캘리포니아 킹스네이크
- **서식지** : 미국 캘리포니아 남부와 애리조나 지역의 사막이나 산림지대, 초원지대
- **영 명** : California Kingsnake
- **크 기** : 1~1.8m

미국 서부에서부터 멕시코 북부에 이르는 지역에 서식하는 종이다. 킹스네이크들 중에서도 국내외적으로 애완으로 가장 많이 길러지고 있는 종이며, 국내에 애완으로 가장 먼저 도입된 종이다. 파충류 마니아들 사이에서는 보통 캘킹(Cal-king)이라는 이름으로 줄여서 부르는 경우가 많다. 가장 일반적인 패턴은 검정색과 흰색이 교대로 반복되는 '밴드무늬'이지만 검정색의 바탕에 머리에서 꼬리까지 등 한가운데로 흰색의 줄무늬가 나타나는 '스트라이프 패턴'도 잘 알려져 있다(반대로 흰색의 바탕에 검정색도 있다). 알비노 개체는 보통 흰색의 몸에 노란색의 밴드무늬 혹은 줄무늬로 나타난다.

이런 기본적인 체색 외에도 여러 가지 무늬와 체색에 대한 개량이 이뤄져 점무늬가 나타나는 스팟티드 캘리포니아 킹스네이크(Spotted California Kingsnake), 밴드와 줄무늬가 섞인 애버런트 캘리포니아 킹스네이크(Aberrant California Kingsnake) 등 매우 다양한 모프가 지속적으로 선보여지고 있다. 애완으로 다뤄질 경우에는 체색에 따라 '데저트 페이즈(Desert phase)'와 '코스탈 페이즈(Coastal phase)'로 나눠지기도 한다. 색깔이 '검정색과 흰색'으로 이뤄져 있으면 데저트 페이즈, '노란색과 갈색'을 중심으로 이뤄져 있으면 코스탈 페이즈라고 한다.

멕시칸 블랙 킹스네이크

- **학 명**: *Lampropeltis getula nigrita*
- **한국명**: 멕시칸 블랙 킹스네이크
- **크 기**: 1.2m 내외
- **영 명**: Black Mexican King Snake
- **서식지**: 멕시코 남서부, 애리조나 서부지역의 일부

이름처럼 몸 전체가 검정색 단색으로 이뤄져 있는 종이다. 자연광을 약간 경사지게 받으면 반짝이는 비늘과 광택으로 인해 짙은 남색이라는 느낌이 들기도 한다. 검정색 때문에 겉모습만 보고 위협을 느끼는 사람도 있지만 특별히 공격적인 뱀은 아니다. 어릴 때는 목 아래 부분에 일부 흰색 혹은 옅은 노란색의 반점이 남아 있지만, 이 반점은 성장하면서 점차 희미해지거나 완전히 사라지는 것이 보통이다. 간혹 어릴 때도 턱 밑에 흰 반점 없이 몸 전체가 성체처럼 완전히 검은 개체도 있는데, 흰 점이 있는 개체나 없는 개체나 성장하면 별 차이가 없기 때문에 굳이 차이를 둘 필요는 없다.

밀크 스네이크처럼 화려한 체색으로 단번에 눈을 사로잡지는 않지만, 본종이 가지고 있는 기품 있는 검정색은 오랜 기간 봐도 질리지 않는 은근한 매력이 있다. 다른 킹스네이크처럼 활발한 성격에 왕성한 먹이반응, 강건한 체질 등의 조건 외에도 짙은 체색으로 인해 탈피사이클을 포착하기 쉽기 때문에 탈피로 인한 문제가 생기는 경우가 드물다는 것도 초보자들이 본종을 선택하는 데 좋은 조건이 된다. 필자 역시 상당히 좋아하는 종으로 현재도 한 쌍을 오랜 기간 기르고 있는데, 다른 사람에게는 어떨지 모르겠지만 킹스네이크 가운데 단 한 종만을 선택해 기르라고 한다면 주저 없이 본종을 선택할 정도로 매력적인 뱀이다.

그레이 밴디드 킹스네이크

- **학 명** : *Lampropeltis alterna*
- **한국명** : 그레이 밴디드 킹스네이크
- **크 기** : 평균 70~90cm, 최대 1.5m
- **영 명** : Grey-banded Kingsnake
- **서식지** : 텍사스 서부의 사막지대, 뉴멕시코 남부

회색을 바탕으로 하는 독특한 체색, 그에 대비되는 선명한 주황색의 밴드로 인해 킹스네이크를 전문으로 사육하는 사육자들 사이에서도 많은 사랑을 받는 종이다. 아직까지 국내에는 본종만을 전문으로 사육하는 사람들의 모임은 없는 듯하지만, 외국에서는 단일종만으로 두터운 마니아층을 가지고 있기도 하다. 다른 킹스네이크들에 비해 머리가 조금 더 넓은 편이고, 눈 역시 매우 커서 귀여운 인상을 하고 있다. 회색 바탕에 얇은 검정색 테두리를 가진 주황색 줄무늬가 나타나는 것이 가장 일반적이지만, 문양의 변이는 개체에 따라 심한 편이다. 머리 윗부분에는 불규칙한 검정색의 얼룩무늬가 눈 앞뒤쪽으로 약간 나타난다.

자연상태에서는 숲이나 물가보다는 바위가 많은 반건조지대에 주로 서식하면서 도마뱀이나 설치류 등을 잡아먹는다. 직접적으로 탐사를 다니는 해외파충류학자나 파충류동호회원들 사이에서도 원서식지에서 본종을 발견하고 관찰하는 것은 의미 있는 경험으로 축하받을 정도로 발견하기가 쉽지 않다고 알려져 있다. 이처럼 외향적 성격의 다른 킹스네이크에 비해 소심하고 몸을 숨기는 것을 좋아하는 경향이 강하므로 반드시 사육장 내에 은신처를 충분히 설치해주는 것이 좋다. 킹스네이크 가운데 비교적 소형으로 자라는 종으로서 덩치 큰 뱀을 선호하지 않는 사육자들에게 추천할 만하다.

치와와 마운틴 킹스네이크

- **학 명** : *Lampropeltis pyromelana knoblochi*
- **한국명** : 치와와 마운틴 킹스네이크
- **서식지** : 멕시코 북부의 산악지대, 암석지대, 고지대에 서식한다.
- **영 명** : Chihuahuan Mountain Kingsnake
- **크 기** : 1m 내외

몸 전체에 붉은 줄무늬와 검정색 테두리를 가진 흰색의 줄무늬가 교대로 반복돼 있어서 선명한 대비를 이룬다. 몸통의 흰 줄무늬는 옆에서 두 갈래로 갈라진다. 목 부분에 흰 무늬가 있으며, 머리 위쪽으로는 줄무늬의 연장인 검정색과 붉은색이 섞인 무늬가 있다. 머리는 보통의 킹스네이크에 비해 조금 작은 편이다.

보통 뱀 중에서 체색이 화려하기로는 밀크 스네이크 종류를 꼽는 경우가 많은데, 본종의 체색과 무늬는 어느 종의 밀크 스네이크와 견주더라도 결코 뒤지지 않을 만큼 아름답다. 오히려 밀크 스네이크보다 줄무늬의 개수가 많고, 더 촘촘하게 배열돼 있기 때문에 훨씬 더 화려해 보인다. 특히 어릴 때는 성체보다 색상이 더 진하기 때문에 마치 물감으로 그려놓은 듯한 선명한 체색이 인상적이다. 필자가 본종을 처음 눈으로 확인하고 든 느낌이 단순히 '예쁘다'를 넘어서 '너무 지나치게 아름다운 거 아닌가' 하는 걱정 아닌 걱정이었을 정도로, 본종은 무수히 많은 킹스네이크들 가운데서 가장 화려하고 조밀한 체색 배치를 가지고 있는 종이다. 그러나 아쉽게도 킹스네이크 중에서도 희소한 편인 종이라 국내에서 분양되는 개체는 드물며, 실제로 사육하고 있는 사람도 많지는 않은 실정이다.

플로리다 킹스네이크

- 학 명 : *Lampropeltis getula floridana*
- 한국명 : 플로리다 킹스네이크
- 크 기 : 1~1.2m, 최대 1.7m 내외
- 영 명 : Florida Kingsnake
- 서식지 : 플로리다

이름에서 알 수 있듯이 플로리다 지역을 주 서식지로 하는 종이다. 연한 노란색이나 갈색의 체색을 바탕으로 검정색의 그물무늬가 나타난다. 이 무늬는 전체적으로 균일하게 나타나지만, 검정색의 점무늬가 규칙적으로 사라지기 때문에 몸통의 가로줄무늬만 식별할 수 있다. 보통 머리의 색과 몸통의 색은 어느 정도 차이가 나기 마련이지만, 본종은 머리나 몸통이나 그다지 큰 차이가 나지 않는다. 새끼일 때는 분홍색이 강하고, 그물무늬가 성체보다 그다지 확연하지 않아 체색이 성체와는 상당히 다르게 보인다. 남부지역에 서식하는 플로리다 킹스네이크는 브룩스 킹스네이크(Brook's Kingsnake, *Lampropeltis getula brooksi*)로 별도로 다뤄진다.

킹스네이크답게 사육하는 데 어려움이 없고 용이하기 때문에 뱀 사육의 입문용으로 추천할 만한 종이다. 식성이 좋아 급격하게 성장하기 때문에 사육 하에서는 어느 정도 자라면 성장을 조절해줄 필요가 있다. 본종은 튼튼한 체질에 관리가 용이하고, 어느 정도 덩치가 커질수록 매력을 더하는 종이라 동물원, 파충류 전시관 등에서 전시용으로도 인기가 매우 높다.

스칼렛 킹스네이크

- **학 명** : *Lampropeltis triangulum elapsoides*
- **한국명** : 스칼렛 킹스네이크
- **서식지** : 미국 남동부 버지니아, 플로리다에서부터 켄터키 주의 남부, 루이지애나의 동부
- **영 명** : Scarlet Kingsnake
- **크 기** : 평균 50cm 내외, 최대 70cm 이내

체색은 밀크 스네이크와 유사하지만, 크기는 밀크 스네이크보다 훨씬 작게 자란다. 밀크 스네이크를 제외한 많은 킹스네이크들 가운데 확연하게 산호뱀(Eastern Coral Snake, *Micrurus fulvius*)의 의태를 하는 종이며, 체색이 가장 화려한 킹스네이크다.

붉은 체색을 바탕으로 검정색 테두리를 가진 흰색 혹은 노란색의 줄무늬가 반복돼 나타난다. 밴드무늬는 보통 얼굴부터 붉은색으로 시작되며, 그 뒤로 검정색, 흰색(노란색), 검정색, 붉은색, 검정색, 흰색(노란색)의 패턴이 반복된다. 무늬 가운데 붉은색이 차지하는 면적이 가장 넓다. 일부 지역에서는 밀크 스네이크와의 교잡으로 상당히 다양한 색상 패턴이 관찰되기도 한다.

앞서 언급했다시피 일반적인 콜러브리드보다 상당히 작게 성장하기 때문에 먹이는 완전히 성장하더라도 성체급의 마우스를 급여하기에는 무리가 있다. 다 자라지 않은 마우스나 좀 큰 호퍼를 급여하도록 한다. 먹이반응은 특별히 나쁘지 않은 것으로 알려져 있다. 본종 역시 아름다운 체색에 비해 특별히 인기가 있는 종은 아니기 때문에 입수하기가 용이하지는 않다.

프레리 킹스네이크

- **학 명** : *Lampropltis calligaster*
- **한국명** : 프레리 킹스네이크
- **서식지** : 미국 중서부와 남동부(네브래스카, 버지니아, 플로리다, 텍사스)
- **영 명** : Prairie Kingsnake
- **크 기** : 1m 내외

본종 역시 우리나라에 그다지 많이 수입되지 않는 종이라 아직은 쉽게 보기 어려운 뱀 가운데 하나다. 이름처럼 평원(Prairie)지대에서 주로 관찰되며 경작지, 목초지, 목장, 바위산, 임지 등지에서도 서식한다. 본종의 무늬는 랫 스네이크나 콘 스네이크의 일반적인 무늬와 상당히 유사하지만, 크고 둥글둥글한 두상이 킹스네이크의 한 종류임을 나타내준다. 머리에는 얼룩무늬가 있는데 대개 V자 모양으로 나타난다.

체색은 회갈색, 황갈색, 갈색 등으로 다양하며 가장자리가 검은색인 40~78개 정도의 타원형 얼룩무늬가 등을 따라 꼬리까지 이어진다. 등에 나타나는 이 타원형의 얼룩무늬도 개체에 따라 암갈색, 적갈색, 녹갈색 등 다양하게 나타난다. 몸의 측면에는 등에 있는 반점보다 약간 작은 반점들이 꼬리까지 나타난다. 어린 개체는 밝은 갈색 등 성체보다 밝은 색을 나타내지만, 성장하면서 색소가 피부에 침착돼 점차 어두운 색깔로 바뀐다.

번식기의 암컷은 6월에서 7월 사이에 5~17개의 알을 땅속에 낳는다. 알의 크기는 4~5cm 정도이며, 부화기간은 7~11주로 8월과 9월에 부화한다. 갓 부화한 새끼의 몸길이는 20~28cm 정도다. 국내에는 노멀과 알비노 정도가 도입돼 있다.

데저트 킹스네이크

- **학 명**: *Lampropeltis getula splendida*
- **한국명**: 데저트 킹스네이크
- **서식지**: 텍사스, 애리조나, 뉴멕시코지역
- **영 명**: Desert Kingsnake
- **크 기**: 1m 내외

마치 멕시칸 블랙 킹스네이크와 밴디드 캘리포니아 킹스네이크를 섞어 놓은 듯한 체색을 가지고 있다. 검정색 혹은 짙은 고동색을 바탕으로 등 쪽에는 가는 흰색의 가로줄무늬가 나타나는데, 그 줄무늬는 몸통의 옆쪽에서 두 개로 갈라지면서 옆쪽의 무늬와 연결돼 복잡한 무늬를 만들어낸다. 이 무늬는 몸통의 측면에 흰색의 자잘한 점무늬로 산재돼 나타난다.

개체에 따라 검정색의 비율이 높기도 하고, 흰색의 비율이 높기도 하다. 흰색이 많은 개체의 경우에는 스펙클드 킹스네이크(Speckled Kingsnake, *Lampropeltis getula holbrooki*)와 유사하게 보이기도 하는데, 스펙클드 킹스네이크는 검정색 점무늬와 흰색 점무늬가 몸 전체에 좀 더 균일하게 나타나지만, 본종은 등 윗부분의 검정색 무늬가 훨씬 더 선명하게 부각된다는 차이가 있다.

완전한 검정색의 뱀은 체색이 단순해서 싫고, 그렇다고 밝은 색깔의 뱀은 끌리지 않을 때는 본종을 선택하는 것도 고려해볼 만하다. 킹스네이크답게 튼튼하고 활동적이라 사육난이도도 그리 높지 않다.

밀크 스네이크

- **학 명** : *Lampropeltis triangulum* ssp. **영 명** : Milk Snake **한국명** : 우유뱀, 밀크 스네이크
- **크 기** : 50cm~2m 내외, 암컷이 수컷보다 크게 성장한다.
- **서식지** : 아메리카 전역의 숲과 사바나, 암석지대, 평야지대

크게 보면 킹스네이크에 포함되는 종류들로 '우유뱀(Milk Snake)'이라는 이름은 소의 젖을 먹는다는 미신에서 비롯됐다. 학명인 '*triangulum*'은 라틴어로 'triangle', 즉 숫자 3을 의미하는데 몸에 나타나는 빨강, 검정, 노랑의 세 가지 색깔이 조화된 것을 의미한다. 이 선명하고 아름다운 세 가지 색깔의 조합으로 이뤄진 체색을 가지고 있는 밀크 스네이크는 보편적으로 대중화된 애완뱀 가운데 하나다.

보통의 다른 애완뱀과 확연하게 차이가 나는 이 아름다운 체색은 독이 있는 뱀과 비슷한 색으로 의태하기 위한 것이지만 밀크 스네이크는 독이 없는 종이다. 그러나 이러한 세 가지 색의 조합은 검정색-노란색-빨간색의 패턴을 가지고 있는 치명적인 독사인 산호뱀(Coral Snake)과 상당히 유사하기 때문에 두 종을 오인한 사람들에 의해 죽임을 당하게 되는 경우가 많다. 특히 어린 개체들은 성체보다 체색이 더 선명하기 때문에 더욱 더 많이 죽임을 당한다. 원서식지의 사람들 사이에서는 이처럼 산호뱀으로 오인해 발생하는 피해를 방지하기 위해 여러 가지 이야기들이 전해져 내려오고 있다.

독사인 이스턴 코랄 스네이크(Eastern Coral Snake, *Micrurus fulvius*)

붉은 줄무늬가 노란색과 붙어 있는지 검정색과 붙어 있는지를 확인하는 것이 위험한 산호뱀과 독이 없는 밀크 스네이크를 구별하는 가장 기본적인 구분법이라고 할 수 있다. 검정색과 붙어 있다면 안전하지만 노란색과 붙어 있는 것은 산호뱀으로 위험하다. 대부분 야행성으로 밤에 활발하고 낮에는 숨어 지낸다. 수명은 일반적인 콜러브리드처럼 15~20년이다.

레드 밀크 스네이크

외형

밀크 스네이크의 가장 대표적인 특징은 놀랄 만큼 화려한 체색에 있다. 일반적인 애완뱀에게서는 보기 어려운 다채롭고 화려한 체색으로 인해 일찍부터 애완으로 길러지고 있다. 밀크 스네이크의 아름다운 무늬와 색상은 움직일 때 더 빛을 발한다. 이러한 선명한 체색은 일종의 경계색으로 독을 가진 산호뱀을 의태해 자신의 몸을 보호하기 위한 것으로 알려져 있다. 그러나 아쉽게도 어릴 때의 선명한 색상은 성장하면서 조금씩 흐려지는 경향이 있다.

국내 도입현황

지금으로부터 10여 년 전 애완파충류가 처음으로 국내에 소개될 때 도입된 뱀 가운데 하나가 밀크 스네이크 종류인 푸에블란, 시날로안 종이었을 정도로 밀크 스네이크는 가장 오래 전부터 국내에 소개된 애완뱀이다. 아름다운 체색과 왕성한 식욕, 건강한 체질을 갖춰 처음으로 뱀을 사육하고자 하는 사람들에게 추천될 만한 종이다. 지나치게 많이 성장하지도 않고 대부분 온순한 기질을 가지고 있어 사육 하에서도 어렵지 않게 다룰 수 있다. 그러나 현재까지 국내에서는 보아나 비단구렁이의 인기에 밀려 아직 많은 수가 길러지고 있지는 않다.

번식 및 사육환경

1년 반 정도면 성적으로 성숙한다. 보통 봄에 번식하는데, 교미 후 45일을 전후해 자연상태에서는 6월 초에 6~20개의 알을 낳는다. 인큐베이팅 기간은 보통 두 달로 8월에서 9월에 부화한다. 부화된 새끼는 약 20cm 정도 된다. 사육난이도가 낮은 종들이라 적절한 사육설비만 갖춘다면 초보자들도 어렵지 않게 성공적인 사육이 가능하다. 활동적이고 힘이 세기 때문에 사육장에서 탈출하지 않도록 주의해야 한다. 자연상태에서는 일반적인 뱀처럼 도마뱀, 설치류, 물고기, 조류, 알 등을 먹는다. 킹스네이크처럼 독사를 포함해 동종의 뱀까지도 잡아먹는다. 성체의 주된 먹이는 설치류로 구성돼 있다.

이스턴 밀크 스네이크

밀크 스네이크는 주행성의 둥근 눈동자를 가지고 있다.

푸에블란 밀크 스네이크

- 학 명 : *Lampropeltis triangulum campbelli*
- 한국명 : 푸에블란 밀크 스네이크, 퍼블란 밀크 스네이크
- 크 기 : 1.5m 내외
- 영 명 : Pueblan Milk Snake
- 서식지 : 멕시코 중동부

영명의 푸에블라(Puebla)는 멕시코 중동부 내륙에 있는 푸에블라 주를 의미한다. 시날로안 밀크 스네이크와 함께 국내에 초기에 소개된 밀크 스네이크 종이다. 검정색과 흰색, 빨간색 등 세 가지 색깔의 밴드무늬가 몸 전체에 나타난다. 밴드의 넓이는 대체로 거의 차이가 없거나 붉은색이 조금 더 넓은 정도다.

지금은 여러 가지 화려한 색상의 애완뱀이 국내에 많이 소개돼 인기가 좀 시들해졌지만, 필자는 아직도 10여 년 전 어린 밀크 스네이크를 실제로 봤을 때를 생생하게 기억한다. 밋밋한 무채색의 한국뱀만 주로 봐오다가 마치 물감을 칠해 놓은 듯한 화려한 체색의 뱀을 처음 봤을 때의 충격이란 말로 표현할 수 없을 정도였다. 물론 자연 다큐멘터리에서는 본 적이 있었지만, 살아 있는 어린 개체를 실물로 봤을 때는 정말 스스로 움직이는 살아 있는 동물인지 의심스러울 정도로 놀라웠던 기억이 있다.

가장 기본적인 애완 밀크 스네이크지만 오히려 다른 애완뱀에 밀려 한동안은 잘 보기 힘들어졌던 종이기도 하다. 그러나 현재는 국내 애완파충류 샵에서도 기본적으로 보유하고 있는 종이므로 입수하기가 그리 어렵지는 않다.

시날로안 밀크 스네이크

- 학   명 : *Lampropeltis triangulum sinaloae*
- 한국명 : 시날로안 밀크 스네이크, 시날론 밀크 스네이크
- 크   기 : 1.5m 내외
- 영   명 : Sinaloan Milk Snake
- 서식지 : 남미 남서부의 건조한 사막지대

영명의 시날로아(Sinaloa) 역시 푸에블라처럼 지역명이며, 본종이 주로 서식하는 멕시코 남서부 태평양 연안에 위치한 시날로아 주를 의미한다. 붉은색의 체색을 바탕으로 검정 테두리를 가진 크림색이나 흰색의 줄무늬가 몸 전체에 나타나는 아름다운 뱀이다. 붉은색 부분의 면적이 넓기 때문에 전체적인 느낌은 붉다.

몸통의 밴드무늬는 대체로 규칙적으로 아름답게 잘 나타나는 편이지만, 간혹 한두 개가 완전하지 않은 것도 있다. 배 부분은 흰색이나 크림색으로 별다른 무늬가 없다. 목 부분은 흰색의 줄무늬에 그 앞뒤로 검정색의 밴드무늬가 나타나기 때문에 머리는 검정색으로 보인다. 그러나 주둥이 부분은 대부분 밝은 색을 띠는 것이 보통이다. 6~7월에 교미해 5~15개가량의 길쭉한 타원형의 알을 낳으며, 산란한 알은 약 60일이면 부화된다.

국내에서는 시날로안이라는 이름보다는 시날론이라는 이름으로 일찍부터 불려서 인터넷에서 관련 자료를 찾을 때는 시날론 밀크 스네이크로 검색하는 것이 더 많은 자료를 찾을 수 있다.

온두라스 밀크 스네이크

- **학 명** : *Lampropeltis triangulum hondurensis*
- **한국명** : 온두라스 밀크 스네이크, 혼듀란 밀크 스네이크
- **서식지** : 중앙아메리카(온두라스, 니카라과, 코스타리카 북동부 열대우림지역)
- **영 명** : Honduran Milk Snake
- **크 기** : 121~182cm

온두라스(국내에서는 보통 '혼듀란 밀크 스네이크'로 불린다) 밀크 스네이크는 총 25개의 아종이 있다. 아름다운 체색으로 인해 애완으로 가장 많이 인공번식되고 있는 밀크 스네이크종이자, 밀크 가운데서도 대형으로 자라는 종이다. 학명인 '*triangulum*'은 라틴어로 'triangle(3)'을 뜻하는데 몸에 나타나는 빨강, 검정, 노랑 등 세 가지 색깔의 조화를 의미한다. 아름다운 체색은 독이 있는 산호뱀과 비슷한 색으로 의태하는 것으로 독은 없다. 종종 옥수수 밭에서 발견되며, 주로 태평양 해안의 저지대에서 산다. 붉은 체색을 바탕으로 검정색과 노란색의 줄무늬가 몸 전체에 나타난다. 첫 번째 검은 줄이 턱에 있고, 목에 V자를 그리고 있다. 머리는 검고 흰색 반점이 있으며, 엷은 크림색이나 노란색 밴드를 띤다.

아름다운 체색과 왕성한 식욕, 건강한 체질을 갖춰 초보자들에게도 추천할 만한 종이다. 밀크 스네이크 가운데서도 개량이 많이 이뤄지고 있어 국내에서도 다양한 모프를 구할 수 있다. 1년 반 정도면 성적으로 성숙하며 봄에 번식하는데, 교미 후 45일을 전후해 자연상태에서는 6월 초에 6~20개의 알을 낳는다. 인큐베이팅 기간은 보통 두 달로 8월에서 9월에 부화하며, 부화된 새끼는 약 20cm 정도 된다. 일반적인 뱀처럼 자연상태에서는 도마뱀, 설치류, 새, 알 등을 먹으며 킹스네이크처럼 독사를 포함해 동종의 뱀까지도 잡아먹는다.

넬슨 밀크 스네이크

- 학 명 : *Lampropeltis zonata pulchra*
- 한국명 : 넬슨 밀크 스네이크
- 크 기 : 1~1.2m
- 영 명 : Nelson's milk snake
- 서식지 : 동남쪽 캐나다, 북부 남아메리카

시날로안과 함께 밀크 스네이크 종류 가운데서는 국내에 가장 먼저 소개된 종이라고 할 수 있다. 색깔 중에 가장 범위가 넓은 붉은색 밴드무늬는 몸 전체에 걸쳐 약 13~18개 정도 배열돼 있다. 주둥이 부분은 좀 밝은 편이며, 어두운 반점이 있다(드물게 주둥이 부분이 대부분 검정색인 개체도 발견된다). 빨간 밴드가 매우 넓은 반면, 검은 것들은 눈에 띄게 얇다. 본종의 이름은 미국의 자연과학자 에드워드 윌리엄 넬슨(Edward William Nelson)을 기리기 위해 명명됐다.

붉은 체색을 바탕으로 검정색 테두리가 있는 흰색의 줄무늬로 이뤄진 띠를 가지고 있으며, 배 부분은 흰색이나 크림색을 띠고 있다. 체색이 시날로안과 거의 흡사하기 때문에 구분이 용이하지 않다. 본종의 알비노는 흰색을 바탕으로 빨간색과 노란색의 띠를 가지고 있는데, 원종에 비해 상당히 높은 가격대에 분양되고 있다. 다른 종도 그렇지만 본종은 특히 알비노 개체의 색감이 매우 아름답다.

국내에서 밀크 스네이크 자체의 인기가 그리 높지 않아 본종 역시 입수하기 위해서는 발품을 좀 팔아야 할 필요가 있다. 그러나 분양을 받는 것이 그리 어려운 종은 아니어서, 당장 구할 수 없더라도 수입을 의뢰하면 비교적 쉽게 입수할 수 있다.

랫 스네이크 / 콘 스네이크

- 학 명: *Elaphe* spp.
- 한국명: 쥐잡이뱀, 쥐뱀 / 옥수수뱀
- 서식지: 북반구 전역
- 영 명: Rat Snake / Corn Snake
- 크 기: 1~3m

학명의 *Elaphe*(최근 신대륙에 서식하는 *Elaphe*들의 속명은 *Pantherophis*로 변경됐다)는 북반구의 여러 지역에서 발견되는 뱀을 이른다. 크기는 대개 암컷이 더 크며, 대부분 날렵하고 미끈한 체형을 가지고 있다. 체색과 무늬는 종마다 상이하고 동종이라도 개체에 따른 변이가 심한 편이다. 대부분의 종류가 공격적이지 않고 겁이 많다. 대부분 지상성 혹은 반교목성의 생활을 하며, 능숙하게 나무를 탄다. 사육 하에서 23년까지 생존한 사례가 있지만 평균적인 수명은 15년 정도이며, 수컷이 암컷보다 조금 더 오래 산다고 알려져 있다. 18~24개월이면 성적으로 성숙한다.

보아나 비단구렁이보다는 진화한 뱀들로 흔적다리를 관찰할 수 없으며, 귀에서 턱뼈로 연결된 단일 귀뼈로 이뤄진 내이가 있다. 대부분의 *Elaphe*는 늦가을에 동면에 들어가고 다음해 봄에 다시 세상으로 나와 4~6월경에 짝짓기를 한다. 대부분의 경우 알을 돌보지 않고 극히 몇몇 종만 돌본다. 먹이는 주로 설치류, 조류, 알, 도마뱀, 양서류 등을 먹는데 성체가 되면 설치류의 비중이 커진다. 어릴 때는 연체동물이나 곤충을 먹기도 한다.

우리나라의 구렁이도 랫 스네이크에 속한다.

이 분류에 속하는 뱀들은 다른 뱀들보다 인간과 훨씬 친근한 관계를 유지해왔던 종들이다. 우리나라의 구렁이처럼 전 종이 모두 무독성의 뱀으로 대부분 인가 근처를 주 서식지로 하면서 인간에게 피해를 주는 설치류나 새 등을 구제해주는 이로운 역할을 해온 뱀들이기 때문이다.

타이완 뷰티 랫 스네이크

콘 스네이크

- **학 명** : *Elaphe guttata*
- **한국명** : 옥수수뱀
- **크 기** : 1.5~1.8m
- **영 명** : Corn Snake
- **서식지** : 북아메리카 전역

'옥수수뱀' 이라는 이름의 유래에는 두 가지가 있다. 하나는 먹이가 되는 설치류를 잡아 먹기 위해 쥐가 많이 사는 식량저장고(옥수수 창고)에 침입한 것이 많이 발견됐는데, 뱀에 대한 지식이 적을 때는 이 뱀들이 쥐가 아니라 옥수수를 먹으러 온 것으로 생각했기 때문에 붙여졌다는 설과, 본종의 배 부분에 재래종 옥수수 알에서 보이는 체크무늬와 비슷한 점무늬가 나타난다고 해서 붙여졌다는 설이 있다. 학명인 *Elaphe guttata*에서 '*Elaphe*'는 사슴 피부를 뜻하는데, 이 뱀의 피부가 잘 무두질된 사슴 피부와 같은 느낌이 나서 붙여진 것이고, '*guttata*'는 이 종들이 가지고 있는 얼룩이나 반점을 뜻한다.

콘 스네이크는 애완뱀으로서는 가장 대중적인 종이며, 가장 높은 인기를 누리고 있는 종이기도 하다. 성격이 온순해 다루기 쉽고, 튼튼한 체질로 사육이 용이하다. 또 먹이반응이 좋고 번식이 쉬우며, 지나치게 크게 자라지도 않아 이상적인 애완뱀으로 여겨지고 있다. 무엇보다 엄청나게 많은 개량종들이 작출돼 있기 때문에 선택의 폭이 넓다. 어릴 때는 킹스네이크보다 체질이 약하다고 평가되지만, 준성체 시기까지만 잘 넘기면 사육하는 데 큰 어려움은 없다.

외형

머리는 삼각형으로 목 부분보다 약간 굵어 몸통과는 구분된다. 등을 따라 검은 테두리가 있는 붉은 반점이 있고, 전체적으로 오렌지색이나 갈색 및 노란색을 띤다. 배 쪽에 검은색과 흰색 자국의 행이 번갈아 있으며, 이는 바둑판무늬를 닮았다. 나이와 지역, 개체에 따라 체색에 편차가 있으며, 새끼들은 성체보다 체색이 어두운 편이다. 개량종의 체색은 몇 마디로 정의 내리기 어려운데, 아무 무늬가 없는 완전한 순백색부터 검정색까지 매우 다양한 색깔로 개량돼 있다.

국내 도입현황

하나의 종에서 개량된 것이지만 굉장히 많은 개량종들이 국내에 도입돼 있다. 양서파충류 샵에서는 기본적으로 구비하고 있는 종이라 어렵지 않게 입수가 가능하다. 그러나 워낙 종류가 다양하기 때문에 특수한 개량종을 원한다면 별도로 수입을 의뢰하는 것이 좋다. 번식이 그리 어렵지 않은 종으로 국내에서도 이미 번식이 이뤄지고 있고, 서로 다른 개량종을 교배시켜 새로운 종을 작출하는 시도도 이뤄지고 있다. 킹스네이크와의 교잡(정글 콘 스네이크)도 이뤄지고 있다.

번식 및 사육환경

생후 2년 정도면 성적으로 성숙해 번식이 가능하다. 보통 3~5월경에 짝짓기를 해서 2달 정도 후인 5~9월경에 10~30개의 알을 산란한다. 인큐베이팅 기간은 평균적으로 60일 정도이며, 수명은 10~15년 정도로 알려져 있다. 가로로 긴 형태의 사육장에 저면열원을 기본으로 사육하는데, 일광욕을 즐기기 때문에 사육장 상부에 열등을 보조열원으로 사용하는 것도 좋다. 사육장을 입체적으로 조성해주면 다채로운 모습을 볼 수 있다.

> **Tip 다양한 랫 스네이크와 콘 스네이크**
>
> **Old World - 유럽, 아시아, 아프리카**
> - 'Bella' Rat Snake(*Elaphe bella*)
> - Twin Spotted Rat Snake(*Elaphe bimaculata*)
> - Cantor's Rat Snake(*Elaphe cantoris*)
> - King Rat Snake(*Elaphe carinata*)
> - Japanese Rat Snake(*Elaphe climacophora*)
> - Japanese Forest Rat Snake(*Elaphe conspicillata*)
> - David's Rat Snake(*Elaphe davidi*)
> - Dione Rat Snake(*Elaphe dione*)
> - Philippine Rat Snake(*Elaphe erythrura*)
> - Yellow-striped Rat Snake(*Elaphe flavolineata*)
> - Rein Snake(*Elaphe frenata*)
> - Trinket Snake(*Elaphe helena*)
> - Hodgson's Rat Snake(*Elaphe hodgsoni*)
> - Transcaucasian Rat Snake(*Elaphe hohenackeri*)
> - Celebes Black-tailed Rat Snake(*Elaphe janseni*)
> - Italian Aesculapian Snake(*Elaphe lineata = Zamenis lineatus*)
> - Aesculapian Snake(*Elaphe longissima*)
> - Mandarin Rat Snake(*Elaphe mandarina*)
> - Moellendorff's Rat Snake(*Elaphe moellendorffi*)
> - Red-tailed Green Rat Snake(*Elaphe [Gonyosoma] oxycephala*)
> - Pearl-banded Rat Snake(*Elaphe perlacea*)
> - Persian Rat Snake(*Elaphe persica*)
> - Red Mountain Rat Snake(*Elaphe porphyracea*)
> - Green Bush Rat Snake(*Elaphe prasina*)
> - Japanese Four-lined Rat Snake(*Elaphe quadrivirgata*)
> - Four-lined Snake(*Elaphe quatuorlineata*)
> - Copperhead Rat Snake(*Elaphe radiata*)
> - Red-backed Rat Snake(*Elaphe rufodorsata*)
> - Ladder Snake(*Elaphe scalaris*)
> - Amur Rat Snake(*Elaphe schrenckii*)
> - Leopard Snake(*Elaphe situla*)
> - Indonesian Rat Snake(*Elaphe subradiata*)
> - Beauty Snake(*Elaphe taeniura*)
>
> **New World - 아메리카, 오스트레일리아**
> - Baird's Rat Snake(*Elaphe bairdi*)
> - Mexican Night Snake(*Elaphe flavirufa*)
> - Eastern Fox Snake(*Elaphe gloydi*)
> - Corn Snake(*Elaphe guttata*)
> - Black Rat Snake(*Elaphe obsoleta*)
> - Santa Rosalia Rat Snake(*Elaphe rosaliae = Bogertophis rosaliae*)
> - Trans-pecos Rat Snake(*Elaphe subocularis = Bogertophis subocularis*)
> - Green Rat Snake(*Elaphe triaspis = Senticolis triaspis*)
> - Western Fox Snake(*Elaphe vulpina*)

주간에는 숨어 있는 것을 즐기기 때문에 적당한 크기의 은신처를 설치해줘야 하며, 간혹 물에 들어가 있는 경우도 있으므로 충분한 크기의 물그릇을 설치해 주도록 한다.

먹이급여

소형 포유류부터 어류, 조류, 양서류, 도마뱀류까지 가리는 것 없이 다 먹는다. 그러나 이름에 나타나듯 주된 먹이는 설치류다. 이런 이유로 사육 하에서의 먹이붙임이 용이해 일찍부터 애완으로 길러졌다. 나무를 잘 타서 둥지 안의 새도 사냥하지만, 대부분의 시간은 쥐굴을 배회하며 보낸다. 낮 동안은 주로 바위 아래나 나무 아래 숨어 있다가 해질 무렵에 활동을 시작한다.

콘 스네이크는 많은 개량이 이뤄지고 있다.

루시스틱 텍사스 랫 스네이크

- 학 명 : *Elaphe obsoleta lindheimeri*(Leucistic)
- 한국명 : 루시스틱 텍사스 랫 스네이크
- 서식지 : 북아메리카(텍사스, 루이지애나, 오클라호마)
- 영 명 : Leucistic Texas Rat Snake
- 크 기 : 1.8m

갓 부화됐을 때는 분홍빛을 띠지만, 몇 번의 탈피를 거치면 곧 원래 체색인 순수한 흰색이 나타난다. 원종에는 전형적인 랫 스네이크의 줄무늬가 나타나지만, 애완으로는 원종보다 이 루시스틱 패턴이 더 잘 알려져 있다. 보통의 뱀이 성장하면 무늬가 흐려지고 체색이 탁해지는데 비해 본종은 성장할수록 흰색이 더 진해져 마치 흰색 페인트를 칠해 놓은 것처럼 순수한 흰색으로 변화한다.

외형

아무런 무늬가 없이 몸 전체가 순백색이다. 어릴 때는 몸통에 비해 머리가 상대적으로 크고 커다란 눈 때문에 못생겨 보이는 이미지를 갖고 있지만, 성장하면서 부드러운 다이아몬드형의 전형적인 랫 스네이크의 머리로 변화된다. 필자 역시 처음에 어린 개체들만 봤을 때는 흰색의 체색을 제외하고는 그다지 큰 매력을 느끼지 못했으나, 성체를 보고 난 후에는 제대로 한번 길러보고 싶다는 생각이 들었을 정도로 어릴 때와 성체의 느낌이 상당히 달랐던 기억이 있다. 성장하면서 성격도 점차 순해지기 때문에 오래 기르면 기를수록 그 매력이 더하는 종이라고 할 수 있다.

국내 도입현황

국내에도 많은 개체수가 도입돼 있고, 상당히 많은 수가 길러지고 있다. 대부분의 양서파충류 샵에서도 보유하고 있고, 수입도 꾸준해 입수하기는 그다지 어렵지 않다. 눈 색깔에 따라 'Blue eye'와 'Pink eye'로 나뉘어 분양되고 있다.

번식 및 사육환경

암컷은 12~20개 정도의 알을 낳고, 산란된 알은 65~70일 정도면 부화된다. 사육환경은 일반적인 랫 스네이크의 사육환경에 준해 꾸며주면 된다. 보통 가로로 넓은 사육장을 사용하지만, 활동적이며 나무를 타고 오르는 상하운동도 활발하기 때문에 사육장 위쪽도 신경 써서 꾸며주면 더 다채로운 활동모습을 관찰할 수 있다. 소심하고 겁이 많은 종으로서 은신처는 설치해주는 것이 좋지만 오랜 시간 은신처에 머무르지는 않는다.

사육장을 두드리거나 자극하면 상체를 세워 S자로 몸을 구부리며 입을 벌리고 위협한다. 물려고 하는 과정에서 유리면에 부딪혀 상처를 입는 경우가 많으므로 가급적 자극하지 않도록 한다. 빠르고 신경질적이라 국내의 파충류 사육자들 중에서도 본종에게 물렸다는 사람들이 꽤 많다. 탈출을 잘 하는 종이므로 잠금장치를 수시로 확인해야 한다.

먹이급여

설치류, 조류, 도마뱀이나 양서류 등 가리지 않고 먹는다. 그러나 설치류 등 소형 포유류의 먹이 비중이 높다. 인가 근처에 서식하는 종으로 인간에게 피해를 주는 쥐를 구제하는 효과가 크다.

만다린 랫 스네이크

- **학 명** : *Euprepiophis mandarinus*
- **한국명** : 만다린 랫 스네이크
- **영 명** : Mandarin Rat Snake
- **크 기** : 평균 1m, 최대 1.6m 내외
- **서식지** : 인도, 타이완, 베트남 북부, 중국 남부 및 중부의 고지대 숲, 바위지역

무수히 많은 랫 스네이크들 가운데서도 가장 화려하고 아름다운 체색과 무늬를 자랑하는 종이다. 다른 뱀들에 비해 무늬가 매우 독특하기 때문에 한번 본 것만으로도 다른 뱀들과 혼동하는 일은 거의 없다. 비슷한 무늬를 가진 종조차도 없기 때문이다. 아름다운 무늬 때문에 많은 사랑을 받고 있는 종으로 외국에서도 애호가들이 많고, 국내에서도 본 종 단일종만으로 동호회가 운영되고 있다. 재퍼니즈 포레스트 랫 스네이크(Japanese Forest Rat Snake, *Elaphe conspicillata*)와 근연종으로 알려져 있다.

외형

전체적으로 연한 회색을 띠는 각각의 비늘에 자주색 점무늬가 있다. 이러한 기본 체색을 바탕으로 18~40개 정도 되는 독특한 형태의 무늬가 목 부분부터 시작해서 몸 전체에 나타난다. 검정색 바탕 안에 선명한 노란색이 채워진 형태의 줄무늬는 척추 부분에서 볼록해지는 타원형을 띤다. 머리에도 동일한 무늬가 보이는데, 주둥이 부분에는 검정색이, 그 뒤쪽에는 1자형의 노란색 줄무늬가 나타나며, 눈 뒤쪽과 목 부분에 노란색의 뒤집힌 V형이 있고, 그 외의 부분에는 검정색이 나타난다.

국내 도입현황

무척 매력적인 종이지만 사육 하에서의 생존기간이 2달에 불과하다는 이야기가 있을 정도로 사육자들 사이에서는 최고의 사육난이도를 자랑하는 뱀으로 알려져 있다. 중국 전역에 분포하고 있으나 애완을 목적으로 많이 채집되기 때문에 자연상태에서의 개체수가 줄어들고 있다. 인공번식도 이뤄지고 있는데, 인공적으로 번식된 개체들은 미국이나 유럽, 일본에 애완용으로 수출된다. 혹시 본종을 입수했다면 입수의 어려움을 고려해 폐사시키지 않도록 잘 관리할 필요가 있다.

번식

6~7월경에 5~16개 정도의 타원형 알을 낳으며, 태어난 새끼는 20cm 정도 된다. 임신한 야생 채집개체가 사육 중에 알을 낳는 경우는 있으나, 쿨링부터 부화까지 인공적으로 진행해 번식시키는 것은 인공번식개체가 아닌 이상 상당히 어렵다.

사육환경

자연상태에서는 1000~3000am 정도 되는 고지대에서 주로 발견되며, 그런 만큼 다른 뱀들보다 낮은 온도를 선호한다.

18~40개 정도 되는 독특한 형태의 무늬가 목 부분을 시작으로 몸 전체에 나타나는 것이 특징이다.

본종은 랫 스네이크 가운데 가장 희귀한 종이다.

원서식지에서는 고산지역의 식당이나 게스트 하우스 부근에서 발견되기도 한다. 평소에는 소심하고 겁이 많아 어둡고 조용한 곳에 숨어 있는 것을 즐기는 비밀스러운 뱀이다. 따라서 사육환경 역시 조용하고 안정돼야 성공적인 사육이 가능하다. 예민하고 신경질적인 뱀이므로 자극하면 강한 거부반응과 공격성을 보이는 경우가 많다.
사육장 내 건조한 지역에 설치되는 은신처와는 별도로, 물이끼를 채운 상자와 같이 습도가 높고 숨기 적당한 공간을 다른 쪽에 제공해주는 것이 좋다. 야생채집개체라면 구충을 한 후 사육을 시작하는 것이 조금이라도 폐사율을 줄일 수 있는 방법이다.

먹이급여

먹이로는 소형 포유류 및 도마뱀을 먹는다. 국내에 도입되는 야생채집개체들은 먹이반응이 거의 최악으로 사육 하에서 적응하지 못하고 먹이를 거부하는 경우가 많다고 알려져 있다. 만약 먹이반응이 있는 개체를 입수했다면 아주 운이 좋은 것이다. 먹이반응을 유도하기 위해 개체가 선호하는 먹이를 끊임없이 시도해볼 필요가 있으며, 최악의 경우 포스 피딩도 고려하는 것이 좋다. 야행성 종으로 밤에 주로 사냥을 하기 때문에 야간에 작은 먹이를 급여해보는 것도 좋은 방법이다. 인공번식된 개체들의 먹이반응은 야생채집개체에 비해 월등히 좋다.

만다린 랫 스네이크는 예민하고 신경질적인 뱀으로 자극하면 강한 거부반응과 공격성을 보이는 경우가 많다.

옐로우 랫 스네이크

- **학 명** : *Elaphe obsoleta quadrivittata*
- **한국명** : 노랑쥐잡이뱀
- **크 기** : 1~1.8m, 최대 2m 이상까지도 성장한다.
- **영 명** : Yellow Rat Snake
- **서식지** : 플로리다 반도의 숲, 늪지, 인가, 농경지 일대

분양가도 그다지 높지 않고 사육도 특별히 어렵지 않지만, 국내에서는 보기가 쉽지 않은 종이다. 개인적인 생각으로는 너무 '수수한' 탓에 대중적인 인기를 얻지 못하는 것이 아닐까 싶다. 확연하게 드러나는 본종만의 특별한 매력이라고 할 만한 것이 없기 때문에 랫 스네이크의 입문용 뱀 정도로 인식돼 있다. 랫 스네이크들은 보통 온순한 편인데 비해 본종은 유달리 신경질적이고 예민한 경향이 있으며, 성장하면서도 순치되는 경우가 드물기 때문에 다룰 때는 물리지 않도록 주의를 기울이는 것이 안전하다.

외형

몸을 따라 밝은 노란색의 검은 줄무늬가 4개 나타나고, 배는 옅은 노란색이나 크림색이다. 혀는 검고, 눈동자는 노란빛을 띤다. 무늬는 큰 차이가 없으나 체색이나 줄무늬의 명암은 서식하는 지역에 따라 상당한 차이를 보인다. 어릴 때의 모습이 성체와 차이가 있어 종종 다른 종처럼 보이기도 한다. 새끼는 회색 바탕에 짙은 반점이 있지만, 성장하면서 반점의 색은 바래지고 검은 줄무늬가 생긴다.

국내 도입현황

도입은 돼 있으나 개체수가 많지는 않고 기르는 사람도 거의 없다. 이런 이유로 파충류 수입처에서도 수입을 꺼려 점점 국내에서 보기 힘들어지고 있다. 간혹 몇몇 양서파충류 샵에서 짧은 시기동안 분양하는 경우가 있어 시기를 잘 맞추면 입수가 가능하고, 입양 후 사육하다가 재분양하는 사례가 많기 때문에 파충류동호회의 분양코너를 이용하면 구할 수 있다.

번식 및 사육환경

4~7월 사이에 5~27개의 알을 낳고, 7~9월 사이에 부화한다. 인큐베이팅 기간은 65~70일 정도다. 자연상태에서는 나무 위에서 많은 시간을 보내기도 하므로 충분히 움직일 수 있도록 사육장 상부까지 나뭇가지 등으로 세팅해주는 것이 좋다. 약간 공격적인 편으로 핸들링할 때 주의가 필요하고, 가급적이면 도구를 사용해 다루는 것이 안전하다. 처음 손을 댈 때는 거부하지만, 한동안 들고 있으면 온순해지는 개체도 있으므로 잦은 핸들링으로 순치도 가능하다.

먹이급여

주로 도마뱀, 쥐, 새, 새알 따위를 먹으며, 농경지 주위에서 어린 닭을 잡아먹기도 한다. 나무도 아주 잘 타는 뱀으로 나무 위의 새 둥지를 털기도 한다. 사육 하에서의 먹이반응도 활발하며 가리는 것 없이 잘 먹는다.

새끼 때의 반점은 성장하면서 없어지고 검은 줄무늬가 생긴다.

뷰티 랫 스네이크

- **학 명** : *Elaphe taeniura* spp.
- **영 명** : Beauty Rat Snake, Striped-tailed Rat Snake, Asian Beauty Snake
- **한국명** : 줄꼬리뱀　　• **크 기** : 1.3~2.5m, 아종에 따라 최대성장크기에는 차이가 있다.
- **서식지** : 동아시아, 동남아시아

'줄꼬리뱀'으로 알려져 있는 본종은 외국에서는 랫 스네이크의 입문용으로 많이 길러지고 있다. 많은 외국산 뱀의 한국명이 아직도 정립돼 있지 않은데, 본종에게는 일찍부터 '줄꼬리뱀'이라는 한국명이 붙여져 있다. 그 이유는 본종의 아종 중 하나인 차이니스 뷰티 랫 스네이크(Chinese Beauty Rat Snake)가 북한에 서식하고 있기 때문이다. 지역적으로 널리 퍼져 있고 많은 아종이 있으며, 여러 랫 스네이크들 중에서도 상당히 크게 성장하는 종으로 덩치가 커질수록 체색과 무늬가 아름다워진다.

외형

체색이나 패턴은 각각의 아종에 따라 차이를 보이지만, 전체적으로 유사한 이미지를 가지고 있어 공통된 특징을 숙지해두면 종을 동정하기는 어렵지 않다. 가장 큰 특징은 눈 앞부분에서 뒤쪽으로 목 부분까지 이어지는 검정색의 줄무늬다. 명암의 차이는 있지만 모든 아종에 있어서 공통적으로 나타나는 무늬이고, 다른 랫 스네이크에서는 찾아보기 어려운 무늬라 가장 눈에 띈다. 전체적인 체색은 황색 혹은 황갈색을 기본으로 검정색 혹은 진갈색의 무늬가 나타난다. 어린 개체의 경우에는 성체보다 색깔이 옅어 전체적으로 연갈색을 띠지만 성장하면서 점점 진해진다. 몸통 윗부분으로는 노란색이 많이 나타나는데 중간 중간 가는 검정색의 가로줄무늬가 관찰되며, 몸통의 양 옆으로 진한색의 얼룩무늬들이 나타난다. 이 무늬들은 산발적으로 나타나기도 하고, 전체적으로 유사하게 모여 일정한 패턴을 나타내기도 한다. 대개 일정한 패턴을 보이는 개체가 많은데, 몸통 옆쪽으로 두 줄의 검정색 얼룩무늬가 일정한 간격으로 배열된 듯한 형태를 보인다.

국내 도입현황

크기가 크고 아름다워 전시용으로는 드물지 않게 수입됐지만 애완으로는 그다지 많이 길러지고 있지 않다. 대형으로 성장하고, 예민하며 신경질적인 성향을 자주 보이기 때문에 초보자에게 추천되는 종은 아니다.

번식 및 사육환경

난생종이며 산란한 알을 품어서 보호하는 습성이 있다. 산란 후 55~80일 정도면 부화한다. 해츨링의 크기는 30~45cm이지만, 14개월 만에 1.3m까지 성장한다. 1년 반 만에 성적으로 성숙하며, 인공번식도 그다지 어렵지 않다. 일반적인 지상성 뱀의 사육환경에 준해 관리를 해주면 되는데, 활동성이 많은 뱀이므로 사육장을 입체적으로 조성해주면 좋다. 상당히 빠른 종이기 때문에 사육장 문을 열 때 주의해야 한다.

먹이급여

먹이반응이 활발한 종으로 어느 것이나 잘 먹는다. 그러나 어린 개체나 예민한 개체는 사육장 앞에 움직이는 물체가 있으면 먹이를 거부하는 경향이 강하다. 은신처 안에서 먹도록 하거나, 먹이급여 후 일정시간 자리를 비우는 것으로 먹이반응을 유도할 수 있다.

파인 / 불 / 고퍼 스네이크

- **학 명** : Pituophis spp. Pine Snake(Pituophis Melanoleucus), Bull Snake(Pituophis Catenifer Sayi), Gopher Snake(Pituophis Catenifer)
- **영 명** : Pine Snake / Bull Snake / Gopher Snake
- **한국명** : 파인 스네이크/ 불 스네이크(황소뱀)/ 고퍼 스네이크
- **크 기** : 평균 2m 내외, 최대 2.5m 정도까지 성장. 암컷이 수컷보다 크다. •**서식지** : 북아메리카 전역

'Pituophis' 속에 속하는 이 뱀들은 북아메리카 지역에서 발견되는 상당히 큰 콜러브리드류다. 불/파인/고퍼 스네이크는 각각 다른 종이지만(불 스네이크는 고퍼 스네이크의 아종이다), 이 속들의 뱀은 북미에서 가장 광범위한 지역에 걸쳐 서식하고 있는 종들로서 서식지가 서로 겹치는 경우도 있고, 체색이나 형태 및 습성에도 그다지 많은 차이가 없기 때문에 사육서에서는 보통 이 뱀들을 하나로 묶어서 다루는 경우가 많다. 서식환경이나 개체에 따른 체색과 무늬의 변이가 다양하기 때문에 기본정보가 없는 상태에서 각각의 개체를 정확하게 구별하기는 상당히 어렵다.

강건한 체질과 높은 환경적응력으로 인해 넓은 지역의 다양한 환경에서 비교적 흔하게 발견된다. 개체수가 많고, 주행성 종으로 주간에 활발히 이동하기 때문에 사람들 눈에 쉽게 띄며, 기온이 높은 시기에는 야간에도 어렵지 않게 관찰된다. 지역적으로 '고퍼 스네이크'는 태평양에서 대서양까지, 위쪽으로는 남서부 캐나다부터 아래쪽으로는 멕시코 인근의 지역에까지 분포한다. '파인 스네이크'는 미국의 남동부 지역에, '불 스네이크'는 미국의 중부지역에 널리 분포한다. 서식지역도 사막, 초원, 숲부터 인가 근처에 이르기까지 상당히 다양하며, 평지에서부터 최대 2700m에 이르는 고지대까지 널리 분포하고 있다.

고퍼 스네이크

외형

전 종이 모두 근육질의 적당히 날렵한 몸통과 짧은 꼬리, 목 부분이 약간 넓은 작은 머리를 가지고 있다.

고퍼 스네이크는 거친 비늘과 삼각형의 머리로 거친 이미지를 풍긴다.

불 스네이크

머리는 앞부분이 좁아지는 약간 뾰족한 형태로 인해 전체적으로 삼각형으로 보인다. 기본적인 체색은 서식지를 공유하고 있는 방울뱀과 유사하다. 몸의 윗면에 머리부터 꼬리까지 진한 갈색 혹은 검정색의 굵은 밴드무늬가 배열돼 있고, 몸의 측면에는 그보다 작은 반점이 배열돼 있다. 배 부분의 체색은 전체적으로 노르스름한데, 간혹 갈색의 점무늬가 나타나기도 한다. 비늘에는 용골(keel)이 발달돼 있어 외형적으로도 상당히 거친 느낌이다. 보통 사람들에게 독사의 특징으로 간주되는 '거친 비늘'과 '삼각형의 머리 형태'로 인해 독이 있고 사나울 것 같다는 이미지를 줄 수도 있지만, 그리 공격적인 종은 아니며 독도 가지고 있지 않다. 그러나 위협을 받으면 마치 방울뱀처럼 의태를 하는데, 머리 부분을 납작하게 해서 들어 올리고 히싱을 하면서 꼬리를 빠르게 바닥에 내리쳐 적에게 경고를 보낸다. 특히 꼬리를 빠르게 흔드는 이런 행동은 뱀이 마른 낙엽이나 자갈 위에 있을 때 적들에게 더욱 효과적인 경고가 된다.

다른 뱀들처럼 인간에게 피해를 주는 설치류를 구제하는 이로운 동물이고 독도 없지만, 방울뱀과 유사한 체색과 행동 때문에 현지에서는 방울뱀으로 오인돼 죽임을 당하는 경우가 많다고 알려져 있다. 그러나 꼬리에 방울이 없고, 방울뱀과는 차이가 나는 뾰족한 머리 형태로 어렵지 않게 구분이 가능하다.

국내 도입현황

인공번식개체의 경우 어릴 때는 상당히 예민하고 공격적이지만, 성장하면서 점차 온순해지는 경향이 있다. 어릴 때의 이러한 공격적인 성향과 성체 때의 큰 덩치 때문에 어린이나 초보사육자들에게는 추천되지 않는다. 그러나 모든 개체가 그러한 것은 아니고, 순치가 되지 않는 것도 아니기 때문에 사육에 도전해보는 것도 나쁘지 않다. 튼튼하고 먹이반응이 안정적이라는 것도 애완으로서의 장점이라고 할 수 있다. 분양되는 노멀 개체의 경우에는 체색이 극히 평범하지만, 그에 비해 알비노 개체들의 체색은 상당히 화려하기 때문에 국내에서는 알비노 개체가 더 인기가 있는 편이다.

외형적인 매력은 무엇보다 콜러브리드류 중에서는 상당히 큰 덩치를 자랑한다는 것과 삼각형의 카리스마 있는 머리 모양이라고 할 수 있다. 일반적인 콜러브리드나 보아 혹은 파이손과도 차별화된 특성을 가지고 있기 때문에 이 뱀들은 고퍼 스네이크 자체의 매력을 느끼는 사육자들에게 선택되고 길러지는 경향이 있다. 국내에는 소노란 고퍼, 샌디에이고 고퍼, 바하 고퍼, 불 스네이크, 블랙 파인 스네이크 등이 도입돼 있으나 수입되는 개체수가 적어 입수하기는 그다지 용이하지 않고, 현재로서는 사육하고 있는 사람도 드물다.

번식

수컷들은 번식기 때 암컷을 차지하기 위해 싸운다. 그러나 이렇게 싸울 때도 서로를 무는 경우는 드물며, 코브라처럼 몸통으로 상대를 눌러 높은 위치를 차지하는 방식으로 승부를 결정한다. 이런 행동은 성적으로 건강함을 과시하는 것으로 승리한 개체가 교미의 기회를 얻는다. 수컷들끼리의 다툼이 적은 대신 교미할 때 수컷은 암컷의 목 뒤를 무는 행동을 보인다. 자연상태에서는 3월경에 교미해 6월경에 7cm 정도 크기의 알을 5~22개까지 낳는다. 산란된 알은 64~79일이 지나 8~9월에 부화하며, 부화된 새끼의 크기는 20~46cm 정도 된다. 갓 부화된 새끼는 회색을 띠는 것이 보통이지만, 첫 탈피 이후부터 조금씩 본래의 체색이 나타난다. 자연상태에서 동면을 하는 종이라 사육 하에서의 번식을 위해서는 쿨링(cooling)도 고려해볼 만하다.

먹이

파인 스네이크나 불 스네이크 혹은 다른 아종들을 '고퍼 스네이크'라고 통칭해 부르는 경우가 많은데, 이 '고퍼 스네이크'라는 이름은 주된 먹이가 되는 프레리독(Prairie

Dog)이나 북미에 서식하는 땅다람쥐(Ground Squirrel)의 일종을 의미하는 '고퍼 (Gopher)'에서 유래됐다. 고퍼 스네이크는 뾰족한 머리 형태를 가지고 있고, 좁은 굴속에서도 숙련된 사냥기술을 이용해 땅굴을 파고 사는 고퍼와 같은 설치류를 주로 먹이로 삼기 때문에 이러한 이름이 붙여졌다.

보통 육상에서 사냥을 하는데 다른 뱀처럼 토끼와 같은 소형 포유류를 사냥하기도 하고, 뛰어난 등반능력으로 나무 위 새둥지를 털기도 하며, 드물게 연못에서 개구리를 잡아먹는 모습도 관찰된다. 그러나 자연상태에서 이 종들의 먹이 가운데 약 70% 이상이 이들의 이름이 의미하는 것처럼 땅다람쥐와 같은 소형 포유류다. 사육 하에서도 먹이반응이 강한 종들이기 때문에 먹이를 거부하거나, 특정한 먹이를 고집하는 등의 문제를 일으키는 경우는 드물다.

사육환경

국내에서는 애완동물 샵에서 어린 개체를 구할 수 있고, 간혹 성체를 개인분양하는 경우도 있다. 어린 개체는 성장이 빠르기 때문에, 큰 개체는 덩치가 크기 때문에 일반적인 콜러브리드종의 경우보다 좀 더 크고 넓은 사육장이 필요하다. 그러나 일반적으로 활동성은 다른 콜러브리드종에 비해 조금 떨어지는 편이다. 가로로 넓은 사육장을 사용하되, 놀라울 정도로 등반을 잘 하고 즐기기 때문에 세로로도 어느 정도 높이가 있는 사육장을 선택하는 것이 좋다. 사육장을 입체적으로 꾸며주면 다양한 활동모습을 관찰할 수 있다.

똬리, 히싱(hissing), 머리를 납작하게 보이게 하기, 꼬리 떨기와 같은 경고반응이 즉각적이고 격렬하기 때문에 애완의 측면에서 본 종에 대한 평가가 좋지 못한 부분이 없지 않은 것도 사실이다. 그러나 이러한 행동은 단순한 경고반응일 뿐, 그것이 곧 공격적인 성격을 의미하는 것은 아니므로 이를 이유로 사육을 꺼릴 필요는 없다.

고퍼 스네이크

주행성으로 둥근 눈동자를 가지고 있다.

인디고 스네이크

- **학 명**: *Drymarchon* spp.
- **한국명**: 인디고 스네이크
- **크 기**: 1.5~2.6m(5kg), 최대 3m 이상까지도 성장한다고 알려져 있다. 암컷이 수컷보다 작다.
- **영 명**: Indigo Snake, Blue Bull Snake, Blue Gopher Snake
- **서식지**: 중앙아메리카에서 남부~동남부아메리카

본종의 명칭인 '인디고(Indigo)'는 본래 서양화 채색이나 섬유의 염색에 주로 사용되는 검푸른 빛깔의 염료물질($C_{16}H_{10}N_2O_2$)을 의미하는 용어이지만, 본종 특유의 체색으로 인해 이러한 이름이 붙여졌다(인디고를 우리나라 말로 표현하자면 '쪽빛'이나 '검푸른 색'처럼 '짙은 남색' 정도로 번역할 수 있겠다. 인디고 대신 '크리보(Cribo)'라고도 많이 불린다).
본종의 속명인 '*Drymarchon*'은 '숲'이라는 의미의 그리스어 '*Drymos*'와 '제왕'이라는 의미의 '*Archon*'이 합쳐진 단어로 'Lord of the Forest', 곧 '숲의 제왕'이라는 의미를 가지고 있다.

비록 원서식지에서 본종보다 더 길이가 긴 방울뱀이 간혹 발견되기는 하지만, 본종은 평균적인 크기로 볼 때 북미지역에서 서식하는 뱀 가운데 가장 긴 뱀이며, 모든 콜러브리드류 뱀 가운데 가장 큰 대형종으로 알려져 있다. 또한 인도의 숲을 지배하는 킹코브라가 그렇듯이 본종도 다른 뱀을 먹이로 삼는다. 이처럼 학명이 의미하는 대로 자신의 영역을 지배하는 강렬한 카리스마를 지닌 뱀이다.

기아종은 인디고 스네이크(Indigo Snake, *Drymarchon corais*)이며, 이스턴 인디고 스네이크(Eastern Indigo Snake, *Drymarchon couperi*), 중미 인디고 스네이크(Middle American Indigo Snake, *Drymarchon melanurus*), 팔콘 인디고 스네이크(Falcon Indigo Snake, *Drymarchon caudomaculatus*) 등 몇 종류의 아종이 알려져 있는데 아종에 따른 체색과 무늬의 차이는 다양하다. 원서식지에서의 개체수의 감소로 일찍부터(1970년대 후반) 법률로써 보호되고 있는 종이다.

외형

본종을 '킹코브라(King Cobra)의 크기를 가진 블랙 킹스네이크(Black Kingsnake)의 이미지'라고 표현하곤 하는데, 본종의 가장 주목할 만한 특징은 '짙은 남색의 독특한 체색'과 '광택'이라고 할 수 있다. 체색의 전체적인 느낌은 얼핏 봤을 때 멕시칸 블랙 킹스네이크(Mexican Black Kingsnake)와 유사하지만, 본종의 체색을 한마디로 정확하게 표현하는 것은 상당히 어렵다. 멕시칸 블랙 킹 스네이크처럼 완전히 어두운 진한 검정색은 아니고, 굳이 글로 표현하자면 '윤기 나는 짙은 남색' 정도로 표현할 수 있다. 매끄러운 비늘은 각도에 따라 다른 광택을 내며, 전체적으로 몸통은 동일한 체색이지만 머리 부분은 몸통에 비해 약간 연한 색을 띠기도 한다. 두상은 눈 뒤쪽이 약간 통통하고, 옆에서 볼 때 아래턱이 약간 들어가 전체적으로 뾰족하게 보인다. 어렸을 때 두상의 이미지는 약간 날렵한 랫 스네이크 같지만, 성장하고 영양 상태가 좋으면 점점 넓적해

이스턴 인디고 스네이크

져 코브라와 같은 형태로 바뀐다. 머리 위쪽으로 큰 비늘이 넓게 자리 잡고 있으며, 눈 뒤쪽에도 두부 비늘과 비슷한 크기의 큰 비늘이 위치하고 있다. 눈은 전체적으로 검은색이며 체색보다 약간 옅은 색이다. 코는 눈 앞쪽으로 약간 아래에 위치하고 있다. 아래턱에는 줄무늬를 관찰할 수 있는데, 개체에 따라 위턱에도 희미하게 나타나는 경우가 있다. 그러나 이러한 줄무늬가 위턱에 나타날 때는 보통 아래턱의 무늬보다 진하지 않다. 개체에 따라 턱과 목, 눈 아래쪽으로 불그스름한 오렌지색의 체색을 가진 것도 있다. 배 부분은 완전히 검은 색은 아니고 밝은 갈색이나 분홍색과 같이 등 쪽에 비해 상대적으로 밝은 색을 띠고 있다. 민무늬부터 불규칙한 점무늬까지 배 부분의 무늬나 얼룩은 개체에 따라 편차가 크다.

국내 도입현황

본종은 필자처럼 무채색의, 특히 전체적으로 검은 체색을 가진 뱀을 좋아하는 마니아들 사이에서는 말 그대로 '꿈의 뱀', '궁극의 흑사(黑蛇)'라고 불리는 뱀이다. 국내에는 아직 도입되지 않은 종으로서 필자 역시 국내에서 본종을 관찰한 적은 없다. 특히 현지에서 보호하고 있기 때문에 전 세계 파충류 전시장을 통틀어도 보유하고 있는 곳이 드물 정도로 보기 힘든 종이다. 또한, 개인적으로 사육하고 있는 사육자 역시 아주 드문, 콜러브리드류 가운데 가장 희소한 종이라고 할 수 있다. 이처럼 입수가 매우 어려운 종이고, 도입됐을 경우 분양가가 상당히 높게 책정될 것으로 예상되기 때문에 대중화되기까지는 아직 상당한 시간이 필요할 것으로 생각된다.

번식

자연상태에서는 11~12월경에 짝짓기를 하고, 다음해 3월경에 산란을 하며, 산란된 알은 5월경에 부화한다. 덩치에 비해 산란하는 알의 수는 4~12개 정도로 많지 않다. 알의 크기는 7.5~10cm 정도의 타원형이고 태어난 해츨링의 크기는 40~70cm 정도 된다.

사육환경

뱀을 먹는 종이므로 합사는 절대 금물이다. 흥분상태일 때는 목 부분을 확장시키고 히싱을 하며 꼬리를 떠는 행동을 보인다. 특별히 사나운 종은 아니지만, 들어 올렸을 때 간혹 무는 경우가 있어 핸들링할 경우에는 뱀의 반응을 잘 주시하는 것이 좋다.

블랙 테일 인디고 스네이크 어린 개체

주행성 뱀으로 주로 낮에 사냥활동을 하며, 자연상태에서는 행동영역이 매우 광범위해서 먹이를 찾아 상당히 먼 거리를 이동한다고 알려져 있다. 이러한 장거리 이동으로 인해 상당량의 에너지를 소모하는 종이므로 운동량이 제한된 한정된 사육공간에서의 먹이 공급은 지나치게 과다하지 않도록 신경 써야 할 필요가 있다. 또한, 활동성이 높은 종이므로 사육장은 최대한 넓게 제공해주는 것이 좋다.

육상성 뱀으로 평소에는 고퍼거북(Gopher Tortoise)이나 다른 동물이 파 놓은 굴속에 들어가서 은신하고, 일광욕이나 사냥할 때 밖으로 나온다. 자연상태에서는 종종 고퍼거북과 굴을 공유하는 모습을 관찰할 수 있기 때문에 일부지역에서는 고퍼 스네이크(Gopher Snake)로 불리기도 한다. 따라서 본종을 사육할 경우에는 어둡고 안정된 은신처를 반드시 설치해줄 필요가 있다. 큰 덩치에 어울리지 않게 나무도 꽤 잘 타는 편이다.

먹이급여

먹이의 종류는 상당히 다양한데 제압할 수만 있다면 거북부터 두꺼비, 도마뱀, 소형 포유류, 물고기, 새 등 어떤 동물이나 다 먹이로 삼는다. 조류의 알도 좋아한다. 뱀을 먹는 종으로 서식지 내의 모든 종의 뱀 역시 먹이로 인식한다. 독은 없는 종이지만 방울뱀의 독에 면역이 돼 있어 자연상태에서는 독사인 방울뱀도 즐겨 잡아먹는다.

기타의 뱀

학문적으로 분류는 되겠지만 애완으로 볼 때 앞의 분류군에 포함되기 어려운 것들을 모두 여기에 모아서 정리하도록 하겠다.

이번 섹션에는 저렴한 분양가와 활발한 움직임으로 어린 파충류 마니아들에게 인기 있는 '가터 스네이크', '리본 스네이크', '그린 스네이크' 와 같은 소형종의 뱀들과 외국에서뿐만 아니라 국내에서도 나름대로 두터운 마니아층을 형성하고 있는 귀여운 인상의 '호그 노우즈 스네이크', 미약한 독이 있어 국내에 애완용으로 도입되기는 어렵지만 뱀 가운데 유일하게 공중을 활강할 수 있는 능력을 가진 '파라다이스 스네이크', 모든 뱀들 가운데 가장 특이한 형태의 눈동자 모양을 하고 있기 때문에 한번 보면 절대로 기억에서 잊히지 않을 '롱 노우즈 휩 스네이크', 국내에 도입된 애완뱀들 가운데 거의 유일하게 완전한 수생생활을 하는 '엘리펀트 트렁크 스네이크', 생김새와 다르게 휘황찬란한 무지갯빛을 뿜어내는 '선빔 스네이크' 에 이르기까지, 상당히 특이한 외형과 생태를 가지고 있는 여러 가지 종류의 뱀들이 망라돼 있다.

알비노 호그노우즈 스네이크

위에 언급한 뱀들을 본서에서 '기타의 뱀' 으로 정리했다고 해서 다른 종류의 뱀들보다 애완으로서의 가치가 없다는 의미는 절대 아니다. 오히려 사육자에 따라서는 사육과정에서 그 독특한 외형과 특이한 생태로 인해 보통 애완뱀들보다 더 많은 즐거움과 놀라움을 느낄 수 있는 종이기도 하다. 뱀은 각각의 종마다 나름의 독특한 매력을 지니고 있는 동물이므로 본인의 취향에 따라 적절한 종을 선택해 사육해 보기를 권한다.

자연상태에서 도마뱀을 사냥 중인 파라다이스 스네이크

웨스턴 호그노우즈 스네이크

- **학 명** : *Heterodon nasicus*
- **한국명** : 돼지코뱀
- **크 기** : 평균 60cm 내외, 최대 90cm 정도까지 성장한다.
- **영 명** : Western Hog-nosed Snake
- **서식지** : 북아메리카, 멕시코 북부

본종이 지니고 있는 가장 특징적인 점은 일반적인 뱀들과는 달리 위로 확실하게 들려진 들창코라고 할 수 있다. 체색이나 습성이 마치 사납고 독이 있는 것처럼 보이지만, 이런 거친 외모와는 달리 온순하고 기르기가 용이한 뱀이다. 현재까지 웨스턴 호그노우즈 스네이크(Western Hog-nosed Snake, *H. n. nasicus*), 글로이드 호그노우즈 스네이크(Gloyd's Hog-nosed Snake, *H. n. gloydi*), 케널리 호그노우즈 스네이크(Kennerly's Hog-nosed Snake, *H. n. kennerlyi*)의 세 아종이 알려져 있다. 늦은 오후 시간대에 움직임이 활발하다.

외형

돼지처럼 위쪽으로 뒤집혀진 넓은 코를 가지고 있기 때문에 '돼지코뱀'이라는 이름이 붙여졌다. 이 독특한 형태의 코판(nose plate)은 주위 온도가 너무 뜨겁거나 차가울 경우 몸을 숨기기 위해 흙을 밀고 파서 들어갈 때 도움이 된다. 짧고 굵은 체형에, 눈과 코 사이가 가깝고 코가 뒤집혀져 있어 전체적으로 상당히 귀여운 인상을 가진 뱀이다. 체색은 밝은 갈색이며, 어두운 반점이 머리 뒤쪽부터 머리까지 이어져 있다. 몸의 측면에는 작은 반점이 2~3개의 층을 이뤄 배열돼 있으며, 비늘에는 용골이 발달돼 있다.

위험이 닥치면 머리와 목 부분을 확장시켜 납작하게 하고 입을 벌려 히싱을 하면서 위협하지만, 격렬한 위협행동을 하는 것과는 달리 좀처럼 물지는 않는다. 위협이 성공하지 못하면 몸을 뒤집고, 입을 벌려 혀를 내밀어 죽은 체 하는 습성이 있다. 이렇게 죽은 체 하는 것과 더불어 굉장히 고약한 냄새가 나는 분비물을 분비하기도 한다. 그러나 분양되고 있는 인공번식개체의 경우에는 웬만큼 터치를 하더라도 이 정도로 격렬한 거부반응을 보이는 경우는 드물다. 필자도 꽤 많은 수를 접해봤지만 이런 의사행동(擬死行動)을 관찰한 것은 두세 개체에 불과하다. 잘 물지는 않지만 후아류의 독사로 어금니 쪽에 미약한 독을 가지고 있는데, 사람을 상하게 할 만큼 강하지는 않다.

국내 도입현황

뱀을 싫어하는 사람이라도 그 독특한 외모 때문에 한번쯤은 관심을 가지고 살펴보게 되는 종이다. 국내외적으로 상당히 인기가 많은 종으로 대부분의 양서파충류 샵에서 보유하고 있기 때문에 입수에 그리 어려움을 겪지는 않는다. 갈색의 원종개체가 일반적이지

위로 들려져 있는 주둥이

배에 나타나는 검정색 무늬

트라이 컬러(Tri-color) 호그노우즈 스네이크

만 최근 여러 가지 체색의 개량종이 도입됐다. 그러나 가격대는 원종과 상당히 많은 차이가 나는 편이고, 도입된 개체수도 매우 적다.

번식 및 사육환경
이른 봄인 6~8월에 약 3cm 정도 크기의 알을 4~23개까지 낳는다. 인큐베이팅 기간은 7~9주 정도이며, 갓 태어난 새끼는 15~19cm 정도 된다. 그다지 크게 자라지 않는 뱀으로 작은 사육공간에서도 기를 수 있다. 바닥을 파고드는 것을 좋아하기 때문에 파고들 수 있는 부드러운 소재의 바닥재를 충분히 깔아주는 것이 좋다. 사육환경이 나쁠 경우 바닥재를 파고드는 경향이 다른 뱀보다 강하기 때문에 효과적인 관상을 위해서는 사육 온도와 습도 같은 조건을 최적으로 유지시켜줄 필요가 있다. 튼튼한 체질이라 사육이 그리 어렵지 않다. 건조한 환경을 선호하지만 가끔 물그릇에 들어가 있는 것도 볼 수 있다.

먹이급여
자연상태에서는 온혈동물보다 개구리나 두꺼비와 같은 양서류를 주로 먹고 산다고 알려져 있다. 먹이붙임이 그리 어렵지 않으나 사냥기술이 능숙해 보이지는 않는다. 그러나 먹이를 잡아먹는 데 있어서 별 문제는 없다.

가터 스네이크

- 학　명: *Thamnophis sirtalis*
- 한국명: 가터 스네이크
- 크　기: 1m 내외
- 영　명: Common Garter Snake
- 서식지: 북아메리카 전역과 중앙아메리카에 이르는 광대한 지역

영명 'Garter'는 '대님'을 의미하는 용어로 마치 직물로 짠 듯한 무늬와 가늘고 긴 체형으로 인해 붙여진 이름이다. 북아메리카에서는 줄무늬가 흐리거나 없는 개체들을 풀뱀(grass snake) 혹은 정원에 사는 뱀(garden snake)이라는 이름으로 부르기도 한다. 본종은 알래스카에서 캐나다에 이르는 북미 전역에서부터 중앙아메리카까지 넓은 지역에서 어렵지 않게 관찰할 수 있는 뱀이다. 주로 물가나 초원의 축축한 환경에 널리 분포하고 있는 흔한 종으로 종류가 엄청나게 많기 때문에 학계에서도 학문적으로 통일된 종 분류 체계는 정립돼 있지 않으며, 학자들에 따라 다양하게 분류된다고 알려져 있다.

본종은 뱀 가운데 위도상 가장 북쪽에 서식하는 유럽북살무사와 함께 가장 추운 지방에 서식하는 종으로 알려져 있다. 주행성으로 낮에 주로 활동하며, 독은 없고 그리 공격적이지도 않은 뱀이다.

외형
외형적으로 리본 스네이크와 상당히 비슷하다. 우리나라 뱀 가운데는 실뱀과 그 체형이나 무늬가 유사하다. 무늬는 다양하지만 일반적으로 등 가운데는 머리 뒤쪽부터 꼬리 끝까지 전체적으로 길게 연결된 무늬가 있고, 그 양옆으로 다른 색깔의 줄무늬가 대칭되게 이어져 있는 패턴이 많다. 아종이나 개체 가운데는 줄무늬가 아니라 점무늬로 나타나기도 한다. 체색의 차이는 지역에 따라 많이 다르기 때문에 완전히 다른 뱀처럼 보이기도 한다. 전체적으로 가늘고 기다란 체형을 가지고 있어 행동이 매우 재빠르며, 육상에서 주로 활동하지만 나무도 상당히 잘 탄다. 머리는 큰 편인데 머리의 상당 부분을 커다란 눈이 차지하고 있다. 주행성 뱀으로 눈동자는 둥글고, 코는 눈 앞쪽에 위치해 있다.

국내 도입현황
분양가가 저렴하기는 하지만, 언제든 입수할 수 있을 정도로 국내 애완동물 샵에서 항상 보유하고 있는 종은 아니다. 한 번씩 수입될 때 많은 개체가 들어왔다가 다 분양되고 나면 또 한동안 보기 힘들어지는 종이다. 분양을 희망할 때는 애완동물 샵에 수입되는 시기를 문의하거나 연락처를 남기고 연락을 기다리는 것이 좋다. 간혹 임신된 개체가 수입돼 축양 중에 새끼를 낳는 경우도 종종 있으나, 태어난 새끼들의 크기가 너무 작고 먹이로서 적당한 것이 없기 때문에 대부분 잘 기르지 못하고 폐사시켜 국내에서 번식된 개체들을 구하기는 어렵다.

가터 스네이크의 가늘고 긴 체형

가터 스네이크는 큰 눈과 상당히 좋은 시력을 가지고 있다.

가격이 저렴하고 물고기를 먹이로 사용할 수 있기 때문에 뱀 사육을 처음 시작하는 초보자나, 먹이로 쥐를 급여하는 것에 대해 거부감이 있는 사람도 기를 수 있는 종이다. 그러나 이 말이 곧 뱀을 처음 사육하는 사람에게 추천할 만큼 사육하기 쉬운 종이라는 의미는 아니다. 체구가 작은 만큼 환경의 변화에 민감해 사육환경을 세심하게 조절해줄 필요가 있기 때문에 사육난이도가 낮다고는 할 수 없다. 저렴한 분양가로 인해 많은 개체가 분양되고는 있지만 몇 년 동안 성공적으로 사육되고 있는 개체는 드문 종이다.

번식

동면기나 번식기 때는 무리를 짓는다. 가끔 외국의 파충류 관련 다큐멘터리를 보면, 하나의 동면굴에서 엄청난 수의 뱀들이 쏟아져 나오는 장면들이 나오는데, 대개 가터 스네이크들이다. 번식을 위해 이동할 때는 무리를 지어 행동하기도 하는데, 이럴 때는 셀 수 없을 만큼 엄청난 숫자가 함께 이동하므로 일대를 온통 뒤덮는 장관을 연출하기도 한다. 교미할 때는 아나콘다처럼 하나의 암컷에 여러 마리의 수컷들이 달라붙어 커다랗게 덩어리진 브리딩 볼(breeding ball)을 만든다.

다른 뱀들과 달리 본종은 페로몬을 기반으로 한 아주 복잡한 화학적 의사소통 방식을 가지고 있는 것으로 알려져 있다. 암컷과 수컷이 분비하는 페로몬은 확연하게 차이가 나기 때문에 서로를 쉽게 알 수 있다. 번식기가 되면 암컷의 몸에서는 난황의 전구물질로 분비되는 일종의 독특한 지방성분이 호흡할 때 생기는 비늘 사이의 틈으로 방출되면서 근처에 있는 수컷들을 불러 모으게 된다. 보통 각기 성별에 맞는 호르몬을 분비하지만 일부 수컷 가운데는 암수 두 종류의 페로몬을 모두 다 분비할 수 있는 개체도 있는데, 이런 수컷들은 의도적으로 암컷의 호르몬을 분비함으로써 다른 수컷을 혼란스럽게 해서 자신의 교미가능성을 향상시키는 행동을 한다. 이 과정에서 운 좋게 암컷과 교미를 마친 수컷은 다른 수컷이 암컷과 다시 교미하는 것을 방지하기 위해 메이팅 플러그(mating plug, copulatory plug 혹은 sperm plug라고 불리기도 한다)라고 불리는 젤라틴질의 분비물을 암컷의 생식기에 끼워놓는 특이한 행동을 한다. 이 메이팅 플러그는 수컷의 신장에서 생성돼 암컷의 총배설강으로 흘러드는데, 경쟁대상인 다른 수컷들로 하여금 암컷에 대한 흥미를 잃게 만드는 작용을 한다고 알려져 있다. 이 물질이 다른 수컷의 교미를 방해하는 사이에 수컷의 정자가 수정되는 시간을 벌 수 있게 하기 위해 발달된 행동이다. 가터 스네이크는 새끼로 직접 번식하는 난태생의 뱀으로, 봄이나 가을에 교미해 6~10월경에 11~30마리 정도의 새끼를 낳는다.

사육환경

자연상태에서 물과 가까운 수변에 주로 서식하는 종이므로 지나치게 건조한 환경은 좋지 않다. 반수생환경을 조성해주거나, 사육장 내에 큰 물그릇을 비치해 사육하도록 한다. 나무도 아주 잘 타는 뱀이므로 사육장 위쪽으로 몸을 걸칠 수 있는 적당한 굵기의 나뭇가지나 구조물을 설치해주면 좋다. 바닥재는 보통 습도를 유지할 수 있는 바크를 많이 사용한다. 바닥에 내려오는 경우가 드물기 때문에 바크는 축축하게 해도 괜찮지만, 배설물이나 오염물질은 바로바로 처리해 주도록 한다. 뱀의 상태가 좋지 않아 바닥에 내려와 있는 모습이 자주 보이면 바닥재를 건조하게 유지해 주도록 한다. 가터가 분비하는 타액에는 소형동물에게 독으로 작용하는 성분이 들어 있기 때문에 간혹 물린 부위가 붓거나 발진이 일어나기도 한다. 따라서 핸들링할 때 가급적이면 물리지 않도록 주의하자.

먹이급여

활동량이 많아 먹이섭취량 또한 많기 때문에 사육장이 건조하면 쉽게 탈수가 오고, 먹이급여를 늦추면 금세 수척해진다. 자연상태에서는 지렁이, 달팽이, 각종 곤충류, 가재, 소형 어류를 주로 먹는다. 간혹 소형 포유류나 도마뱀, 어린 새도 잡아먹으며 작은 크기의 다른 뱀을 잡아먹기도 한다. 독이 있는 뉴트를 먹기도 한다. 사육 하에서는 주로 어류를 많이 급여하며, 핑키를 먹는 개체도 있으나 먹이반응의 편차가 큰 것으로 알려져 있다. 국내에서는 먹이용 양서류나 파충류를 구하기 어렵기 때문에 보통 물그릇에 물을 조금만 담고 구피와 같은 작은 물고기를 넣어주는 방식으로 먹이를 급여한다.

그린 스네이크

- **학 명** : *Opheodrys aestivus*(Rough Green Snake), *Opheodrys vernalis*(Smooth Green Snake)
- **영 명** : Green Snake
- **서식지** : 캐나다, 미국, 멕시코 북부
- **한국명** : 그린 스네이크, 넝쿨뱀, 푸른초원뱀
- **크 기** : 50cm 내외

북미 지역에 서식하는 녹색의 가늘고 긴 체형을 가진 뱀이다. 완전한 녹색의 체색은 원서식지에서 완벽한 보호색이 된다. 다른 뱀이나 새, 여러 포유류들이 본종을 먹이로 삼기 때문에 원서식지에서는 몸을 숨길 수 있는 녹색식물 근처에서 주로 발견된다.

외형
이름처럼 체색은 완전한 밝은 녹색이다. 러프 그린 스네이크(Rough Green Snake)와 스무드 그린 스네이크(Smooth Green Snake) 두 종류가 알려져 있으며, 이 두 종은 비늘의 질감과 배면 색깔의 차이로 구별할 수 있다. 스무드 그린 스네이크의 비늘은 부드럽고 배 부분의 색깔은 흰색이나 아이보리색이지만, 러프 그린 스네이크의 비늘은 거칠고 배 부분은 노란색을 띠고 있다. 애완으로 분양되고 있는 종은 러프 그린 스네이크인 경우가 많은데, 러프 그린 스네이크가 스무드 그린 스네이크보다 좀 더 크게 성장한다.

국내 도입현황

아름다운 체색과 온순한 성격으로 애완으로서의 인기가 많은 종이라 야생개체들이 많이 채집돼 상업적으로 판매되고 있다. 또한, 환경오염이나 서식환경의 변화에 민감한 종으로 살충제 살포나 서식지파괴로 자연상태에서의 개체군이 지속적으로 감소하고 있다. 애완의 측면에서 보자면, 저렴한 분양가와 온순한 성격으로 인해 뱀을 처음 기르려고 하는 입문자들이 많이 기르는 종이다. 그러나 스트레스에 대한 저항력이 낮고, 선호하는 먹이의 수급과 먹이붙임의 어려움으로 인해 여러모로 신경을 많이 써야 하므로 초보자에게 추천할 만한 종은 아니다. 먹이붙임이 잘 되는 개체라면 별다른 문제없이 잘 기를 수 있지만, 까다롭고 거식을 하는 개체는 상당히 신경 쓰이게 한다. 마니아들 사이에서는 사육난이도 '극악'으로 알려져 있으므로 어느 정도 뱀 사육에 대한 노하우와 경험이 쌓인 후에 도전할 것을 권한다.

번식

난생으로 늦은 봄이나 여름에 교미해 6~9월달에 4~12개 사이의 알을 산란한다. 국내에서 교미시켜 번식되는 경우는 드물고, 알을 가진 개체가 수입돼 국내에서 번식되는 경우가 간혹 있다. 수입될 때 건강상태가 좋은 덩치가 큰 암컷을 선택하면 운 좋게 알을 낳는 경우도 있으나, 부화한 새끼들의 크기가 워낙 작기 때문에 성공적으로 축양하는 것은 상당히 어렵다.

그린 스네이크는 체질이 약하기 때문에 온도와 습도 스트레스에 민감하므로 사육 시 주의를 요한다.

사육환경

나무 위에 주로 서식하는 활동적인 종이기 때문에 몸을 올릴 수 있는 가로목을 충분히 설치해줘야 한다. 일반적인 뱀들과는 달리 동종을 합사해 기르는 경우도 많다. 사육장 내의 온도는 22~25℃ 정도, 스팟 지역은 27~30℃의 온도를 유지해준다. 습도는 55~67% 정도를 유지해주는데, 하루에 한 번 정도 사육장에 충분히 분무를 해줌으로써 사육장 내의 습도를 조절하고 수분을 공급할 수 있다.

활동적이면서 빠르고 몸통이 가늘기 때문에 탈출하는 경우가 많으므로 탈출방지를 위해 사육장의 잠금장치를 확실히 해둘 필요가 있다. 체질이 약해 온도와 습도로 인한 스트레스에 상당히 민감한데, 초록색의 조화를 많이 설치해주면 스트레스를 줄여줄 수 있다. 핸들링을 좋아하지 않는 종으로서 손으로 잡으면 심하게 움직이며 벗어나려고 한다.

먹이급여

자연상태에서는 주로 곤충과 곤충의 유충, 나방, 거미, 귀뚜라미, 메뚜기 등을 잡아먹는다. 자연상태의 먹이를 고려할 때 사육 하에서 급여 가능한 먹이는 귀뚜라미, 웜 정도가 있지만 사육 하에서 곤충에 대한 먹이반응은 그다지 좋지 않은 것으로 알려져 있다. 보통은 작은 열대어를 급여하거나, 어린 개구리를 급여해 사육하는 것이 일반적이다. 먹이로 곤충을 급여할 경우에는 사육장 내에 풀어놓지 말고 깊이가 있는 매끄러운 통에 넣어 급여하는 것이 좋다. 먹이반응은 개체에 따라 편차가 크다.

사육장을 제대로 세팅해 사육하면 본종의 매력이 극대화된다.

그린 스네이크는 저렴한 분양가와 온순한 성격으로 뱀을 처음 기르려고 하는 입문자들이 많이 기르는 종이다.

리본 스네이크

- **학 명** : *Thamnophis sauritus*
- **한국명** : 리본 스네이크
- **크 기** : 1m 내외
- **영 명** : Ribbon Snake
- **서식지** : 북미 전역

가터 스네이크속의 뱀으로, '리본 스네이크' 라는 이름은 가늘고 긴 체형과 여러 겹으로 나타나는 아름다운 줄무늬로 인해 붙여졌다. 리본 스네이크의 아종으로는 이스턴 리본 스네이크(Eastern Ribbon Snake, *Thamnophis sauritus sauritus*), 노던 리본 스네이크(Northern Ribbon Snake, *Thamnophis sauritus septentrionalis*), 서던 리본 스네이크(Southern Ribbon Snake or Peninsula Ribbon Snake, *Thamnophis sauritus sackeni*), 웨스턴 리본 스네이크(Western Ribbon Snake or Bluestripe Ribbon Snake, *Thamnophis sauritus nitae*) 등이 있다.

외형

전체적으로 가늘고 긴 체형을 가지고 있다. 머리는 위에서 보면 화살촉 모양으로 약간 뾰족하고, 눈은 양 옆쪽에 달려 있다. 눈 색깔은 갈색에 눈동자는 검은색이며, 테두리는 밝은 색을 띠고 있어 눈동자가 두드러져 보인다. 우리나라 고유종인 실뱀처럼 본종도 눈 앞뒤로 흰색의 무늬가 있다. 시력이 좋은 종의 뱀에게 이러한 무늬는 강한 직사광선으로부터 눈을 보호하는 역할을 한다. 머리 중심에서 꼬리에 이르기까지 등 한가운데를 가로지르는 푸르스름한 흰색의 줄무늬가 있으며, 그 양 옆으로 진한 푸른색의 줄무늬가 이어져 있다. 개체에 따라 이 줄무늬는 민무늬이기도 하고, 그 위에 좀 더 진한 점무늬가 배열돼 있기도 하다.

옆에서 봤을 때 몸통 가운데에는 다시 푸르스름한 흰색의 줄무늬가 이어져 있고, 그 아래로 다시 진한 푸른색의 줄무늬가 이어서 겹쳐져 있다. 윗입술비늘은 옅은 노란색으로 배 부분의 비늘색과 동일하다. 배 부분의 비늘은 등비늘에 비해 상대적으로 크기가 큰데 배에는 무늬가 없으며, 전체적으로 옅은 초록색을 띠고 있다. 비늘 가운데에 타원형의 낱알 모양으로 용골이 발달돼 있는데, 이 용골 때문에 만졌을 때의 감촉이 그다지 매끄럽지 않다. 또한, 본종의 비늘은 콘 스네이크나 랫 스네이크처럼 서로 겹쳐지지 않고 하나하나 떨어져 배치돼 있다.

국내 도입현황

대중적인 뱀으로 가격 역시 다른 뱀에 비해 상당히 저렴하다. 하지만 가터 스네이크나 그린 스네이크처럼 수입되고 나서 몇 달 사이에만 볼 수 있고, 나머지 기간에는 보기 힘든 뱀이다.

번식

자연상태에서의 번식기는 4~5월이며, 산란은 7~8월경에 시작된다. 가터 스네이크와 마찬가지로 본종 역시 교미를 마친 수컷은 메이팅 플러그를 암컷의 생식기에 끼워넣는 행동을 한다.

리본 스네이크의 체형은 상당히 가늘고 길다.

사육환경

가터 스네이크가 육상종이라면 리본 스네이크는 물과 육지를 번갈아 생활하는 반수생종에 가깝다. 사육장의 전체 습도는 70% 정도가 적당하지만, 사육장 바닥 전체를 습하게 하는 것은 좋지 않다. 사육장을 전체적으로 습하게 하면 몸에 수포가 생기거나, 피부병의 발생이 증가하게 된다. 따라서 정확한 습도를 유지하기 위해 사육장 내에 습도계를 설치하도록 한다. 습지에 사는 종으로서 물을 좋아하기 때문에 사육장 내에 몸을 담글 수 있는 큰 물그릇을 설치해주고, 항상 청결하게 유지해주는 것이 좋다. 이동속도가 상당히 빠른 종인데, 얌전히 있다가도 어느 순간 재빠르게 이동하므로 핸들링할 때는 놓치지 않도록 주의해야 한다. 가늘고 긴 체형으로 인해 조그마한 구멍으로도 탈출을 잘 하므로 반드시 잠금장치가 잘 돼 있는 사육장에서 사육해야 탈출을 방지할 수 있다.

리본 스네이크는 몸에 비해 꼬리가 상당히 긴데, 자연상태에서 큰 물고기나 족제비 등 천적동물에게 잡히게 됐을 때 긴 꼬리를 떼어내고 도망가는 습성이 있다. 뱀은 꼬리가 끊어지더라도 도마뱀처럼 재생되지 않으므로 사육 중 핸들링할 때 꼬리만 잡고 들어 올리는 것은 절대 금물이다. 초보사육자 중에는 본종의 사육을 시작한 지 얼마 되지 않아 꼬리를 끊어먹는 경우가 자주 있다. 합사는 가능하지만 너무 크기 차이가 많이 나는 것은 좋지 않다.

먹이급여

자연상태에서는 각종 곤충과 달팽이, 소형 어류, 개구리 등을 주로 잡아먹는다. 사육 하에서는 사육하고 있는 뱀의 크기를 고려해 체구보다 너무 큰 먹이보다는 작고 행동이 느린 물고기를 구입해 급여하는 것이 좋다. 개구리나 곤충도 급여 가능하지만, 수급이 어려운 경우가 많아 본종을 사육하는 사람들은 주로 물고기를 급여한다.

일반적으로 구피나 고도비, 네온 테트라, 제브라 다니오와 같은 저렴하고 작은 물고기를 급여하며, 준성체 이상일 경우에는 미꾸라지나 작은 금붕어를 주로 먹이로 사용한다. 먹이를 줄 경우에는 너무 낮은 그릇보다는 몸 전체를 담그고 사냥할 수 있도록 좀 높이가 있는 용기를 사용하는 것이 좋다. 간혹 물속에서 사냥을 하지 않는 개체도 있는데, 물고기를 물 밖으로 꺼내 뱀 가까이 두면 사냥을 하는 경우도 있으니, 사냥을 거부하고 거식을 할 경우에 이 방법을 사용해보는 것도 괜찮다.

롱 노우즈 휩 스네이크

- **학 명** : *Ahaetulla nasuta* • **영 명** : Long Nosed Whip Snake, Green Vine Snake, Green Whip Snake
- **한국명** : 롱 노우즈 휩 스네이크, 그린 바인 스네이크
- **서식지** : 인도, 스리랑카, 방글라데시, 태국, 캄보디아, 베트남, 미얀마
- **크 기** : 평균적인 크기는 1m 내외, 최대 2m 이상까지 성장 가능하다. 암컷이 수컷보다 크다.

주행성 뱀으로 나무 위에서 주로 생활하는 종이며, 대부분의 수상성 종처럼 상당히 긴 꼬리를 가지고 있다. 본종의 가늘고 긴 체형과 녹색의 체색은 원서식지에서 완벽한 방어책으로 작용한다. 성격이 극히 예민한 종으로 자극을 가하면 입을 벌리고 목을 S자로 구부리며 위협하는 행동을 자주 보인다. 또한 후아류의 독사로 어금니 부분에 미약한 독니를 가지고 있다. 본종이 분비하는 독은 먹이가 되는 작은 사냥감에는 효과적이지만, 사람에게는 그다지 치명적이지 않다. 이런 적극적인 경고에 비해 대체로 공격적이지는 않은 종이다. 과시와 경고가 먹히지 않으면 공격하기보다는 도피하는 쪽을 선택한다.

외형

평상시에도 검은 점무늬가 미약하게 나타나는 개체도 있지만, 국내에서 볼 수 있는 개체는 대부분 무늬가 없는 밝은 녹색의 체색을 가지고 있다. 일반적인 뱀이 몸을 가로로 넓혀 자신의 덩치를 실제보다 크게 보이도록 하면서 위협을 하는데 비해 본종은 척추를 중심으로 몸을 세로로 납작하게 해서 입을 벌리고 위협한다. 특이하게 평상시와 경계행동을 보일 때의 체색의 차이가 상당히 많이 나는 종이다. 평상시에는 밝은 녹색이지만, 경고행동을 할 때는 몸을 크게 부풀리는 과정에서 비늘 사이의 색상이 드러나 얼룩덜룩하게 보인다. 평상시 미약하게 보이는 검은 점무늬는 각각의 비늘 사이의 색상인데, 이렇게 무늬가 있는 개체는 흥분상태에서 감춰진 점무늬가 도드라지면서 세로줄무늬나 체크무늬를 띠게 됨으로써 완전히 다른 개체처럼 보이기도 한다. 경계할 때뿐만 아니라 큰 먹이를 삼킬 때도 목 부분의 근육이 늘어나면서 안쪽의 무늬가 드러난다.

기본적인 체색은 눈을 중심으로 윗부분은 녹색이고, 아랫부분은 푸른색을 띤 노란색이다. 배 부분 역시 푸른색 계열이지만 등 쪽처럼 짙은 색은 아니다. 배와 등의 경계에 흰색이나 노란색의 선을 가진 개체도 있다. 눈 위쪽에서 코까지 얼굴 옆쪽이 파여 있어 윤곽이 선명하게 보인다. 머리는 몸에 비해 상당히 크고 유난히 뾰족한 형태를 가지고 있는데, 이러한 독특한 형태 때문에 인도 남부지역에서는 본종이 이 뾰족한 머리로 먹잇감이나 사람의 눈을 찔러 실명케 한다는 미신이 널리 퍼져 있다.

그린 스네이크나 그린 트리 파이손처럼 녹색의 체색을 가진 뱀은 상당히 많지만 본종을 다른 종과 구별하는 것은 쉽다. 모든 뱀, 아니 모든 파충류 가운데 가장 독특한 형태의 눈동자를 가지고 있기 때문이다. 주행성 종으로 일반적인 원형의 눈동자와는 다르게 본종의 눈동자 형태는 마치 염소의 눈과 비슷한데, 가로로 긴 상당히 독특한 형태를 가지고 있다. 머리의 옆쪽에 달려 있는 눈은 동공이 앞으로 연결돼 있어 시력을 보완해준다.

국내 도입현황

간혹 전시용이나 애완을 목적으로 적은 숫자가 도입되기는 했으나 성공적으로 사육되고 있지는 않은 종이다. 외국의 자료를 찾다 보면 본종의 케어시트(care sheet)에 'specialist keepers only(숙련

본종은 먹이를 먹거나 흥분하면 숨겨진 검정무늬가 드러난다.

된 전문가만 기를 것)'라고 기재돼 있는 것을 볼 수 있다. 예민한 성격과 미약한 먹이반응, 선호하는 먹이수급의 어려움으로 인해 사육이 용이한 종은 아니다. 국내에도 몇몇 개체가 도입됐지만 현재까지 오랫동안 길러지고 있는 개체는 거의 없는 것으로 보인다.

번식
난태생으로 4~7월경에 교미하며, 임신기간은 6개월 정도로 다른 뱀에 비해 상당히 긴 것으로 알려져 있다. 4~10마리 정도의 새끼를 낳으며, 갓 태어난 새끼의 크기는 40~50cm 정도 된다. 수컷의 정자를 장기간 보관할 수 있어 교미하지 않고 몇 년 후에도 번식이 가능하다. 런던동물원에서는 1985년 8월에 채집된 개체가 수컷과의 접촉 없이 1988년 8월에 새끼를 낳은 사례가 있다고 기록돼 있다.

사육환경
나무 위에 주로 서식하는 종으로 세로로 긴 사육장에 가는 나뭇가지를 충분히 얽어 이동로를 만들어주는 것이 좋다. 사육 하에서는 많이 움직이는 모습을 보기 어렵지만 자연상태에서는 상당히 활동적인 뱀으로 알려져 있다. 이는 소심하고 자극에 예민하며, 스트레스에 민감한 종이기 때문인 것으로 생각된다. 본종을 성공적으로 사육하기 위해서는 완벽하게 자연스럽고 극히 안정된 사육환경을 조성해주고, 도마뱀 등 선호하는 먹이를 제공하는 것이 필요하다. 사육장 밖에서 자극을 주면 유리벽에 부딪혀 구내염을 일으키기가 쉬우며, 심한 자극을 줘서 놀라게 하면 나뭇가지에서 바닥으로 갑자기 떨어지기도 하는 만큼 조용하고 안정된 환경을 유지해 주도록 하자.

먹이급여
자연상태에서는 주로 개구리와 도마뱀을 포식하며, 종에 따라 뱀을 먹기도 한다. 주로 나무 위에 있다가 먹잇감이 지나가면 먹잇감의 머리 부분을 물고 공중으로 들어올린다. 이렇게 되면 잡힌 동물은 힘을 쓸 수 없는데, 이 상태에서 입 안쪽에 위치한 두 개의 독니로 독을 주입해 먹잇감을 마비시킨 뒤 삼킨다. 사육 하에서는 선호하는 개구리나 도마뱀을 급여하기 어렵기 때문에 주로 핑키를 급여하며, 먹이반응은 개체에 따라 많은 차이가 있는 것으로 알려져 있다. 국내에 도입되는 개체들은 대부분 야생개체로 인공적인 환경에서 긴 시간 동안 건강하게 사는 경우는 드물다.

위에서 본 롱 노우즈 휩 스네이크의 머리 형태는 극단적으로 날카로운 모양을 띠고 있다.

파라다이스 스네이크

- **학 명** : *Chrysopelea* spp.
- **한국명** : 파라다이스 스네이크, 날뱀
- **영 명** : Paradise Tree Snake, Paradise Flying Snake
- **크 기** : 60cm~1.2m
- **서식지** : 중국 남부, 동남아시아 일대(태국, 미얀마, 말레이시아, 인도네시아, 필리핀, 싱가포르)의 저지대 열대우림

뱀 가운데 공기를 통해 이동할 수 있는 유일한 종으로 알려져 있다. 먹이를 잡거나 포식 동물로부터 몸을 피하기 위해 실제로 공중을 날 수 있는데, 높은 가지에서 뛰어내려 늑골을 펴고 나무와 나무 사이를 활강한다. 단순히 이동만 하는 것이 아니라 공기의 흐름을 조절해 방향까지 제어할 수 있고, 수평거리로 최대 100m 정도까지 이동할 수 있다. 날 때는 늑골을 펴고 배비늘의 중간 부분을 위쪽으로 접어 배를 오목하게 만들면서 공기 저항을 증가시켜 마치 낙하산과 같은 역할을 하도록 한다. 공중을 이동할 때는 몸을 쭉 편 채로 나는 것은 아니고, 몸을 S자로 구부리며 마치 헤엄을 치는 듯이 이동한다.

필자는 현재까지 많은 뱀을 보고 또 길러도 봤지만, 이제까지 만난 뱀 가운데 가장 아름다운 뱀을 꼽으라면 세 손가락 안에 꼽을 정도로 아름다운 종이다. 개체에 따라 무늬의 편차가 크기는 하지만, 무늬가 아름다운 준성체급의 개체는 마치 그려놓은 듯이 선명하고 아름다운 체색을 가지고 있다. 이러한 화려한 체색은 일종의 경고색이다. 본종은 작은 독니를 어금니 쪽에 가지고 있는 후아류 독사로서 먹잇감이 되는 동물은 충분히 마비시킬 만한 독을 가지고 있지만, 사람에게는 그다지 치명적이지 않다. 하지만 성격은 일반적으로 예민하고 매우 공격적인 편으로 잡히면 쉽게 물기 때문에 관리 시 주의해야 한다.

외형

나무 위에서 주로 생활하는 종으로 가늘고 긴 체형에 긴 꼬리를 가지고 있다. 머리는 상당히 납작한 형태를 띠고 있으며, 주둥이 앞쪽은 약간 편평하다. 주행성 종으로 눈동자는 둥글며, 작은 머리에 비해 매우 큰 눈을 가지고 있다. 종에 따라 체색에 상당한 차이가 있으며, 골든 트리 스네이크(Golden Tree Snake)는 개체별로 편차가 매우 크다. 거의 초록색인 개체도 있고, 파라다이스 트리 스네이크(Paradise Tree Snake)와 유사한 체색을 지닌 종류도 있다. 파라다이스 트리 스네이크는 주둥이부터 목까지 검정색과 노란색의 가로줄무늬가 배열돼 있다. 가장 특징적인 것은 등 한가운데에 다이아몬드 형태 같은 4개의 주황색 점무늬가 목에서 꼬리 끝까지 배열돼 있다는 점이다. 주황색 점무늬 사이는 검정색이며, 몸통의 옆에는 연두색과 검정색의 무늬가 번갈아 배열돼 있다.

트윈바 트리 스네이크(Twin-barred Tree Snake)는 몸통 부분만 본다면 마치 밀크 스네이크와 같은데, 주황색의 넓은 줄무늬 사이에 양 옆으로 검정색 테두리를 가진 흰색의 줄무늬가 규칙적으로 배열돼 있다. 눈 뒤쪽에 1개, 목 부분에도 1개의 주황색 줄무늬가 있다.

국내 도입현황

독특한 생태 때문에 본서에 소개는 하지만 현재로서는 국내에서 사육되고

본종은 현재 국내 사육개체는 없는 것으로 보인다.

있는 개체는 없는 것으로 보인다. 수년 전 극소수가 도입된 적이 있었으나 예민한 성격과 선호하는 먹이공급의 어려움으로 인해 대부분 폐사했다. 독이 있는 종으로서 애완으로 사육이 허가되지는 않으며, 동물원이나 파충류 전시장 정도에서나 볼 수 있고 아직은 국내에서 만나기 어려운 종이다.

번식

암컷은 6~11개의 알을 낳으며, 알에서 깨어난 해츨링의 크기는 약 15~20cm 정도 된다. 부화된 새끼들의 무늬는 성체와 유사하나 체색은 성체보다 더 밝다. 인공부화에 성공하더라도 알에서 깨어난 개체가 워낙 작고 가늘어 사육 하에서 성공적인 축양은 상당히 어렵다.

사육환경

나무 위에서 주로 서식하는 종으로 세로로 긴 형태의 충분한 크기의 사육장이 필요하며, 매우 활동적인 종이기 때문에 사육장 상단을 충분히 복잡하게 꾸며줄 필요가 있다. 조화를 이용해 사육장을 세팅해주면 안정감을 줄 수 있으며, 사육환경에 적응시키는 데 도움이 된다. 본종을 사육할 때 가장 주의해야 할 것은 탈출을 방지하는 것이다. 작고 가늘고 빨라 탈출시키는 빈도가 상당히 높은 종이기 때문이다.

사육장은 확실하게 밀폐돼야 하며, 움직임이 상당히 빠른 종이라는 사실을 명심하고 먹이급여나 관리를 위해 사육장 문을 여닫을 때 극히 주의해야 한다. 장애물이나 몸을 숨길 만한 공간이 없는, 가급적 독립된 공간에 사육장을 설치하고 문을 열 때 뱀의 위치를 반드시 확인하도록 하자. 탈출을 한다고 해서 놀란 마음에 몸통을 움켜잡으면 즉각적으로 물기 때문에 관리 시에는 긴팔 옷을 입고 장갑을 사용하는 것이 좋다.

먹이급여

나무 위에서 주로 서식하는 종으로 자연상태에서는 설치류보다는 도마뱀, 개구리, 새, 박쥐 같은 작은 동물을 주로 사냥한다. 도입되는 개체가 거의 야생채집개체이기 때문에 사육 하에서 주로 급여하게 되는 핑키나 호퍼를 거부하는 경우도 흔하다. 활동성이 뛰어나 단기간의 금식으로도 쉽게 몸이 마르고 쇠약해지는데다, 작고 가는 체구 때문에 성체 사이즈의 마우스를 급여하기는 어려워 먹이급여 시 상당히 번거로운 단점이 있다. 일단 몸이 마르기 시작하면 강제급여도 고려해봐야 한다.

배 부분에는 별다른 무늬가 없다.

엘리펀트 트렁크 스네이크

- **학 명** : *Acrochordus javanicus*　• **영명** : Elephant Trunk Snake, Java File snake, Java Wart Snakes
- **한국명** : 엘리펀트 트렁크 스네이크　• **크 기** : 최대 2m 내외까지 성장한다.
- **서식지** : 동남아시아, 인도네시아, 오스트레일리아, 뉴기니의 강이나 수로

전체적인 체형이나 비늘의 질감이 마치 코끼리 코와 같은 느낌을 주기 때문에 이런 독특한 이름이 붙여졌다. 마치 거친 사포와 같은 느낌이 나는 비늘이 몸 전체를 덮고 있다. 어수룩해 보이는 얼굴 모양과 축축 늘어지는 피부 때문에 애완견에 비유한다면 샤페이와 유사한 이미지다. 이 때문인지 '도그 페이스 스네이크(Dogface Snake)'라는 별명도 가지고 있다. 본종이 속한 *Acrochordus*속에는 엘리펀트 트렁크 스네이크(Elephant Trunk Snake, *Acrochordus javanicus*) 외에 리틀 파일 스네이크(Little File Snake, *Acrochordus granulatus*), 아라푸라 파일 스네이크(Arafura File Snake,

Acrochordus arafurae)가 있는데, 이 가운데 본종이 가장 크게 성장한다.
활동량이 상당히 적은 편이며, 움직임 역시 아주 느리다. 매우 온순한 종으로 사람에게 잡혔을 때도 공격적이거나 능동적으로 도망치려고 하기보다는 축 늘어진 채로 별다른 반응을 보이지 않는 경우가 많다. 동남아시아에 서식하는 본종 외에 파푸아뉴기니, 호주에 서식하는 아라푸라 파일 스네이크와 인도, 말레이시아, 파푸아뉴기니, 호주에 서식하는 리틀 파일 스네이크, 인디안 워트 스네이크(Indian Wart Snake, *Acrochordus granulatus*)의 아종이 알려져 있다. 채집이 용이한 종들이라 호주 원주민인 에보리진들은 물웅덩이 속에서 발을 휘저어 이 뱀을 잡아서 구워 먹는다.

외형
굵은 몸통에 비해 상대적으로 작고 납작한 머리를 가지고 있으며, 얼굴 앞부분은 거의 평평하다. 눈과 코 사이의 거리가 가까워 매우 귀여운 인상을 풍긴다. 어렸을 때는 얼룩덜룩한 마블무늬가 몸 전체에 산재해 있으나 성장하면 전체적으로 무늬가 통일된다. 몸통의 윗부분은 짙은 갈색을 띠고 있으며, 그 양 옆으로는 배 쪽으로 갈수록 밝은 갈색을 띠는데, 점이나 연결된 얼룩무늬가 목 부분부터 꼬리까지 전체적으로 배열돼 있다.
주름지고 느슨해 잘 늘어나는 신축성 있는 피부를 가지고 있다. 거친 비늘의 표면에 나 있는 작고 민감한 털을 이용해 어두운 물속에서도 효과적으로 먹이를 감지할 수 있다. 본종이 가지고 있는 거칠거칠한 비늘은 미끄러운 물고기를 효과적으로 잡을 수 있도록 하기 위해 진화된 결과물이다. 비늘은 겹쳐지지 않고 사포처럼 약간 튀어나와 있는 돌기 형태를 띠고 있다. 이 돌기로 인해 워트 스네이크(Wart Snakes, 사마귀혹뱀)'라는 별명으로 불리기도 한다. 물속에서는 상당히 민첩하지만, 복부에 일반적인 뱀에게서 관찰되는 세로로 늘어선 넓은 배비늘이 없기 때문에 육상에서는 다른 뱀처럼 매끄럽게 움직일 수가 없어 무기력한 모습을 보인다.

국내 도입현황
국내에서는 좀처럼 보기 힘든 종이다. 아무래도 수중생활을 하는 종은 피부병이 발생할 가능성이 높고, 그로 인한 폐사의 위험 역시 매우 높기 때문에 성공적으로 축양하고 있는 곳은 드물다. 물뱀 종류는 대체로 성격이 사나운 편인데, 온순한 물뱀을 기르고 싶을 때나 아주 독특한 느낌이 나는 뱀을 기르고 싶을 때 추천하는 종이다. 그러나 거식을 하는 경향이 있고, 피부병에 걸리는 경우가 많기 때문에 사육난이도가 낮은 종은 아니라는 점을 명심하도록 하자. 생태나 외형이 특이한 만큼 극히 마니아적인 뱀으로 일반적인 파충류 마니아들 사이에서도 그리 인기 있는 종은 아니다. 파충류 샵에서도 보유하고 있는 경우가 드물어 입수하기는 상당히 어렵다.

번식 및 사육환경

암수의 크기 차이가 많이 나는데, 수컷은 암컷에 비해 상당히 작은 체구를 가지고 있다. 25~30마리의 새끼를 직접 낳는 난태생이다. 본종은 완전한 수생종으로 뱀을 기르기 위한 사육환경보다는 열대어를 기르는 사육환경을 꾸며준다고 생각하고 사육장을 세팅하는 것이 좋다. 강한 수류를 싫어하기 때문에 저면여과기나 측면여과기에 레인바를 사용하고, 좁은 틈에 숨는 것을 좋아하므로 히터기는 뱀에 직접 닿지 않도록 커버가 있는 것을 사용하도록 한다. 완전수생종이므로 수질을 항상 청결하게 관리해야 하며, 원서식지에서 약간 소금기가 있는 물에 서식하므로 약한 농도의 해수염을 첨가한 물에서 사육하는 것이 좋다. 사육장의 수심은 너무 깊지 않아야 한다. 그러나 이렇게 낮은 수심을 유지할 경우 여과기를 사용해서는 청결한 수질을 유지하기가 다소 어렵기 때문에 수질안정에 좀 더 신경을 써야 할 필요가 있다. 사육자에 따라서는 여과기를 사용하지 않고 100% 환수하는 방식으로 사육하기도 한다. 사육장의 물은 25℃ 이상으로 따뜻해야 하며, 수중에는 몸을 숨길 만한 은신처를 제공해 주도록 한다. 야행성의 완전수생종이기 때문에 건조한 환경에 오랫동안 방치하는 것은 좋지 않다.

먹이급여

수중에 서식하는 종답게 주로 물고기를 먹이로 삼는다. 자연상태에서는 뱀장어나 메기 등을 포함하는 다양한 어류를 먹는다. 수컷은 암컷에 비해 좀 더 적극적으로 먹이활동을 하는데 비해 암컷은 은신하다가 기습을 하는 경향이 높은 것으로 알려져 있다. 물속에서 똬리를 틀고 있으면 마치 바위나 나무 둥치처럼 보이는데, 이 상태로 먹이나 은신처를 찾아 틈새를 찾아오는 물고기를 잡아먹는다. 먹이를 잡을 때는 시각이나 후각보다는 촉각에 주로 의존한다. 인공사육 하에서는 환경이 안정되지 않으면 거식을 하는 경향이 강하므로 사육환경을 최대한 자연스럽게 유지해줄 필요가 있다.

밴디드 엘리펀트 트렁크 스네이크

선빔 스네이크

- **학　명** : *Xenopeltis unicolor*
- **한국명** : 선빔 스네이크
- **크　기** : 1m 내외
- **영　명** : Asian Sunbeam Snake, Sunbeam Snake
- **서식지** : 중국 남부, 동남아시아, 인도네시아

빛이 없는 실내에서의 이미지와 자연광이 비치는 야외에서의 이미지가 극명하게 대비되는 종으로 본종에 대한 설명 중 대부분을 그 아름다운 광채에 할애해야 할 것 같다. 넓적하고 둔해 보이는 머리 모양과 칙칙한 체색으로 봐서는 도저히 상상이 가지 않을 정도로, 자연광을 받았을 때 마치 프리즘을 통해 나타나는 것과 같은 휘황찬란한 무지개 색깔이 놀랍도록 아름답다. 레인보우 보아, 스크럽 파이손(Scrup Python)처럼 햇빛을 받으면 몸에 무지개광이 나는 종은 있기는 하지만, 그 가운데서도 본종의 광채는 특기할 만하다.

외국에서는 본종의 광택을 설명할 때 'oil-on-water(물 위의 기름)' 혹은 'incredible(믿을 수 없는)' 이라는 용어가 자주 사용되는데, 필자도 이보다 정확하게 본종의 광택을 표현하는 용어는 찾기 어렵다고 생각한다. 필자 역시 땅속에서 주로 생활하는 이 뱀에게 이렇게 '터무니없이' 매력적인 광채가 도대체 왜 필요한지 의아스럽기까지 하다. 그것이 땅속을 이동하기 유리하도록 매끄러운 비늘을 발달시킴으로써 나타난 의도치 않은 현상이라고 하더라도 말이다. 본종은 보아나 비단구렁이처럼 원시적인 뱀 가운데 하나다.

외형

지하생활을 즐기는 종으로 땅을 파기 쉽도록 머리의 형태는 상당히 납작하며, 비늘에는 용골이 없이 매끈하다. 주로 땅속에서 생활하는 종으로 대부분의 시간을 땅속에서 보내며, 밖으로 나오는 경우는 먹이사냥을 하는 야간이나 우기에 폭우가 내릴 때 정도다. 야행성으로서 눈은 상당히 크기가 작고, 약간 위쪽에 배치돼 있다. 전체적으로 어두운 갈색 혹은 검정색의 체색을 지니고 있으며, 배 부분은 무늬가 없는 흰색이나 크림색이다. 어린 개체의 체색 역시 성체와 흡사하지만, 목 부분에 흰색의 비늘을 가지고 있다는 점에서 성체와 차이가 난다. 그러나 어릴 때 나타나는 이 흰색 무늬는 성장하면서 점차 사라지고, 1년 정도 되면 완전히 사라진다. 비늘의 테두리가 중앙보다 옅은 색을 띰으로써 각각의 비늘이 독립된 것처럼 보이게 한다.

국내 도입현황

원서식지에서는 도시 인근이나, 벼농사지대의 논 근처 습기가 많은 지역에서 흔히 발견된다. 국내에 최초로 소개된 지는 오래 됐으나, 이후로 상당기간 수입이 없어 보기 힘들다가 최근 들어 다시 소개되기 시작했다. 극히 적은 숫자가 수입되는데, 유통되고 있는 것이 대부분 야생채집개체로서 사육 하에서의 적응이 어려워 1년 이상 기르는 경우가 드물다. 이런 이유들로 인해 국내에서는 상당히 보기 어려운 뱀이다.

선빔 스네이크의 머리는 상당히 납작한 편이다.

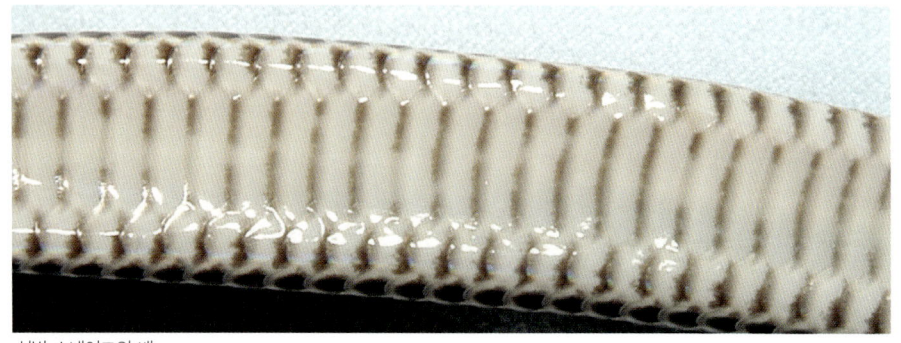

선빔 스네이크의 배

번식 및 사육환경

난생종으로서 5~10개 정도의 알을 낳는다. 26~29℃ 정도의 온도에 80% 이상의 습도를 유지해주는 것이 좋은데, 다른 종보다 온·습도 유지에 특히 신경을 써줄 필요가 있다. 바닥재는 바크나 이끼, 에코어스 등 습도를 유지할 수 있는 소재가 적당하며, 충분한 깊이로 깔아줌으로써 땅을 파고 숨을 수 있는 환경을 제공해주는 것이 좋다. 대부분의 시간을 바닥재 속으로 파고들어 숨어 지낸다. 저면열원으로 온도를 공급하며, 사육장 내에 강한 빛이 드는 것은 좋지 않다.

스트레스에 상당히 민감한 종이므로 일반적인 뱀의 사육환경에 적응시키려고 하지 말고, 종 고유의 서식습성을 유지할 수 있도록 사육장을 세팅해주는 것이 좋다. 무독성 뱀이고 성격 역시 온순한 편이기 때문에 핸들링은 용이하지만, 스트레스에 민감한 종이라 자제하는 것이 폐사를 줄이는 데 도움이 된다. 잘 물지는 않지만 부정적 자극이 있을 때는 항문샘에서 냄새나는 분비물을 분비하기도 한다. 온순한 성격과 아름다운 광채에도 불구하고, 관상의 어려움과 사육의 난이도로 인해 국내에서 그다지 인기 있는 종은 아니다.

먹이급여

자연상태에서는 양서류나 파충류, 소형 포유류에서 작은 뱀에 이르기까지 다양한 먹이를 사냥한다. 따라서 다른 뱀과의 합사는 지양해야 하며, 크기 차이가 많이 나는 동종과도 합사를 하지 않는 것이 안전하다. 다른 뱀처럼 머리보다 훨씬 큰 먹이를 효과적으로 삼키지 못하기 때문에 가급적이면 몸통 굵기 이내의 가늘고 길쭉한 형태의 먹이를 급여하도록 해야 한다.

참고서적

- 바이오필리아(2010년) / 에드워드 윌슨 지음 / 사이언스 북스
- 한국, 수메르, 이스라엘의 역사(2008) / 문정창 지음 / 한뿌리
- 인간사냥꾼은 물위를 달리고 싶어 했다(2009) / 이대택 지음 / 지성사
- 뱀(지성자연사박물관 1, 1999) / 백남극 심재한 공저 / 지성사
- 꿈꾸는 푸른 생명 거북과 뱀(2001) / 심재한 지음 / 다른세상
- 한국의 양서파충류(2010) / 김종범 송재영 공저 / 월드사이언스
- 파충류와 양서류(2005) / 마크 오시 지음 · 이용철 옮김 / 두산동아
- 爬蟲類, 兩生類800種圖鑑(1996) / 長坂拓也 지음 / ピーシーズ
- ザ爬蟲類&兩生類(2000) / 富田京一 지음 / 誠文堂新光社
- 동식물에 대한 상식의 오류사전(2003) / 울리히 슈미트 지음 조경수 옮김 / 경당
- Reptile Medicine and Surgery(2005) / Mader, Douglas R. 공저 / W.B. Saunders Company
- 세밀화로 그린 양서파충류 도감(2007) / 심재한 김종범 민미숙 오홍식 박병상 공저 · 이주용그림 / 보리
- 브리태니커 백과사전   • 두산 대백과사전

도움 주신 분들

도움을 주신 모든 분께 이 자리를 빌려 다시 한 번 감사의 말씀을 드립니다.
먼저 두 분 부모님께 가장 깊은 감사를 드립니다. 남들과 같이 편하고 일상적인 생활을 마다하고, 어렵고 힘든 길을 가려고 고집하는 아들을 항상 믿고 지켜봐주셔서 언제나 많은 힘이 됩니다. 항상 죄송하고 감사드립니다. 제가 하는 모든 일들이 모두 두 분 덕분입니다. 오래 전에 만나 같은 길을 가고 있는 벗 대승이와 성준이, 재홍이, 재하에게 고맙다는 말을 전합니다. 저와 같은 한국애완파충류 분야의 초창기 멤버로 한국애완파충류계에 대한 일종의 책임의식을 공유하고 있습니다. 앞으로도 우리나라에 올바른 애완파충류문화를 정착시키기 위한 다양한 활동들을 함께 할 수 있기를 바랍니다.
사진자료와 관련 정보를 얻는 데 많은 도움을 주신 대상수족관 김석순 사장님과 민제생태환경과학관 손정석 관장님, Africa zoo 김석원 사장님께 감사드립니다. 언제나 신세가 많습니다. 감사합니다. 그리고 늘 신세지고 있는 후배 박수민군, 많은 사진과 정보를 제공해주셔서 책의 내용을 더욱 충실히 보완할 수 있도록 도와준 Herpkorea 김용하 사장님과 Fauna 심장은 사장님께도 깊은 감사를 드립니다. 좋은 사진을 제공해주신 서산고등학교 김현태 선생님과 야생동물소모임 김현 선생님, 국립습지센터의 이정현 박사님, 강원대학교 김대인님, 김일훈님께도 감사드립니다. 도움이 필요할 때마다 항상 흔쾌히 도움의 손길을 내밀어주셔서 감사합니다. 그리고 자료사진 찍느라 고생해주신 생명과학박물관의 이주성 수석실장님과 이승준 연구원, 김현기 연구원, 동생 이광원, 임원래군 그리고 자료사진의 모델이 돼준 최보라 선생님에게도 감사의 인사를 드립니다. 덕분에 좋은 사진들을 담을 수 있었습니다.
무엇보다 저에게 이렇게 책을 쓸 기회를 주시고, 부족한 원고를 다듬어주시느라 고생하신 씨밀레북스 편집장님 이하 편집부에 깊은 감사의 말씀을 올립니다. 욕심 많고 제멋대로인 필자 때문에 속도 많이 썩으셨을 텐데, 까다로운 요청도 마다 않고 신경 써주셔서 감사합니다. 앞으로도 한국애완동물문화의 발전을 위해 더 좋은 책 많이 출판해 주시기를 부탁드립니다.
마지막으로 본서에 가급적이면 좋은 사진을 넣기 위해 어렵사리 도움을 요청 드렸을 때 흔쾌히 도움의 손길을 내밀어주신 많은 분들께 진심으로 감사드립니다. 여러분들 덕분에 보다 충실한 내용으로 지면을 채울 수 있었습니다. 본서가 여러분이 보여주신 관심에 대한 자그마한 답이라도 됐으면 좋겠습니다.
모든 분들 정말 감사드립니다. 항상 기억하겠습니다.

- 대상수족관 김석순 사장님
- 민제생태환경과학관 손정석 관장님
- 민제생태환경과학관 최보라 실장님
- 호서전문학교 문대승 교수님
- 생명과학박물관 이주성 수석실장님
- 생명과학박물관 김현기님
- 아프리카 Zoo 김석원님
- 서산고등학교 김현태님
- 국립습지센터 이정현 박사님
- 강원대학교 김대인님

- 김현님
- 김일훈님
- 류자홍님
- 박수민님
- 이광원님
- 임원래님
- Fauna 심장은 사장님
- Herpkorea 김용하 사장님
- 장생 파충류 전시장 전영열님
- 테마동물원 쥬쥬

- 터틀랜드 김상주님
- 미니멀펫 원정민 사장님
- 클레버펫 Reptilesniper님
- 히비키님
- 렙타일러브님
- 김병후님
- 김병록님
- 쥬만지펫 장준혁님
- 쥬만지펫 달구알님
- 쥬만지펫 조성호님(Platinum)

선과 색의 어울림 뱀

2013년 02월 10일 초판 1쇄 펴냄
2021년 04월 30일 초판 3쇄 펴냄

제작기획 | 씨밀레북스
책임편집 | 김애경
지은이 | 이태원
펴낸이 | 김훈
펴낸곳 | 씨밀레북스
출판등록일 | 2008년 10월 16일
등록번호 | 제311-2008-000036호
주소 | 강원도 춘천시 효자3동 753-21, 203호
전화 | 033-257-4064 **팩스** | 02-2178-9407
이메일 | cimilebooks@naver.com
웹사이트 | www.similebooks.com

ISBN | 978-89-97242-04-7 13490

이 책은 저작권법에 따라 보호받는 저작물이며,
무단전재와 무단복제는 법으로 금지돼 있습니다.
※값은 뒤표지에 있습니다.